Herbert Wehner
Zeugnis

Herbert Wehner
Zeugnis

Herausgegeben von
Gerhard Jahn

Mitteldeutscher Verlag
Halle·Leipzig

ISBN 3-354-00698-6

Lizenzausgabe des Mitteldeutschen Verlages Halle · Leipzig 1990
für die DDR mit Genehmigung des Verlages Kiepenheuer und Witsch, Köln
Lizenz-Nr. 444-300 · LSV 7003
(c) Kiepenheuer und Witsch, Köln 1982
Printed in the German Democratic Republic
Umschlagfoto: ADN Zentralbild
Druck- und Bindearbeiten: IV/10/5 Mitteldeutsches Druckhaus Halle
Best.-Nr. 6396370

Inhalt

Vorwort

Über sein Leben hat Herbert Wehner bisher nicht geschrieben. Zu sehr nimmt er sich bis zum heutigen Tage in die Pflicht, wendet alle Kraft den Aufgaben zu, die er vor sich sieht. Herbert Wehners Lebensweg ist ohne Beispiel. Wäre er dafür zu gewinnen, seine Erinnerungen zu schreiben, gäben seine Erfahrungen und Erkenntnisse eine Sicht der deutschen Geschichte der vergangenen fünfzig Jahre, die uns bis heute fehlt.

Dieses Buch soll festhalten und zusammenfassen, was es an eigenen Aussagen Herbert Wehners über sein Leben gibt. Es will versuchen, den Menschen Herbert Wehner erkennbar und verstehbar werden zu lassen. Er hat auf die Auswahl und Zusammenstellung keinen Einfluß genommen. Für das Vertrauen, das er mir damit erwiesen hat, bin ich dankbar.

Eingeleitet wird die Sammlung mit einer Würdigung, die der französische Wissenschaftler Joseph Rovan am 11. Juli 1981 zu Herbert Wehners 75. Geburtstag gegeben hat. Sein Beitrag soll den Leser hinführen zu den folgenden Aussagen Herbert Wehners.

Nur einmal, an einem entscheidenden neuen Abschnitt seines Lebens hat Herbert Wehner eine ausführliche Niederschrift gemacht. 1946, als er in Schweden nach der Haft als wissenschaftlicher Hilfsarbeiter tätig war, entstanden die »Notizen«. Sie sind ein Bericht über das, was er in seiner zurückliegenden politischen Arbeit als Mitglied der Kommunistischen Partei Deutschlands, vielfach an leitender Stelle, im Deutschland vor 1933, in den folgenden Jahren im Widerstand und in der Emigration erlebt und erfahren hat. »Selbstbesinnung und Selbstkritik« waren ihm beim Abfassen »strenge persönliche Verpflichtung«.

Die »Notizen« kennen nur wenige. Selten hat Herbert Wehner einzelne diese Arbeit, auch »Die graue Mappe« genannt, lesen lassen. Erst jetzt, mehr als 35 Jahre nach ihrer Niederschrift ist für ihn der Abstand weit genug, sie der Öffentlichkeit zugänglich machen zu lassen.

Der Herausgeber hat die »Notizen« nicht überarbeitet. Der unmittelbare Eindruck einer Niederschrift aus der Erinnerung sollte nicht verdeckt werden. Deshalb wurden weder gelegentlich heftige, aus dem unmittelbaren Erleben geformte Urteile über einzelne Personen unterdrückt noch die Schreibweise von Namen berichtigt.

Die Fülle von Namen und Ereignissen, auf die in den »Notizen« eingegangen wird, machen es gewiß vielen heutigen Lesern nicht leicht, Zusammenhänge zu erkennen und die Umwelt zu verstehen, in der Herbert Wehner damals tätig war. Die im Anhang wiedergegebenen kurzen Lebensläufe, Erläuterungen von Begriffen und Ereignissen, von denen in den »Notizen« berichtet wird, sollen lediglich eine Hilfe für den Leser sein. Der Herausgeber ist kein Wissenschaftler. Er will mit der Arbeit für dieses Buch auch keinen derartigen Anspruch erheben. Wenn das Bedürfnis nach einer wissenschaftlichen Bearbeitung bestehen sollte, muß das von anderer Seite geschehen. Lückenlos und erschöpfend konnten Hinweise auf Lebensläufe aller im Text Genannten nicht erarbeitet werden. Für diese Unvollkommenheit, die nicht zuletzt darauf beruht, daß manche Namen mittlerweile untergegangen und – oft vielleicht zu Unrecht – nicht festgehalten worden sind, muß um Nachsicht gebeten werden. Der Umfang der Hinweise mag gleichwohl ernsthaftes Bemühen erkennbar machen. Ohne die sachkundige und sorgfältige Unterstützung von Herrn Dr. Wolfgang Kessel, Bonn, wären die Hinweise nicht möglich gewesen. Ihm danke ich sehr für seine Mitarbeit.

So bedeutsam die »Notizen« sind, so kann sich der Versuch, eine Vorstellung über Herbert Wehner möglich zu machen, damit nicht begnügen. Der Teil seines Lebens, den er darin beschreibt, ist immer wieder Gegenstand öffentlicher Verdächtigungen und Schmähungen – nicht zufällig oft zeitlich in Zusammenhang mit Wahlen zum Bundestag – gewesen. Wie und gegen wen er sich dagegen wehren mußte, ist in einem Schreiben an Konrad Adenauer von 1953 und Erklärungen von 1957 festgehalten.

Erstmals im Jahre 1964 hat sich Herbert Wehner bereit erklärt, sich in einem langen Interview mit Günter Gaus »Zur Person« zu äußern. Ein – in Auszügen wiedergegebenes – Interview mit Reinhard Appel im Jahre 1972 und ein Interview anläßlich seines 70. Geburtstages mit Bernhard Wördehoff und Karl Donat führen diese Mitteilungen von Erfahrungen, Erinnerungen und Begegnungen fort. Auch wenn manche Fragen sich überschneiden, die Antworten Herbert Wehners stehen immer wieder für sich. Schließlich sollte auch ein Gespräch im »Kölner Treff« des Westdeutschen Fernsehens im Jahre 1977 festgehalten bleiben. Es wäre ungenügend, ja ungerecht, das dort sichtbare Bild Herbert Wehners zu verbergen.

ZEUGNIS ist der Versuch, Auskunft über Herbert Wehner durch ihn selbst geben zu lassen, in Achtung vor einem ungewöhnlichen und schweren Lebensweg und vor einer großen Lebensleistung, aus freundschaftlicher Zuwendung und in dem Wunsch, dem Menschen Gerechtigkeit im Urteil anderer widerfahren zu lassen.

Bonn, im Januar 1982   Gerhard Jahn

JOSEPH ROVAN
Einleitung*

Mir fällt zu Herbert Wehner eher zu viel ein. Ein solcher Überfluß entspricht der Gestalt des Mannes, der heute einzigartig über die Bonner Szene hinausragt. Einzigartig wäre für den Christen Wehner wohl eine Selbstverständlichkeit, denn jeder Mensch ist in seiner einmaligen Geschaffenheit einzigartig. Im normalen Sprachgebrauch würde er die Bezeichnung wohl gleichzeitig brummend ablehnen, weil er sie übertrieben findet, und schweigend zur Kenntnis nehmen, weil er weiß, daß sie stimmt. Heutzutage sind die Fünfundsiebzigjährigen fast alle Pensionisten. Bei denen weiß der Kommentator wenigstens, worüber er nachzudenken hat, denn der öffentliche Lebenslauf ist mehr oder weniger abgeschlossen, liegt als Dokument vor, ist Geschichte geworden.

Der Pensionist lebt sozusagen hinter seinem wirklichen, das heißt, dem auch wieder irgendwie unwirklichen Leben hinterher, irgendwie unwirklich, weil es ja, weil öffentlich, nur im Auge des Beschauers existiert hat; im eigenen Erleben des Lebenden war es so ganz anders, daß niemand es total so kennen kann wie nur er selbst. Der Beschauer sieht das Öffentliche und irgendwie Unwirkliche, nie etwas Vollendetes und damit Totes.

Herbert Wehner hingegen steht, manchen zum Ärger und vielen zur Freude und noch mehreren zur Bewunderung, noch immer mitten in der Aktion. Gewiß hätte es der schwerkranke Mann, der gerade wieder aus dem Krankenhaus kommt, nicht nötig, noch weiter den Fuhrmann vor der sozialdemokratischen Kariole zu machen, den »Kärrner«, wie es immer wieder in seiner oft so schönen, oft seltsamen, nicht immer leicht zu verstehenden Sprache ge-

* Würdigung zu Herbert Wehners 75. Geburtstag, gesendet am 11. Juli 1981 im Bayerischen Rundfunk.

13

nannt hat. Hier, bei diesem Ausdruck, ist sie leicht zu verstehen, in ihrer altfränkischen oder besser gesagt altsächsischen, das heißt altdeutschen Weise – aber die Sprache Martin Luthers, auf den sich Wehner nicht selten beruft, diese Ursprache des modernen Deutsch, war ja bestes Altsächsisch. Der Kärrner führt den Karren, wenn dieser steckenbleibt, steigt der Kärrner ab und legt Hand an das Rad, und die Hand kann dann die Berührung mit dem Dreck nicht vermeiden. Wehner ist in seiner Laufbahn nirgends und niemals der Erste gewesen, das hat er mit grimmiger Einsicht (und vielleicht auch mit grimmiger Erleichterung und nicht ohne grimmiges Bedauern) schon seit langem als seinen Part zur Kenntnis genommen. Aber weil er unentwegt an wichtigen, und seit vielen Jahren an entscheidend wichtigen, Posten stand und auf Positionen stand – es ist wohl kein Zufall, daß einem bei Wehner die Sprachbilder nur so zufließen, – ist der Kärrner der Erste zumindest an Ausdauer und an Dauerhaftigkeit geworden. Seit 35 Jahren hat er neben Schumacher, Ollenhauer und Willy Brandt gedient, ist er der Alte mit der Peitsche geworden, der Einpeitscher, der Hirte, der die Herde auf dem rechten Wege hält (und gleichzeitig auch wohl der Hirtenhund, der die rebellischen Parlaments-Tiere leicht oder weniger leicht ins Bein beißt). Er ist wohl einer der letzten, wenn nicht überhaupt der letzte im Bundestag, der noch Abgeordneter in einem Parlament der Weimarer Republik war, einer der letzten aktiven Politiker, der wache Erinnerungen an den Umsturz von 1918 mit sich führt. Und auch diejenigen, die aktiv im Widerstand standen, die unter den Nazis polizeilich gesucht wurden, die illegal aus der Emigration ins eigene Land zurückkamen und wieder hinaus in die Emigration mußten, sind in der politischen Welt der heutigen Bundesrepublik selten geworden, viel seltener als diejenigen, die erst nach der Niederlage den Weg zur Freiheit und zur Demokratie entdecken konnten.

Vielleicht würde Herbert Wehner es heute gar nicht mehr wirklich übelnehmen, wenn ich ihn jetzt in seinem hohen aktiven Alter mit demjenigen vergleiche, dem er viele Jahre lang, nach Schumachers Tod ein ebenbürtiger Gegenspieler war, mit Konrad Adenauer. Gewiß, Adenauer hatte das Glück (und für ihn war es eins, wenn auch gleichzeitig eine Aufgabe und eine Berufung), an die erste Stelle zu kommen, aber auch der ewig zweite Wehner hat mit seiner längeren Dauer das Deutschland von heute stärker und nachhaltiger mitgeprägt als irgendein anderer Staatsmann der zweiten deutschen Republik (den jüngeren Opfern von Schulreformen, die das Erkennen von geschichtlichen Zusammenhängen und Kausalitäten unmöglich gemacht oder doch ungemein erschwert haben, sei erklärt, daß mit der ersten die Weimarer Republik gemeint war und nicht das im Ostteil des heutigen Deutschlands etablierte Staatswesen, das sich Deutsche Demokratische Republik nennt und so das große Wort von Pascal wieder bestätigt, daß die Heuchelei eine Verbeugung der Untugend vor der Tugend ist). Wehner ist das lebendige Gedächtnis der deutschen Politik seit den Kämpfen und Fehlentscheidungen der Weimarer Zeit. Wer kann sich heute noch an die Erschütterung erinnern, die der Einmarsch der Reichswehr mit sozialdemokratischer Deckung in die von linken Sozialdemokraten mit kommunistischer Beteiligung regierten Länder Sachsen und Thüringen bei jungen engagierten Mitgliedern der Arbeiterbewegung hervorgerufen hat?

Und welcher Staatsmann der freien Welt, in steter und immer wieder auf neuen Ebenen weitergeführter Auseinandersetzung mit der kommunistischen Welt lebend, kann in diese Auseinandersetzung die Erfahrung einspannen, die aus langjähriger Mitgliedschaft im Zentralkomitee der Kommunistischen Partei Deutschlands, aus jahrelangem Aufenthalt in der Sowjetunion entsprungen ist, und auch dort arbeitete Wehner ja nicht etwa in irgendeiner Komparsenrolle, sondern an einem der Schnittpunkte, an dem sich die Befehle, Richtlinien und Planarbeiten der kommunistischen Weltbewegung trafen.

Er ist der einzige Mann, der an fast allen großen Debatten des Bundestages in außenpolitischen und deutschlandpolitischen Fragen seit dem Beginn des jetzt seit 35 Jahren dauernden Bonner Provisoriums teilgenommen hat. Es ist gewiß kein Zufall, daß in der 1968 erschienenen Auswahl Wehnerscher Reden und Schriften, die den Titel »Wandel und Bewährung« führt, (dem Hörer, der sich für dieses bemerkenswerte Buch interessiert, sei gesagt, daß es gemeinsam vom Verlag Ullstein in Berlin und vom Hausverlag der SPD, J. H. W. Dietz in Bonn herausgegeben wurde), daß in diesem Band der erste Beitrag nach 1945 die Rede wiedergibt, die Herbert Wehner am 21. Oktober 1949 im Bundestag anläßlich der Ausrufung der

Deutschen Demokratischen Republik in Ost-Berlin gehalten hat. In dieser Rede sagte Wehner, und ich zitiere: »Stärker als alle Verfassungen, geschriebenen Verfassungen, ist die eine ungeschriebene Verfassung, die in Deutschland gilt, die den Willen unseres Volkes zur Wiederherstellung seiner staatlichen Einheit zum Ausdruck bringt.« Aber in derselben Rede spricht Wehner auch davon, daß die Verantwortlichen des freien Teils Deutschlands, und ich zitiere wieder: »nicht nur auch, sondern besonders verpflichtet sind, das Interesse der Bevölkerung der sowjetischen Besatzungszone im Auge zu behalten und uns als Anwalt dieser Interessen zu bewähren«.

Im Jahre 1949 war all das, was sich inzwischen, in 32 Jahren, auf dem Gebiet der Beziehungen zwischen den getrennten Teilen Deutschlands ereignet hat, nicht unausweichlich und logisch unabwendbar. Die staatliche Wiedervereinigung scheint Herbert Wehner heute in unabsehbare und nicht voraussagbare Zeiten weggerückt, obgleich gerade die Unvorhersagbarkeit plötzliche, überraschende Neuentwicklung immer offen läßt. Aber von dem Recht auf Selbstbestimmung für alle Deutschen ist auch der heutige Wehner nicht abgegangen, und der Satz von der Verantwortung des freien Teils Deutschlands für die Bewohner des anderen könnte als Motto über allen, oft in ihrer Aufeinanderfolge verschiedenen Vorschlägen, Entschlüssen und Kritiken stehen, mit denen Wehner zu dem Verhältnis der beiden deutschen Staaten Stellung genommen hat. Es ist schwierig, einem Mann und einem Staatsmann gerecht zu werden – und das sind zwei verschiedene Unternehmen gegenüber ein und derselben Person –, die man nur von außen kennt. Dies aber ist das Los der meisten Beobachter. Einige Gespräche, die ich vor Jahren mit Herbert Wehner führen konnte, hatten in mir nicht nur dem Politiker, sondern dem Manne gegenüber Interesse, Achtung und Sympathie verspüren lassen. Doch für die Würdigung, die ich hier und heute zu leisten habe, bin ich auf das ungewöhnlich reiche Material angewiesen, das über den Zeitgenossen Wehner publik gemacht worden ist, das er selbst publik gemacht hat. Aus diesem Material erwächst dem Beobachter ein Eindruck erstaunlichster Kontinuität. In einem bekannten Schriftstück hat Wehner während seines Aufenthalts in Schweden zwischen 1941 und 1946 die Bilanz seiner langjährigen Angehörigkeit zum Kommunismus gezogen und damit selbst über den einzigen großen Bruch Rechenschaft gegeben, der sich in seinem Leben und in seinem politischen Wirken ereignet hat. Aber es war derselbe Wehner, der innerhalb der Kommunistischen Partei von 1927 bis 1942 agierte, und den Kurt Schumacher 1946 an seine Seite holte. Mein Eindruck ist, daß Herbert Wehner auch auf Um- und Irrwegen den Zielen und den Werten verbunden blieb, mit denen er als ganz junger Mensch angetreten war.

Der Mann, der einst zu Adenauer das geniale Wort fand, der Kanzler sei »politisches Urgestein«, hat selbst etwas granitisch Hartes und Ungetümes, das ihn wuchtig und mächtig wie einen politischen Rübezahl oder einen Knecht Ruprecht (ich hoffe, dieser Vergleich wird ihm nicht mißfallen) daherschreiten und manchmal auch recht heftig daherpoltern läßt (ich denke dabei an die berühmten heftigen, aufbrausenden, wütenden Zwischenrufe, an emsiges Schlagaustauschen in parlamentarischen Debatten, an überraschende und Störungen hervorrufende Mitteilungen, von denen man nie weiß – aber vielleicht will Wehner bewußt diese Unbestimmtheit im Raum stehenlassen –, ob sie Ausbrüche eines immensen Temperaments sind, das nicht immer gezügelt und niedergehalten werden kann, oder scharf kontrollierte Unkontrolliertheiten). Aber es gibt von dem Manne Wehner auch zahlreiche Zeichen einer verhaltenen, männlichen Zartheit und Zärtlichkeit. Der vielen böse erscheinende alte, schwer schuftende Mann – das darf von einem Mann des öffentlichen Lebens ohne Indiskretion gesagt werden – hat mit beispielhafter Hingabe seine jahrelang kranke Frau gepflegt und umgeben. Er lebt in dezenten, aber äußerst bescheidenen Verhältnissen, in einem angenehmen, aber kleinen Reihenhaus ohne jedes äußere Zeichen der immensen Macht, die er seit Jahrzehnten ausübt. Seine Liebe zur Musik ist bekannt; ich habe es selbst erlebt, daß wichtige politische Gespräche zunächst weggeschoben wurden, weil der Hausherr dem Gast eine gerade erhaltene Schallplatte vorspielen wollte, die ihm Freude machte. Und dieser Mann aus Granit kann auch eine sehr zarte Haut haben: es muß ihm abgenommen werden, daß er sich für das Leben irgendwie als Prügelknaben des Schicksals angesehen hat, weil er gegen Hitler kämpfte, weil er Kommunist war und weil er gegen den Kommunismus kämpfte. Da ist es nur richtig, wenn alle auf so einen einschlagen, das verdient er ja nur, der solche Rollen gespielt hat und noch dazu alle drei, die eine nach oder neben der anderen.

Die Erinnerung an das Verfolgtsein bricht dann wohl auch bitter und laut aus ihm hervor, und wohl auch die Erinnerung an den unerträglichen Druck, an die permanente Bedrohung, der einer ausgesetzt war, der in Moskau ab 1935 im Teufelskessel der Stalinschen »Reinigungen« zu überleben hatte. So viele glatte Gesichter gibt es heute in der deutschen Politik wie im politischen Leben anderer Länder, Gesichter, in die sich keine Furche von Schrecken und Qual eingegraben hat – Wehners Gesicht sieht aus wie eine von Wettern und Unwettern gezeichnete Landschaft. Es ist schade, daß es nicht mehr viele Menschen gibt, die wissen, daß sie vor dem, was dort geschrieben steht, Respekt haben müßten (aber wo wird heute Respekt als Tugend erwähnt, gepriesen und weitergegeben?). Und wenn einmal all das Leid, Leiden und Erleiden mit Schreien herausbricht, sollte man in Stille und Achtung hinhören.

Da Wehner Politiker ist und sich damit der Öffentlichkeit und der öffentlichen Darstellung ausgeliefert hat, kann nicht vermieden werden, von seinem Glauben zu sprechen. Ich traue mich, von Wehner zu sagen, daß er Christ ist, protestantisch-lutherischer Christ, und Deutscher und Sozialdemokrat ist. Auf die Reihenfolge kommt es hier nicht an. Sie muß ja auch nach dem Zusammenhang und dem Tat- oder Spruchort je anders lauten. Von seinen Eltern, die bewußt zur alten Arbeiterbewegung gehörten (zu der, die direkt von Bebel geprägt war), hat Wehner geschrieben, daß sie die Söhne nicht zu Marxisten erzogen hatten. Der junge Wehner lebte zeitweise in engen Beziehungen zu dem eigenwilligen und unorthodoxen Anarchisten Erich Mühsam, den die Nazis später im KZ auf entsetzliche Weise zu Tode gefoltert haben. Daran soll hier im Zusammenhang mit Wehner, und ich meine wohl im Sinne von Wehner, erinnert werden: in diesem Deutschland sind zahllose Menschen im KZ mutwillig und böswillig von nicht mehr im Zaum gehaltenen Bestien zu Tode gefoltert worden, gütige, harmlose, mutige und auch ganz und gar an Politik unbeteiligte Menschen.

Das sollten vor allem diejenigen unter den Jüngeren immer vor Augen haben, die leichtfertig über der unvollkommenen Demokratie und der unvollkommenen freien Gesellschaft zu Gericht sitzen, und sie in Bausch und Bogen verurteilen, die anstelle des Reiches der Nazifolterer errichtet worden sind, und dies nicht zum wenigsten durch die unermüdlichen Bemühungen eines Herbert Wehner. Für seine Zeit nach dem Bruch mit dem Kommunismus macht sich Wehner mit Nachdruck das Wort von Schumacher zu eigen, der Marxismus sei »eine Methode der soziologischen und politischen Erkenntnis und kein Gebäude von dogmatischen Lehrsätzen«. Als solche, fügt Wehner hinzu, hat sie noch Lebenskraft, und besonders auch in den Ländern, wo der Kommunismus autoritär regiert, und wo immer wieder, ich zitiere: »irgendwann eben doch zum Bewußtsein kommt, daß diese Apparate, sowohl in vielen Einzelheiten als auch als Ganzes, nicht dem Geist von Marx entsprechen«. Aber es entspricht wohl der Anlage und dem Werdegang von Herbert Wehner, daß ihn mehr mit der Gestalt von Ferdinand Lassalle verbindet als mit Marx. Eine der schönsten der bisher veröffentlichten Wehner-Reden wurde am 9. November 1963 zur Hundertjahrfeier der SPD in Neuwied gehalten. Dort erinnert Wehner daran, daß Lassalle, indem er sich an die Arbeiter wandte, unter Arbeitern all diejenigen verstand, die – ich zitiere: »noch eben den Willen haben, sich in irgendeiner Weise der menschlichen Gesellschaft nützlich zu machen«, und daß Lassalle »keine bloße Klassenbewegung« ins Leben rufen wollte. Wehner lobt bei Lassalle den Willen, »für alles taub zu sein, was nicht allgemeines und direktes Wahlrecht heißt«, und daß so in seiner Nachfolge die ›Sozialdemokratische Partei Deutschlands‹ in das politische Leben unseres deutschen Volkes eingetreten ist«, als der organisierte Wille der arbeitenden Menschen, gleiches staatsbürgerliches Recht für alle durchzusetzen«.

Hier betont Wehner in deutlicher Stellungnahme gegen Marx und in direkter Nachfolge zu Schumacher, daß die demokratische Staatsform, in der die Arbeiter in der Lassalleschen Definition zu der bewegenden Kraft im Staate werden, nicht einfach nur ein Kampfplatz für die Klassenkämpfe sein darf, auf dem die Interessengegensätze ausgetragen werden, sondern – ich zitiere: »daß die Demokratie eine verpflichtende Lebenshaltung sein muß«. Wehners Demokratieverständnis und Wehners Sozialismusverständnis treffen sich in seiner lassallianisch-schumacherischen Vorstellung von der Sozialdemokratie, die sich unter das Gesetz der Demokratie stellt. Der demokratische Staat von Weimar ist nach Wehners Überzeugung daran gescheitert, daß die Gesellschaft nicht von demokratischen Werten getragen und erfüllt war, sondern ganz im Gegenteil von undemokratischen und antidemokratischen. Daher muß in der Bundesrepublik nach Wiederherstellung der demokratischen Staatsordnung »die Verschmelzung des Demokratischen mit dem Sozialen und mit dem Rechtsgedanken« verwirklicht werden, durch die der Staat, wie Wehner es in seiner Neuwieder Rede sagte, erst »zum Kulturstaat wird, der seine Inhalte von den gesellschaftlichen Kräften empfängt und dem schöpferischen Geist der Menschen dient«. Nicht den Menschen verstaatlichen, wie man sie oft beschuldigt, wollen die Sozialdemokraten, sondern den Staat vermenschlichen. Von diesem Standpunkt aus hat Wehner die Weiterentwicklung des sozialen Fortschritts, die Zurückdämmung der großen Privatinteressen, die Ausdehnung der Rechte der Arbeitenden als ein unerläßliches Element der Konsolidierung der Demokratie betrachtet, und sein Gegensatz zur Wirtschafts- und Sozialpolitik der bürgerlichen Koalitionsregierungen unter Adenauer und Erhard hatte global-nationalpolitische Gründe: ohne die fortschreitende Demokratisierung der Gesellschaft, und das heißt an erster Stelle der Wirtschaft, hängt die politische Demokratie im luftleeren Raum. Und solange es noch sinnvoll scheinen mochte, von den Bedingungen zu sprechen, unter denen die Wiedervereinigung der beiden deutschen Staaten sich eventuell ereignen konnte, hat Wehner immer wieder betont, daß es sich nicht darum handeln dürfe, in der DDR vollzogene soziale Veränderungen einfach und schlicht rückgängig zu machen! Ganz im Gegenteil, die von den Sozialdemokraten avisierten Reformen in der Bundesrepublik sollten auch auf diesem Gebiet die Wiedervereinigung fördern und erleichtern. Von derartigen Hoffnungen ist heute nicht viel übrig geblieben, Wehner erwartet nicht, daß er eine wie auch immer geartete Wiedervereinigung noch erleben könnte, aber die ihm oft zugeschriebene Idee, daß die beiden deutschen Staaten in einem längeren historischen Prozeß aufeinander zuwachsen könnten, indem der Sozialismus der DDR sich vom Kommunismus entferne und die Sozialdemokratie in der Bundesrepublik mehr Gleichheit und mehr Planung oder weniger Ungleichheit und weniger Unordnung durchsetzen könnte, hat wohl in der Wehnerschen Vorstellung von der Demokratisierung der Gesellschaft eine echte und wirkliche Wurzel. So gesehen mußte für Wehner auch das Godesberger Programm kein Bruch, sondern Bestätigung sein: es bedeutete, wie Wehner es in einer Rede vor Betriebsfunktionären der SPD wenige Tage nach Godesberg formulierte, »mit den Mitteln der Demokratie zum Sozialismus zu kommen, zu einem Sozialismus, der vollendete, verwirklichte und – ich unterstreiche – für alle verwirklichte Demokratie ist«. Darum setzt sich Wehner auch noch in den letzten Jahren für die Weiterentwicklung des Sozialstaats und besonders des Rentenwesens ein, nicht ohne Konflikte mit den zum Sparen gezwungenen Bundesregierungen, und hier liegt auch ein zentraler Grund für die Bemühungen des ehemaligen Kommunisten, der sich über die kommunistischen Partner keinerlei Illusionen macht, um die Rettung der Entspannungspolitik: ein Rückfall in verstärkten Rüstungswettlauf und Kalten Krieg würde einen großen Teil der Reformen und Fortschritte in Richtung auf eine demokratischere Gesellschaft, so wie sie seit 1966 und besonders seit 1969 verwirklicht worden sind, in Frage stellen.

Die letzthin nichtmarxistische Sozialismusvorstellung des Sozialdemokraten Wehner kann nicht ohne Zusammenhang zu seinem Christsein gesehen werden. Von solchen Dingen, die wohl auch für ihn die ersten und die letzten sind, spricht Herbert Wehner nicht oft.

Aber in einer Ansprache, die er am 18. Oktober 1964 in der Hamburger Michaeliskirche gehalten hat, heißt es: »Ich kenne die Situation des Menschen, der versucht, ohne die Kirche zu leben und meint, er vermöge ja dennoch (oder gar gerade so) mit dem Evangelium zu leben. In Wirklichkeit hält er die Spannung nicht aus. Sie geht über seine Kraft. Entweder zerbricht er an ihr, oder sein Glaube und seine Hoffnung zerbrechen. Mit dem Verstand vermag ich zu begreifen, wie man aus Protest oder aus Trotz gegen Formen, Personen oder Verhaltensweisen, in denen einem die Kirche entgegentritt, sogar den Glauben und die Hoffnung verlieren und zum Strohhalm des Atheismus greifen kann.«

Damit ist wohl das Wesentliche gesagt. Wer so spricht, ist entweder ein erbärmlicher und verachtungswürdiger Heuchler – und dem Hörer ist klargeworden, daß dies nicht meine Meinung zu Herbert Wehner sein kann – oder ein Mensch, der sich unaufhörlich in der Geworfenheit der Sünde wie in der Geborgenheit der Gnade weiß. Über Wehners Weg im Verhältnis zu Kirche und Glauben ist mir mehr nicht genauer bekannt. Er ist vielleicht einer von denen gewesen, die ohne die Kirche zu leben versuchten und sich vielleicht sogar an den Strohhalm des Atheismus geklammert haben. Irgendwann, wahrscheinlich in Schweden, wo das lange Erlebnis der Haft, des Gefängnisses ja vom Februar 1942 bis August 1944 dauerte, hat er dann wohl sein Verhältnis zur Kirche und zum Glauben wieder, wie er es formuliert, in die Ordnung gebracht, ebenso wie er damals in einer nach dem Krieg von ihm selbst in der Auseinandersetzung mit seinen Gegnern und Verleumdern publik gemachten Schrift den Bruch mit der Führung der Kommunistischen Partei vollzog, ohne schon zu wissen, daß ihn der Wille, »mit eigenen Erfahrungen und Erkenntnissen zu einer wirklichen Selbstprüfung und Selbstkritik der Arbeiterbewegung beizutragen«, in die führende Rolle bei der SPD bringen würde, die ihm ab 1946 schnell zufällt. Aber wie vieles im Leben und in der Laufbahn von Herbert Wehner sind die Erlebnisse seiner schwedischen Zeit ein Gebiet, auf dem für die Forschung kommender Historiker manches, wenn nicht alles, offenbleibt.

Das gilt ja auch für die exakte Rolle, die Wehner bei der Vorbereitung und Ausarbeitung des Godesberger Programms eingenommen hat, das gilt von seinen Absichten in bezug auf Willy Brandts Kanzlerschaft in den Monaten und Wochen vor der Guillaume-Affäre, das gilt von seinem Gespräch mit Honecker in der Schorfheide im Mai 1973. Herbert Wehner ist kein Politiker, der Bekenntnisse und Erinnerungen noch während seiner politischen Aktivität meistbietend ausgibt.

Zum Christsein dieses heftigen und am parlamentarischen Schlachtenlärm so sichtbar freudig teilnehmenden Mannes gehört seine Hilfsbereitschaft. Unter der Voraussetzung, daß Diskretion gewahrt bleibt, hat sich wohl niemand umsonst mit der Bitte um Hilfe an Wehner gewandt. Die Antwort erfolgt nicht immer mündlich oder schriftlich, aber sie macht sich eines Tages spürbar. Eine leidenschaftliche Anteilnahme am Schicksal der Verfolgten, die Erregung über Unrecht und Folter klingen in zahlreichen seiner Verlautbarungen mit, am schrillsten wohl in einer Rede, die im erwähnten Auswahlband »Straßburg und Bautzen« heißt und im Mai 1950 gehalten wurde; Bautzen, weil dort das berüchtigte Zuchthaus steht, in das nach der Auflösung der sowjetischen Konzentrationslager in der DDR Tausende von politischen Häftlingen überführt wurden, um dort unter unmenschlichen Bedingungen zu leiden und zugrunde zu gehen. Hier ruft Wehner: »...man muß über ein Land sprechen, in dem Konzentrationslager und Folterhöhlen sind. Sechstausend Menschen sitzen in diesem vierfach mit elektrischem Stacheldraht umgebenen Gefängnis hinter fünf Meter hohen Mauern. Tausend ... sind tuberkulös. Von diesen ... bekommen nur siebzig Krankenkost ... Es sind in der Zeit des Bestehens dieses Lagers über 18 000 Menschen in ihm zugrunde gerichtet, das heißt in den Tod gejagt worden.« Der Wille, den Menschen im anderen Teil Deutschlands konkret zu helfen, ist in Wehner nie erloschen, konkret, das heißt mit den jeweils zur Verfügung stehenden Mitteln der Politik; konkret, das heißt auch, indem man das Los von einzelnen zu erleichtern sucht, und dies bedeutet, daß ein Herbert Wehner in einem Maße und mit Mitteln, die der Historiker genauer zu eruieren haben wird, an allen Aktionen zur Freimachung von Häftlingen in der DDR beteiligt gewesen ist, seitdem es solche gibt.

Auch hier ergibt sich mühelos der Übergang vom Kapitel Christsein zu dem, was Herbert Wehner als Deutscher gewollt und getan hat, nicht als Nationalist, sondern als einer, der den Lebenskreis ehrt, in den ihn das Schicksal, in den ihn Gott gestellt hat, so wie es in den Zehn Geboten heißt, daß wir Vater und Mutter ehren sollen. »Wir müssen zu Gott beten«, sagt Wehner in der schon zitierten Ansprache in der Hamburger Michaeliskirche, »uns die Kraft und Geduld zu verleihen, das Menschenmögliche zu tun, um die nationale Einheit unseres Volkes auch unter den Bedingungen der staatlichen Spaltung zu wahren; das Menschenmögliche zu tun, um im Geltungsbereich des Grundgesetzes Gesellschaft und demokratischen Staat in das harmonische Verhältnis zu bringen.« Daß einer für solche Dinge betet, mag manchen jungen Besucher heutiger Kirchentage erstaunen. Wie gut wäre es, solche Formulierungen würden sie stutzig machen. Vielleicht würden dann auch Worte, wie das von Bebel, wieder verständlich, das Wehner am Abschluß seiner Rede zur Hundertjahrfeier der SPD zitiert: »Dieses unser Vaterland wollen wir zu einem Lande machen, wie es nirgends in der Welt in ähnlicher Vollkommenheit und Schönheit besteht.«

Für Herbert Wehner paßt das altmodisch gewordene Wort Patriot. Das Deutschland, für das er steht und sich einsetzt, dessen Einheit er wiederherstellen will, soll ein Land des Friedens und der

Gerechtigkeit sein, auch wenn der Christ, der Sozialist und der Patriot zu seiner Verteidigung bereit sein müssen. Wehner, der der Angst, der heute viel zitierten und viel gelobten, nicht nachgegeben hat, war nie ein Pazifist, sondern ein Mann, der von den Schrecken des Krieges weiß, aber auch von den Schrecken der Gewaltherrschaften. Nicht weil er einst Kommunist war und geheime Vorliebe für den Kommunismus bewahrt hat, sondern in Erkennung der Gegebenheiten bemüht sich Wehner seit 1946, die Spaltung des Vaterlands und die Spaltung der Arbeiterbewegung (im Lassalleschen Sinne des Wortes Arbeiter) zu überwinden. Das heißt heute und seit langer Zeit, wie er es schon 1966 nach dem Scheitern des Projektes eines Redneraustausches zwischen SPD und SED ausdrückte, »Formen und damit auch Rechtsformen zu finden, durch die beide Seiten in Deutschland miteinander verkehren können, obwohl keine Seite die andere als ihresgleichen anerkennt. Das muß um der Menschen willen möglich gemacht werden.« Mit diesen Worten ist Herbert Wehners Haltung zur sogenannten Ostpolitik klar beschrieben. Solange jede Chance auf staatliche Wiedervereinigung noch nicht vollständig verschwunden war, gehörte Wehner zu den führenden Sozialdemokraten, die verhindern wollten, daß die westliche Bindung der Bundesrepublik diesen Chancen ein Ende setzt, so gering sie auch waren. Daß die Westpolitik die Wiedervereinigung mit sich bringen würde, hat er nie geglaubt. Als es klar war, daß derartige Chancen nicht mehr bestanden, hat sich Wehner zum Wortsprecher der Revision sozialdemokratischer Außenpolitik gemacht, in seiner berühmten Rede vor dem Bundestag am 30. Juni 1960, die ein Plädoyer für eine gemeinsame Politik der beiden großen Parteien war und in deren Folge die von Wehner gewollte Große Koalition lag. Seitdem die Spaltung endgültig ist, soweit etwas in der Geschichte endgültig sein kann, und besonders seit dem Bau der Mauer, lebt Wehner in der aktiven Sorge, die beiden Teile Deutschlands in ein Netz von gegenseitigen Bindungen einzuspannen, die ein weiteres Abgleiten in Konfrontation und neue unerträgliche Belastungen für die Menschen drüben verhindern, ja deren Lage schrittweise verbessern sollen. Wenn man die Äußerungen, Handlungen, Schachzüge, Ausbrüche und Andeutungen Wehners in der deutschen Frage im Lichte der dreifachen Kontinuität sieht, die aufzuzeigen ich mich hier bemüht habe, werden zwar keineswegs alle

Details seines Weges eindeutig klar, wohl aber die durch alle Winkelzüge hindurch gradlinige Absicht, die mit grandioser, ja biblischer Einfachheit zutage tritt. Es steht hier nicht zur Debatte, ob sie richtig oder falsch ist, welche Gefahren sie enthält, welchen Profit der Kommunismus in Moskau und Ost-Berlin daraus schlagen könnte, welche Gefährdungen für die kommunistische Herrschaft in Europa sie enthält. Ihre Existenz ist evident, als ein bedeutendes politisches Konzept ebenso klar, einfach und eindeutig wie das von Wehners großem Gegenspieler Adenauer.

Es möge dem Berichterstatter nach vielen Wochen emsigen Umgangs mit dem, was von Wehner und über Wehner publik gemacht wurde, die Behauptung erlaubt sein, daß Wehner neben und nach Adenauer der bedeutendste Staatsmann der Bundesrepublik Deutschland gewesen ist. Als Staatsmann wahrscheinlich der einzige, und Adenauer trotz aller Verschiedenheit in der Schlichtheit und grandiosen Einfachheit der Grundüberzeugungen ähnlich. Vielleicht auch bei aller Wut über Dummheit und Bosheit weniger menschenverachtend, ja zarter und humaner. Wenn ich als Journalist und Historiker die fünfunddreißig Jahre dieser Bundesrepublik betrachte, so wage ich zu meinen, die Deutschen hätten doch Glück gehabt bei allem verdienten und unverdienten Unglück – aber wo waren Schuld und Unschuld je zu trennen? –, als sie sowohl einen Adenauer wie einen Wehner in führender Stelle an der Spitze ihres Gemeinwesens besaßen. Schattenseiten gibt es genug bei jedem von uns, und auch bei den größten Männern, die auch, wie Luther es auf dem Totenbett ausruft, vor Gott nur Bettler sind. Was hier versucht wurde, war nicht vorweggenommene Hagiographie, sondern der Versuch zu beweisen, daß man Leben und Werk eines großen Mannes verstehen kann, wenn man das ernst nimmt, was er über sich und seine Absicht bekanntgegeben hat. Auch Staatsmännern gegenüber kann Vertrauen die beste Taktik sein.

Notizen

Diese Niederschrift ist keine zusammenhängend bearbeitete kritische Darstellung von Ereignissen, die ich erlebt habe. Sie ist auch nicht der Versuch einer Bilanz von Erfahrungen und Erkenntnissen. Die Notizen, die ich aus dem Gedächtnis niederschreibe, sollen mir und andern erleichtern helfen, gewisse Vorgänge und Zusammenhänge künftig einordnen und verstehen zu können.

Wiederholt habe ich in den vergangenen Jahren das Bedürfnis gefühlt, zur Selbstklärung und Auseinandersetzung schriftlich Rechenschaft zu geben. Die äußeren Umstände haben mich an der Ausführung gehindert. Einige Versuche selbstkritischer Rechenschaftslegung, die ich in Zeitschriftenartikeln begonnen hatte, sind in den Anfängen stecken geblieben. Die Weiterführung meiner im Gefängnis begonnenen Arbeit »Selbstbesinnung und Selbstkritik« ist mir bis jetzt nicht geglückt. Es wäre falsch, die hindernde Einwirkung der äußeren Umstände als eine rein technische aufzufassen. Vor mir selbst muß ich feststellen, daß ich noch während des Krieges der Meinung gewesen bin, es sei möglich, weitgehende Selbstkritik und kritische Behandlung der Probleme der sozialistischen Bewegung im Rahmen der um neue Formen und Zielsetzung in der Arbeiterbewegung ringenden kommunistischen Partei auszuüben. Wenn ich zeitweilig, während besonders heftiger Krisen, an dieser Möglichkeit gezweifelt hatte, schöpfte ich dann doch wieder Hoffnung, um schließlich während des Krieges meine Arbeitskraft darauf zu konzentrieren, im Kampf um die Organisierung des aktiven Widerstands gegen die nationalsozialistische Kriegspolitik Keime für neue Entwicklungsmöglichkeiten der sozialistischen Bewegung zu schaffen. Als meine Verhaftung und Einkerkerung diesen Versuch gewaltsam durchkreuzt hatte und ich, zu allen früheren Erfahrungen, noch schwere, niederdrückende eigene Erlebnisse aufgebürdet bekam, war ich der Meinung, es sei meine Pflicht, zu gegebener Zeit Fäulniserscheinungen am Körper der Partei, der ich nach bestem Wissen gedient hatte, ohne mein eigenes Denken verkrüppeln und beschneiden zu lassen, aufzuzeigen, damit zumindest die schädlichsten Personen an einer Weiterführung ihrer Tätigkeit gehindert würden. Diese Vorstellung verband sich in meinem Denken mit dem festen Entschluß, fürderhin nicht wieder zu versuchen, im Rahmen der kommunistischen Partei sogenannte leitende Arbeit auszuüben, weil ich es für unmöglich hielt, mit den in ihr maßgebenden Personen in das notwendige kameradschaftliche Verhältnis zu kommen. Ich wollte – so dachte ich – in wirklicher Unabhängigkeit ein einfaches Leben führen und meine Kräfte dafür einsetzen, an der Gesundung und Neubildung der sozialistischen Bewegung mitzuarbeiten, vornehmlich durch ehrliches Suchen nach der Wahrheit und durch das Streben nach der Verwirklichung sozialistischer Brüderschaften. Ich habe dabei nicht an ein idyllisches Leben gedacht. Ich wollte es mir nicht leicht machen. Selbstbesinnung und Selbstkritik waren mir strenge persönliche Verpflichtungen. Gerade weil ich sie so nahm, sah ich keine Möglichkeit zu erneuter Teilnahme an den taktischen Manövern, die in Wirklichkeit den Lebensinhalt des kommunistischen Funktionärs und Politikers bilden. Ich wollte anderseits auch nicht den Rückzug in eine der Sekten, deren mehr oder weniger selbstgefällige Betrachtungsweise nur die Kehrseite der offiziellen Parteimedaille bildet, und die im Kleinen fortzusetzen versuchen, was die Offiziellen im Großen verüben.

Solche Erwägungen und Gedanken müssen den Parteitaktikern unverständlich und deshalb verdächtig sein. Dagegen ist nichts einzuwenden. Gedanken stören deren Betrieb. Die Reaktion der Parteitaktiker sind Verdächtigungen, Verleumdungen und Organisierung von Kesseltreiben.

Aber mir selbst muß ich die Frage stellen, ob meine Haltung nicht an Resignation grenze, oder ob ich nicht in Versuchung gerate, von der Selbstbesinnung und Selbstkritik in die Selbstverneinung zu gleiten. Bisher habe ich mich nicht zu einer Zusammenfassung meiner Erkenntnisse und Gedanken zu den Problemen der sozialistischen Bewegung aufgerafft. Es wäre vermessen, behaupten zu wollen, daß ich zu allen wesentlichen Fragen genau durchdachte Auffassungen mir gebildet hätte. In einigen Punkten weiß ich bisher nur, was nicht sein darf, wenn die sozialistische Bewegung wieder aufwärtsgehen soll. Ist ein solch zögerndes Herangehen an Lebensfragen berechtigt? Ich will mich nicht selbst entschuldigen, aber ich muß mir selbst erklären, daß es eine Folgeerscheinung von Erlebnissen und zugleich ein Ausdruck meiner inneren Verbundenheit mit der Bewegung ist, wenn ich immer und immer noch einmal die Probleme von allen möglichen Seiten zu untersuchen unternehme, ehe ich zu gestehen wage, daß ein klares Resultat vorliege.

Die Notizen werden ein wesentlicher Schritt zur Ausarbeitung einer klar umrissenen Auffassung sein.

Auf dem Weg zum Jahr 1933

Seit Kriegsende ist mehr als ein Jahr vergangen. Niemand wird behaupten wollen, daß das Leben während dieser Zeit schon wieder in sogenannte normale Bahnen geglitten sei. Aber das politische Leben macht den Eindruck, als solle es ganz in den alten Bahnen weitergeführt werden. Gewiß, man streitet um Schuld und Verantwortung, und man ist dazu übergegangen, viele der vom Nationalsozialismus entwickelten totalitären Methoden mit anderen nationalen oder sozialen Vorzeichen im politischen Leben nachzuahmen und auf der andern Seite zu bekämpfen, aber Zeichen einer grundsätzlichen Neuorientierung sind im günstigsten Falle nur bei Außenseitern festzustellen. Selbst bei äußerster Zurückhaltung darf wohl gesagt werden, daß die wesentliche Lehre, die von den meisten Politikern aus den Ereignissen um den zweiten Weltkrieg gezogen worden ist, darin besteht, daß sie versuchen, dieselbe Effektivität zu erreichen, die von den sogenannten autoritären und totalitären Parteien und Staatsmännern praktiziert worden ist.

Dennoch ist es unbestreitbar, daß für die meisten Menschen, die durch die Schrecken des Terrors gegangen sind, dieses persönliche Erlebnis – zumindest in manchen Augenblicken konzentrierter Bewußtheit – die Erkenntnis geboren hat, daß man wirklich neu beginnen müsse, auch mit der Bewertung dessen, was früher getan worden ist.

Es war meine Hoffnung, daß am Ende des zweiten Weltkrieges aus der Arbeiterbewegung verschiedener Länder die Forderung nach vorurteilsloser Untersuchung der Faktoren, die in diesem Krieg kulminierten, immerhin so vernehmlich ertönen würde, daß die Arbeiterbewegung zu einer im ursprünglichen Sinne selbstkritischen Prüfung und Neuorientierung gezwungen gewesen wäre. Noch im Jahre 1943 hielt ich es für nicht ausgeschlossen, daß von der Seite der Sowjetunion – direkt oder indirekt – nach dem Kriege versucht werden würde, die Initiative zu einer grundsätzlichen Diskussion der Probleme der internationalen Arbeiterbewegung zu ergreifen (unbeschwert vom Kominternprestige), und daß dadurch (*selbst wenn die Initiatoren nur ihre eigenen engen taktischen Ziele im Auge haben würden*) Gelegenheit gegeben würde zu einer sachlichen Auseinandersetzung und Klärung. Die Wirklichkeit lehrt, daß der Praktizismus des Machtkampfes dominiert, und daß von einer wirklichen Selbstkritik in der Arbeiterbewegung nicht die Rede sein kann. Selbstkritik ist – besonders in der Praxis der kommunistischen Parteien – zu einer Forderung an die Gegner geworden, deren man sich zu gegebener Zeit bequem bedient, ohne aus ihr Konsequenzen für sich selbst zu ziehen.

Im zweiten Halbjahr 1941 und im Januar 1942 habe ich versucht, die Lage der deutschen Arbeiterbewegung kritisch darzustellen. Mir schien es unerläßlich, die Auffassungen über die Entwicklung der deutschen Arbeiterbewegung zu diskutieren, um aus der Diskussion zu gemeinsamen Handlungen gegen das nationalsozialistische Kriegsregime zu kommen und damit den Grund zu einer neuen, unabhängigen sozialistischen Arbeiterbewegung zu legen. Meine Veröffentlichungen stießen auf den erbitterten Widerspruch und auf handgreifliche Gegenmaßnahmen der professionellen kommunistischen Parteitaktiker. Für sie war die Selbstkritik offiziell abgeschlossen mit dem wenigen, das in sorgfältig frisierter Form als Ergebnis der Brüsseler Konferenz von 1935 dargeboten worden war. Sie begannen mit einer neuen Form von Selbstkritik erst wieder, als der Moskauer Rundfunk durch den Mund des Nationalkomitees Freies Deutschland die Parole »Umlernen« ausgab. Umlernen ist aber, das sagt schon das Wort, durchaus nicht dasselbe wie Selbstkritik. Und das war auch die Absicht.

Es bleibt die Aufgabe bestehen, mit eigenen Erfahrungen und Erkenntnissen zu einer wirklichen Selbstprüfung und Selbstkritik der Arbeiterbewegung beizutragen. Sich selbst dabei nicht schonen zu wollen, ist eine wesentliche Voraussetzung. Dadurch zu einer Reinigung der vergifteten Atmosphäre innerhalb der Arbeiterbewegung mitzuhelfen, wird ein gutes Anfangsergebnis sein. Wenn in der Arbeiterbewegung die Selbstkritik um sich greifen wird, wird ein wesentlicher Schritt zur Erringung ihrer Unabhängigkeit getan sein.

Was ich nun über den Weg zum Jahr 1933 niederschreibe, sind Notizen, die als Stichproben gewertet werden können. Sie gehören in den Rahmen einer umfassenden Untersuchung, sollen eine solche also nicht ersetzen oder überflüssig machen.

Krampfhafte Offensivversuche 1929

Auf Grund eines Telefonats von Berlin hatten sich Kurt Sindermann und Siegfried Rädel veranlaßt gesehen, ein Flugblatt zu verfassen und unmittelbar verbreiten zu lassen, in dem die Zusammenstöße, die am 1. und 2. Mai in Berlin vorgekommen waren, als der Ausdruck einer neuen revolutionären Welle bezeichnet und die Arbeiter zu entsprechenden Handlungen aufgefordert wurden. Nachträglich kritisierte Renner – von einer Beratung in Berlin kommend – das »Vorauseilen«, aber die Kritik war taktischer Art, grundsätzlich wurde an dem Vorhandensein der sogenannten Revolutionären Welle nicht gezweifelt.

Im Sommer wurde die Partei mit all ihren Gliederungen völlig auf die Vorbereitung des Antikriegstages am 1. August konzentriert. Alle Kräfte wurden angespannt, um einige Demonstrationsstreiks zustande zu bringen, mit dem Ergebnis, daß einige Baubelegschaften am 1. August die Arbeit niederlegten. Während die Betriebsräte und Gewerkschaftsvertrauensleute schon mit den Problemen der rapid zunehmenden Kurzarbeit und der vielen Betriebsstillegungen zu ringen hatten, wurde die Bedrohung der Sowjetunion durch Kriegsüberfall als das zentrale Problem bezeichnet. Jede betriebliche Frage sollte der Notwendigkeit der unmittelbaren Mobilisation der Arbeiterschaft zu Aktionen gegen die Kriegsgefahr untergeordnet werden, die uns in Gefahr brachte, die wirklich brennenden Probleme der Arbeiterschaft und der übrigen Werktätigen zu vernachlässigen. Ich war damals recht vertraut mit den wirklichen Verhältnissen in den Betrieben und Gewerkschaftsorganisationen, aber obwohl ich versuchte, Rückschläge und Brüche in der Entwicklung der Steigerung unseres realen Einflusses in der Betriebs- und Gewerkschaftsarbeit, die bei dieser Überspannung und Überhitzung notwendigerweise eintreten mußten, zu verhindern, habe auch ich schwere Fehler gemacht, wie die Formierung einer Bauarbeiterdemonstration aus einer großen Bauarbeiterversammlung zum Lokal, in dem eine Parteifunktionärkonferenz der KPD tagte. In der Versammlung hatten wir die Mehrheit der Bauarbeiter auf unserer Seite (es handelte sich um die damals aktuelle Frage der Saisonarbeiterunterstützung), und wir hielten es für den Gipfel des Erfolgs, dem Bevollmächtigten des Baugewerksbundes die Leitung zu entwinden und einen Teil der Versammelten in geschlossenem Zug nach der Parteifunktionärkonferenz zu führen. – Kontrast zwischen der geduldigen Aufbau- und Schulungsarbeit für Betriebsräte und Gewerkschafter, die ich damals mit Paul Gruner und anderen erfahrenen Betriebsfunktionären durchführte, und unseren offiziellen Tributen an die revolutionäre Phraseologie, die eine Folge der krampfhaften Offensivversuche der Parteileitung war.

Im Herbst hatte eine Konferenz von Funktionären aus den drei sächsischen Bezirken auf Verlangen des ZK Stellung zur Vereinigung der drei Bezirke zu einem und zur Bildung einer Bezirksleitung für ganz Sachsen zu nehmen. In einer Vorbesprechung vertraulicher Art, zu der Renner nach Berlin gerufen worden war, wurden hauptsächlich innerparteiliche Argumente für die Umbildung der Organisation angeführt. Man hatte konstatiert, daß die Mitglieder- und Wählerstimmenzahl im Bezirk Erzgebirge-Vogtland systematisch zurückging, was auf eine Verknöcherung und sektiererische Einkapselung der dortigen Parteiorganisationen unter der Leitung der sogenannten Chemnitzer Linken zurückgeführt wurde. In Westsachsen (Leipzig) drohte die Partei zu zerfallen, was auf die immer tiefergehenden Fraktionskämpfe zwischen Rechten, Ultralinken und Versöhnlern zurückgeführt wurde. War man auch mit der Entwicklung in Ostsachsen nicht zufrieden, dessen Funktionären man in verdeckten Worten den Hang zu vorsichtigem Abtasten zuschrieb, meinte man doch, daß es zunächst notwendig sei, den dort vorhandenen stabileren Kräften die Leitung der Organisation für ganz Sachsen zu übertragen, mit der Maßgabe, eine innerparteiliche Durcharbeitung der Organisation bis zu einem im Frühjahr einzuberufenden Bezirksparteitag durchzuführen. – Auf der Konferenz begründete Thälmann die skizzierten Maßnahmen. Er stellte in den Vordergrund die Notwendigkeit einer einheitlichen Landespolitik besonders auf gewerkschaftlichem Gebiet und überhaupt zur Zurückdrängung der SPD durch die KPD. Obwohl damals schon die Betriebsstillegungen in Gang gekommen waren, die in kurzer Zeit ihre Auswirkungen in einem starken Anwachsen der NSDAP-Stimmenzahlen finden sollten, spielten sie bei der Behandlung der speziellen Lage im Lande Sachsen keine Rolle. Es war bekannt, daß Vertreter von Erzgebirge-Vogtland kurz vorher auf einer zentralen Tagung auf diese Erscheinung hingewiesen und von einer »Entindustrialisierung« gesprochen hatten. Deswegen waren sie scharf zurechtgewiesen worden, und die Tatsache der um sich greifenden Stillegungen wurde damit zu einer Sache, über die man offiziell nicht mehr sprach, um nicht einer theoretischen Irrlehre bezichtigt zu werden. – Am Abend sprach Thälmann in einer öffentlichen Kundgebung, die – nach dem neu eingeführten Ritual – mit Fahnenaufmarsch, Fanfaren und spalierbildenden Frontkämpfern ausgeschmückt war. Er ermüdete dabei die Zuhörer mit der breiten Darlegung der angeblichen zentralen Frage – der unmittelbaren Kriegsgefahr gegen die Sowjetunion. Von mir hatte er sich vorher Ziffernmaterial über Dresdener Betriebe ausgebeten, über das er sich persönlich sehr anerkennend äußerte. Doch auch dieses Material diente nur zur Ausschmückung der allgemeinen Darstellung, nicht zu einer Auseinandersetzung mit der wirklichen Lage bei uns.

Das ZK hatte zur Verstärkung der Leitung – wie es genannt wurde – einige an anderen Stellen vakante Sekretäre zur Verfügung gestellt. Ewald Blau, bekannt für seine sklavische Nachahmung der Heinz Neumannschen Schlagworte und für seine Lust am innerparteilichen Intrigieren, wurde »Agitprop«-Sekretär. Anna Schehr wurde Frauenleiterin, in welcher Tätigkeit sie nur verwüstend auf diesem an und für sich schwach entwickelten Gebiet wirkte. Ein gewisser Kellermann sollte die Organisationsarbeit leiten. Er organisierte einen »Hungermarsch« von Erwerbslosen durch ganz Sachsen, ohne sich darum zu kümmern, daß die dazu mobilisierten Erwerbslosen dabei hungerleiden und ihre letzten Kleider und Schuhe verbrauchen mußten, wenn nicht entsprechende Vorsorge getroffen wurde. Er donnerte jeden Einwand mit dem Hinweis auf die Notwendigkeit, »die Knarre in die Hand zu nehmen«, nieder. An Stelle der Konzentration der Kräfte auf die wesentliche Arbeit ergab sich für einige Monate ein kräfte- und zeitraubendes Manövrieren und Intrigieren.

Die von Berlin importierten »Verstärkungen« fühlten sich uns in allen Stücken überlegen, sprachen von sich als von Berufsrevolutionären und trieben viele gute Betriebsfunktionäre durch ihre hochmütige Kritik zur Passivität. Sie fühlten sich inspiriert vom Offensivgeist, den Hermann Remmele in Berlin nach einem mageren Kommunalwahlergebnis in die Phrase gekleidet hatte, die nächsten Kommunalwahlen würden Sowjetwahlen sein.

Blindheit gegenüber der nazistischen Gefahr, 1930

In der Partei gab es eine Schicht von Funktionären, denen die Beschäftigung mit der sogenannten Weltpolitik und das Schmieden scheinradikaler Phrasen sowohl zum Bedürfnis als auch zu einer willkommenen Gelegenheit geworden war, sich nicht mit den schwierigen Problemen der konkreten Tätigkeit der deutschen Arbeiterbewegung abmühen zu müssen. Auf der ersten großen Parteiarbeiterkonferenz von Chemnitz, auf der ich zu sprechen hatte, wurde mein Referat über die Lage in den Betrieben und Industriezweigen des Landes von einer Gruppe der ältesten Parteifunktionäre mit scharfem Protest beantwortet. Ihre beiden Wortführer (ob es nur Zufall gewesen ist, daß sie sich 1933 im KZ zur NSDAP bekannt und ihre neue Wendung in einer Broschüre: »Vom Sowjetstern durch das Konzentrationslager zum Hakenkreuz« begründet haben?) erklärten, daß sie von einem Parteisekretär eine weltpolitische Analyse, speziell ein Eingehen auf die Probleme des Fernen Ostens und des englisch-amerikanischen Gegensatzes erwartet hätten, nicht aber eine Behandlung der Betriebsrätepraxis und anderer damit verwandter Fragen, wie ich sie geboten hätte. Der massive Angriff wurde schließlich von aktiven Gewerkschaftsarbeitern pariert, die ihrerseits aufzählten, wie die Partei in den letzten Jahren durch die Vernachlässigung und Mißachtung der Betriebs- und Gewerkschaftsfragen unaufhaltsam zurückgegangen sei. Nur allzudeutlich zeigte sich schon wenige Monate später, wie richtig diese

Genossen den tatsächlichen Rückgang eingeschätzt hatten, als vom Parteisekretär Paul Jäckel in Limbach ein Metallarbeiterstreik angeordnet wurde, der zu einem völligen Fiasko wurde, indem nicht ein einziger Betrieb in den Streik ging, obwohl die traditionell noch immer kommunistische Mehrheit der Ortsverwaltung des Metallarbeiterverbandes den vom Parteisekretär verlangten Streik »proklamiert« hatte.

In Leipzig hatte ich an einer Sitzung der kommunistischen Parteimitglieder in der Gauleitung des RFB teilzunehmen, in der es darauf ankam, Stellung gegen die in dieser Leitung vorherrschenden putschistischen Tendenzen zu beziehen. Man beschäftigte sich dort mit sogenannter Waffenbeschaffung und mit der Organisierung gewaltsamer Auseinandersetzungen mit dem Reichsbanner. Die Sitzung endete in einem Tumult, weil die Wortführer der Gruppe mich aus der Partei hinauszuprügeln versprachen. Kurze Zeit darauf hatten sie bei einem provozierten Versuch, Waffen aus einer Reichswehrkaserne zu requirieren, umfassende Verhaftungen zu erleiden, ohne daß der Einsatz irgendwelche Bedeutung für den damals entscheidenden Kampf der Arbeiterbewegung hätte haben können.

Die Landtagswahl im Frühjahr brachte einen gewaltigen Stimmenzuwachs für die NSDAP, die früher im roten Sachsen keine nennenswerte Rolle gespielt hatte. Vom Zentralkomitee wurde dieser Vorstoß der NSDAP nicht als Warnung beachtet. Man sprach vom Ereignis wie von einem Sonderfall und suchte die Ursachen in allerlei Mängeln der praktischen Parteiarbeit statt zu verstehen, daß hier ein Anzeichen für eine allgemeine Entwicklung vorlag, aus dem, wenn auch mit großer Verspätung, sofort politische Konsequenzen für die Gesamtorientierung der Partei zu ziehen gewesen wären. Daß der sozialdemokratische Redakteur und Abgeordnete Seydewitz in Zwickau den damaligen Unterbezirkssekretär der KPD Nischwitz mit einem Trinkgeld dafür gewonnen hatte, am letzten Tage vor der Wahl die Wahlbombe in Gestalt einer in Form eines Leitartikels gekleideten Übertrittserklärung zur SPD zu liefern, daß einige Versammlungen mangelhaft vorbereitet gewesen waren, daß man nicht genügend mit Fahnen und Fanfaren aufgetreten sei – damit befaßte sich das Politbüro eingehend, um daraus die Schlußfolgerung zu ziehen, daß der Kampf gegen den gefährlichsten Gegner, die linken Sozialdemokraten, mit größerem Nachdruck zu führen sei, weil nur damit zu verhindern sei, daß die NSDAP Nutzen aus der Unzufriedenheit breiter Massen mit der Politik der Sozialdemokratie ziehen könne. Für das Politbüro lag das Problem – soweit es ihm nicht überhaupt nur als ein »innerparteiliches« erschien – in dem Wettbewerb mit der NSDAP um die von der Sozialdemokratie weggehenden Wähler. Daß im Vogtlande und danach in der Lausitz zehntausende ruinierter Kleinunternehmer, Handwerker und Erwerbsloser sich zur NSDAP hin bewegten, weil sie von ihr Hilfe versprochen erhielten, das sah die politische Führung der KPD erst viel später. Noch kurz vor der Wahl hatte unsere Bezirksleitung nach einer ausführlichen Diskussion beschlossen, dem ZK konkrete Vorschläge für eine positive Stellungnahme zu den Nöten und Forderungen von Gemeindevertretungen und Betriebsbelegschaften im Zusammenhang mit den seuchenartig um sich greifenden Betriebsstillegungen und der Arbeitslosigkeit ganzer dicht bevölkerter Industriegemeinden vorzulegen. Sie waren als opportunistisch zurückgewiesen worden, und statt dessen wurden wir darauf hingewiesen, nicht der Theorie von der Entindustrialisierung zu verfallen (die eine Erfindung irgendeines Berliner Füllfederhalters war), sondern den Massen zu beweisen, daß es eben nur den Ausweg der Revolution aus dieser Krise gäbe. – Als etwa ein Jahr später im benachbarten Schlesien die NSDAP intensiv für die Weiterführung von der Stillegung bedrohter Gruben eintrat und die Bergarbeiter an Ort und Stelle organisierte und unterstützte, ging auch unsere Partei dazu über, lokale Teilforderungen zu stellen und zu vertreten – zu spät, um der Demagogie der Nazis noch die Spitze bieten zu können.

Statt im Zeichen des Kampfes gegen die zunehmende faschistische Gefahr, standen die Wahlvorbereitungen zu den Reichstagswahlen im September 1930 im Zeichen dieses Unverständnisses der wirklichen Lage. Bezüglich des Nazismus hatte das Politbüro damals noch die später desavouierte und Heinz Neumann zugeschriebene Parole: »Schlagt die Faschisten, wo ihr sie trefft!« Es beanstandete, daß dieses Schlagwort (das in Wirklichkeit nur der NSDAP half) in den von mir für den Bezirk verfaßten Wahlinstruktionen fehlte und erzwang einen Beschluß des Bezirkssekretariats, durch den dieser Mangel korrigiert wurde.

Nach den Reichstagswahlen im September, die für das Reich dasselbe Ergebnis brachten, das man vorher in Sachsen als Sonderfall beurteilt hatte, veranstaltete das ZK einen 14tägigen Kursus für die stellvertretenden politischen Sekretäre aller Bezirke. Der Kursus wurde auf der These aufgebaut, daß in Deutschland bereits die faschistische Diktatur herrsche, die Brüningregierung, und daß die Partei vor der Aufgabe stehe, unmittelbar zur Organisierung von Organen der Doppelherrschaft überzugehen, die den Sturz dieser Diktatur vorzubereiten hätten. Der zeitweilige Übergang in die Illegalität wurde als nicht besonders wesentlich und eigentlich als unumgänglich betrachtet. Die gesamte Organisationstätigkeit müsse hinfort nach einem wohldurchdachten strategischen Plan erfolgen, über den des langen und breiten gesprochen wurde. Mit der auf diesem Kursus erhaltenen Orientierung gingen die Sekretäre in die Bezirke, veranstalteten entsprechende Bezirksparteischulen und Konferenzen, und die Partei entfernte sich nur noch mehr von den wirklich brennenden Fragen der Entwicklung in Deutschland.

Wären wir nicht alle von der grundfalschen Auffassung von der militärischen Disziplin in der Partei befallen oder zumindest angesteckt gewesen, hätte sich damals Gelegenheit gegeben, den latenten Protest vieler tausend guter Parteigenossen gegen die Hirngespinste der Neumann, Kippenberger und anderer Strategen zu einem Umschwung in der Politik der Partei zu führen.

Zu den Lehren, die das ZK in der Praxis aus dem Erfolg der NSDAP gezogen hat, gehörte auch der Versuch, gewisse Äußerlichkeiten der Nazis innerhalb der Arbeiterbewegung zu praktizieren. Auf einer Tagung der Bezirksleitung erklärte Renner, daß das ZK es für notwendig erachte, die Parteifunktionäre (d. h. die Spitzen) im Bewußtsein der Massen zu Führern werden zu lassen, und das erfordere auch eine ganz andere Behandlung der leitenden Funktionäre in der Parteipresse, in Kundgebungen usw. Als ich mich gegen solches Hierarchentum wandte, versuchte er, mir und den übrigen klarzumachen, daß dies von ganz wesentlicher Bedeutung sei, wenn man verhindern wolle, daß die NSDAP mit ihren Methoden breite Massen beherrsche. In der Tat wurde die Partei in der Folgezeit reichlich mit Führerattributen und den dazu gehörenden Unsinnigkeiten beglückt, wodurch sie sich nur noch weiter von der Möglichkeit ernster Auseinandersetzung um die Grundfragen des damaligen Kampfes entfernte.

1931 im Zeichen des Kampfes gegen die Sozialdemokratie

Obwohl das ZK 1930 die Entfernung Paul Merkers aus dem Politbüro damit begründet hatte, daß in ihm der Urheber und Wortführer der Theorie von den »Kleinen Zörrgiebels« zu sehen sei, von der sich die Partei nicht irreführen lassen dürfe, wenn sie Einfluß auf die unter sozialdemokratischer Führung stehenden Teile der Arbeiterschaft gewinnen wolle, stand die sogenannte ideologische Offensive der Parteileitung hauptsächlich im Zeichen der Mobilisierung der Partei gegen die Sozialdemokratie. Zwar nahm man Abstand von der Behauptung, die Sozialdemokratie stelle die für ein hochindustrialisiertes Land, wie Deutschland, entsprechende Spielart des Faschismus dar, aber sowohl die Parteikurse, als auch die Artikel der Parteizeitungen und Zeitschriften konzentrieren das Feuer auf die Sozialdemokratie. Obwohl Thälmann Merker als den für die Bildung selbständiger – außerhalb der freien Gewerkschaften stehender – Roter Verbände und RGO-Gruppen Verantwortlicher bezeichnet und behauptet hatte, die Partei werde nunmehr ihre Hauptaufmerksamkeit auf die Wirksamkeit innerhalb der freien [...] Gewerkschaften nur stärker hervor; der Einheitsverband der Metallarbeiter Berlins, eine der größten und wohl auch verhängnisvollsten Gründungen dieser Art, entwickelte sich unter der unmittelbaren Obhut und Kontrolle der Beauftragten des ZK von täuschenden Anfangserfolgen zu einer vom Gros der Berliner Metallarbeiter isolierten Sekte. Es konnte nicht anders erwartet werden, wenn man bedenkt, daß die Sozialdemokratie in der offiziellen Parteiterminologie als bourgeoise Partei bezeichnet wurde, und daß – mit Hilfe eines Stalinzitats – das Verhältnis zwischen Kapitalismus, Faschismus und Sozialdemokratie auf die Art anschaulich gemacht wurde, daß man den Faschismus als den rechten, die Sozialdemokratie als den linken Arm derselben Bourgeoisie charakterisierte. Es konnte nicht erwartet werden, daß die durchschnittlichen Kommunisten sich als gute Gewerkschafter hervortaten (wozu man sie gelegentlich aufforderte), wenn in den Kursen für kommunistische Gewerkschaftsfunktionäre Losowskys Schlagwort von den »Gewerkschaften als Vorschulen des Kapitalismus« spukte. In der Theorie der Partei gab es keinen Platz für ein brüderliches Verhältnis der Kommunisten zu Sozialdemokraten und überhaupt zu anderen Organisationen der Arbeiterbewegung. Deshalb konnte es auch nicht zu einem engen Verhältnis im Kampf gegen die drohende nazistische Gefahr kommen. Es war für uns schwer genug, die sozialdemokratische Bewegung nicht einfach mit der Kriegskreditbewilligung von 1914, mit Noske und Zörrgiebel zu identifizieren, aber die systematische Einpeitschung der Behauptung, daß nur die russische bolschewistische Partei den ursprünglichen Marxismus und Internationalismus verkörpere, verbunden mit periodisch wiederkehrenden Vernichtungen aller Überbleibsel des Erbes von Rosa Luxemburg, haben in der Partei jedes Zusammengehörigkeitsgefühl mit der Arbeiterbewegung als einem Ganzen zerstört.

Thälmanns Unterhaltung mit einer Anzahl sozialdemokratischer Arbeiter, die nach dem Karl Liebknechthaus geladen worden waren, ging darauf hinaus, den Bruch der sozialdemokratischen Arbeiter mit ihrer Partei herbeizuführen, war also nicht als ein Hilfsmittel gedacht, Kampfgemeinschaft mit den sozialdemokratischen Organisationen anzubahnen.

Der Bankenkrach im Sommer kam für die Partei unerwartet. Am betreffenden Tage war »Reichserwerbslosentag«, einer der periodisch veranstalteten Demonstrationstage. In der Org.-Abteilung des ZK verlangten Bernhard Schmidt und ich, daß wenigstens nun sofort alle verfügbaren Kräfte eingesetzt werden sollten, um unter den Menschenmengen, die vor den Sparkassen und Banken sich sammelten, Diskussionen zu führen, und daß an Stelle der Erwerbslosenkundgebung im Zirkus Busch mit Hilfe der Erwerbslosen vor den Betrieben Diskussionsversammlungen durchgeführt würden (aus mehreren Betrieben war mitgeteilt worden, daß die Lohnauszahlung wegen der Bankenschließung aufgeschoben werden müßte)! Diese Vorschläge wurden nicht nur abgelehnt, sondern vom Leiter der Org.-Abteilung, Creutzburg, als unzulässig abgetan. Wir sollten uns um unsere Arbeit kümmern und nicht in solche Dinge hineinreden.

Von der Org.-Abteilung des Exekutivkomitees in Moskau war die Russin Kolokolzewa gesandt worden, um eine Untersuchung von Betriebszellen durchzuführen. Wochenlang gingen wir von Zelle zu Zelle, um meist Stagnation und bestenfalls geringen Einfluß auf die Betriebsarbeiterschaft festzustellen. Vom Politbüro wurde diese Untersuchung als lästiges Übel empfunden und nicht unterstützt. Ob Thälmann das in einer Denkschrift zusammengefaßte Untersuchungsergebnis gelesen hat, war später nicht zu erfahren. Doch auch die Gesichtspunkte, unter denen Kolokolzewa die Untersuchung durchführte, waren ungeeignet, die Wurzel des Übels entdecken zu können. Sie legte ganz einfach russische Maßstäbe an, sprach von den Verkäuferinnen der großen Warenhäuser und den niederen Angestellten der Banken und Industrie- oder Handelsfirmen als von Beamten, die sozial zur selben Schicht gehörten, wie die Polizisten, und setzte sich überhaupt nicht in die wirklich herrschenden Verhältnisse ein. Wenn sie mit unseren Genossen in den Betriebszellen persönlich sprach, tat sie es in der Art einer Lehrerin und Vorgesetzten, die examiniert und tadelt.

Unterdessen bereitete man sich im Politbüro auf den Beschluß vor, der die Partei unerwartet vor die Aufgabe stellte, am sogenannten Volksentscheid gegen die preußische Regierung teilzunehmen. Der Volksentscheid war vom Stahlhelm und anderen reaktionären Organisationen eingeleitet worden, und die KPD hatte abseits von ihm gestanden. Irgendwelche aktive Propaganda gegen den reaktionären Stimmenfang war allerdings von zentraler Stelle nicht betrieben worden. Die unteren Organisationen waren sich darin selbst überlassen. In Ostpreußen führte die passive Haltung der KPD dazu, daß sich der politische Sekretär der Bezirksleitung, Grobis, schließlich gezwungen sah, in einem Artikel zu den ihm von der dortigen SPD-Leitung vorgelegten Fragen Stellung zu nehmen. Er schrieb, daß die KPD Gegner dieses Volksentscheids der preußischen Junker und ihres Stahlhelms sei (die Antwort richtete sich allerdings – wie es Brauch und Notwendigkeit in der damaligen Parteisprache war – hauptsächlich wieder gegen die Sozialdemokratie). Am nächsten Tage wurde der Beschluß des ZK veröffentlicht, die Führung im Volksentscheid zu übernehmen. – Diesem Beschluß waren wochenlange Auseinandersetzungen im Politbüro vorausgegangen. Sie wurden streng geheim gehalten, aber es wurde doch so viel bekannt, daß Neumann und seine Freunde in der Parteileitung für die Teilnahme am Volksentscheid seien, während Thälmann dagegen sei, beziehungsweise zögere. Schließlich wurde dieses Problem, wie vor ihm und nach ihm viele andere, durch einen Bescheid »von drüben« gelöst. Das EKKI verlangte die Teilnahme, und die Parteiorganisationen mußten wieder einmal eine »Wendung« durchführen. Es ist mir unvergeßlich, in welch schmähliche Lage die Partei und ihre vielen Arbeiterfunktionäre dadurch versetzt wurden. Die Kluft, die sich nun zwischen uns und den Sozialdemokraten befand, war kaum noch zu überbrücken. Anderseits wurde die an und für sich stark feindliche Einstellung vieler kommunistischer Funktionäre gegen die Sozialdemokraten im Verlauf dieses Abstimmungskampfes zu einem giftigen Haß gesteigert.

Ich hatte am Nachmittag des Abstimmungssonntags vor einigen Wahllokalen gestanden, um zu studieren, wie die Vorübergehenden auf die Plakate der Partei reagieren und aus welchen Kreisen sich die Abstimmenden zusammensetzen würden. Deprimiert durch die Bestätigung der vorausgesehenen Isolierung von den ausschlaggebenden Arbeiterschichten, begab ich mich zum Karl Liebknechthaus, um dort eintreffende Resultate aus den Teilen des Reiches zu erfahren. Das Haus war geschlossen, und es hieß, Resultate würden vielleicht später durch Lichtbild oder Lautsprecher bekannt gegeben. Ehe es dazu kam, wurden die Menschen, die sich vor dem Hause angesammelt hatten durch Schüsse in Panik versetzt. Ich hatte mich gerade in der Nähe eines Kinos befunden, als ich dicht hinter mir Schüsse hörte. Bevor ich etwas über den Zusammenhang erfahren konnte, setzten Polizeiattacken ein. Kaum waren wir vom Platze heruntergekommen, mußten wir feststellen, daß überall auf Hausdächern und in Straßenzugängen Polizei mit Schußwaffen postiert worden war. Niemand wußte, was eigentlich vorgefallen war, und ich meinte, gleich andern, es sei eine der üblichen Polizeimaßnahmen gegen Menschenansammlungen, bei der die Polizei nervös geworden sei. Kurze Zeit später wurde bekannt gegeben, daß vor dem Kino Babylon zwei Polizeibeamte erschossen worden waren, ihre Namen waren Lenk und Anlauf. Weil die Polizei Anhaltspunkte dafür hatte, daß es sich um eine vorbereitete Mordtat gehandelt hatte, wurde das Karl Liebknechthaus polizeilich geschlossen und durchsucht. (Es wurde erst nach 14 Tagen wieder geöffnet.) Die Schließung des zentralen Gebäudes der Partei und die damit verbundenen Polizeimaßnahmen wurden parteioffiziell als Kennzeichen einer neuen, vom sozialdemokratischen Staatsapparat veranlaßten, Terrorwelle bezeichnet, mit der sich die Parteiorganisationen im ganzen Reich sofort zu befassen hatten. Die Aufmerksamkeit der Parteiorganisationen wurde auf den Terror, auf die unmittelbare Umstellung zu unterirdischen Arbeitsmethoden und die Anprangerung der Sozialdemokratie konzentriert.

Es hat lange gedauert, bis ich einen Teil der wirklichen Umstände, die den Ereignissen dieses Sonntagsabends zu Grunde lagen, erfahren habe. Auch sie bedeuten noch nicht die ganze Wahrheit, aber sie sind ein beachtlicher Teil. Schon während des Prozesses gegen eine Gruppe, die mit dem Mord in Verbindung gebracht worden war, stellte es sich heraus, daß der Mord von einer Geheimgruppe organisiert worden war. 1935, im Verlauf der Auseinandersetzungen um die Durchführung einer neuen Politik in Deutschland, wurde festgestellt, daß jene Gruppe zum speziellen Apparat Kippenbergers gehört hatte, und daß Neumann die politische Anweisung zur Durchführung gegeben habe, um durch die Tat und die zu erwartenden Repressalien die Aufmerksamkeit vom Ergebnis des Volksentscheides abzulenken und eine neue Situation zu schaffen. Und das war kaltblütig vorher geplant worden als Alternative zu einem auch von Neumann nicht für wahrscheinlich gehaltenen Erfolg der Volksabstimmung. – Wieso Kippenbergers Apparat und Kippenberger selbst bei seiner bekannten unmittelbaren Verbindung zu Thälmann eine derartige Anweisung Neumanns entgegennehmen und durchführen lassen konnten, habe ich mir nicht erklären können, wenn ich nicht annehmen wollte, daß Kippenberger entweder Politik auf eigene Faust betrieb oder der Auffassung gewesen ist, es handele sich um einen Beschluß.

Die Parteimitgliedschaft und die meisten Funktionäre haben von solchen Machenschaften nichts gewußt. Sie hätten sich, wären sie ihnen bekannt geworden, dagegen ausgesprochen. Aber in der Partei gab es keine wirkliche Demokratie. Die Parteiorganisationen wurden dirigiert wie militärische Einheiten, und wer »die Nase voll hatte« verschwand aus den Reihen der aktiven Parteiarbeiter. Diese Zustände hielten die Mitgliederfluktuation im Gang.

Das Jahr war angefüllt mit Wahlkämpfen, die der Partei Stimmenzuwachs brachten. Die Mitgliederzahl der Partei stieg auf über 300 000, obwohl die Verluste im Zuge der Fluktuation sehr groß waren. Aber weder in den Betrieben noch in den Gewerkschaften vermochte die Partei den Rückgang zu dämmen. In manchen Bezirken war der Anteil der im Betrieb stehenden Parteimitglieder nur wenig über 10 Prozent der Gesamtmitgliederschaft. Die Partei war eine Erwerbslosenorganisation. Die Wahlversammlungen waren vollbesetzt. Betriebsversammlungen aber hinterließen durchweg einen beklemmenden Eindruck. Während dieser Zeit besuchte ich viele Bezirke und war in zahlreichen Betrieben. Unsere Genossen hatten Mühe, ihre Betriebszellen politisch lebendig zu erhalten.

Zur Zeit des Papen-Staatsstreichs in Preußen befand ich mich im Bezirk Halle-Merseburg, und unmittelbar nach Bekanntgabe der Absetzung der Preußenregierung durch Papen sprach ich auf einer Versammlung der Mitglieder der Partei im Leunawerk. Es half nichts, die Bedeutung der Ereignisse zu erörtern. Die Leuna-Parteiorganisation war so isoliert von der Masse der Belegschaft, daß es einer eindrucksvollen, gewichtigen Stellungnahme der Leitung der Partei für das Reich bedurft hätte, um den ermüdeten Genossen im Leunawerk und in den andern Betrieben zu helfen, den Kontakt zu den sozialdemokratischen Vertrauensleuten zu finden und zu gemeinsamen Schritten übergehen zu können.

Die Parteileitung hat sich zwar damals an die Leitungen der SPD und der freien Gewerkschaften gewandt, aber nicht direkt, nicht so, daß es zu einer Verständigung kommen konnte und mußte. Ein in die Form eines Offenen Briefes gekleidetes Flugblatt war alles, was die Parteileitung als mit ihrem Prestige vereinbar und für möglich hielt. Es zeitigte keinerlei positive Wirkung. Als ich am Morgen danach wieder in Berlin eintraf, konnte man noch Fetzen dieser Flugblätter auf den Straßen sehen. An manchen Stellen waren Militärposten aufgestellt. Im übrigen ging, äußerlich betrachtet, alles seinen alten Gang.

Pieck berichtete später öffentlich, daß er, als die telegraphische Mitteilung vom Staatsstreich herauskam, gerade in einer Versammlung in Kassel gesprochen habe. Er habe daraufhin seine Rede unterbrochen und mitgeteilt, daß Severing von seinem Posten entfernt worden sei und was eben sonst noch bekannt gegeben worden war. Bei der Mitteilung von der Entfernung Severings sei die Versammlung in Beifallsäußerungen ausgebrochen. Mit seiner Erzählung wollte er zeigen, wie wenig der Sinn der damaligen Ereignisse verstanden worden und wie sehr das Denken der Anhänger unserer Partei von der Feindschaft gegen die SPD beeinflußt gewesen sei. Aber wozu dienen solche lehrhaften Beispiele, wenn diejenigen, die sie erzählen, an ihrem Platze nicht das Notwendige und Mögliche getan haben, die Entwicklung zu ändern?

»Die Internationale«, das theoretische Organ der Partei, das zwar von Rosa Luxemburg und Franz Mehring begründet aber nun mit bedeutend geringerem geistigen Aufwand am Leben gehalten wurde, brachte in jener Zeit einen richtungsgebenden Artikel nach dem andern, in denen der Anspruch erhoben wurde, eine richtige Analyse der Lage in Deutschland zu geben. Nacheinander wurden die Sozialdemokratie, die Zentrumspartei, die Deutschnationalen als die Repräsentanten des Faschismus in Deutschland bezeichnet, die geschlagen werden müßten, wenn man die national-sozialistische Gefahr bannen wolle. Als im badischen Landtag die kommunistische Fraktion einem reaktionären Antrag zum Verbot des sozialdemokratischen Reichsbanners zustimmte, wurde dieser alarmierende Vorgang zwar zum Anlaß eines kritischen Artikels in der Zeitschrift genommen, aber doch nur, um zu deklarieren, daß man dort zu weit gegangen sei. Es wurde als taktischer Fehler zu vielen andern gelegt. (Ist es ein Zufall, daß sich in Mannheim in den Februartagen 1933 die Verhandlungen zu gemeinsamen Protestdemonstrationen von Sozialdemokraten, Reichsbannerorganisationen, Gewerkschaften und kommunistischen Parteiorganisationen zerschlugen, weil von kommunistischer Seite zur Bedingung gestellt wurde, daß eine Lohnzulageforderung für die Notstandsarbeiter zu einer der zentralen Losungen für die Demonstration erhoben werden sollte?)

Die Parteileitung hatte alle erdenklichen Sorgen, unter anderm die, daß eine neue »zentristische Gefahr« drohe, weswegen die Versuche linksradikaler sozialdemokratischer Gruppen, durch die Sozialistische Arbeiterpartei einen neuen Sammelpunkt innerhalb der

Arbeiterbewegung zu schaffen, mit gröbstem Geschütz befeuert wurden. Jede Erklärung sozialdemokratischer Politiker, die angesichts der drohenden nazistischen Gefahr zu einheitlichem Handeln aufforderte, wurde noch immer als gefährliches Anzeichen dafür denunziert, daß die Sozialdemokratie die Führung in der Einheitsfront erstrebe, weswegen Wachsamkeit und Kampf gegen solche Versuche notwendig seien.

Als Thälmann im Herbst vom 12. Plenum des EKKI zurückgekommen war, berichteten seine Mitarbeiter ausführlich darüber, mit welcher Schärfe er die versteckte Kritik der Tschechen an der deutschen Einheitsfronttaktik zurückgewiesen habe. Sie hätten auf ihre Kladnoer Bergarbeiterstreiks hingewiesen und damit sagen wollen, es komme darauf an, solche Bewegungen zu erzielen, nicht aber darauf, infolge eigener Starrheit, aus Sorge, sonst der Bewegung nicht das eigene Gesicht zeigen zu können, keine ernst zu nehmenden Bewegungen registrieren zu können. Es mag sich bei diesen Auseinandersetzungen mehr um sogenannte innerparteiliche Streitigkeiten gehandelt haben, bei denen es darauf ankommt, den Gegner angesichts der Vorgesetzten mattzusetzen. Aber der Stolz auf die Starrheit im Bewahren des eigenen Gesichts war charakteristisch dafür, was von der deutschen Parteileitung damals als wesentlich betrachtet wurde.

Die Parteileitung war im Verlauf der dicht aufeinander folgenden Wahlkämpfe dazu übergegangen, umfangreiche Proklamationen zu verfassen und verbreiten zu lassen. Es gab ein Programm zur nationalen und sozialen Befreiung des deutschen Volkes, ein Arbeitsbeschaffungsprogramm, ein Bauernprogramm. Thälmann gab in sorgfältig vorbereiteten Kundgebungen und in einer Versammlung in Paris programmatische Erklärungen ab, die vor allem darauf hinzielten, die KPD als die einzige und wahre Vertreterin der nationalen Interessen des deutschen Volkes darzustellen. Oberschlesien, Südtirol, das Ruhrgebiet wurden zu Ausgangspunkten solcher spezieller Proklamationen gewählt. Kein Zweifel, das Zentralkomitee versuchte, die Partei als die wahre Vertreterin nationaler Interessen in Erscheinung treten zu lassen. Es kam dabei vor, daß Konzessionen an den Nationalismus gemacht wurden.

Wäre nur ein Bruchteil der dabei verbrauchten Kräfte darauf verwandt worden, eine Verständigung mit der Sozialdemokratie zu erzielen, wäre manches besser gewesen. Doch in dieser Hinsicht huldigte man dem Irrtum, mit einzelnen zur Partei übergetretenen Sozialdemokraten (Maria Reese) breitere Kreise der sozialdemokratischen Anhängerschaft beeinflussen zu können. Wie leicht die Partei den bequemeren und falschen Weg wählte, zeigt der BVG-Streik. Kein Zweifel, es war imponierend, daß die Belegschaft der Berliner Verkehrs-Gesellschaft in den Streik trat. Aber der Streik hatte den bitteren Beigeschmack, daß er gegen den Willen und die Stimmen der Funktionäre der freien Gewerkschaft erzwungen worden war. Das erhöhte seinen Wert und seine Bedeutung in den Augen vieler Parteifunktionäre, die nun die Zeit gekommen wähnten, in der die Arbeiter, den Losungen der Partei folgend, Streiks auch gegen den Willen der Verbandsfunktionäre durchführen würden. Die Partei kam bei diesem Streik nicht nur in gefährliche Nachbarschaft mit den skrupellosen Demagogen der NSDAP, sondern bewies auch noch einmal, daß sie im allgemeinen nicht verstand, was die Stunde geschlagen hatte, nämlich, daß das Schicksal der Arbeiterbewegung davon abhing, ob es gelingen würde, eine Verständigung mit den Sozialdemokraten zum Kampf um die Verteidigung der Demokratie zu erzielen.

Es hat 1932 Versuche gegeben, eine solche Verständigung herbeizuführen. In Braunschweig war es im Anschluß an den SA-Aufmarsch zu Arbeiteraktionen gekommen. Außer zu Demonstrationen und Proteststreiks gegen den Terror, kam es zu gemeinsamen Beratungen und Schutzvorkehrungen. Die Diskussionen, die ich damals dort erlebt habe, zeigten, wie sehr zögernd die sozialdemokratischen Arbeiter auf unsere Vorschläge eingingen, aber auch, wie ungeduldig und wenig nachgebend wir waren. Selbst dort meinten wir, daß wir über die Köpfe der sozialdemokratischen Funktionäre an die Arbeiter appellieren müßten, sobald sich eine Stockung bemerkbar machte. Es wäre in der damaligen Situation in Braunschweig mehr zu erreichen gewesen, wenn nicht von oben her versucht worden wäre, die ganze Bewegung in ein von der Partei eingeleitetes Volksbegehren einmünden zu lassen. Später wurde mir klar, daß engstirnige innerparteiliche Manöver dabei einen nachteiligen Einfluß ausgeübt haben. Die zentrale Agitprop-Abteilung betrachtete die Braunschweiger Bewegung sozusagen als Mittel, Stimmung für einen Parteisekretär zu machen, der im Wettbewerb mit dem

Berliner Sekretär Ulbricht um eine leitende Sekretärstelle im Politbüro stand. Ulbricht hatte auf seinem Konto den Erfolg, den ein Vorstoß in der kleinen Stadt Bernau bei Berlin gezeitigt hatte, wo der Ortsausschuß des ADGB eine gemeinsame Maikundgebung aller Arbeiterorganisationen und -parteien beschlossen hatte. Er versuchte, gestützt darauf, ein entsprechendes Ergebnis in Berlin zu erzielen. Die Agitprop-Abteilung des ZK aber wollte die Braunschweiger Bewegung so führen, daß sie ein Beispiel für eine »von unten her« betriebene Einheitsfrontbewegung sein konnte, die in einem Parteierfolg ausmünden sollte, der dem Konto des dafür verantwortlichen Sekretärs gutgeschrieben werden sollte. Das klingt profan, aber in der Tat verstanden eben manche Funktionäre die »Einheitsfronttaktik« so.

Hier muß eingeflochten werden, daß 1935, auf der Brüsseler Parteikonferenz, festgestellt worden ist, daß 1932 ein von Knorin unterzeichnetes Telegramm des EKKI-Sekretariats in Berlin eintraf, in dem zum Ausdruck gebracht worden ist, daß man mit Besorgnis opportunistische Auswüchse in der Einheitsfronttaktik bemerkt habe. Auf Grund dieses Telegramms (von dem die Parteiöffentlichkeit und die Funktionäre bis auf eine verschwindend kleine Zahl im Politbüro nichts zu wissen bekamen) wurde unmittelbar eine Verschärfung im Kampf gegen die Sozialdemokratie vorgenommen. Dabei fiel auch ein schwacher Versuch unter den Tisch, im Preußischen Landtag die sozialdemokratische und die Zentrumsfraktion bei der Abstimmung um die Besetzung der Ausschüsse zu unterstützen, um deren Majorisierung durch die Nazis zu verhindern.

An einigen Beispielen aus der Arbeit unterer Organisationseinheiten möchte ich zeigen, wie gute Ansätze, die trotz der fehlerhaften Leitung von oben, unten gemacht wurden, teils an den durch die falsche zentrale Politik errichteten Hindernissen scheiterten, teils im Trubel der Überbelastung der Genossen mit Proklamationen und Wahlarbeit untergingen.

In einem Arbeiterviertel in der Nähe des Stettiner Bahnhofs in Berlin hatte die SA ein sogenanntes Braunes Haus eröffnet. Die Straßenzelle wollte aus der Forderung auf Schließung und Beseitigung dieser Propagandastelle eine allgemeine politische Kampffrage der Bewohner des Viertels machen. Im Einverständnis mit der Berliner BL und der zuständigen UBL nahm ich täglich an den Arbeiten unserer dortigen Wohngebietsorganisation teil. Wir schrieben und verteilten Flugzettel an die Einwohner und veranstalteten Versammlungen für die Bewohner von je zwei oder drei Häusern, in denen es zu sachlichen Diskussionen kam. Mit der Leitung der entsprechenden sozialdemokratischen Wohngebietsorganisation kamen wir nach wiederholten Besprechungen überein, uns gegenseitig zu unterstützen. Die Sozialdemokraten waren bereit, gemeinsam mit uns für die Mobilisierung der Mieter zu einem Protest bis zur Schließung des Braunen Hauses zu gehen, vorausgesetzt, daß keine Gewalthandlungen von unserer Seite vorkämen. Die Protestbewegung wuchs sichtlich. Aber eines Nachts machte eine illegale RFB-Gruppe einen Feuerüberfall auf das Lokal, von dem niemand aus dem Kreis der an der Protestbewegung Beteiligten gewußt hatte. Die ganze Bewegung wurde zerschlagen, was die zur Rede gestellten RFB-Leute nur mit Lachen quittierten.

Im Fischerkietz in Berlin war es wiederholt zu bewaffneten Zusammenstößen gekommen. Nach einem solchen sprach ich in einer Versammlung von Bewohnern der anliegenden Häuser. Das Ergebnis war die Bildung einer nicht parteigebundenen Schutzwehr. Sie war bereits am nächsten Tage wieder gesprengt, weil Schalinsky, der Leiter der örtlichen RFB-Gruppe, erklärt habe, dies sei doch nur Quatsch, und er werde sich die besten Leute auswählen, damit sie »mit der Puste« im RFB (der eine unkontrollierbare Organisation geworden war) eingesetzt werden könnten. Bei einer langen Unterredung, die ich nach einigen Tagen mit ihm hatte, zeigte es sich, daß der Mann ganz einfach jeden Kontakt mit den Kampfmethoden und Gedanken der Arbeiterbewegung verloren hatte. Er entwickelte mir allen Ernstes seinen persönlichen Antisemitismus, der bei ihm aus einer sogenannten Antibonzenstimmung entstanden war (er rechnete mir vor, wie viele Juden im Karl Liebknechthaus beschäftigt seien, in welchem Verhältnis ihre Anzahl zur Zahl der jüdischen Parteimitglieder stehe und mehr in diesem Stil). Zweifellos kein typischer Fall, aber doch auch ein Fall unter vielen andern, die von einer ideologischen Vergiftung zeugten. Als ich kurze Zeit darauf in einigen großen Parteiarbeiterversammlungen des Unterbezirks Zentrum in Berlin den Kampf um die Ersetzung des mit Neumann politisch und persönlich verbundenen UB-Sekretärs Wolf durch einen andern Genossen zu führen hatte, sah ich, wie

48

groß die Zahl unklarer, desparater und selbst provokatorischer Elemente in diesem Funktionärkörper war, der als die Elite der Arbeiterklasse bezeichnet wurde. Auf diese Leute wirkte die Neumannsche Phrasendrescherei, das Kraftmeiertum, die Hetze zu unmittelbaren und schlagartigen Handlungen auch gegen Klassengenossen, wenn diese Reichsbannerkleidung trugen.

Die Jahre vor 1933 boten wiederholt Gelegenheit zur Sammlung der antinazistischen Kräfte. Es wäre noch nicht zu spät gewesen. Selbst nach dem Potempa-Mord gab es noch eine Chance. Die KPD hat alle Möglichkeiten versäumt, vor allem weil sie die falsche Vorstellung hatte, es komme darauf an, auf Sowjetdeutschland zuzusteuern. Sowjetdeutschland aber war für sie gleich bedeutend mit der Alleinherrschaft der kommunistischen Partei und ihrer Organe. Um so besser, wenn vorher alle Konkurrenten einander zerschlagen hatten.

Als im Januar 1933 viele tausend Berliner Werktätige am Karl Liebknechthaus vorbeimarschierten, zeigte sich noch einmal, daß die Partei bedeutende Kräfte hinter sich hatte. Aber statt wenigstens dann noch alles zu versuchen, um diese Kräfte mit denen der anderen antinazistischen Organisationen gemeinsam in Abwehrstellung gegen die überhängende nazistische Gefahr zu bringen, meinte die Parteileitung offenbar, nun könne sie den andern gegenüber auftrumpfen, und nun müßten die doch einsehen, daß sie sich der Führung der KPD unterzuordnen hätten.

Viele Referenten hatten, von ihren Versammlungen im Reich zurückgekehrt, unter andern Eindrücken auch den mitgebracht, daß Bauern, Mittelständler und Erwerbslose erklärt haben sollten, sie wählten zwar jetzt Hitler, aber sie würden, wenn der nicht halte, was er versprochen habe, dann Kommunisten wählen. Dies verstärkte die an und für sich vorhandene Auffassung, als sei die nationalsozialistische Diktatur nur ein Durchgangsstadium zur kommunistischen Machtergreifung. Und diese Auffassung war weit verbreitet in der Partei. Man meinte, nachdem alle andern abgewirtschaftet hätten, bleibe nur diese Entwicklungsmöglichkeit übrig.

Die Parteimaschine

Äußerlich betrachtet, war die KPD eine starke, kämpferische Partei, die ihre Kraft effektiv einzusetzen verstand. Im Innern war sie ein Gefüge von Apparaten, eine Maschinerie, die wohl tauglich zur Durchführung von Beschlüssen, aber unfähig zur schöpferischen Meinungsbildung und Austragung von Auffassungsverschiedenheiten war.

Die Parteikörperschaften waren in den dreißiger Jahren erstarrt und bestanden meist nur noch als Statisterie für die Sekretariate, die alle politischen und organisatorischen Fragen entschieden. Das auf dem Weddinger Parteitag gewählte Zentralkomitee wurde von den Sekretären als veraltet und unnötig betrachtet; es wurde nur in großen Intervallen zusammenberufen, um vom Politbüro ausgearbeitete Beschlüsse entgegenzunehmen und Kampagnen oder Wendungen einzuleiten.

Die Bezirksleitungen waren den meist von oben eingesetzten Sekretären, die in den meisten Fällen aus andern Bezirken importiert wurden, untergeordnet, und im Jahre 1932 war ihr Zustand derartig, daß sich bei einer Untersuchung herausstellte, daß die auf den Bezirksparteitagen gewählten Bezirksleitungen aufgehört hatten, als Körperschaften zu wirken. Ich untersuchte u. a. die Leitungen in den Bezirken Ruhrgebiet, Niederrhein und Mittelrhein. Überall hatten die Bezirkssekretariate die gewählten Leitungen – ohne daß diese formell zurückgetreten oder aufgelöst waren – durch Zusammenkünfte des Sekretariats mit den Unterbezirkssekretären ersetzt. Als Begründung wurde angeführt, daß die vor langer Zeit gewählten Leitungen nicht mehr die ausschlaggebenden Betriebe repräsentierten, weil die seiner Zeit als Betriebszellenrepräsentanten gewählten Mitglieder inzwischen arbeitslos geworden seien; vor allem aber fanden die Sekretäre, daß es praktischer und effektiver sei, die Unterbezirkssekretäre oft zusammenzuberufen, weil auf denen ja doch die Durchführung der Beschlüsse beruhe. Vom Politbüro war diese Praxis durch die entsprechende Personalpolitik gefördert worden. Zeigte sich irgendwo ein jüngerer und intelligenter Mensch, von dem man annehmen konnte, er werde sich einordnen lassen, wurde er durch Kurse und Schulen auf die Tätigkeit eines Unterbezirksleiters vorbereitet. Es war üblich, Funktionäre nicht längere Zeit in ihrem Heimatgebiet tätig sein zu lassen. Man schickte sie von einem Bezirk in den andern. Noch schlimmer war diese Praxis auf dem Gebiete der Presse; es gab eine gewisse Anzahl von Redakteuren, die in mehr oder weniger kurzen Abständen ausgewechselt wurden. Auf die Zeitungen hatten die Parteimitglieder noch weniger Einfluß als auf die Bezirksleitungen. Von den zentralen Stellen wurde dieses Übel nur noch verschlimmert durch die zunehmende Anzahl von sogenannten Pflichtseiten, die zentral redigiert und den Bezirksorganen in der Form von Matrizen zugestellt wurden. Das Zeitungsverlagswesen, das einst von unten aufgebaut worden war, gestützt auf die Beiträge und Anteile von Mitgliedern und Arbeiterorganisationen, wurde völlig zentralisiert; sowohl finanziell als auch redaktionell wurden die Zeitungen von Berlin aus geleitet. Die Auflagen der Tageszeitungen waren niedriger als die Zahl der Parteimitglieder. Auch aus den Parteizeitschriften wurden zentrale Anweisungssammlungen. Hin und wieder kam es vor, daß ein Bezirkssekretär einen Artikel schrieb und veröffentlicht bekam; aber eine Darlegung von Auffassungen und eine Auseinandersetzung über Meinungsverschiedenheiten kam in den Zeitschriften nur noch in der Form vor, daß zentrale Funktionäre die Linie und die Aufgaben interpretierten und dabei auf Widerstände, sogenannte schlechte Beispiele oder abweichende Auffassungen hinwiesen. Im »Parteiarbeiter« wurde versucht, Probleme der Organisationsarbeit zur Diskussion zu stellen und für solche Diskussionen breitere Funktionärkreise zu gewinnen. Aber diese Diskussionen bewegten sich um die sogenannten organisatorischen Fragen, die politischen Grundfragen waren tabu.

In der Presse und auf den Konferenzen der Partei herrschte ein offizieller Ton. Die Versammlungen, die mehr und mehr den Charakter von Kundgebungen bekamen, wurden immer einförmiger, weil sich die Referenten in der Hauptsache an zentrale Referentenmaterialien hielten. Zwar würzte Thälmann seine richtunggebenden Reden mit kritischen Bemerkungen an die Adresse dieses oder jenes Funktionärs, und es entstand der Brauch, daß auch die Bezirkssekretäre mit ihren untergeordneten Funktionären so verfuhren, aber diese Kritik war einseitig. Wurde sie von unten erwidert, antworteten die Instanzen mit der Beschuldigung, daß dort Feinde am Werke seien, und daß die Einheit der Partei nicht gefährdet werden dürfe.

Es gab Genossen, die wenigstens mit ihren Vorträgen und Kursen von der zunehmenden Uniformität abwichen, und die deshalb von den Mitgliedern besonders geschätzt und gesucht waren. Sowohl in den Betriebszellen, denen ich in Dresden und später in Berlin angehört habe, als auch bei vielen Kursen und Versammlungen in nahezu allen Teilen des Reichs habe ich bemerkt, wie dankbar die Genossen für jedes kritische Wort, für jede persönliche Anteilnahme und für ein wirkliches Eingehen auf ihre Beschwerden und Ansichten waren; sie vergaßen das nicht und behielten im Gedächtnis, mit wem »man reden konnte«. Um so eifersüchtiger und argwöhnischer wurden solche Genossen von den offiziellen Apparatleuten beobachtet und verfolgt.

Die Überwachung, die von den Funktionären gegenseitig ausgeübt wurde, war der »Ersatz« für die erstickte Demokratie in den Parteiorganisationen. Mit Hilfe dieser Überwachung sammelte der sogenannte Nachrichtendienst (der sich als die Seele der Organisation fühlte) Material, das teils zur Bildung und Vervollständigung eines Archivs, teils zur laufenden Information der höchsten Leiter in den Bezirken und im Politbüro diente. Das zentrale Archiv hatte Anfang 1933 einen Umfang erreicht, der einen unbemerkten Transport zu einem sicheren Ort unmöglich machte. Es diente später der Gestapo als Erpressungsmittel gegen verhaftete Kommunisten.

An die Stelle von Diskussionen und der Respektierung ehrlicher Auffassungen war die Praxis der Entlarvung und Festlegung getreten. Die meisten neu eingesetzten Sekretäre sahen es als ihre Aufgabe an, die Angaben ihres Vorgängers als Unwahrheit oder Übertreibungen zu entlarven. Sobald ein Sekretär in einem Bezirk neu begann, reduzierte er auf dem Monatsberichtsbogen die Zahl der Zellen, die sein Vorgänger angegeben hatte. Nach einiger Zeit berichtete er über die Gründung neuer Zellen. Entsprechend verfuhr man bei der Personenbeurteilung und bei der politischen Charakteristik. Ein Kampf aller gegen alle und von Cliquen gegen andere Cliquen war die Folge. Wer nicht robust genug war, um zur leitenden Schicht gerechnet werden zu können, mußte sich entweder dem allgemein üblichen Stil anpassen (wenn er es im Grunde ehrlich meinte, mit dem Vorsatz, persönlich so viel wie möglich Positives zu tun, – wenn er verbittert oder der Meinung war, es ließe sich durch Zusammenschluß mit andern oder durch einen Wink »von drüben« eine Änderung herbeiführen, schloß er sich einer Clique an) oder er wurde allmählich in die Passivität gedrängt. Nur wenige fähige Genossen sind diesem Schicksal entgangen. Von Ernst Schneller beispielsweise hatte ich den Eindruck, daß er innerlich nicht verkommen war; Thälmann ließ ihn auf Seitenlinien arbeiten, um seine große Arbeitskraft auszunützen. Das trifft wahrscheinlich auch auf Neubauer zu. In den Bezirken vermochten die Genossen, die im Betrieb standen, eine gewisse Sonderstellung zu behaupten, die manche davor bewahrt hat, der Versumpfung zu verfallen. Als ich durch Beschluß des ZK von Dresden abberufen wurde, um mich in Berlin zur Disposition zu stellen, wehrte ich mich lange dagegen, habe aber schließlich dem Druck und meiner eigenen Auffassung von der Notwendigkeit, Disziplin zu halten, nachgegeben. Ich habe damals und später keiner der rivalisierenden Cliquen angehört. Eigenartigerweise hat Thälmann – gegen den Widerspruch und die Intrigen seiner eigenen Freunde – durchgesetzt, daß ich durch Beschluß des Politbüros nach der Entfernung Neumanns und einiger seiner Freunde (Flieg, Schönhaar u. a.) aus dem Sekretariat des ZK mit der Funktion des technischen Sekretärs betraut wurde. Auf meine Ablehnung erwiderte Thälmann mit dem Hinweis auf die Notwendigkeit, Ordnung zu schaffen. Nach der Rückkehr der deutschen Delegation vom 12. Plenum des EKKI versuchten H. Meyer und Birkenhauer, Thälmann dazu zu bestimmen, nun Meyer in diese Arbeit einsetzen zu lassen. Das lehnte Th. ab, und als er erfuhr, wie diese seine intimen Mitarbeiter versuchten, meine Arbeit zu erschweren, wobei sie geschickt die Widerstände der im Apparat verbliebenen persönlichen Freunde Neumanns und Fliegs ausnützten, ermahnte er mich in einer persönlichen Unterredung, mich nicht beirren zu lassen, sondern dafür zu sorgen, daß eine geordnete Arbeit durchgeführt werde, er sei mit meiner Art und Weise einverstanden und werde mich schon, wenn es notwendig sei, unterstützen. Es wäre eine besondere Darstellung notwendig, um die vielen Schwierigkeiten, die sich aus den zahlreichen Gegensätzen zwischen den Personen in der Umgebung Thälmanns ergaben, zu schildern. Manches erscheint einem heute lächerlich, anderes unwirklich. Für die Beurteilung des Gesamtzustandes der Partei waren diese Erfahrungen eine Art von Führerprinzip. Thälmann behandelte Fragen, die von Bedeutung zu sein schienen, zunächst mit Mitarbeitern, d. h. damals mit Meyer, Birkenhauer oder Hirsch. Diese bekamen dadurch eine viel intimere Kenntnis von Unterredungen, in denen Ereignisse oder Personen behandelt worden waren, als sie die eigentlichen Politbüromitglieder haben konnten. Eine Folge davon war, daß von Zeit zu Zeit gegen das Mitarbeiterwesen polemisiert wurde. Sowohl Mitglieder des Politbüros als Sekretäre des EKKI versuchten, Einfluß auf die Auswahl der Mitarbeiter zu bekommen. So wurde im Zusammenhang mit dem 12. Plenum bestimmt, daß Hirsch aus Thälmanns unmittelbarer Umgebung entfernt und als Chefredakteur in Hamburg eingesetzt werden sollte. Thälmann verzögerte selbst die Durchführung dieses Beschlusses; er ist niemals erfüllt worden. Thälmann liebte es, gelegentlich längere Zeit in Hamburg zu sein, um dann von dort mit neuen Plänen und neuen Personen oder Personalvorschlägen zurückzukommen. Während seiner Abwesenheit wollte er sicher sein, einen Mann im Politbüro zu haben, der ganz in seinen Bahnen wandelte. Dieser Mann wurde J. Schehr, dessen Autorität jedoch sowohl von Ulbricht als auch von Pieck nur gezwungenermaßen anerkannt wurde. Pieck, der sich auf Grund irgendeines Beschlusses mit Kommunalpolitik und der Tätigkeit einiger Nebenorganisationen befassen sollte, hielt sich nicht innerhalb dieses Rahmens. Ulbricht versuchte, alle Verbindungen und laufenden Angelegenheiten in seine Hände zu bekommen, um der Thälmann nächste Mann zu werden, der alles zentralisierte. Remmele und Dahlem machten in jener Zeit nicht viel von sich reden, weil sie zunächst ihre Teilnahme an Neumanns Cliquenarbeit etwas in den Hintergrund treten lassen wollten. Florin, der vom Ruhrgebiet weggegangen war und in Berlin Ulbrichts Nachfolge angetreten hatte, sollte im Politbüro zu Thälmanns unmittelbaren Stützen gehören. Dank Ulbrichts Geschäftigkeit und seiner großen Unbeholfenheit machte er zunächst eine unglückliche Figur.

In den Abteilungen (Ressorts) und Nebenstellen arbeiteten einige fleißige und fachlich tüchtige Genossen, die aber alle (wie Ch. Wurm, W. Firl, Kerff, Neubauer) so in ihre Spezialarbeit verstrickt waren, daß sie nur in Privatgesprächen ihre Gedanken zur Lage äußerten, oder die (wie einige an und für sich gewerkschaftlich sehr erfahrene Genossen im zentralen Büro der RGO) in ödem Prakti-

zismus und in fruchtlosen Redereien über frühere Glanzzeiten fest-
gefahren waren.

An gewissen Stellen im zentralen Apparat und in den Bezirken
wurden systematisch »starke Männer« plaziert, die sich selbst als
eine Art besonderer Vertrauensleute Thälmanns betrachteten.
Schubert, Selbmann, Duddins, Kraus waren Leute dieser Art, der
charakteristischste von ihnen war wohl Willy Leow. Es würde zu
weit führen, hier zu untersuchen, welche Gesichtspunkte bei der
Auswahl und Stützung dieser Leute maßgebend gewesen sind. Paul
Merker hat später einmal gesagt, Thälmann habe ihm, von einer
Unterredung in Moskau zurückgekehrt, erklärt, was Stalin ihm
über die Gesichtspunkte, unter denen eine Führung und die führenden Kader zusammenzustellen seien, gesagt habe: Es schade nichts,
wenn die Leute beschränkt seien, die Hauptsache sei, daß sie unbe-
dingt ergeben seien. Merker fügte lachend hinzu, Thälmann habe
diesen Ausspruch als tiefe Wahrheit betrachtet. Die starken Männer
zeichneten sich nach unten sowohl durch Brutalität als auch durch
eine gewisse Jovialität und Lässigkeit aus. Mit eiserner Zucht hielten sie ihre anwachsenden Apparate im Gang und vertrauten im
übrigen darauf, daß sie das Ohr Thälmanns besaßen.

Das Neben- und oft Durcheinander straff von oben nach unten
aufgebauter Apparate schuf in der Partei eine Atmosphäre rastloser
Geschäftigkeit und trug mit dazu bei, die Organisation zu militari-
sieren und den genossenschaftlichen Zusammenhalt zu schwächen.
Nicht genug damit, daß es Pol-, Org-, Agitprop-, Gewerkschafts-,
Frauen-, MP-, Landabteilungs-Leiter gab, um nur einige zu nennen, war jedes Ressort in sich selbst wieder in zahlreiche Unterab-
teilungen gegliedert, die alle entsprechenden zentralen Instanzen
unterstanden. Viele Zellen hatten nicht Mitglieder in ausreichender
Zahl, um alle Ressorts besetzen zu können. Oberflächlich betrachtet, könnte das als Ausdruck für die Vielseitigkeit und Geschmeidigkeit der Parteiarbeit genommen werden, in der Tat aber war es
eine der Begleiterscheinungen des militaristischen Überzentralis-
mus und wiederum eine der Ursachen zur Entpolitisierung der Mitgliedschaft und ihrer Organisationseinheiten.

Diese Apparatatmosphäre hat dazu beigetragen, daß keine Verständigung zwischen Genossen, die über die Lage nachzudenken
begonnen hatten, zustandekam, und daß es überhaupt nicht zum

Meinungsaustausch und zur Formierung einer politischen Gruppierung, die versucht hätte, die Partei auf richtige Bahnen zu bringen, gekommen ist. Die Apparate absorbierten viel Energie. Sie verführten manchen zu der Auffassung, er könne allmählich in seinem speziellen Ressort und von da aus über größere Gebiete politischen Einfluß gewinnen. Und sie korrumpierten in feinerer oder gröberer Form, soweit sie nicht einfach Kräfte verbrauchten. Versteht man diese Apparathierarchie, dann versteht man nicht nur die tatsächliche politische Ohnmacht der Partei angesichts der brennenden Probleme, sondern auch die innere Zersetzung der Denkfähigkeit und geistigen Widerstandskraft der Genossen. Dieses Verständnis zu gewinnen, halte ich für wichtiger, als mit Hilfe von an und für sich vielleicht ganz richtigen politischen Thesen die Partei und ihre Funktionäre zu verdammen. Von diesem Verstehen führt ein Weg zum Verstehen des Totalitarismus überhaupt und in seinen verschiedenen Formen.

Weder die Merker-»Opposition« noch die »Neumann-Gruppe« waren wirkliche Oppositionsbildungen mit politischer Grundlage. Merker wurde plötzlich beseitigt, weil »drüben« Losowsky, mit dem Merker eng liiert war, einen Rückschlag erlitten hatte. Merkers Auffassungen waren auch die von Ulbricht, nur mit dem Unterschied, daß Ulbricht mit Merkers neuen Vorschlägen in der Tasche nach Moskau fuhr, dort rechtzeitig zu wissen bekam, was es Neues gab und deshalb die Vorschläge bei sich behielt. Merker befand sich unterdessen in Berlin, schrieb einige Artikel, die nicht anders waren, als seine früheren, und die sein Kollege Dahlem gegenzeichnete (wenn auch nicht öffentlich). Merker wurde nach der Moskauer Besprechung aus der Leitung entfernt; er fühlte sich als eine Art von Sündenbock, aber er hatte recht, wenn er darauf hinwies, daß ja alle anderen dasselbe gesagt und geschrieben hatten, wie er. Damals schon war es Brauch, einen herauszugreifen (den am wenigsten bequemsten unter andern) und ihn mit den Attributen des Abweichlers, Sektierers, Opportunisten, Feindes usw. zu behängen; das machte anschaulicher, worauf man hinauswollte und half, die Unsicherheitsempfindungen bei den Funktionären gegenüber oben zu intensivieren. Neumann, der viele Jahre hindurch, mit voller Billigung sowohl Moskaus als auch Thälmanns, seine provokatorischen Brandreden gehalten und die Partei zum phrasenhaften Kraftmeiertum verführt hatte, spekulierte, im Gegensatz zu Merker, auf den ersten Platz in der Leitung. Er hatte einige Leute des Apparates persönlich an sich gekettet und versprach ihnen gesteigerten Einfluß, wenn er mit Hilfe Stalins, dessen Ohr zu haben er überall vertraulich erzählen ließ, der Erste geworden sein würde. Er vertrat nicht eine politische Meinung, die im Gegensatz zu der offiziellen stand, sondern er versuchte, den ersten Platz zu bekommen, indem er »drüben« zu beweisen versuchte, er könne die angewiesene Linie besser und konsequenter durchführen, als es Thälmann zu tun verstehe. Als er aus der Leitung entfernt wurde (dies geschah seitens Thälmanns – nach der Auffindung zahlreicher kompromittierender Briefe Neumanns an intime Freunde – ohne die definitive Zustimmung Moskaus, wo man nur gewisse Maßnahmen für zweckmäßig gehalten hatte), wurde ihm alles angehängt, was in der Parteimitgliedschaft unbeliebt geworden war. Anderseits wurden manche ehrlichen Genossen, die tatsächlich gegen Mißstände zu kämpfen versucht hatten, gegen ihren eigentlichen Willen zu »Neumannisten« gestempelt und bekämpft. Charakteristisch sowohl für diese »Opposition« als auch für die Methode der Parteiführung, Oppositionen zu fabrizieren, um sie exemplarisch und vernichtend schlagen zu können, ist, daß unter den Hauptsünden, die Neumann vorgeworfen wurden, die war, daß er die Partei am rechtzeitigen Ergreifen der Initiative im Volksentscheid gegen die Preußen-Regierung gehindert habe! Es war nicht nur umgekehrt – wenn man so sagen darf –, sondern man fragt sich, welchen Sinn es eigentlich hatte, daß Thälmann nun auch noch diesen Lorbeer angeheftet bekommen mußte.

Bei der Schlachtung angeblicher Oppositionen spielte noch eine Absicht eine Rolle, die wegen der psychologischen Wirkung, den das Schrecken mit Spaltung und Splitterung auf aktive Parteigenossen hatte, erwähnt werden muß. War die Einheit der Partei in Gefahr, ließen gerade die aktivsten und mit der Partei am innigsten verbundenen ehrlichen Genossen alle sonstigen Bedenken fallen und stellten sich ganz in den Dienst des Kampfes um die Erhaltung der Einheit der Partei. So glitten sie selbst immer mehr in die Netze der Apparatpartei.

Zum Zusammenhalt heterogener Kräfte und der hauptsächlichen Kader der Partei überhaupt hat nicht zuletzt beigetragen, daß innerhalb der Partei die Hoffnung auf baldige revolutionäre Entscheidungen wach gehalten und daß ständig an das revolutionäre Empfinden der Genossen appelliert wurde. Die Kurse über »Der Weg zum Sieg« und viele sich daran anschließende Themen gaben den Beteiligten das Gefühl, zum Kern der revolutionären Garde zu gehören, die – auch wenn sie noch so große Mängel aufweisen mochte – doch die historische Aufgabe eines Tages erfüllen werde. Gerade diese Vielgeleisigkeit diente der Gleichschaltung und Vergewaltigung selbständiger Gedanken.

Die Organe des EKKI haben – wenn möglich – in noch extremerer Form auf diese Deformierung der Partei hingearbeitet. 1931 sollte eine von Wassiljew geschriebene Broschüre unter dem Titel »Brennende Fragen« verbreitet werden, die sich mit Kader- und Organisationsproblemen in einer Weise beschäftigte, die noch weit über das hinausging, was die Praxis bereits gezeitigt hatte. Das »Berufsrevolutionärtum« wurde darin bis zur Karikatur entwickelt, es wurden Angriffe auf die Funktionäre gerichtet, die dazu antreiben sollten, die Parteiorganisation noch mehr dem Ideal der monolithen russischen Organisation anzugleichen, und die ganze Schrift war ein konzentrierter Beweis dafür, daß dort nicht das mindeste Verständnis für die Probleme der Arbeiterbewegung in kapitalistischen Ländern und angesichts der Drohung der faschistischen Diktatur vorhanden war.

Gab es in den offiziellen Parteizusammenkünften kaum, oder doch nur selten in gewissen Zellen mit einander vertrauenden Genossen, Gelegenheit zur Aussprache über Probleme, so suchten sich denkende Genossen im Kreise befreundeter Genossen Luft zu machen und Klarheit zu finden. Überall gab es Kreise, die inoffiziell waren, aber in denen mitunter wertvolle Diskussionen stattfanden. Entsprechend war es mit Literatur, die man sich neben der Partei beschaffen und studieren mußte. Zwischen dem in persönlichen Gesprächen und im vertrauten Kreis Geäußerten und dem »Auftreten« in den offiziellen Parteizusammenkünften bestand in zunehmendem Maße nicht nur ein Unterschied im Ton oder in der Wahl der Argumente, sondern in der Regel sogar eine Kluft. Mir erscheint es von Bedeutung, darauf hinzuweisen, daß die Parteipraxis dazu geführt hat, daß viele Genossen es schließlich für selbstverständlich hielten, unter vier Augen etwas Anderes, oft Entgegenge-

setztes sagen zu dürfen, als im offiziellen Parteikreis, wo es darauf
ankam, die offizielle Linie richtig und nachdrücklich zu interpretie-
ren und umgekehrt, daß sie sich nicht verpflichtet fühlten, ihre persönlichen Gedanken auch offiziell zu vertreten. Die in der Partei
herrschende Lehre disqualifizierte Diskussionen über prinzipielle
Fragen als kleinbürgerliches Bedürfnis oder als sozialdemokratische Überreste; Diskussionen waren nur zulässig, wenn die Parteileitung sie angeordnet hatte. Nachdem die denkenden Parteimitglieder und -funktionäre die Erfahrung hatten machen müssen, daß
eine freimütige Darlegung und Erörterung von Gedanken und Meinungen in den Parteiorganisationen in der Regel damit endete, daß
einige Genossen kaltgestellt, als irgendwelche Abweichler abge-
stempelt oder ausgeschlossen wurden, wählten sie, sofern sie nicht
einfach resignierten, den Ausweg, diese oder jene Frage gelegentlich in der weniger gefährlichen Form von Betrachtungen im Rahmen von Kursusvorlesungen zu erwähnen, oder in privaten Kreisen
zu diskutieren. Weil aber in der Partei ständig darüber gewacht
wurde, daß keine sogenannte Fraktions- oder Gruppentätigkeit
entstehen konnte, waren gerade die »erfahrenen« Genossen bemüht, nicht den Verdacht aufkommen zu lassen, als bestehe zwischen den sogenannten privaten Gesprächen und dem offiziellen
Auftreten in der Partei ein Zusammenhang. Daraus folgten Verschweigen und Verleugnen von Gedanken und Meinungen und eine
mehr oder weniger konspirative Verschleierung persönlicher
Freundschaften. Es ergab sich daraus auch eine provokatorische
und erpresserische Praxis führender oder streberischer Leute, andere Genossen »festzulegen« und zu »entlarven«. Viele kritisch denkende Kommunisten hatten somit ständig sich selbst zu überwachen, um nicht falsch »aufzutreten«; waren sie Mitglied einer Leitung, durften sie als solche über manche Fragen nicht oder nur in
gewissen Grenzen zu den Mitgliedern sprechen; innerhalb der Parteiorganisationen hatten sie sich einer Art von Parteisprache zu bedienen; gegenüber Nichtparteimitgliedern hatten sie wiederum darauf zu achten, nur das oder gerade das zu sagen, was die Partei
denen zu sagen für notwendig hielt; waren sie nicht nur Parteifana-
tiker oder Bürokraten, machten sie sich über vieles ihre eigenen Gedanken, über die sie mit manchen – in graduellen Abstufungen –
sprachen, was sie aber nicht in ihrem offiziellen Auftreten zu erken-

nen geben durften. Eine Parteilehre, die eine solche Praxis hervorgebracht hat, kann nicht gesund sein. Sie sondert und verfeindet die denkenden Menschen zuletzt in sich selbst und mit sich selbst. Nur robuste Nichtdenker oder zynische Streber können in einer solchen Atmosphäre gedeihen und Erfolg haben. Für die Entwicklung der Arbeiterschaft zum eigenen Denken und Handeln war die aus dieser Lehre entstandene Parteipraxis mehr als ein Hindernis. Sie war Gift.

In jenen Jahren meinte ich, diese Erscheinungen seien vor allem auf die spezifische Entwicklung unserer deutschen Parteiorganisation und ihrer leitenden Leute zurückzuführen. Ich schreibe »vor allem«, weil ich damit ausdrücken möchte, daß mir anderseits wohl bewußt gewesen ist, daß die Parteientwicklung in der Sowjetunion und die Entwicklung der Komintern diese Erscheinungen möglich machten. Dennoch glaubte ich, daß die konsequente Auslegung der Leninschen Lehre von der Partei und ihres Verhältnisses zur Arbeiterklasse letzten Endes das richtige Mittel sei, diesen Erscheinungen entgegenzuwirken. In den Jahren vor 1933 habe ich alle erreichbaren Schriften Lenins, Trotzkis, Bucharins, Stalins und anderer bolschewistischer Parteileute gelesen. Dabei beging ich den Fehler, zu glauben, daß die darin wiederklingenden Auseinandersetzungen und freimütige Kritik innerhalb der Arbeiterorganisationen nicht nur der Vergangenheit angehörten, sondern dem Wesen der Leninschen Organisation entsprächen und auch noch in der Gegenwart lebendig zu erhalten seien. Die Konsequenzen der totalitären Lehre von der Partei und von der Diktatur des Proletariats vermochte ich infolgedessen nicht richtig zu erkennen. Dazu kam, daß ich eine – auf Erfahrung begründete – ausgesprochene Abneigung gegen Cliquenbildung und Sektenwesen hatte, weil ich die Gefahr der zunehmenden Zersetzung und Selbstzufriedenheit im Sektenwesen deutlich sah. Vor allem aber meinte ich, es sei notwendig und möglich, eine fortschrittliche Entwicklung der revolutionären Errungenschaften der Sowjetunion dadurch zu sichern, daß wir in Deutschland die Gedanken der russischen Revolution und der durch die Räterepublik aus dem Bereich der Theorie in die Wirklichkeit verpflanzten Entwicklung zum Sozialismus verteidigen und verbreiteten. Dazu neigte ich besonders stark auf Grund meiner Vorliebe für konstruktiven Sozialismus, und weil ich nicht vergessen konnte, welchen Eindruck auf mich die ehrlich ausgesprochenen Selbstanklagen der »Spartakusbriefe« und Rosa Luxemburgs letzter Schrift gemacht haben, in denen die Zwangslage, in die die junge Sowjetmacht seiner Zeit infolge der anders verlaufenen Entwicklung in Mitteleuropa geraten war, eben auf die Fehler der westeuropäischen Arbeiterbewegung zurückgeführt wurde. Mir schien es wesentlicher zu sein, in der deutschen Arbeiterbewegung das Verständnis für die grundlegenden Gedanken der russischen Revolution wachzurufen, zu vertiefen und in breitere Kreise zu tragen, als von draußen her die russ. Praxis anzugreifen und dadurch – wenn auch unbeabsichtigt – indirekt zur Erweiterung der Kluft zwischen Rußland und der westeuropäischen Arbeiterbewegung beizutragen.

Für die Gruppierung, die sich in Deutschland um die Lehren des exilierten Trotzki scharte, habe ich keine Sympathien empfinden können, weil deren doktrinärer Fanatismus mir als die Kehrseite einer auch von mir (wenn auch noch nicht in ganzer Tragweite) geahnten Entwicklung zur Bildung eines Führungsmonopols erschien. Auch diese Gruppierung diskriminierte Gedanken, die sich nicht ihrem theoretischen System unterordnen lassen wollten, als bürgerlich, sozialdemokratisch oder – und darin unterschied sie sich von den Offiziellen – als stalinistisch. Die Offiziellen hatten auf ihrem Index die Kennzeichnung »trotzkistisch«. Trotzki war zweifellos eine bedeutende Persönlichkeit der russischen Revolution; er hatte auch der westeuropäischen Arbeiterbewegung manche Wahrheit zu sagen, wovon vor allem einige 1932 in Deutschland als Broschüren erschienene Schriften zeugen, in denen er klarer als andere nicht nur die überhängende Gefahr, sondern auch noch Methoden zu ihrer Bekämpfung dargelegt hat. Aber seine eigene Gruppierung litt in noch ausgeprägterem Maße als die Offiziellen an der Sucht zur Diskriminierung und Verfolgung aller nicht in ihr System passenden Gedanken. Sie war Ausdruck eines Zerfallsprozesses, nicht der Entwicklung neuer Kräfte. Die parteioffizielle Brandmarkung oppositioneller oder selbständiger Gedanken als Ausdruck von »Trotzkismus« war ein Ausdruck der Entwicklung zur stupiden ideologischen Gleichschaltung; aber das Lager der als Trotzkisten Verfehmten bot ein Bild einander wütend bekämpfender Grüppchen und Individuen, die – ungeachtet ihrer Übereinstimmung im

Haß gegen das in der Sowjetunion herrschende Regime – unversöhnlich in der Behauptung ihrer speziellen Standpunkte waren. Dabei ging es gar nicht so sehr um aktuelle politische Streitfragen, als um die Rechtfertigung dieser oder jener Haltung und Stellungnahme in der Vergangenheit. Mir waren die Schriften der nacheinander von der KPD abgesplitterten Gruppen bekannt, ich hatte auch persönliche Eindrücke von einigen ihrer leitenden Menschen. Ohne mir nachträglich ein herabsetzendes Urteil über die einzelnen Personen oder ihre Beweggründe und manchmal tragischen Schicksale erlauben zu wollen, möchte ich doch zusammenfassend sagen, daß die meisten von ihnen die Fühlung zur Arbeiterbewegung verloren hatten, und daß sie ihrem eigenen Doktrinarismus zum Opfer gefallen sind, einem Doktrinarismus, dem sie in der Isolierung noch fanatischer huldigten als während ihrer offiziellen Glanzzeit. Dagegen habe ich mit Achtung die Wirksamkeit Paul Levys verfolgt, einem der wenigen, die sich nicht blind gestarrt haben an ihren Parteigegnern.

So wenig ich mich seiner Zeit durch die offiziellen Siegesrapporte über die wirklichen Entwicklungstendenzen täuschen ließ, war ich doch der Überzeugung, daß es richtig und notwendig sei, innerhalb der Partei für deren Gesundung zu wirken. In der Dresdener und sächsischen Parteiorganisation hatte ich viele anständige und prächtige Genossen kennen und schätzen gelernt, und auch bei meinen Aufenthalten in den Bezirken traf ich immer wieder auf ehrliche und kritische Menschen, von denen anzunehmen war, daß sie einen positiven Einfluß auf ihre Umgebung ausüben müßten. Meine Betriebszellen in einer großen Dresdener Maschinenfabrik und später in einem Berliner Metallbetrieb, an deren Arbeit ich regelmäßig teilgenommen und mit deren Mitgliedern ich durch Jahre engen persönlichen Kontakt gehabt habe, bestärkten mich in dieser Überzeugung. Hinzu kam anregender Gedankenaustausch mit kritischen Genossen. Die Erkenntnis, daß das Grundübel in der totalitären Lehre von der Partei verwurzelt ist, habe ich erst mit Hilfe späterer Erfahrungen gewonnen.

Was hat es geholfen, daß ich in der Zeit, in der es Mode war, auf den »Sozialfaschismus« zu dreschen, in meinem Wirkungsbereich nach Kräften der herrschenden Hysterie entgegengewirkt und einen mäßigenden Einfluß ausgeübt habe?

Was hat es geholfen, daß ich die Prügeltaktik, die man gegen die nationalsozialistische Massenbewegung anzuwenden versucht hatte, in meinem Bereich als schädlich bezeichnet und durch eine Politik der ernsthaften Auseinandersetzung zu verdrängen versucht habe?

Was hat es geholfen, daß ich alle mir zur Kenntnis gekommenen berechtigten Klagen und Forderungen von Parteigenossen und andern Menschen sorgfältig aufgenommen und versucht habe, ihnen gerecht zu werden?

Es ist nicht zu viel behauptet, wenn ich nun konstatiere, daß ich in jener Zeit manchem Genossen geholfen habe, über Schwierigkeiten hinwegzukommen, nicht zu resignieren und freimütig seine Fähigkeiten einzusetzen. Aber letzten Endes ist das alles vom Parteiapparat verbraucht und gar mißbraucht worden. Vielleicht ist es zu viel gesagt, wenn ich jetzt sage »letzten Endes«, weil doch vielleicht – wie es sich dann in der Illegalität erwiesen hat – manche Impulse und Eindrücke eine viel weitergehende Wirkung gehabt haben. Aber im Großen und Ganzen muß ich feststellen, daß auch die von den besten Absichten geleitete und getragene Wirksamkeit in einer Partei, die zur Totalität strebt, zum Mißerfolg verurteilt ist. Tausende guter Genossen haben nicht verhindern können, daß die Katastrophe hereinbrach.

1933 – Die nicht verstandene Katastrophe

Die Wochen nach dem 30. Januar bedeuteten die Besiegelung der Niederlage der antinationalsozialistischen Kräfte. Die knappe Zeit zwischen dem Amtsantritt der Hitlerregierung und der Nacht des Reichstagsbrandes verging, ohne daß die antinationalsozialistischen Kräfte sie als letzte Chance für die Abwendung der Katastrophe verstanden und genützt hätten.

Der Nachrichtenapparat der Partei lieferte in dieser Zeit täglich mehrere Berichte aus Reichswehrkreisen, in denen auf eine beabsichtigte, beziehungsweise bevorstehende Aktion der Reichswehr und der freien Gewerkschaften angespielt wurde. Es wurde von Kippenberger versichert, daß diese Berichte zuverlässig seien und aus den Spitzen der Reichswehr stammten. Thälmanns Mitarbeiter Birkenhauer behauptete, die Partei solle durch diese Berichte und

Nachrichten zu Aktionen provoziert werden, die als Anlaß zu ihrer Niederschlagung genommen werden könnten.

In der Zeit vor dem Reichstagsbrand hat das Politbüro ein Mal einen Boten zum Parteivorstand der SPD geschickt, um dort ein Angebot zu gemeinsamem Handeln zu übergeben. Torgler versuchte, Gespräche, die er kurz vor dem 30. Januar mit Stampfer begonnen hatte, fortzuführen und meinte, es wäre möglich, auf diesem Wege zu einer Verständigung mit der Sozialdemokratie zu gelangen. In den Bezirken wurde versucht, gemeinsame Demonstrationen und Versammlungen zustandezubringen; allerdings war die Triebfeder dazu weniger das Bewußtsein von der tödlichen Gefahr, als der Versuch, die Losungen der Partei zur Geltung zu bringen. Ein Beispiel dafür boten die schließlich gescheiterten Verhandlungen in Baden, die ich schon früher erwähnt habe.

Versucht man heute, herauszuarbeiten, was die Partei in jenen Wochen bewegte, bleiben hauptsächlich folgende Dinge:

Die Parteiführung betrieb vom 30. Januar an hauptsächlich die Überführung der Parteiorganisation in die Illegalität. Fast alle ihr zur Verfügung stehenden Kräfte wurden zur Kontrolle und Instruktion in der Richtung der technischen Vorbereitungen auf illegale Arbeitsmethoden verwandt.

Politisch war das Politbüro gebannt von der Auffassung, die NSDAP bereite einen Marsch auf Berlin vor. Die politischen Instruktionen der Parteileitung zielten deshalb darauf hin, diesem Marsch Hindernisse zu bereiten. Gleichzeitig sollte alles vermieden werden, was vom Staatsapparat dazu ausgenützt werden könnte, die Parteiorganisationen zu zerschlagen.

In den Reihen der sogenannten Berufsparlamentarier der Partei, d. h. jener Abgeordneten der Partei, die als Sachbearbeiter in den Fraktionen des Reichstags und des preußischen Landtags tätig waren, herrschte die Auffassung, daß die Partei noch längere Zeit legal oder zumindest halblegal werde existieren können. Kasper vertrat diese Auffassung besonders hartnäckig; er glaubte sie bestätigt, als die Naziabgeordneten im Landtag nicht sofort nach dem 30. Januar alle parlamentarischen Regeln außer Kraft gesetzt hatten. Torgler bekannte sich ebenfalls zu dieser Auffassung und meinte wiederholt, die Gefahren würden übertrieben. Pieck machte sich geradezu einen Spaß daraus, in seinem Arbeitszimmer im Landtag zu sitzen und damit zu prahlen, daß er dies tue.

Die Organisationen in den Bezirken und Orten waren sowohl mit der Umstellung auf illegale Arbeitsmethoden als auch mit der Vorbereitung der zum 5. März anberaumten Wahlen beschäftigt. Sie wurden in steigendem Maße von den nazistischen Terrorbanden gestört und hatten sich gegen diese zu verteidigen. In Sachsen, Mitteldeutschland, am Niederrhein kam es in dichter Folge zu blutigen Auseinandersetzungen mit den Nazis, die Versammlungen sprengten, Wohnungen und Volkshäuser überfielen.

Daß die Parteileitung weit davon entfernt war, die ganze Tragweite der mit dem 30. Januar eingetretenen Veränderung zu erfassen, zeigte sich am 30. Januar selbst und wurde nochmals betont in der Reichstagsbrandnacht.

Das Zentralorgan der Partei »Die Rote Fahne« war kurz vor dem 30. 1. auf 4 Wochen verboten worden; die Partei in Berlin stand also ohne Zeitung da. Im Trubel der Räumungsarbeiten, die unmittelbar nach der Bekanntgabe der Bildung der Hitlerregierung durchgeführt wurden, war kaum Zeit zur Abfassung einer der Schwere des Ereignisses würdigen Proklamation. Ich erinnere mich, Auseinandersetzungen zwischen Ulbricht und Hirsch gehört zu haben, bei denen es um die Einschätzung der neuen Regierung ging. Einer von beiden behauptete, dies sei noch nicht die reine faschistische Diktatur, vielmehr sei Hitler durch die Zusammenkoppelung mit Hugenberg und Papen als Gefangener des Finanzkapitals zu bezeichnen. Der Streit der beiden bewegte sich aber hauptsächlich um die technische Seite. Ulbricht warf Hirsch vor, durch eigenmächtiges Eingreifen in der Druckerei das rechtzeitige Herauskommen gefährdet zu haben. Das alles spielte sich, wie gesagt, während den Räumungsarbeiten und den Besprechungen über die neuen Verbindungswege zwischen den Mitgliedern der Parteileitung und ihren Mitarbeitern ab, mit denen alle hauptsächlich beschäftigt waren.

In Berlin selbst kam es am Abend des 30. 1. nur an einer Stelle zu einem ernsteren Zusammenstoß – in Charlottenburg. Die Stadt beherrschten die fackeltragenden Nazis und Stahlhelmtruppen.

Die Parteiführung und ihr schwerfälliger zentraler Apparat versuchten vom 30. 1. an unterirdisch zu arbeiten. Es entstand ein enormer Leerlauf von Kurierverbindungen, Treffs und verdeckten Telefonanrufen. Das ganze System war lange vorher von Kippenbergers Apparat ausgearbeitet und von Thälmann sanktioniert worden. Das Ganze war so überzentralisiert und so aus den früher charakterisierten Verhältnissen in der Parteileitung geboren, daß es unmöglich schien, mit diesem Apparat mehr leisten zu können, als ihn notdürftig in Gang zu halten. Thälmann und seiner Mitarbeiterschaft oblag nach diesem Plan die politische Leitung des Gesamten. Seine Direktiven sollten meiner Stelle übermittelt werden, um von dort sowohl an die verschiedenen Abteilungen, Nebenorganisationen, Bezirksleitungen als auch an die Mitglieder der Parteiführung versandt zu werden. An meiner Stelle hing also ein umfangreicher Kurier-, Vervielfältigungs- und Versandapparat. Alle Genossen, die aus den Bezirken nach Berlin kamen und umgekehrt alle, die nach den Bezirken reisen sollten, mußten durch die mir angehängten Stellen gehen. Dasselbe war der Fall mit der Post. Schon nach wenigen Tagen beschwerte sich Hirsch über seine nur mangelhafte Verbindung zu mir. Er forderte, in ständigem Telefonkontakt mit mir stehen zu können. Gemäß Thälmanns und Kippenbergers Anweisungen hatten jedoch die einzelnen Mitarbeiter Thälmanns mit mir nur ausnahmsweise, regelmäßig nur durch Postkuriere, Verbindung. Kattner war von Thälmann für die enge Verbindung zu meinem Teil des Apparats von Thälmanns Stab aus verantwortlich. In der Praxis aber mußte ich mich täglich mehrfach mit Birkenhauer treffen, um von diesem meterlange Rundschreiben, Aufrufe und ähnliches zu übernehmen, Schriftstücke, die er mitunter erst in meiner Gegenwart in irgendeinem Cafehaus fertig korrigierte. Hirsch erklärte mir eines Nachts in dramatischer Form, daß mir gelungen sei, was Pjatnitzki, Manuilski und Stalin vorher nicht gelungen sei – ihn von Thälmann zu trennen. Er verlangte aber auch, mit mir in einem Raum zu arbeiten, um allen zentralen Verbindungen nahe sein zu können.

Wenige Tage nach dem 30. 1. wurden nach allen Bezirken Instrukteure mit speziellen Anweisungen der Parteileitung geschickt. Ehe sie reisten, hatten sie ein Referat entgegenzunehmen, wozu sie sich alle in einem Raum versammeln mußten. Die Vorbereitung und Sicherung dieser Zusammenkunft oblag mir, so heftig ich mich auch gegen die Zusammenziehung so vieler Menschen an einer Stelle in Berlin sträubte. Doch dies war nur das Vorspiel zu einer Konferenz von Parteisekretären aus allen Bezirken, in der Thälmann ein richtunggebendes Referat halten wollte. Aus jedem Bezirk mußten 2 oder 3 Sekretäre erscheinen, die alle durch verschiedene Anlaufstellen nach der Treptower Sternwarte geleitet wurden, um von dort aus nach einem Landort in der Nähe der Stadt transportiert zu werden. Gegen diesen Unsinn habe ich zunächst bei Kippenberger protestiert. Kurz vor dem Termin ließ mich Thälmann zu sich rufen, um zu hören, wie weit die Vorbereitungen gediehen seien und weshalb ich gegen diese Konferenz protestiert hatte. Ich erklärte ihm, daß es unzulässig sei, so viele leitende Genossen auf einen Platz zu konzentrieren, und daß er, wenn das Ganze nicht mehr abgeblasen werden könne, anordnen solle, daß mehrere Zusammenkünfte stattfinden sollten, auf die die Teilnehmer verteilt werden könnten. Damit war er aber nicht einverstanden. Er meinte, er fürchte nichts, und die Sache sei politisch notwendig. Bei Gelegenheit dieses kurzen Gesprächs erwähnte ich, daß Kippenberger wiederholt Andeutungen gemacht habe, die Hirschs Zuverlässigkeit und Vertrauenswürdigkeit in Frage stellten. Ich wollte Gewißheit darüber haben, ob Kippenberger Thälmann selbst darüber informiert habe und was Thälmann dazu meine. Thälmann meinte, dies sei nicht ernst zu nehmen und rühre nur daher, daß zwischen den Mitarbeitern Rivalitäten bestünden. Ich solle aber Hirsch nur im Rahmen seiner (Thälmanns) Anordnungen in der zentralen Arbeit teilnehmen lassen, aber nicht seinem eigenen Herrscherdrang Spielraum geben.

Die Konferenz fand statt. Bis zur Abfahrt von der Sternwarte hatte ich die aus den Bezirken gekommenen Genossen unter Kontrolle gehabt. Kippenbergers Apparat sicherte die Tagung selbst. Sie mußte vorzeitig abgebrochen werden, weil Polizei oder Nazis gemeldet worden waren.

Kurz darauf sollten an einigen Orten Konferenzen der leitenden Genossen von je 4 oder 5 Bezirken abgehalten werden. Thälmann wollte die Hamburger Konferenz selbst abhalten und schickte zur Vorbereitung Emil Künder, einen seiner aus Hamburg mitgebrachten Vertrauensleute. Künder rief von Bremen aus telefonisch in Hamburg an und teilte dort alles Wesentliche mit, auch daß Thälmann kommen werde. Dies erfuhr ich rechtzeitig und ließ es Thälmann mitteilen, damit er nicht unversehens in eine Falle ginge.

So vergingen die Wochen bis zur Reichstagsbrandnacht, während in den Arbeitervierteln der Städte und in den Landarbeiterbezirken der nazistische Terror schon blutige Formen annahm.

Für den Abend, an dem der Reichstagsbrand stattfand, war eine Sitzung des Politbüros angesetzt worden. Während die Parteileitung tagte, ging die große Provokation vonstatten, von der sie keine Ahnung hatte. Kasper, ein Mitglied des Politbüros, begab sich nach der Sitzung nichtsahnend in seine Privatwohnung, um dort zu schlafen und wurde am Morgen verhaftet. Es war keine Vorsorge getroffen worden, das Politbüro während seiner Tagung erreichen und benachrichtigen zu können.

An diesem Abend traf ich bei Aschinger am Bahnhof Friedrichstraße mit Wilhelm Koenen, Ernst Torgler und Bruno Peterson zusammen. Meine Absicht war, Torgler darauf aufmerksam zu machen, daß er irre, wenn er dem eben zum Chef der Geheimen Staatspolizei ernannten Regierungsrat Diehls vertraue. Torgler war nicht von der Auffassung abzubringen, daß Diehls ein politisch linksstehender Mann sei. Während ich nachzuweisen suchte, daß Diehls Torglers Umgang suche, um Nachrichten herauszulocken und Torgler und die Partei in Sicherheit zu wiegen, behauptete Torgler, Diehls habe erst vor wenigen Tagen wiederum bewiesen, daß er es ehrlich meine, indem er ihn darauf aufmerksam gemacht habe, daß es zweckmäßig sei, die Sammler für den Wahlfonds der Partei von den Straßen zurückzuziehen. Unmittelbar darauf sei ein Erlaß erschienen, der die polizeiliche Festnahme der Sammler der KPD anordnete. Diehls habe mit seiner Warnung ein übriges Mal gezeigt, daß er der Partei helfen wolle. Meine Entgegnung, daß diese Warnung billig gewesen sei, wenn damit erreicht wurde, daß Leute wie Torgler dem Diehls Vertrauen entgegen bringen, verfing nicht.

Kurze Zeit, nachdem ich das Lokal Aschinger verlassen hatte, hörte ich die Rufe von Extrablattverkäufern, die den Reichstagsbrand mitteilten. Ich eilte zu Aschinger zurück, in der Hoffnung, Torgler noch zu treffen; er und die andern waren aber schon weggegangen. Meine Versuche, Torgler durch den Sekretär der Fraktion, Otto Kühne, zu erreichen, schlugen ebenfalls fehl. Erst am nächsten Morgen teilte mir Kühne mit, daß Torgler selbst zur Polizei gegangen sei, um dort Diehls zu treffen, gegen die Behauptung, er habe mit der Brandstiftung zu tun, zu protestieren und die Sache aufzuklären. So war daran nichts mehr zu ändern. Nach Erledigung meiner abendlichen Treffs postierte ich mich in einer Seitenstraße in der Nähe des Alexanderplatzes, um wenigstens noch einige Genossen, von denen ich annahm, sie würden auf dem Heimweg dort durchkommen, zu informieren und zu warnen. Es waren nur wenige, die ich traf, unter ihnen war Arthur Voigt, der damalige Organisationssekretär von Berlin, der äußerst nervös und erschrocken wirkte. Nachts versuchte ich noch Werner Peuke zu treffen, um ihm anzuraten, sich sicher zu verbergen und mit mir Verbindung zu halten. Ich traf ihn nicht an; er war bereits aufs Land gereist, wo er sich dann lange Zeit versteckt hielt.

Die nächsten Tage brachten die von überall strömenden Nachrichten über massenhafte Verhaftungen, und nun setzte die Suche nach Ersatzleuten ein, die nicht mehr abreißen sollte.

Abermals wurde ein Bote zum Vorstand der SPD und diesmal auch zum Vorstand des ADGB geschickt. Beim ADGB wurde der Bote vom Portier nicht durchgelassen. Von der SPD (Künstler) wurde eine Antwort in Aussicht gestellt, die dann in der Form gegeben wurde, daß es nunmehr unzweckmäßig sei, etwas Gemeinsames zu tun, weil dadurch nur die Legalität der SPD zerstört würde.

Mit dem Reichstagsbrand und den mit ihm verbundenen Massenverhaftungen war die letzte Frist zu einem wirkungsvollen Gegenschlag gegen die Hitlerdiktatur abgelaufen. Es blieb übrig, die Organisationen der Partei zusammenzuhalten und die neue Lage zu verstehen. Die Parteileitung befaßte sich nur damit, die Organisationen zusammenzuhalten. Die neue Lage verstand sie nicht. Weil sie sie nicht verstand, gelang es ihr auch nicht, die systematische Zerstörung der Organisationen zu verhindern. Die falsche Politik, die nun lange Zeit betrieben wurde, tat ein Übriges zum Zerfall und zur Zersetzung der Organisationen. Sie setzte die opferwilligen Genossen bei den verzweifelten Versuchen demonstrativer Aktionen gegen die Nazidiktatur immer wieder dem Zugriff der Polizei und der Naziorganisationen aus. Anderseits flüchteten Massen desillusionierter Mitglieder der Partei und ihrer Nebenorganisationen in die halbmilitärischen Organisationen der Deutschnationalen und schließlich in die SA und NSDAP.

In den bis zur Reichstagswahl am 5. März verbleibenden Tagen haben die aktiven Parteigenossen noch einmal, unter wütendem Terror, versucht, eine Demonstration gegen den Nazismus durchzuführen. Das Wahlresultat ist bekannt. Es zeugte davon, daß die Partei trotz alledem noch bei Millionen Vertrauen besaß. Die Parteimitglieder, die dem Terror trotzend, Zeitungen und Flugblätter herausgaben und verbreiteten, und die immer wieder die zerstörten Organisationen aufbauten, haben dies Vertrauen sicher gerechtfertigt. Sie haben getan, was in ihren Kräften stand und haben in vielen Fällen mit dem Leben bezahlt. Die Parteileitung aber hat das Vertrauen nicht gerechtfertigt, denn sie hat nicht einmal den Mut aufgebracht, die Niederlage zu konstatieren und der Arbeiterbewegung auf neue Wege zu helfen. Was half die Opferwilligkeit der Genossen, die Zeitungen herstellten und verbreiteten, dagegen, daß der politische Inhalt der Zeitungen den Arbeitern und dem Volke überhaupt nicht das Notwendige sagte?

Gleich nach dem Reichstagsbrand war ein Abgesandter der Exekutive der Komintern angekommen, Sepp Schwab. Er hatte mit Thälmann zu sprechen. Obwohl er über die politischen Richtlinien nichts äußerte, war zu merken, daß er mit der durch den Brand herbeigeführten Lage nichts anzufangen wußte. Am Nachmittag des Tages, an dem Schwab Thälmann treffen sollte, führte ich ihn mit Thälmanns Mitarbeiter Birkenhauer zusammen. Wir trafen uns in einem Lokal auf dem Wittenbergplatz, das Birkenhauer angegeben hatte. Nach kurzer Zeit wurde ich auf einen Mann aufmerksam, von dem ich den Eindruck hatte, er interessiere sich für uns. Diese Beobachtung veranlaßte mich, unseren sofortigen Aufbruch zu verlangen. Kaum waren wir um die Ecke in der Richtung Augsburger Straße gebogen, als hinter uns ein großes Polizeiauto sichtbar wurde. Wir hatten eben die Augsburger Straße erreicht, als das Auto uns überholte. Schwab und ich trennten uns von Birkenhauer fluchtartig, das Auto hielt auf der anderen Straßenseite und die Polizeimannschaft sprang herunter. Schwab und ich waren jedoch schon weggekommen, ehe die Polizisten in der dicht belebten Straße auf unsere Fährte kommen konnten.

Einige Stunden später erschien die »Nachtausgabe« mit der Mitteilung, daß Thälmann verhaftet worden sei. Außer ihm wurden genannt: Birkenhauer, Hirsch, Kattner. Jeder von ihnen wurde kurz mit seiner Funktion innerhalb der Partei charakterisiert.

Kippenberger rief mich an jenem Abend selbst an und fragte, ob ich schon von der Verhaftung wisse. Er war in der Wahl seiner Worte so unvorsichtig (offenbar war er außerordentlich aufgeregt und erschüttert), daß ich mich beeilte, das Gespräch zum Abschluß zu bringen. Kurz darauf versammelten sich Kippenbergers engste Mitarbeiter; als ich dort erschien, hatte ich den Eindruck, Leuten gegenüber zu stehen, die sich hoffnungslos geschlagen fühlten. Dieser Stimmung gaben sie auch durch ihre Bemerkungen Ausdruck. Als ich sagte, es komme jetzt darauf an, konkret festzulegen, was zu tun sei, erntete ich zuerst höhnische Bemerkungen. Schließlich kamen wir so weit, das Notwendigste zu klären. Am kommenden Morgen sollte das Sekretariat und später das Politbüro einberufen werden, damit diese Körperschaften Stellung nehmen könnten. Ein spezieller Mann (Vehlow) wurde beauftragt, die Untersuchung über die Umstände, die zur Verhaftung Thälmanns und seiner Mitarbeiter geführt hatten, vorzunehmen. Einige Sicherungsmaßnahmen gegen das Umsichgreifen der Verhaftungen in der Spitze wurden besprochen.

In der Frühe des nächsten Morgens traf ich Viktor, Kippenbergers nächsten Mann, mit dem ich über die Sicherung der Sitzungen sprach. Er berichtete, daß behauptet werde, Thälmann sei durch Ernst Schneller verraten worden, der zur Belohnung von der Polizei Gelegenheit zur Flucht bekommen habe. Es sei, meinte Viktor, noch nicht möglich gewesen, zu untersuchen, ob dies wahr sei. Wenn es aber wahr wäre, bedeutete dies ein Seitenstück zu Asews Rolle in der russischen revolutionären Bewegung; denn Schneller habe ja einen großen Teil der technischen Vorbereitungen auf die Illegalität geleitet (auf drucktechnischem Gebiet). Viktor machte den Eindruck, als halte er es für möglich, daß sich die Sache so verhielt.

Ulbricht, den ich kurz darauf traf, erklärte sich im allgemeinen mit meinen Maßnahmen nach Thälmanns Verhaftung einverstanden, wollte jedoch nichts davon wissen, daß das Politbüro zusammenträte. Dies würde zu große Schwierigkeiten schaffen, meinte er, deshalb genüge es zunächst, das Sekretariat Stellung nehmen zu lassen. Die Politbürositzung mußte also verschoben werden. Von der Behauptung über Schnellers angeblichen Verrat hatte Ulbricht auch schon gehört. Er glaubte daran ebensowenig wie ich und versprach, die Spur dieses Gerüchts zu verfolgen, um die Sache aufzuklären. Ulbricht machte den Eindruck außerordentlicher Frische, und es erwies sich binnen kurzem, daß er nun versuchte, die Fäden in seiner Hand zu zentralisieren. Es begann der Kampf zwischen ihm und Schehr um die Nachfolge Thälmanns, von dem noch zu berichten sein wird.

Wie ich befürchtet hatte, wurde Thälmanns Wegfall zum Anlaß für ausgedehnte und intensive Kämpfe und Treibereien um die Führung. Unter dem Eindruck dieser Kämpfe standen die folgenden Monate.

Fürs Erste beschloß man im Sekretariat, Remmele nach Moskau zu schicken. Ferner sollte Schehr sofort nach dort fahren, um die Lage zu diskutieren. Er sollte schon nach wenigen Wochen wieder zurück sein. Unterdessen sollte Ulbricht die Leitung ausüben.

Remmele hatte seit der Entfernung Neumanns aus der Leitung die Rolle eines schweigenden Zuschauers gespielt. Er hielt nach wie vor Verbindungen zu einigen in Funktionen verbliebenen Freunden Neumanns. Mit Hilfe seiner Stellung als Mitglied des Politbüros versuchte er einige dieser – Schlaffer, Karl Fischer – zu unterstützen und um sich zu sammeln, offenbar in der Hoffnung, sie zu gegebener Zeit, wenn die andern Funktionäre auf Grund ihrer Arbeit verhaftet sein würden, an einflußreichen Stellen einzusetzen. Er selbst hat während der ersten Wochen der Illegalität nichts geleistet, hat dafür aber um so mehr gefordert (Räume, Reservewohnungen, Geld). In Berliner Funktionärskreisen wurde erzählt, in einer Zusammenkunft von Parteimitgliedern im Wedding, die einer von Neumanns Freunden, Franz Fischer, organisiert hatte, habe Remmele gesprochen. Der Bericht über diese Versammlung war offenbar als der Ausgangspunkt einer Art von Opposition gedacht, denn Teilnehmer und andere aus dem Kreise der Freunde Neumanns beriefen sich danach auf Remmeles dort geübte Kritik an der Politik der Partei. Beschleunigend auf die Herbeiführung des Beschlusses über die Abreise Remmeles wirkte ein Bericht Gromulats über Remmeles Verhalten in seiner ihm von dem zuständigen Parteiapparat zur Verfügung gestellten illegalen Wohnung. Formell protestierte Remmele zwar gegen die Abschiebung, in Wirklichkeit aber war ihm sehr daran gelegen, nach Moskau zu kommen, weil er annahm, dort und von dort aus bald Gelegenheit zu einer Veränderung seiner Stellung in der Parteileitung gelangen zu können. Auf meine Aufforderung untersuchte Gromulat nach Remmeles Abreise dessen Wohnung gründlich und fand einen handgeschriebenen Brief Heinz Neumanns (Neumann befand sich damals in Spanien respektive Frankreich)! Neumann drückte darin seine Genugtuung über Thälmanns Verschwinden aus und appellierte an Remmele, jetzt Karl Liebknechts Rolle zu übernehmen. Mich hat der Brief damals tief empört. Gerade weil ich selbst so kritisch zur politischen Praxis der Partei stand und weil ich viele ihrer Fäulniserscheinungen und schwachen Stellen genau erkennen konnte, empörte mich diese in der Zeit schärfster Verfolgung und tiefer Erniedrigung geäußerte unverhohlene Schadenfreude. Gerade Neumann und Remmele, die moralisch verkommene hemmungslose Karrieristen waren, und die selbst ihr gerüttelt Maß zu diesem Elend beigetragen hatten, waren die letzten, die jetzt dazu berechtigt gewesen wären, sich als Kritiker und Richter aufzuwerfen. So empfand ich auch eine von Remmele verfaßte Denkschrift über die Kader der Partei als nichts anderes, denn als Versuch, sich selbst und seine Clique in ein günstigeres Licht zu stellen. Schlimm war bei alledem, daß Remmeles Kritik – bei aller Heimtücke und moralischen Falschheit ihres Vertreters – auch auf die tatsächlichen Vergehen der Partei und ihrer Leitung einging, ohne Remmeles und seiner Freunde wirkliche Rolle zu erwähnen. Remmele griff manches auf, was tatsächlich hätte gesagt werden müssen. In den folgenden Jahren brauchte die Parteileitung gegenüber jeder kritischen Anmerkung den Vorwurf, ihr Träger sei inspiriert von oder verbunden mit der Neumann-Gruppe. Sogar die Unterdrückung der Feststellung, daß die deutsche Arbeiterklasse 1933 eine katastrophale Niederlage erlitten hat, geschah offiziell mit der Begründung, daß der Neumannschen Zersetzungsarbeit kein Spielraum gegeben werden dürfte.

Ehe Schehr sich nach Moskau begab, langte ein tschechischer Funktionär an, der Direktiven des EKKI zu überbringen hatte. So viel ich durch Ulbricht und später durch Schehr erfahren konnte, handelte es sich um Anweisungen über die Zusammensetzung der Leitung nach Thälmanns Fortfall. Weder Ulbricht noch Schehr waren damit einverstanden. Ganz aufschlußreich für das Unverständnis, das den Ereignissen in Deutschland entgegengebracht wurde, war, daß der Funktionär (ich glaube, er hieß Renner) erklärte, die tschechische Partei lehne es im Gegensatz zur dortigen Sozialdemokratie ab, Emigranten anzuerkennen, denn falls sie sie anerkennen würde, bedeutete das ja ein Eingeständnis einer Niederlage. Mit ihrer Stellungnahme wollten die tschechischen Kommunisten demonstrieren, daß der Platz der deutschen Kommunisten in Deutschland, nicht in der Emigration sei. Wenn es sich dabei auch nur um eine vorübergehende Stellungnahme gehandelt hat, war sie doch ganz bezeichnend eben für das Unverständnis. (Gottwald aber hat 1940 in einer Diskussion im Sekretariat des EKKI selbst einen interessanten Kommentar gegeben, der noch eine andere Seite dieser Stellungnahme beleuchtete. Er verteidigte die Abreise des tschechischen Politbüros aus dem Lande, die lange vor dem Einmarsch der deutschen Truppen vor sich gegangen war, damit, daß er eben darin ganz anderer Auffassung als die deutschen Genossen sei. Seine Praxis bedeute, die Leitung sicherzustellen, während alle anderen Mitglieder zu verbleiben hätten.)

Während Schehr sich noch auf seiner Moskaureise befand, traf in Berlin Hermann Schubert aus Hamburg ein. Er gehörte zum Politbüro und war gleichzeitig Sekretär in Hamburg. Nun machte er geltend, daß ein Beschluß bestehe, dem gemäß er an Thälmanns Stelle einzurücken habe. Noch ehe Schehr zurückgekehrt war, hatten sich Schubert und Ulbricht so weit verständigt, daß sie die einflußreichsten Stellen unter sich verteilt und in Betrieb gebracht hatten. Ulbrichts Stärke bestand in einer unermüdlichen Geschäftigkeit, die ich an ihm immer und in allen Lagen habe feststellen können. Er hielt seine Mitarbeiter und Untergebenen (er brauchte Untergebene) fortgesetzt in Bewegung und kontrollierte unnachsichtlich deren Arbeit. Seine Überlegenheit über andere bestand nicht in tieferer Einsicht oder größerer Reife, sondern in seiner Fähigkeit, stets besser informiert zu sein als andere und viel hartnäckiger der Durchführung von Einzelheiten nachzugehen. Schon während seiner Tätigkeit als Berliner Bezirkssekretär hatte ich beobachtend die Erfahrung gemacht, daß Ulbricht in großem Umfange Kader verbrauchte, aber nur Nachbeter und Stümper erzog. Jetzt bekam ich Gelegenheit, diese Erfahrung zu vertiefen.

Schubert war, im Gegensatz zu Ulbricht, ein plumper, brutaler und träger Bonze, dessen Stärke eben seine Brutalität und sein Pochen auf ein vertrauliches Verhältnis zu Thälmann waren. Mit Ulbricht verband ihn vorübergehend nur die gemeinsame Gegnerschaft gegen die Einsetzung eines Dritten an Thälmanns Stelle.

Pieck hielt sich seit Thälmanns Verhaftung im Hintergrund und war nur selten, während einiger Abendstunden, zu treffen. Er bereitete sich darauf vor, ins Ausland zu fahren.

Florin versuchte, Kontakt zu unteren Einheiten der Berliner Organisation zu finden, war aber einerseits viel zu wenig vertraut mit den Berliner Verhältnissen und anderseits zu schwerfällig, als daß er nennenswert hätte eingreifen können.

Dahlem versuchte, sogenannte Beispiele zu schaffen und Material über den tatsächlichen Zustand der Organisation zu sammeln. Schon die ersten Versuche zeigten ihm, welchen Gefahren man sich aussetzte, wenn man »unten« arbeitete, und bis zu seiner baldigen Abreise ins Ausland hat er sich recht still verhalten.

Ulbricht und Schubert hielten also während Schehrs Abwesenheit die zentrale Arbeit im Gang, wobei Schubert vor allem daran gelegen war, in Verbindung zu einigen ihm nahestehenden Bezirkssekretären zu kommen und deren Plazierung an einflußreicheren Stellen vorzunehmen, während Ulbricht versuchte, das Erscheinen der »Roten Fahne« und eines zentralen Pressedienstes zu sichern und Anweisungen an die Bezirksleitungen herauszubringen. Beide versuchten übrigens, Umbesetzungen an einigen zentralen Stellen vorzunehmen und verlangten eines Tages von mir (das Wort führte dabei Ulbricht), die Leute aus dem zentralen Apparat zu entfernen, die »mit Teddy herumgesoffen« hätten.

Unter Ulbrichts Einfluß wurde damals die Losung »Rettet die Gewerkschaften!« herausgegeben, eine Losung, die an und für sich hätte geeignet sein können, eine gemeinsame Kampffront von kommunistisch und sozialdemokratisch orientierten Arbeitern zur Verteidigung der Gewerkschaften zu fördern. Aber die Losung genügte allein nicht. Wäre sie mit einer der wirklichen Lage entsprechenden Erklärung der KPD verbreitet worden, hätte sie wohl helfen können, so aber wurde sie eingepeitscht, wie vorher und nachher andere Losungen. Unter solchen Umständen verfehlen nicht nur auch an und für sich richtige Losungen ihre Wirkung, sie dienen sogar zur Vermehrung der Abneigung gegenüber den Parolenschmieden, die jederzeit etwas Neues herausbringen.

Wer die wirkliche Lage kennen lernen wollte, durfte sich damals nicht an die Erklärungen und Aufrufe der KPD halten. Ich entsinne mich eines Gesprächs mit einem Genossen, der in Adlershof in einer Flugzeugfabrik arbeitete, und dessen Betriebsgruppe des Ein-

heitsverbandes der Metallarbeiter (der KPD-Metallarbeiterorgani-
sation Berlins) sich der NSBO angeschlossen hatte.

Dies Beispiel war typisch für das Verhalten der unter nazistischen
Druck gesetzten Arbeiter, die in einer Niederlagenstimmung waren, in der sie keine Hilfe und Stütze seitens ihrer Organisationen
bekamen.

Der 1. Mai, an dem die Belegschaften und Gewerkschaftsorganisationen aufmarschierten, und der einen der Höhepunkte national-
sozialistischer Propaganda darstellte, mußte es jedem Klarsehenden
deutlich werden lassen, wie tief unser Absturz in die Katastrophe
war. Ich bin an diesem Tage durch viele Teile Berlins gegangen, habe
die massenhafte Beflaggung der Wohnungsfenster gesehen und das
Geschrei der Lautsprecher aus den offenen Fenstern gehört. Mir
war elend zu Mute und ich dachte, wie viel Widerstandskraft dazu
gehöre, gegenüber diesem Massenwahn und dieser Massenunter-
werfung fest zu bleiben und ihnen entgegenzuarbeiten. Ich war mir
klar darüber, daß viele die Fahnen nur herausgehängt hatten, um
sich zu tarnen und nicht Anlaß zu Maßnahmen zu geben. Aber das
war auch schon bezeichnend für die Lage. Gewiß, es wurde diskutiert, Witze wurden kolportiert, Zeitungen und Aufrufe wurden
insgeheim verteilt. Aber an der großen Entwicklung konnte das
nichts mehr ändern. Wir hätten damals klar sagen müssen, was vor
sich ging; es wäre für die Arbeiter notwendig und besser gewesen,
als die Versuche der Partei, so zu tun, als habe sich nur äußerlich
einiges geändert, während es im Grunde genommen auf die alte
Weise weiter gehe.

Mit Schehrs Rückkehr von Moskau kam auch die offizielle Einschätzung der Lage seitens der Kominternführung. Kurz gesagt:
Die Niederlage wurde nicht als solche anerkannt. Es wurde so getan, als spiele sich in Deutschland ein gewaltiger, noch keineswegs
entschiedener Kampf zwischen den nazistischen Kräften einerseits
und der unter Führung der KPD stehenden Arbeiterklasse anderseits ab. Als gefährlichster Feind wurden die – linken Sozialdemokraten bezeichnet, die – nach jener Lesart – jetzt besonders gefährlich seien, weil sie auch vom Faschismus verfolgt würden.

Daß die Feindseligkeiten zwischen Kommunisten und Sozialdemokraten sogar in den Kellern und Konzentrationslagern der SA
fortgeführt wurden und sich mitunter in Tätlichkeiten äußerten,

wurde von verschiedenen Stellen berichtet. Die offiziellen Resolutionen, die nun mit großem Kraftaufwand zu verbreiten versucht wurden, trieben diesen Wahnwitz noch weiter.

Abgesehen von der Aufforderung, die Taktik der Demonstrationen gegen das Regime fortzusetzen und zu intensivieren, wurde der Partei nun die Aufgabe gestellt, sogenannte selbständige Klassengewerkschaften zu bilden. Die Losung mit der Aufforderung zur Rettung der Gewerkschaften wurde fallengelassen. Aus dem Versagen der gewerkschaftlichen Führung wurde der Schluß gezogen, daß die Gewerkschaftsmitglieder nun selbst einsehen würden, daß sie mit der sozialdemokratischen Politik zu brechen hätten; deshalb müsse die Partei ihnen einen neuen Weg weisen, eben die Bildung der selbständigen Klassengewerkschaften. Viele Monate lang wurde diese Kampagne geführt. Ihr einziges Ergebnis war, daß sich noch vorhandene RGO.-Gruppen zu Klassengewerkschaften umbenannten. Die RGO.-Leitung führte darüber Statistik und betrog sich selbst mit Berichten über zunehmende Erfolge. Der Gedanke, die Oppositionsarbeit in der NSBO zu fördern, wurde damals noch entschieden zurückgewiesen.

Kurz nach Dahlems und Florins Abreise ins Ausland (Florin sollte an einem Pariser Kongreß gegen den Faschismus teilnehmen, zu dem auch W. Koenen geschickt wurde) begab sich auch Pieck ins Ausland. Vor seiner Abreise habe ich versucht, ihn darauf aufmerksam zu machen, zu welchen Konsequenzen der um sich greifende Kampf zwischen den Politbüromitgliedern führen müsse. Er hörte mich wohlwollend an und sagte schließlich, Schehr sei ja ganz gut, aber er sei zu jung. Er ließ offensichtlich den Dingen ihren Lauf.

Die Reibungen und Differenzen zwischen Ulbricht, Schubert einerseits und Schehr anderseits wurden in der Folge kaum noch zu verdecken versucht. Ulbricht höhnte über Schehrs Langsamkeit. Schubert schimpfte in Gossentönen und Schehr selbst verhehlte nicht, daß er die Verhältnisse als sehr ernst und auf lange Sicht unhaltbar ansehe. Jeder der drei genannten gruppierte um sich Teile des Apparats und der Mitarbeiter. Schehr verfiel dabei dem persönlich zu Intrigen wie geborenen Walter Gollmik, mit dem er Tag und Nacht zusammen war. Schubert hatte Hermann Jakobs als Hauptstütze, während Ulbricht eng mit Ölsner, Lenz (Winternitz) und Walter Barthel arbeitete. Schehr, der nach dem Moskauer Beschluß den Vorsitz führen sollte, fand Unterstützung bei Kippenberger, isolierte sich aber selbst mehr und mehr von den Bezirkssekretären, mit denen vornehmlich Ulbricht zusammentraf. Schubert war eng verbunden mit dem Leiter der RGO Schulte, der ebenfalls Mitglied des Politbüros war. Es dauerte nicht lange, bis diese Gegensätze Gesprächsthema in den Bezirksleitungen wurden, und wiederholt habe ich erlebt, daß Bezirkssekretäre und Redakteure, die zu Beratungen nach Berlin kamen, darüber zu sprechen begannen und verlangten, speziell mit dem einen oder anderen zu sprechen.

Im zentralen Mitarbeiterstab und in den Bezirksleitungen hatten die fortlaufenden Verhaftungen große Lücken gerissen. Die Verhaftung der zentralen Geschäftsabteilung, der das Verlagswesen unterstand, führte die Polizei auf zahlreiche Spuren, weil sowohl 2 weibliche Angestellte (Gerber und Miller) als auch der Chef Budich Aussagen gemacht hatten, die weitere Verhaftungen nach sich zogen und Beobachtungen ermöglichten. Budich war schwer mißhandelt worden und blieb zeitlebens Krüppel. Er hat sich später entschieden gegen die Behauptung gewehrt, selbst Namen genannt zu haben. Unaufgeklärt geblieben ist die Rolle der Frau des früheren Hamburger Redakteurs und späteren Thälmann-Mitarbeiters H. Meyer, von der aber feststeht, daß sie am Telefon unter Überwachung der Polizei Anrufe entgegengenommen und Auskünfte gegeben hat, die die Verhaftung weiterer Mitarbeiter zur Folge gehabt hat. Über meine Tätigkeit wurde bei diesen Vernehmungen ziemlich ausführlich gesprochen.

Einige Bezirkssekretäre verließen ihre Bezirke fluchtartig, ohne für Nachfolge zu sorgen. Woitkowsky und Blenkle kamen aus Oberschlesien an, nachdem sie sich vorher in Breslau aufgehalten hatten. Im Ruhrgebiet weigerte sich Reinhardt (Abusch), eine ihm aufgetragene Arbeit auszuführen und reiste ins Ausland, was nachträglich mit der Begründung von Gesundheitsrücksichten sanktioniert wurde. Duddins hatte sich wochenlang außerhalb Thüringens aufgehalten.

Münzenberg schickte vom Ausland die Mitteilung, daß er sich nach dort begeben habe und nachträglich die Zustimmung der Parteileitung dazu haben wollte. Maria Reese beschwerte sich in einem illegal transportierten Brief, daß die Partei nicht ihre Berliner Wohnung geräumt und ihr Eigentum in Sicherheit gebracht habe. Allmählich wurde die Zahl derer, die arbeitswillig und arbeitsfähig waren, übersichtlicher. Hier muß ich einschalten, daß ich damals zu der Auffassung kam, es werde vielleicht eine Art nützlichen Reinigungsprozesses vor sich gehen, durch den viele Schlacken abgestoßen und gute Kräfte zur Geltung gebracht würden. Eine Illusion, – denn ich ahnte nicht, daß diese Leute im Ausland mit um so größerer Geschäftigkeit sich etablieren und dabei Unterstützung der Kominternführung erhalten würden.

Einige vom Politbüro eingesetzte Bezirkssekretäre erwiesen sich in den Bezirken, in die sie geschickt worden waren, als Versager (Suhr, Paul Jahnke, dessen Fiasko so groß war, daß er in die Emigration geschickt wurde, um wegen seines Verhaltens keine Parteifunktion mehr zu erhalten). Ein anderer Typ – Paul Jäckel – erklärte offen, daß er die Strapazen der Illegalität nicht aushalten könne und ins Ausland gehen wolle (dort erholte sich Jäckel rasch und erklomm leitende Posten, die ihn bis nach Moskau führten, wo er sich auf schamlose Art an Genossen rächte, die ihn schwach gesehen hatten). Einer der Übelsten war ein gewisser Heinrich aus dem Ruhrgebiet, der sich unter normalen Verhältnissen stets in Florins Nähe gehalten hatte. Er übernahm den Auftrag, in Holland Material für den Druck einer Zeitung abzuliefern und für die Durchführung des Drucks und Transports zu sorgen; zurück kam er nicht, installierte sich aber draußen als Grenzstelle und wurde darin von Florin gestützt. Das sind nur einige Blüten aus einer leider überreichen Flora übel duftender Gewächse.

Arthur Gohlke, der zentrale Kassierer, dessen Erscheinung für alle, die mit ihm in Verbindung kommen mußten, eine Gefahrenquelle war, weil er nicht im mindesten den neuen Verhältnissen Rechnung trug, wurde abgeschoben. Einige ähnliche Gestalten folgten nach, so Willy Leow, eine durch und durch korrupte Person.

Wilhelm Hein, Mitglied des Politbüros, Reichstagsabgeordneter und früherer Metallarbeiter, eröffnete im Norden Berlins eine Bierkneipe, nachdem er nach sehr kurzer Haft freigelassen worden war. Es hieß, daß er mit der Polizei in Verbindung stehe, und daß seine Kneipe dazu diene, Arbeiter anzulocken. Hein war, wie Leow, ein kraftmeierischer Renommierprolet, der sich auf seine sogenannte Urwüchsigkeit viel zugute getan hatte.

Eines Tages verlangte Birkenhauers Frau mich zu sprechen. Sie erklärte, von ihrem Manne beauftragt zu sein, mich nach der Zusammensetzung der gegenwärtigen Leitung zu fragen und solle ihm meine Mitteilung darüber beim nächsten Besuch im Gefängnis überbringen. Dies habe ich abgelehnt und habe jede weitere Zusammenkunft mit der Frau vermieden.

Als ich eines Abends die zu expedierende Post durchsah, fiel mir ein verschlossener großer Briefumschlag in die Hände, der an die internationale Verbindungsstelle adressiert war. Nichts deutete darauf hin, von wem dieser Brief abgeliefert worden war. Das äußere Kuvert enthielt einen an Pjatnitzki adressierten Umschlag, in dessen Innern sich eine Zusammenstellung von Aufzeichnungen und Briefstellen befand, die Hirsch aus dem Gefängnis geschmuggelt hatte, damit sie von seiner Sekretärin direkt an Pjatnitzki befördert werden sollten. Hirsch erklärte in einer kurzgefaßten Einleitung, daß er damit beweisen wolle, daß nicht er die Schuld an Thälmanns Verhaftung trage. Dieses Material übersandte ich den Politbüromitgliedern, und Schubert wurde beauftragt, mit der Sekretärin Hirschs zu sprechen. Sie wurde kurz danach nach Moskau geschickt. Über die eigenartigen Umstände sowohl der Verhaftung Thälmanns selbst, als auch darüber, daß seine beiden mitverhafteten Mitarbeiter schon nach so kurzer Zeit imstande waren, sich zu äußern, habe ich von keinem Politbüromitglied eine Erklärung erhalten können. Übrigens waren die Untersuchungen Vehlows in den ersten Anfängen stecken geblieben, ohne Aufschluß zu geben. Vehlow wurde einfach nicht unterstützt und hatte zudem keine Ahnung von den Voraussetzungen, die bei Thälmanns Verhaftung mitgespielt haben mögen (beispielsweise, weshalb eine früher gemietete Wohnung außerhalb Berlins plötzlich, als sie hätte gebraucht werden können, aufgegeben worden war; weshalb Thälmann ablehnte, einige ihm vorgeschlagene provisorische Wohnungen zu benützen; wer dafür verantwortlich war, daß die Einrichtung eines auf dem Lande gelegenen Häuschens nicht vorwärts kommen wollte).

Vehlow hatte Auseinandersetzungen mit Kippenberger über das sogenannte zentrale Abwehrarchiv. Er verlangte, daß es vernichtet würde, um nicht in die Hände der Nazis fallen zu können. Kippenberger bestand darauf, daß erst Auszüge angefertigt werden sollten.

Im Archiv wurde alles gesammelt, was dem Nachrichtenapparat über Parteimitglieder bekannt geworden war. Kein Funktionär hatte die Möglichkeit, Angaben zu prüfen oder zu berichtigen, die in diesen Dossiers aufbewahrt wurden. Mir sind einmal zwei solcher Aktenstücke gezeigt worden, kurz vor dem 30. Januar 1933; es waren Angaben über Hirsch und Schrecker. Von dieser Zeit an habe ich keine Gelegenheit vorübergehen lassen, die Vernichtung dieses Materials zu fordern. Vehlow wurde wegen seiner Stellungnahme zu dieser Steckbriefsammlung von der Abwehrarbeit entfernt, in der er nur für kurze Zeit tätig gewesen war. Zur Aufklärung solcher Ereignisse, wie der Verhaftung Thälmanns, und zur Auffindung der Spuren einer geheimnisvollen Person X, die schon früher wichtige Mitteilungen über Vorgänge in der Leitung der Partei an die Polizei geliefert haben soll, gab das Archivmaterial offenbar keine Handhaben. Aber es stellte für die, in deren Besitz es sich befand, ein Machtmittel dar, auf das sie nicht verzichten mochten. Derjenige, der in jahrelanger Arbeit unter Kippenbergers Kontrolle das Archiv angelegt hatte, war schon in der ersten Zeit der Illegalität verhaftet worden. Offenbar wußte die Polizei über seine Rolle nichts, denn er wurde schon nach wenigen Wochen nach der Tschechoslowakei ausgewiesen (er war tschechischer Staatsangehöriger). Sein Nachfolger Vehlow wollte – wie erwähnt – das Archiv aus der Welt schaffen, mußte aber auf Kippenbergers Anordnung monatelang Auszüge anfertigen, und das Material blieb, wo es war. Wegen seiner wiederholten Proteste gegen die Behandlung dieser Sache wurde V. schließlich abgeschoben und Rudi Schwarz übernahm diese Stelle. Das Archiv blieb.

Die früher erwähnten Anschuldigungen gegen Ernst Schneller erwiesen sich als unhaltbar und waren wahrscheinlich zu dem Zwecke in die Welt gesetzt worden, Unsicherheit und Mißtrauen um sich greifen zu lassen. Schneller selbst war von Spandau nach Sonnenburg transportiert worden, wo er besonders hart behandelt wurde und doch für alle Mitgefangenen eine Stütze war. Ulbricht erklärte mir, daß das Gerücht von einem Redakteur Rabold ausgegangen sei, der sich auf alte Äußerungen über Schneller aus Severings Kreis gestützt habe. In der Folge tauchten häufig solche Anschuldigungen gegen Genossen auf, die dienten in der vergifteten Atmosphäre der innerparteilichen Kämpfe auch als Waffen.

Immerhin gewährten damals die relativ guten Verbindungen, über die Nachrichten aus Gefängnissen, Konzentrationslagern, der Polizei an uns gelangten, noch eine gewisse Möglichkeit, den Wahrheitsgehalt von Behauptungen zu kontrollieren. Später wurde es damit viel schlimmer.

Zu Pfingsten war ich mit Kurt Sindermann und Siegfried Rädel in Mecklenburg. Sindermann sollte nicht wieder nach Sachsen zurück, sondern nach dem Niederrhein. In Düsseldorf wurde er schon nach wenigen Tagen verhaftet; es hieß, daß schon die Anlaufstelle schlecht gewesen sei. Rädel hielt in Berlin und zu einigen Orten im Reich Verbindungen zu Kriegsbeschädigtenorganisationen und sozialpolitischen Vereinigungen aufrecht, denen er Informationen und Ratschläge gab. In einigen Bezirken hatten sich die Sekretariate des Bundes der Opfer des Krieges und der Arbeit gleichgeschaltet, an anderen Stellen dagegen betrieb man eine geschickt getarnte juristische und sozialpolitische Aufklärungs- und Raterteilungstätigkeit. Auf sozialpolitischem Gebiet zeigten sich Ansätze einer mehr in die Breite gehenden Massenarbeit. Einige dieser Kanäle führten zu den Frauen politischer Gefangener und dienten zu deren Zusammenfassung, Unterstützung und politischen Aktivierung.

Dieser Arbeitszweig diente mehr, als die unpersönliche Verbreitung von Flugblättern oder Zeitungen, zur Anknüpfung fester Verbindungen und zum Aufbau auf dem Gebiete der Solidarität, des Kampfes gegen den Terror und der Entwicklung von Oppositionsbewegungen. Die offiziell vom Politbüro geführte Politik war aber einer solchen Arbeit nicht günstig, weil diese Politik vor allem auf sichtbare Demonstrationen und sogenannte Bravourstücke hinzielte.

Dadurch, daß wir Frauen politischer Gefangener in Verbindung zu ausländischen Journalisten brachten und ausländische Journalisten regelmäßig mit Informationsmaterial versorgten, gelangte manches an die Auslandsöffentlichkeit. Wir hatten damals einen festen Kreis ausländischer und einiger deutscher Journalisten, die wir mit Informationen versahen.

Am Pfingstsonnabend hatte ich die Mitteilung erhalten, daß Kraus, der bisherige Sekretär von Pommern, eingetroffen sei und mit Schubert zu sprechen wünsche. Es war schwierig, die Verbindung herzustellen, und ich mußte Kraus selbst zuerst treffen. Er machte auf mich einen noch schlechteren Eindruck, als es früher der Fall gewesen war; er wirkte außergewöhnlich fahrig und unstet. Vielleicht war er damals schon in den Händen der Gestapo gewesen, in deren Auftrag er dann von Ostpreußen aus zahlreiche Genossen der ostpreußischen Organisation hochgehen ließ. Schubert hat mit ihm, der zu seinem bevorzugten Kreis gehörte, einige Tage konferiert, und wahrscheinlich hat Kraus dabei sehr viel erfahren. Als er einige Zeit später offen als Verräter im Dienste der Gestapo auftrat, entkam Schubert selbst knapp der Verhaftung. Die Gestapo hatte ziemlich genaue Angaben über Schuberts Aufenthaltsplätze in Berlin erhalten.

Um diese Zeit wurde mir Walter Barthel, Ulbrichts junger Mann, zur Unterstützung und Entlastung beigegeben, wie man es nannte. In Wirklichkeit wollte Ulbricht genaue Kontrolle und unmittelbaren Einfluß auf alle Arbeit haben. Barthel berichtete Ulbricht alles. Ich wurde schwer krank und mußte zwei Wochen im Bett liegen. Ärztliche Hilfe war nicht zu organisieren. Finanziell verweigerte Schubert dem Genossen Peterson, der darum nachsuchte, jede Unterstützung für mich mit einer zynischen Erklärung, die aus dem Gruppenstreit entsprang. Meine Lage war schwer; während meiner Krankheit spielte sich in Köpenick, in unmittelbarer Nachbarschaft meiner Wohnung, der Kampf zwischen Reichsbannerleuten und SA und SS ab, in dessen Verlauf Stelling und andere ermordet wurden. Razzien wurden im ganzen Gebiet veranstaltet.

Als ich wieder arbeitsfähig war, wurde mir von Ulbricht mitgeteilt, daß beschlossen worden sei, meine Erfahrungen besser als bisher in der politischen und organisatorischen Arbeit auszunützen. Deshalb sollte ich von der technischen Arbeit befreit werden und mich ausschließlich der Unterstützung der Bezirksleitungen und der Information der zentralen Instrukteure widmen. Mir war klar, daß es sich bei diesem Beschluß weniger um die Anwendung meiner Erfahrungen, als um den Versuch handelte, alle Verbindungen so eng wie möglich an Ulbricht anzuschließen. Barthel hielt sich nicht lange; er wurde bei einem Treff verhaftet. Ein von Schubert aus Hamburg herangezogener Mann, Franz Jakobs, wurde ebenfalls nach kurzer Zeit verhaftet. Man hatte schließlich einen der zur Parteiarbeit zurückkehrenden Leninschüler für diese Arbeit vorgesehen. Ihm sollte ich helfen, sich einzuarbeiten. Er war ungemein zäh und arbeitsfähig, wenn er auch in der ersten Zeit voller ihm drüben eingeimpfter Vorurteile war.

Bevor ich an meine neue Arbeit ging, machte ich den Versuch, mir eine Grundlage für das Verschwinden aus der Reichweite des Parteiapparats zu suchen. Daß dies infolge meiner Belastung bei der Polizei mit größten Schwierigkeiten verbunden sein würde, verhehlte ich mir nicht, aber ich wollte es versuchen. Ein Papier, das ich mir unter Schwierigkeiten beschafft hatte (im April, als ich es zum ersten Mal erproben wollte, war die Wohnung, in der ich deswegen vorzusprechen hatte, von Polizei besetzt gewesen, so daß ich nur mit großer Anstrengung entkommen konnte), hatte sich bei einer Prüfung mit Hilfe meines Bruders als gut herausgestellt. Mit Hilfe dieses Papiers gedachte ich, zunächst in der sächsischen Oberlausitz unterzutauchen, um als Landarbeiter eine Basis zu finden.

Zusammen mit Lotte suchte ich einige Orte auf, wo ich gute und treue Genossen gehabt hatte. Die, auf die ich gehofft hatte, waren nicht nur selbst verhaftet, sondern auch deren Frauen waren in Haft. Der Versuch mißglückte. In Dresden, wo ich anschließend einige Genossen aufsuchte, konnte ich auch keine Anhaltspunkte für ein Untertauchen auf dem Lande finden. Somit mußte ich zunächst meine Absicht aufgeben, mich unter den damals herrschenden Verhältnissen selbständig zu machen. Aber ich ließ den Gedanken nicht fallen, denn es schien mir wichtig, aus der Sphäre der aufreibenden und zersetzenden Cliquenkämpfe zu verschwinden, um an anderer Stelle Positives leisten zu können.

In Berlin traf ich mit zwei polnischen Genossen zusammen, die gesandt worden waren, mit ihren Erfahrungen aus der illegalen Arbeit zu helfen. Der eine war Spezialist für illegale Druckereien, der andere war ein kluger und besonnener Organisator (er wurde mir später als der Bruder Hubermanns bezeichnet). Mit ihnen brauchte man nicht offiziell zu sprechen, sondern es war möglich, mit ihnen aufrichtig Gedanken auszutauschen. Wie klar Hubermann die wirkliche Lage erkannte, geht daraus hervor, daß er bei einem unserer Gespräche, auf die Frage, wie lange die Nazidiktatur wohl bestehen werde, antwortete: Ungefähr 10 Jahre. Solche Auffassungen waren in jener Zeit, in der offiziell immer von Monaten gesprochen wurde (obwohl keinerlei Voraussetzungen dafür nachgewiesen wurden), mehr als ketzerisch. Als die Politbüromitglieder merkten, daß Hubermann sich nicht in ihre Cliquentreibereien einspannen ließ, versuchten sie, ihn, so weit wie möglich, von der Einsicht in die Organisationsverhältnisse abseits zu halten. In ihm habe ich damals und während der folgenden schweren Monate einen guten, verständnisvollen Kameraden gehabt. (In Moskau versuchte ich ihn einige Jahre später vergebens zu finden; er sei auf einer Schweinefarm tätig, sagte mir ein polnischer Bekannter. Später wurde er zu den Verhafteten und nicht mehr Lebenden gezählt).

Schubert hatte im Laufe des Sommers Berlin verlassen und war nach der Tschechoslowakei gereist, von wo er sich nach Moskau begab. Er kam nicht wieder ins Land, sondern versuchte, zuerst von Prag und dann vom Saargebiet aus, ein neues Zentrum um sich zu bilden. In der Tschechoslowakei traf er mit Ferlemann zusammen, mit dem er sich so weit verständigte, daß er diesen in Moskau als den für die Landesleitung geeigneten Mann bezeichnen und ernennen lassen konnte. In Vorbesprechungen zum 13. Plenum des EKKI, das im Herbst dieses Jahres stattfand, wurde eine Leitung für das Land festgelegt, über die wir in Berlin erst allmählich Näheres erfuhren.

Ulbricht verließ Berlin im September oder Anfang Oktober 1933. Ihn traf ich dort zum letzten Mal, als eben ein Steckbrief gegen ihn an den Plakatsäulen angebracht worden war. Ich riet ihm, sich einige Zeit still zu halten, worauf er mir erklärte, daß er sowieso vor der Abreise stünde.

Bei den Besprechungen mit Genossen aus den Bezirken, die ich in jener Zeit hatte, versuchte ich, so weit wie möglich von der Methode der Rapporte und der schematischen Aufgabenstellung abzukommen, um konkret über die wesentlichen Probleme der betreffenden Bezirke sprechen zu können. Mir kam es darauf an, daß die Teile der Organisation, die bisher überlebt hatten, nicht weiter zerrieben würden oder einfach vegetierten, sondern daß versucht würde, sie den neuen Bedingungen anzupassen. Damals zeigten sich in Mitteldeutschland, Bayern, Sachsen, Westfalen Kräfte in der Organisation regsam, die vorher nicht zur Geltung gekommen waren und nun bewiesen, daß sie arbeitsfähig seien. Mit Schehr war leicht darüber Einverständnis zu erzielen, den sorgfältigen und vorsichtigen Austausch von Parteifunktionären vorzunehmen, um die Verluste zu vermindern und Genossen besser zu schützen und sich entwickeln zu lassen. Er ging auch auf Vorschläge ein, einige Genossen, die sich bisher gut bewährt hatten, als zentrale Instrukteure zu verwenden und ungeeignete, schmarotzerhafte Leute, die sich bisher hatten halten können, weil sie ungenügend kontrolliert worden waren, oder weil sie aus dem Zustand des Cliquenkampfes profitiert hatten, abzuberufen.

In Berlin kamen wir in Kontakt zur illegalen Organisation der Sozialdemokraten in Neukölln und über sie zu einigen sozialdemokratischen Betriebsfunktionären in anderen Teilen Berlins. Im Zeitzer Gebiet entwickelte sich eine enge Zusammenarbeit unserer Organisationen mit Einheiten und Genossen der SPD und SAP, über die der Genosse Pauli – ein mir von früher her bekannter politischer Gefangener aus Mitteldeutschland, den ich 1928 bei der großen Amnestie kennengelernt hatte, – interessante Berichte lieferte. Auch im Osnabrücker Gebiet kam es zur Fühlungnahme und Zusammenarbeit mit sozialdemokratischen Funktionären und Organisationen. Ohne schon klar zu sein, welchen Umfang diese Tendenzen hätten, versuchten wir, die Annäherung zu fördern und so wenig wie möglich durch allgemeine Parolen stören zu lassen.

Vom damaligen Berliner Bezirkssekretär Lambert Horn aus Düsseldorf hatte ich den Eindruck, daß er gründlicher als seine Vorgänger sich mit den wirklichen Problemen der Berliner Organisationen befaßte und auch versuchte, gesunde Kräfte sich entwickeln zu lassen.

Mit dem von der Leninschule gekommenen neuen technischen Sekretär, der sich bald den neuen Bedingungen anpaßte, kam ich in ein sehr gutes kameradschaftliches Arbeitsverhältnis. Er versuchte und verstand zu lernen und war empfänglich für Kritik. In Cliquenkämpfe ließ er sich nicht hineinziehen, sondern war ehrlich daran interessiert, der Bewegung zu dienen. Viel leichter, als mancher andere von der Leninschule gekommene Genosse, überwand er den doktrinären Schematismus, zu dem sie dort erzogen worden waren. Kox, dessen Parteiname Schenk war, gehört zu den Menschen, die ich in vielen ernsten und gefahrvollen gemeinsamen Erlebnissen schätzen und lieben gelernt habe, und den ich nicht vergessen werde, um so weniger, als er 1940 nach einem tragischen Zwischenspiel hingerichtet worden ist.

Die vielen technischen Schwierigkeiten, die durch die Verhaftungen im drucktechnischen Apparat sowie durch Großkopfs und Schillings Verhaftung entstanden waren (diese beiden hatten für Papiere gesorgt), konnten dank der guten Zusammenarbeit, die nun wenigstens zwischen einigen Genossen vorhanden war, einigermaßen überbrückt werden.

Im Oktober erreichte uns durch Viktor vom Nachrichtendienst die Mitteilung, daß die Gestapo Vorbereitungen getroffen habe, im Oktober–November die Berliner Bezirksleitung und das Zentralkomitee auszuheben. Aus der bestimmten Form dieser Mitteilung war zu schließen, daß sich die Gestapo auf bestimmte Personen und Vorbereitungen stützen zu können glaubte. Deshalb verlangten wir durch Viktor von Kippenbergers Apparat eine genaue Überprüfung aller Stellen und weitere Nachforschungen. Diese wurden uns zugesichert, aber wir haben nie ein Ergebnis gesehen. Ich wechselte meine Wohnung, die ich mir selbst besorgt hatte, als ich feststellen mußte, daß sie dem Nachrichtenapparat bekannt geworden war. Mein Grundsatz war, nur in selbst beschafften Zimmern zu wohnen, um wenigstens eine einigermaßen sichere Zufluchtstätte zu haben, die bei Verhaftungswellen nicht dadurch gefährdet werden konnte, daß sie anderen bekannt war. Lotte und ich haben dem Wohnungsproblem die ganze Zeit hindurch stets besondere Aufmerksamkeit gewidmet und immer alle Eventualitäten beachtet und an neue Sicherungen gedacht.

In diesen Wochen kam die Nachricht, daß Schehr und ich das Land verlassen sollten, und daß in Moskau eine Landesleitung festgelegt worden sei. Der leitende Mann sollte Ferlemann sein, der damals Sekretär in Sachsen war. Er war ein jesuitischer Intrigant, der sich Schubert angeschlossen hatte. Fladung und Horn sollten mit ihm in der Leitung sein. Es wurde davon gesprochen, daß die politische Leitung ganz im Ausland liegen sollte. Gegen diese Absichten habe ich mich sowohl bei Hubermann als auch bei Schehr gewandt. Schehr selbst war nicht zufrieden mit der Lösung, wollte sich aber dem Beschluß fügen und ins Ausland gehen.

Unmittelbar vor Schehrs Schlußarbeiten erfolgte seine Verhaftung. Ich hatte ihm vorgeschlagen, seine beiden letzten Besprechungen mit Ferlemann und Fladung ganz besonders gut sichern zu lassen, um zu verhindern, daß etwas geschehen könnte. Er erklärte sich einverstanden, disponierte dann aber selbst so, daß er erst Ferlemann und dann Fladung in seinem gewöhnlichen Sprechzimmer empfing. Dieses Zimmer war, wie sich dann herausstellte, seit dem ersten Tag der Illegalität für verschiedene Zwecke im Gebrauch gewesen, es hatte vorher als Abstellraum für Koffer mit Materialien Thälmanns gedient. Obwohl Schehr ein oder zwei Tage vor der Verhaftung durch den Wohnungsinhaber erfahren hatte, daß ein SS-Mann dort gewesen sei, der sich wegen einiger belangloser Fragen an den Wohnungsinhaber gewandt und sich in der Küche umgesehen hatte, meinte Schehr, dies habe nichts zu bedeuten. Er wurde mit Fladung gemeinsam verhaftet und vom ersten Tage an schweren Mißhandlungen ausgesetzt.

Es folgte nun Schlag auf Schlag. Lambert Horn, Oskar Müller und Horns Frau wurden verhaftet. Eugen Schönhaar, der für den Druck verantwortliche Genosse, wurde verhaftet. Bruno Peterson ging hoch. An vielen Stellen suchte die Gestapo nach uns, und es war nicht abzusehen, wann die Verhaftungen enden würden. Zusammen mit Kox habe ich damals alles, was noch an alten Verbindungsstellen und Zimmern vorhanden war, liquidiert, und wir haben uns, ohne Apparathilfe, neue Stellen geschaffen und vor allem dafür gesorgt, daß die Verbindungen zu den Bezirken reorganisiert und nicht von der Verhaftungsseuche angesteckt würden. Das ist uns im Wesentlichen gelungen. Wir konnten auch einige Genossen, die sich gerade in Berlin aufhielten, sowie einige Mitarbeiter retten. Wir selbst entkamen einige Male sozusagen im letzten Augenblick. Vom Abwehrapparat hatten wir damals keine Hilfe. Er hatte sich unsichtbar gemacht und überließ uns unserem Schicksal.

Gleich nach der Verhaftung Schehrs hatte ich ein Zusammentreffen mit Reinold Dünow, einem an und für sich sehr ruhigen und zuverlässigen Genossen, der aus Kippenbergers Apparat stammte und nun in Verbindung mit diesem die Beschaffung und Sicherung von Räumen besorgte. Er hatte keine Anhaltspunkte zur Erklärung der Verhaftung. Ich warf die Frage auf, wie es komme, daß Kattner (der im März mit Thälmann zusammen verhaftet worden war, und von dem die Polizei genau wußte, was er getan hatte) kürzlich aus dem KZ entlassen worden sei. Dünow wies jeden Verdacht gegen Kattner zurück und bezeichnete ihn als grundzuverlässigen alten Genossen, der schon im Spartakusbund unter Beweis gestellt habe, daß auf ihn Verlaß sei. Meinen Einwand, daß Kattner ein sehr lokkeres Leben geführt habe und an den Verbrauch von viel Geld gewöhnt sei, und daß er vielleicht in der Haft zum Angeber geworden sein könnte, wies Dünow ebenfalls zurück und sagte, daß sie mit Kattner bereits wieder Verbindung hätten, und daß er von Kippenbergers Apparat nach Moskau auf eine Spezialschule geschickt würde. Beim nächsten Zusammentreffen entwickelte ich mehrere Argumente, die es möglich erschienen ließen, daß Kattner in die Verhaftungen Schehrs und Schönhaars verwickelt sein könnte. Es war auffällig, daß gewisse Räume, die früher, vor 1933, von Thälmanns Mitarbeitern benützt worden waren, und die später für Zwecke der konspirativen Arbeit übernommen wurden, ohne daß ihre Benützer etwas über die frühere Verwendung wußten, bei dieser Verhaftungsaktion aufgesucht worden waren. Das hatte eine Untersuchung innerhalb von einer Woche erwiesen. Dünow teilte mir statt dessen mit, daß er von Kippenberger aus Prag die Aufforderung erhalten habe, Willy Reimers sofort nach dort zu schicken, weil Reimers derjenige sei, der mit Sicherheit als Urheber von Schehrs Verhaftung betrachtet werden könnte. Die Beweisführung widerlegte ich auf der Stelle, ich mußte aber der Aufforderung nachkommen und Reimers von seiner Arbeit entbinden und nach Prag schikken. Kurz darauf wurden Dünow und einige seiner Genossen im Rahmen einer großen Gestapoaktion verhaftet, als Dünow mit Kattner die letzte Zusammenkunft vor dessen Abreise nach Moskau haben sollte! Meine Hinweise hatten Dünow lediglich veranlaßt, sehr vorsichtig zum Treff zu gehen und diesen durch einige andere Genossen zu sichern. Sie sind, bis auf einen, alle verhaftet worden. Erst nach Wochen erkannte Dünow während der Verhöre, welche Rolle Kattner gespielt hatte. Kattner wurde von ihm noch in der ersten Zeit der Haft als Mitgefangener betrachtet, welche Rolle Kattner auch nach den Anweisungen der Gestapo spielte. Das Ganze war teuflisch schlau angelegt, hätte aber nicht diese Wirkung haben können, wenn Dünow und die anderen von Kippenbergers Apparat nicht von einer fixen Idee besessen und gleichzeitig blind gegenüber dem versumpften Element Kattner gewesen wären.

Kattners Kenntnis von Personen leistete der Gestapo bei dieser Aktion und während der anschließenden Verfolgungen und Vernehmungen große Dienste. Mir geschah wiederholt, daß ich von

Leuten darauf aufmerksam gemacht wurde, Kattner habe sich in dieser oder jener Wohnung sehen lassen und nach mir oder einem andern gefragt.

Doch Kattner war nicht der einzige Angeber, auf den sich die Gestapo bei jener Aktion stützen konnte. Helmuth Lass, ein früherer Redakteur der »Roten Fahne«, war in Ostpreußen verhaftet worden und hatte nach drei Wochen die Rolle eines Provokateurs übernommen, der in Ostpreußen und Berlin die ihm bekannten Verbindungsstellen und Personen aufsuchte und der Gestapo auslieferte. Die ostpreußischen Organisationen, die erst einige Zeit vorher so furchtbar unter der Tätigkeit von Kraus zu leiden gehabt hatten, wurden nun einem neuen Aderlaß ausgesetzt, von dem sie sich lange nicht erholt haben. Lass hatte seiner Frau in einem Brief erklärt, daß er vor der Wahl gestanden habe, zu sterben, oder diese Rolle zu übernehmen. Er habe sich zum Zweiten entschlossen, weil das Sterben schwer sei, besonders für eine verlorene Sache. Lass' Frau, die ich durch eine Genossin aufsuchen ließ, als mir das erste Anzeichen von Lass' Provokateurtätigkeit bekannt geworden war, übergab uns diesen Brief. Sie hat, so weit es sich noch tun ließ, geholfen, gefährdete Stellen in Berlin gegen Lass' Provokationsversuche abzudichten.

Ein dritter Fall, in dem ein Funktionär mit umfangreicher Personenkenntnis in den Dienst der Gestapo trat, war der von Paul Grobis. Grobis stammte aus dem Wedding in Berlin und war während einiger Jahre preußischer Landtagsabgeordneter und Sekretär der Partei in Ostpreußen gewesen. Während der Illegalität hatte er einige Monate im Verbindungswesen gearbeitet. Grobis' Angaben kamen allerdings zeitlich etwas später zur Anwendung.

Inmitten dieses Wirrwarrs haben Kox und ich mit Hilfe einiger Kuriers und Instrukteure (vor allem Herbert Firls und Paul Bertz') die Verbindungen zu den Bezirken aufrechterhalten und umgebaut. Ölsner, H. Jakobs, Lenz, Gollmik und Hottop schickten wir ins Ausland um sie vor der Verhaftungswelle zu retten und um den Kreis um die zentrale Stelle in Berlin so eng wie möglich zu machen. Auch die wenigen noch vorhandenen Stenotypistinnen schickten wir ins Ausland. Mit Ferlemann traf ich zusammen, schilderte ihm die Lage und ersuchte ihn, seine Wohnung nicht zu verlassen, um sich keinen Gefahren auszusetzen, bis wir ihn für einige Zeit ins

Ausland transportierten, wo er weitere Dispositionen zusammen mit der Auslandsleitung treffen könnte. Er hielt sich nicht daran, sondern korrespondierte mit seiner Freundin Grete Uhlmann, die sich in Leipzig aufhielt und – wie sich später herausstellte – ihrerseits mit einer Angeberin in Verbindung stand (wobei nicht zu klären war, ob sie deren Rolle gekannt hat oder nicht). Grete Uhlmann besuchte ihn in Berlin, und beide wurden verhaftet; Grete Uhlmann wurde bald freigelassen. Ferlemann erhielt einige Jahre Zuchthaus.

Nach Übereinkunft mit Hubermann, der sich während dieser Zeit in Berlin befunden und zu dem ich ständig Verbindung gehalten hatte, traf ich mit Schulte, dem letzten noch im Lande verbliebenen Politbüromitglied, zusammen. Es dauerte Wochen, bis diese Zusammenkunft zustande kam, denn Schulte wagte nicht auf die Straße zu gehen. Bei der Zusammenkunft informierte ich ihn über unsere Maßnahmen, und wir besprachen seine Abreise ins Ausland. Er sollte über die Tschechoslowakei nach Moskau fahren. Seine an und für sich lebhafte Einbildungskraft in Bezug auf seine eigene Person verführte Schulte zu Erzählungen angeblicher abenteuerlicher Erlebnisse, die er in der letztvergangenen Zeit gehabt zu haben behauptete. Zu irgendeinem politischen Rat oder organisatorischen Vorschlag war Schulte, der mir damals wie die Verkörperung der Furcht vorkam, nicht fähig.

Hubermann wurde zur Berichterstattung nach Moskau berufen. Ich bat ihn, dort zu erklären, daß ich meinen Posten im Lande nur verlassen würde, wenn ich ihn in sichere, zuverlässige Hände übergeben könnte, weil anders keine Gewähr für die Aufrechterhaltung der Parteiorganisation im Lande bestehe. Als er nach einigen Wochen für kurze Zeit zurückkam, sagte er, man habe sich dort anerkennend ausgesprochen für Herberts und der Gruppe um Herbert Mut und Initiative. Über die Ablösung sollten wir später hören.

Als Hubermann das Land verlassen mußte, übergab er mir sein sicheres Zimmer, das unabhängig von irgendeinem Parteiapparat besorgt worden war. Es hat mir einige Monate als Zufluchtstätte gedient.

Willy Reimers war inzwischen in schlechter physischer Verfassung wieder nach Berlin zurückgekehrt. In Prag hatten ihn die, die seiner Zeit die Beschuldigungen gegen ihn erhoben hatten, nicht einmal gesprochen, und er hatte wochenlang auf ein Zusammentreffen mit Ulbricht warten müssen. Über den gegen ihn ausgesprochenen Verdacht hatte er dort nicht mit einem Wort Aufklärung bekommen. Ich hielt es für richtig und notwendig, ihm klar zu sagen, was gewesen war, und ich bat ihn, seine Arbeit in Ordnung zu bringen und in Ruhe seine Abreise ins Ausland vorzubereiten. Das war meines Erachtens die einzig mögliche Art, diesen schweren Mißgriff zu reparieren. Wahrscheinlich datiert von jenem Erlebnis der innere Bruch Reimers' mit der Partei. Seine Obliegenheiten im Lande ordnete er mit großer Sorgfalt, und sein Verhältnis zu Kox und mir war untadelhaft.

Für die Leichtfertigkeit, mit der der sogenannte Abwehrapparat uns gegenüber handelte, ist ein Beispiel aus jener Zeit bezeichnend. Auf Umwegen hatte ich erfahren, daß ein aus dem Frankfurter Gebiet in Berlin angekommener Genosse eine der alten Anlaufstellen aufgesucht und nach mir gefragt hatte. Er hatte einige Zeiten und einen Treffpunkt hinterlassen. Auf Grund der Verhältnisse mußte ich damit rechnen, daß hier eine Provokation vorliegen könnte, und so beauftragte ich den Abwehrleiter, festzustellen, wer derjenige sei, der zu den angegebenen Zeiten am angegebenen Punkte sich einfinden würde. Es wurde mir mitgeteilt, daß es der frühere Redakteur Grade aus Frankfurt sei, der nach den Aussagen der Abwehrstelle in der Haft in die Dienste der Gestapo getreten sei. Nach dieser Auskunft suchte ich den Ort nicht auf. Etwa 5 Monate später stellte es sich heraus, daß Erich Auer dort auf mich gewartet hatte. Es war nicht nur keine Spur von Grade dort zu finden gewesen, noch war überhaupt erwiesen, daß Grade die ihm vom Abwehrdienst zugeschriebene Rolle spielte. (Auch später ist Kippenberger vom Auslande aus wiederholt auf seine Behauptungen über Grade zurückgekommen. In ähnlicher Weise sind andere Genossen ohne vorherige Prüfung von Kippenberger zu Verrätern gestempelt worden, wobei es in einigen Fällen ohne Zweifel deren frühere Zugehörigkeit zur sogenannten Gruppe der Versöhnler gewesen ist (Kippenbergers »Schwarze Listen« enthalten einige solcher Fälschungen.) Für Erich Auer bedeutete der Verlust der Verbindung zu uns viele Schwierigkeiten, war er doch durch seine frühere Zusammenarbeit mit Lass im ZK des KJVD und durch seine Herausgeberschaft für die Zeitschrift »Betrieb und Gewerkschaft« gefährdet. Er hat sich, mittellos, längere Zeit in einer Schrebergartenlaube verborgen gehalten, und ich traf erst im Frühjahr 1934 mit ihm zusammen, so daß wir den Sachverhalt aufklären konnten.

Kox, Rädel und ich hatten in diesen Wirren eng zusammengearbeitet und hatten in Christel Wurm, der von der früheren Informationsabteilung übrig geblieben war, eine gute Stütze gefunden. Wir verteilten unter uns die Verbindungen zu den Bezirken, Instrukteuren und technischen Stellen und waren in verhältnismäßig kurzer Zeit imstande, den Bezirksleitungen politisch und organisatorisch zu helfen. Schwierigkeiten hatten wir besonders bezüglich der Beschaffung von Papieren, weil durch Kattners Verrat ein Satz mit Stempeln, der in der Treptower Sternwarte untergebracht gewesen war (wovon keiner von uns etwas gewußt hatte), in die Hände der Polizei gefallen war. Wir hatten daraufhin den letzten noch vorhandenen Satz ins Ausland transportiert, um ihn sicherzustellen. Die Auslandsleitung aber besorgte uns damals noch nicht einmal Pässe, die wir dringend hätten gebrauchen können. Mit Hilfe unseres Kuriers Herbert Firl knüpften wir neue Verbindungen zu einigen Stellen in Sachsen, die seit Ferlemanns Verhaftung abgerissen gewesen waren. Zu Südbayern stellten wir die seit langem unterbrochene Verbindung wieder her, ebenso zu Nordbayern. Dabei fanden wir einige Genossen, die sich nach dem Hochgehen der alten Leitungen mit der Reorganisation der Partei befaßt, Zeitungen herausgegeben und – in Nordbayern – enge Beziehungen zu sozialdemokratischen Kreisen hergestellt hatten. In Dresden und Chemnitz suchten wir nach einigen Genossen, von denen wir wußten, daß sie besonders gefährdet waren. In Berlin hatten einige Genossen unter Jendretzkys Leitung, die vorher unter Lambert Horn Instrukteure in den Berliner Unterbezirken gewesen waren, eine neue Bezirksleitung gebildet, die nun wirklich vertraut mit den Berliner Organisationsverhältnissen und Kadern war. In dieser Leitung war auch Konrad Blenkle tätig, der seiner Zeit auf so unrühmliche Weise von Oberschlesien weggegangen war, sich aber im Berliner Milieu heimischer fühlte und deshalb dort wieder zu arbeiten begonnen hatte.

Durch Schultes Unvorsichtigkeit traf uns damals ein neuer Schlag. Er hatte von Prag aus an die Adresse telegraphiert, an der sich die Arbeitsstelle der zentralen RGO-Leitung befand. In seinem Telegramm ersuchte er um Geld, ohne das er seine Reise nicht fortsetzen könne. Die Folge dieses Telegramms war die Verhaftung

Roman Chwaleks, dessen Frau, Rädels Frau und einiger anderer Genossen. Uns erschien dieses Telegramm, das solche Folgen hatte, als eine Gipfelleistung bürokratischer Unverantwortlichkeit und Gemeinheit, und wir verlangten vom Politbüro schärfste Maßnahmen gegen Schulte. (Er ist dafür nie zur Verantwortung gezogen worden.)

Rädel wurde nach der Verhaftung seiner Frau und der Chwaleks, mit denen er enge Beziehungen gehabt hatte, sehr unsicher, wodurch er – im Zusammenhang mit den Anstrengungen, denen er in der konspirativen Arbeit ausgesetzt gewesen war - in seiner Arbeitsfähigkeit geschwächt wurde. Wir kamen deshalb überein, daß er ins Ausland gehen solle, einerseits, um dem Politbüro unsere Forderungen und Vorschläge vorzutragen und für deren Durchführung zu sorgen, andererseits, um für einige Zeit von der Tschechoslowakei aus unsere Arbeit zu unterstützen. Damals machten sich an verschiedenen Plätzen sogenannte Grenzstellen bemerkbar, die allerdings mehr störten, als sie nützten, und deren Tendenz die war, zu Zentren der Arbeit für ein ganzes Gebiet zu werden, denen sich die Genossen im Lande als ausführende Organe unterordnen sollten. Gegen diese Tendenz wandten wir uns sowohl in Protesten, die wir Viktor mitteilten (der verschiedentlich ins Ausland fuhr), als auch mit unserem Auftrag an Rädel.

Für die Zeit zwischen den Weihnachtstagen und Neujahr hatten wir durch Viktor ein Zusammentreffen mit Kippenberger und einem Mitglied des Politbüros verabredet. Es sollte auf der böhmischen Seite des Riesengebirges stattfinden. Dort wollten wir sowohl unsere Auffassung über die Lage mitteilen, als auch das Verhältnis zwischen uns und Kippenbergers Apparat bereinigen. Von diesem Apparat sollten, außer Kippenberger, Viktor und Rudi Schwarz teilnehmen.

Für den Abschluß des Reichstagsbrandprozesses, der kurz vor Weihnachten erwartet wurde, hatten wir Flugblattverteilungen in Berlin und im Ruhrgebiet vorbereitet. Während des ganzen Prozesses waren einige Redakteure mit der Auswertung des Materials tätig gewesen, das wir durch Verbindungen zu ausländischen Journalisten erhalten hatten.

August Creutzburg, der sich bisher in Berlin aufgehalten hatte, sollte ins Ausland gehen, und wir wollten, daß die Auslandsleitung sich dort mit ihm auseinandersetzen sollte. Nach der Auflösung der Org-Abteilung, die mit Dahlems Abreise im Frühjahr 1933 erfolgt war, hatte Creutzburg zunächst einige Reisen als zentraler Instrukteur ausgeführt und hatte dann in Berlin die Arbeit der Bezirksleitung unterstützen sollen. Es war die Rede davon gewesen, daß er unter a. die Siemens-Betriebe bearbeiten sollte. Bei dieser Tätigkeit Creutzburgs war nicht mehr als eine wenig gründliche Kontrolle herausgekommen, aber weil er selbst nicht genügend kontrolliert wurde, ging es so eine ganze Zeit lang. Schließlich war er beauftragt worden, die außerhalb der Stadt gelegenen Teile des Bezirks Berlin-Brandenburg aufzusuchen und den Genossen bei der Organisierung der Arbeit zu helfen. Es erwies sich bald, daß Creutzburg die meiste Zeit in Berlin war. Als ich dafür Beweise hatte, hatte ich mit Schehr über die nutzlosen Geldausgaben und diesen Betrug gesprochen, und kurz vor seiner Verhaftung war festgelegt worden, daß Creutzburg gefragt werden sollte, ob er bereit sei, als Instrukteur in einem südwestdeutschen Bezirk zu arbeiten. Zu diesem Gespräch mit ihm kam es dann erst nach den Herbstverhaftungen. Creutzburg lehnte nicht nur jede Arbeit außerhalb Berlins ab (mit der Begründung, daß er zu gefährdet sei und sich an kleineren Orten nicht bewegen könnte), sondern er stellte auch ganz enorme Geldforderungen (Trennungszulage für seine Familie, wie ein Staatsbeamter), die an und für sich, besonders aber in jener Lage undiskutabel waren; wir hatten kaum die Mittel zur Aufrechterhaltung der notwendigsten Verbindungen. Als ich ihm klarzumachen versuchte, daß unter solchen Umständen nichts anderes übrig bleibe, als daß er in die Emigration gehe, brach er aus: »Wenn Ihr die verdienten Funktionäre so behandelt, daß sie um 50 Mark betteln müssen, verstehe ich, wie sie zu Spitzeln werden.« Es stellte sich schließlich heraus, daß er überhaupt keine Vorstellungen von den notwendigen Maßnahmen unter den damals gegebenen Bedingungen besaß. Er schalt mich einen Dummkopf, daß ich meine Haut zu Markte trüge; das solle ich doch denen überlassen, die die Verantwortung für die Partei hätten. Alles sei verloren, es sei am besten, sich zu retten. Ich verweile bei diesen Ausbrüchen eines notorischen Einpeitschers der »Linie«, weil sie mir charakteristisch dafür zu sein scheinen, wie wenig moralischen Rückhalt einige Leute dieser Art gehabt haben. (Creutzburg wurde draußen keineswegs zur Verantwortung gezogen oder mit einem Vorwurf bedacht. Er wurde Leiter der Auslandsstelle in Holland und hat redlich geholfen, unsere Arbeit im westdeutschen Industriegebiet von draußen zu stören und zu desorganisieren. Das Politbüro hatte weder Lust noch Zeit, sich mit Untersuchungen und mit der Bewertung von Menschen anhand der von uns gemachten Erfahrungen zu befassen.)

Zu Weihnachten gingen Kox und Rädel zu Fuß über das Riesengebirge, um nach Spindlermühle zu der angesetzten Besprechung zu gelangen. Lotte und ich fuhren auf Skiern. Wir gingen alle zum ersten Male über die dortige Grenze und mußten uns sehr in Acht nehmen, weil wir keine Papiere hatten. In Spindlermühle erfuhren wir durch die schon anwesenden Apparatleute Viktor und Schwarz, daß Nachricht von Kippenberger und vom Politbüro eingetroffen sei, und daß keiner von ihnen erscheinen werde, weil sie verhindert seien. Wenn wir etwas mit ihnen besprechen wollten, sollten wir nach Paris kommen. Wir waren im Laufe dieses Jahres schon an einiges gewöhnt worden. Dieser neue Beweis dafür, wie die Auslandsleitung uns illegal arbeitende Parteiarbeiter behandelte, hat uns tief erbittert. Nachdem wir mit Viktor und Schwarz unsere Meinungsverschiedenheiten über die Abwehrarbeit besprochen hatten, kehrten Kox, Lotte und ich über das Gebirge nach der deutschen Seite zurück, um bald wieder in Berlin zu sein. Kox reiste direkt nach Berlin, während wir erst nach Dresden fuhren, um dort einige Genossen aufzusuchen und mit ihnen über die Übersiedlung einiger Genossen nach anderen Bezirken zu sprechen.

In Dresden war eine sehr gespannte Lage. Die Genossen, die ich aufzusuchen hatte, standen unter Polizeiaufsicht. Mit Erich Schuster legte ich fest, daß er Lindau benachrichtigen solle, an einem bestimmten Tag in Berlin einzutreffen. Ferner sollte er versuchen, Paul Gruner dazu zu bewegen, von Dresden wegzugehen, um eine neue Verhaftung zu vermeiden. Er selbst sollte auch an einem bestimmten Tag in Berlin eintreffen.

Als Schuster und Lindau nach etwa 14 Tagen in Berlin ankamen, stellte es sich heraus, daß Schuster inzwischen bei der Polizei behalten worden war, und daß man ihm mit Hilfe von Angaben von vier Parteifunktionären, die im Dienst der Gestapo arbeiteten, eine Falle gestellt hatte. Er legte unter Druck ein Teilgeständnis ab und ging darauf ein, einige Treffs, die er in den folgenden Tagen haben sollte, unter Polizeibeschattung einzuhalten. Obwohl er versucht hat, die Betreffenden zu warnen, fielen fast alle in die Hände der Polizei. Lindau jedoch entkam rechtzeitig und faßte auch die Mitteilung über die Reise nach Berlin richtig auf. Als Schuster sich der Polizei entzogen hatte, wurde in der Dresdener Presse im Sensationsstil über die Verhaftung von insgesamt 300 Parteimitgliedern geschrieben, die auf Schusters Konto komme. Die Sache wurde so dargestellt, als ob allein Schuster die Handhaben geliefert hätte, wahrscheinlich, um weitere Anhaltspunkte zu verwischen (besonders über die Stadtverordnete Hartmann, einen Jugendfunktionär Weinhold, den Abwehrmann Tietze und einen Funktionär aus dem RFB, die seit geraumer Zeit unter Gestapokontrolle gearbeitet hatten). Ich isolierte Schuster, so daß er nicht verhaftet werden konnte, und nach etwa 3 Wochen konnte er außer Landes reisen, wo seine Sache untersucht werden sollte. Lindau, der von diesen Dingen keine Ahnung hatte, sollte auf meinen Vorschlag nach Südwestdeutschland, oder er sollte, wenn er das nicht wollte, mit uns in Berlin arbeiten. Er schlug beides ab und wünschte, ins Ausland zu fahren, weil er sich physisch und psychisch der weiteren Arbeit im Lande nicht gewachsen fühlte. Er meinte, er könne der Partei besser dienen, wenn er in Moskau an seiner parteigeschichtlichen Arbeit weiter arbeiten könnte.

Gruner hatte, als er von Firl aufgesucht worden war, sich einige Bedenkzeit ausgebeten. Unter der Zeit wurde er wieder verhaftet, und es war nicht möglich, ihn zu retten.

Nach unserm mißlungenen Versuch, zu einer Auseinandersetzung und Klärung mit der Auslandsleitung zu kommen, machten wir uns in Berlin daran, unsere Organisationen zu konsolidieren. In Plauen im Vogtland fanden wir den früheren Seidel und Naumann-Betriebsrat Oswald Rentzsch, der vorher in Pirna und dann in Plauen eine gute Arbeit organisiert hatte. Ihn setzten wir nach dem Ruhrgebiet. Einen früheren Betriebsrat aus München ließen wir nach einigen Wochen Erholung die Arbeit als Sekretär im Bezirk Mittelrhein beginnen. Allmählich kamen einige Leninschüler, die uns zur Verfügung gestellt wurden. Ich ging bei ihrem Einsatz davon aus, daß sie erst Gelegenheit bekommen müßten, sich den Verhältnissen anzupassen und aus ihnen zu lernen, bevor sie vor größere Aufgaben gestellt werden könnten. Rudi Ählich, den ich aus meiner früheren Dresdener Arbeit kannte, konnte auf diese Weise durch einen Unterbezirk zur Arbeit in der Ruhrbezirksleitung vorbereitet werden. Walter Voigt, ein früherer Dresdener Metallarbeiter, setzte sich in die Verhältnisse der Siemensbetriebe ein. Auf Widerspruch stieß ich mit dieser Methode bei Marie Krollmann, einer Hamburgerin, die – nachdem ich ihr ausführlich berichtet hatte, wie es im Lande aussah, und ihr vorgeschlagen hatte, nach Leipzig zu gehen, wo sie der Betriebszelle bei Stöhr helfen und zugleich lernen könnte – entrüstet erwiderte: »Dafür hat die Partei das Geld ausgegeben, daß ich nun in einer Betriebszelle arbeiten soll?!«

Mit der Hamburger Leitung hatten wir unsere besonderen Schwierigkeiten. Sie war schwer zu kontrollieren und hatte eine spezielle Verbindung zu Otto Wahls, einem Vertrauensmann Schuberts, der früher in der Hamburger Leitung gewesen und im Herbst nach Berlin gekommen war, weil man ihm gesagt hatte, er solle dort eine zentrale Arbeit leiten. Diesen Wahls hatten wir für die Provinzgebiete Brandenburgs verantwortlich gemacht, eine Arbeit, die er ungefähr so leistete, wie sie im Bezug auf Creutzburg geschildert worden war. Für die Gruppe, die sich Leitung in Hamburg nannte, bestand die Parteiarbeit offensichtlich vor allem in innerparteilichen Kämpfen und Intrigen. Erst allmählich erhielten wir durch Bertz ein einigermaßen übersichtliches Bild, aus dem sich u. a. ergab, daß man in Harburg Sozialdemokraten gefunden hatte, die illegal kämpfen wollten, denen man aber mit einer gewissen zweideutigen Absicht die technischen Arbeiten übergab (Abziehen von Flugblättern und dergleichen), weil sie dabei keinen Schaden anrichten könnten. Wir erkannten, daß es schwer aber notwendig sein werde, durch die Cliquen hindurch, die sich leitender Stellen in Hamburg bemächtigt hatten, an die gesund gebliebenen Mitglieder und Funktionäre heranzukommen. Der Hamburger Funktionärkörper hatte sowohl durch Schuberts Kaderpolitik, als auch durch die umfangreichen Eingriffe, die der Gestapo mit Hilfe solcher früherer Funktionäre, wie Kaiser, gelungen waren, stark gelitten.

Wir versuchten, über die Herausgabe von Informationsmaterial und eines Pressedienstes hinauszukommen und »Die Rote Fahne« wieder heraus zu bringen. Zweimal haben wir von Berlin aus Manuskript und Geld für den Druck der R. F. und eines »Parteiarbeiter« ins Ausland geschickt, damit dort rascher und sicherer der Druck besorgt werden könnte, als wir es vermochten. Wir haben weder die Zeitungen, noch das Geld wieder gesehen. Vom Ausland aber kamen in der Folge immer mehr Druckerzeugnisse, die jedes Vertrautsein mit den Verhältnissen im Lande vermissen ließen. Die Auslandsleitung hatte Mittel und Kräfte, Zeitungen und Broschüren in großer Zahl herzustellen. Sie betrachtete die Organisation im Lande lediglich als Verteilungsapparat. Funktionäre, die im Lande entweder nie mitgearbeitet oder eine weitere Arbeit abgelehnt hatten, schrieben nun für das Land. Außer den Erzeugnissen der deutschen Auslandsleitung wurden uns kofferweise die Erzeugnisse der Komintern geschickt, die durch Hugo Eberleins Apparat versandt wurden, und auf deren Inhalt wir ebensowenig Einfluß hatten. Eberleins Apparat knüpfte seine besonderen Verbindungen und lieferte ganze Zentner Material an Adressen, an denen es liegen geblieben ist. Wir waren über diese Rolle, die man der illegalen Partei zugewiesen hatte, tief empört. Wenn sich jemand von einem dieser Apparate auf der Durchreise in Berlin sehen ließ, um mit uns zu sprechen, mußten wir immer wieder hören, daß die jetzigen Kader nicht die eigentlichen Kader der Partei seien. Wir vertraten demgegenüber den Standpunkt, daß unter den Kräften, die zur Zeit in den Organisationen tätig waren, viele sehr wertvolle und starke Genossen seien, denen geholfen werden müsse, sich weiter zu entwickeln. Es soll nur kurz vermerkt werden, daß unsere Vorschläge in der Richtung auf die Einrichtung von Erholungsaufenthalten für übermüdete Illegale, auf die Förderung des Austauschs und auf größere Sicherungsmöglichkeiten, auf taube Ohren bei der Auslandsleitung getroffen sind.

Durch die Flut bedruckten Papiers und durch eine spezielle Information von der Auslandsleitung erfuhren wir allmählich den Inhalt der Beschlüsse des im vergangenen Herbst abgehaltenen 13. EKKI-Plenums und einer Januartagung des Politbüros. Die Beschlüsse gingen von der falschen Voraussetzung aus, daß die Partei Kräfte zu einer Offensive habe. Die alte Stellungnahme gegen die Sozialdemokraten wurde beibehalten und verschärft. Die deutschen Politbüromitglieder hatten in ihren wirklichkeitsfernen Reden auf dem EKKI-Plenum ein ganz falsch gefärbtes Bild gegeben. Ihre zum Teil lächerlichen Prahlereien sollten nun von den Mitgliedern unter Lebensgefahr verbreitet werden, denn sie waren in den

Ausgaben der Zeitschrift »Die Kommunistische Internationale« und in Broschüren enthalten. Einzelerscheinungen, wie die verlustreichen Demonstrationen am 1. August 1933, die von einigen hundert Genossen auf Befehl durchgeführt worden waren, wurden als Beispiele für den Gegenangriff der Arbeiterklasse gegen den Nazismus aufgebauscht. Gegen die Versuche, zu einer organisierten Opposionsarbeit innerhalb der nazistischen Massenorganisationen zu gelangen, wurde der Vorwurf der Kapitulation erhoben. Während wir im Lande bereits sehen konnten, wie die Arbeitsbeschaffung in der Form des Straßenbaus und anderer kriegsvorbereitender Arbeiten in Gang gekommen war, deklarierten das EKKI und die Auslandsleitung, daß die Wirtschaftskrise nicht überwunden werden könnte. Diese dummen Phrasen erwiesen sich nicht nur als im Widerspruch zur Lage stehend, sondern sie widersprachen auch der etwa im Februar bekannt gewordenen Analyse der wirtschaftlichen Lage, die Stalin zu der Formel über die »Depression besonderer Art« zusammenfaßte. Doch damit noch nicht genug, wurden wir auch darüber informiert, daß nun militärpolitische Arbeit geleistet werden müßte, Kippenbergers Apparat sei beauftragt, in den Betrieben besondere Zirkel fähiger Genossen zu bilden, die als Oktober-Zirkel bezeichnet werden sollten, und zu deren Schulung die militärpolitische Zeitschrift »Oktober« wieder herausgebracht werden sollte. Diese Gruppen sollten in der Theorie des proletarischen Aufstands und in den notwendigen praktischen Zweigen geschult werden.

Wir versuchten, uns dieser Flut des Wahnsinns entgegen zu stellen. Es standen die Vertrauensrätewahlen vor der Tür, für die wir eigene Richtlinien ausarbeiteten. Unsere Linie war, dabei einerseits gegen die Zerschlagung des Betriebsrätewesens zu protestieren, anderseits aber auch so viel wie möglich Einfluß auf die Vertrauensräte in den Betrieben zu gewinnen. Mit Hilfe unserer Berliner Betriebsverbindungen kamen wir dabei auch zu gemeinsamem Handeln mit sozialdemokratischen Betriebsfunktionären. Während die Auslandsleitung den Standpunkt vertrat, daß überall durch Streichung der Listen gegen die Nazivorschläge zu protestieren sei, hielten wir die Praxis ein, zunächst zu versuchen, Arbeiter vorschlagen zu lassen, die das Vertrauen ihrer Kollegen verdienten. Wir plädierten für Streichung der Nazis und für die Streichung der Gesamtliste in den

Fällen, in denen kein guter Arbeiter auf ihr verzeichnet war. Dagegen versuchten wir, so viel wie möglich gute Arbeiter durchzusetzen. Diese Praxis hat nachweisbar viel Erfolg gehabt. Wir haben während dieser Wahlen das Interesse der Parteiorganisationen an wirklicher politischer Arbeit zu wecken vermocht, und die Berichte der Bezirksleitungen bewiesen eine erhebliche Aktivität.

Nachdem das Ergebnis der Wahlen vorlag, zog es die Auslandsleitung vor, zu schweigen. Für die Wahlen des folgenden Jahres – die dann verschoben und nicht mehr in der Form vom ersten Male durchgeführt wurden – beschloß sie die gleiche Taktik, die wir angewandt, und die sie verworfen hatte. Ein aus Moskau kommender Genosse aber sagte, er habe von Heckert mitzuteilen, daß unsere Politik zu den Vertrauensrätewahlen dort mißbilligt werde (worauf ich ihm lachend erwiderte, er solle sich 6 Wochen in Berlin umsehen, dann würde er wahrscheinlich unserer Meinung sein).

Die Verbreitung der zwischen 80 und 100 Ausgaben zählenden kleinen Zeitungen, die damals von Wohngebietsorganisationen und Betriebszellen in Berlin herausgegeben wurden, wäre durch das Erscheinen einer für ganz Berlin bestimmten Zeitung nicht beeinträchtigt worden. Ob sich Blenkle bei seinem Widerstand dagegen nur von Rücksichten auf seine persönliche Bequemlichkeit oder von andern Erwägungen leiten ließ, habe ich nie feststellen können. Mit Jendretzky wäre wahrscheinlich übereinzukommen gewesen, aber er war verhaftet worden. Nachdem wir in Hannover den seit etwa ¾ Jahr verschollen gewesenen Robert Stamm wieder gefunden hatten, übernahm Stamm die Berliner Bezirksleitung; er arbeitete zusammen mit Ackermann (Harnisch), der seit dem Sommer 1933, nachdem er von der Leninschule zurückgekommen war, zunächst als Schehrs Mitarbeiter und dann zur Unterstützung der Berliner Organisation gearbeitet hatte. Sowohl Stamm als auch Ackermann waren nur wenig vertraut mit den Berliner Verhältnissen und kannten nur wenige Genossen. Dadurch wuchsen die Schwierigkeiten in Berlin neuerlich. Blenkle ging in die Emigration.

Die organisatorischen Beschlüsse der Auslandsleitung bedeuteten die Verlagerung aller politischen Leitung nach dem Ausland. Die Grenzstellen, die an vielen Plätzen geschaffen wurden, unterstanden der Auslandsleitung, und die Leitungen im Lande waren oder wurden mehr und mehr deren ausführende Organe. Auch von

Rädel, der von der Auslandsleitung zunächst in die Stelle in der Tschechoslowakei eingesetzt worden war, bekamen wir keine wirkliche Unterstützung, weil er sich an die Direktiven der Auslandsleitung hielt. Die organisatorischen Beschlüsse der Auslandsleitung gingen so weit, daß ⅔ des Gesamtbetrags aller Gelder im Ausland verwandt wurden, während nur ⅓ für das Inland vorgesehen wurde. Wir hatten zwar noch einige starke Organisationen (Leipzig rechnete damals beispielsweise 2000 Mitgliedsbeiträge, Frankfurt etwa 1500), aber davon konnten wir nicht die ganze Arbeit bestreiten. In den Beschlüssen der Auslandsleitung wurde festgelegt, daß die Funktionäre im Lande (die ganz und gar illegal leben mußten) nicht mehr als 250 Mark monatlich erhalten dürften. Der für die im Ausland tätigen Politbüromitglieder festgelegte Satz betrug 400, beziehungsweise 450 Mark, in entsprechender Valuta. Besonders erschwert wurde unsere Lage durch die von den ausländischen Stellen nach den Bezirken gesandten Instrukteure, die sich gewöhnlich nur einige Tage in den ihnen zugewiesenen Bezirken aufhielten, in der Praxis nicht mehr taten, als Rapporte entgegenzunehmen und Anweisungen zu erteilen, und nicht in die tatsächliche Lage und die Probleme der betreffenden Organisationen einzudringen vermochten. Wir haben versucht, einige dieser Genossen für die kontinuierliche Arbeit in einem bestimmten Bezirk zu gewinnen (Pinnecke beispielsweise), aber sie wurden ja vom Ausland aus zu jener Karikatur illegaler Parteiarbeit angehalten und darin gegen uns gestützt.

Otto Wahls, der beauftragt worden war, als Instrukteur im Frankfurter Bezirk zu arbeiten, begab sich statt dessen ins Saargebiet, wo er mit Schubert zusammentraf, der ihn nach einiger Zeit, ausgerüstet mit Geld und Direktiven, nach Berlin sandte. Wahls erklärte, er sei beauftragt, in die Landesleitung einzutreten und habe deren Leitung zu übernehmen. Gegen dieses Verfahren protestierten wir. Unserm Protest schloß sich auch Philipp Daub an, der kurz vorher von draußen gekommen und zur Teilnahme an unserer Arbeit bestimmt worden war.

Ende April reiste ich nach Paris, um dort Bericht zu erstatten und die Verhältnisse zu klären. Das Politbüro wollte mir zunächst ganze 1½ Stunden Redezeit gewähren. Nachdem ich meinen Bericht beendet hatte, gab es nicht einmal eine Diskussion. Pieck erklärte das damit, daß sie sich ja täglich mit diesen Fragen befaßten, und deshalb sollte ich nicht verwundert sein, wenn sie es nicht nötig hätten, darüber zu diskutieren. In einer besonderen Sitzung hatte ich meine Einwände gegen Wahls vorzulegen. Wahls selbst war anwesend und hatte nur schwache Verteidigungsargumente. Nichtsdestoweniger wurde so beschlossen, daß er die Leitung im Lande übernehmen sollte. Florin – der sein spezieller Gönner war – meinte, er werde sich ja nun bessern. Pieck erklärte mir, man könne einen solchen Beschluß nicht sofort revidieren, sondern müsse erst einige Zeit vergehen lassen.

Abgesehen von einigen Fragen, die die konspirative Praxis betrafen, und die Ulbricht in einer Unterredung beantwortet haben wollte, hat sich keines der Politbüromitglieder für die Probleme der Arbeit im Lande interessiert. Florin hielt mich eines Abends 3 Stunden damit auf, mir in Gegenwart Birkenhauers einen Vortrag über meine Position zu halten, von der er behauptete, sie sei eine oppositionelle. Er bezeichnete die Opposition, die ich verkörperte, mit dem Wort »Frontgeist« und wollte damit ausdrücken, wir hätten im Lande das Bestreben, die Auslandsleitung abzuhängen und zu ignorieren, eine Erscheinung, die man schon in der polnischen Partei beobachtet habe, wo es zu ähnlichen Differenzen gekommen sei.

Auf das Wiederauftauchen Birkenhauers (der seiner Zeit mit Thälmann verhaftet worden war) werde ich in anderem Zusammenhange zurückkommen. Seine Anwesenheit und die ganze Atmosphäre, die dort herrschte, bestärkte meine Auffassung, daß dieses Politbüro in einer ganz andern Vorstellungswelt, als die unsere war, lebte. In der illegalen Praxis im Lande hatte sich zwischen den aktiven Genossen eine feste Kameradschaft herausgebildet; vieles, das früher in der Partei störend gewesen war, hatte einem neuen Verhältnis der Genossen untereinander weichen müssen. Wir hatten geglaubt, diese durch die Verhältnisse geförderte Veränderung müsse etwas Bleibendes hervorrufen. Die Politbüromitglieder brachten mich in die Wirklichkeit zurück. Sie lebten nicht einfach in der alten Weise; auch bei ihnen hatte sich manches verändert, aber diese Veränderungen tendierten in der Richtung zur Verschlimmerung früher bemerkter Schäden und Mißverhältnisse. Es ist viel über die demoralisierende Wirkung der Emigrationsatmosphäre gesagt und geschrieben worden. Die Demoralisation, die sich bei diesen Funktionären bemerkbar machte, war noch anderer Art, denn sie waren ja nicht den gewöhnlichen Bedingungen eines Emigrantenlebens unterworfen, sondern lebten in einer Atmosphäre, die sowohl durch das Vorhandensein finanzieller Mittel als auch durch außergewöhnliche Machtbefugnisse über andere Menschen gekennzeichnet wurde. Die fühlbaren, wenn auch noch geringen, Verbesserungen, zu denen sich die Partei im Lande selbst durchgekämpft und durchgelitten hatte, wurden mehr als aufgewogen durch die Machtverschiebung und durch die Gespensterherrschaft der vom EKKI gehaltenen Führergarnitur. Man muß nur bedenken: Ich mußte mit Schulte wieder an einem Tisch sitzen. Rädel mußte von ihm Anweisungen entgegennehmen. Das nur nebenbei.

Noch viel weniger, als es unter den Verhältnissen, die vor 1933 herrschten, möglich war, konnte in der Partei, die unter dem Druck eines solchen Führungsapparates stand, sich die Kritik entwickeln. Heucheleien, Kriechertum, Machtdünkel und Parasitentum mußten wuchern.

Als ich eines Abends in Paris mit Pieck über Einzelfragen sprach, berichtete ich ihm über das, was wir über Torglers Verhalten und Auffassungen erfahren hatten. Ich wollte darauf aufmerksam machen, daß man ihm eine Mitteilung ins Gefängnis schicken sollte, um ihn zu einer Korrektur seiner Auffassungen zu bringen oder mit ihm zum Bruch zu kommen. Pieck mißverstand mich und glaubte, ich hätte das, was ich ihm über Torgler erzählt hatte, über Thälmann berichtet. Er antwortete, daß ihn das nicht erschüttere, denn man hätte doch nicht viel anderes erwarten dürfen. So dachte er also über Thälmann.

Ein einziger Mann hat sich während der Tage, die ich in Paris war, eingehend für die Lage im Lande interessiert. Es war Magyar, der dem Politbüro als Berater und Mitarbeiter von Bela Kun zur Verfügung gestellt worden war. Er bestellte mich in seine Wohnung nach Sèvres und fragte und hörte einen ganzen Tag lang. (Als er später in Moskau verschwand, hieß es, er sei ein Agent des Secret Service gewesen.)

Magyar warf die Frage auf, ob es möglich sei, am bevorstehenden 1. Mai auf dem Tempelhofer Felde gegen Hitler öffentlich aufzutreten. Ich erklärte ihm, daß dazu eine ganz außergewöhnliche Konstitution gehöre, denn derjenige, der einige Worte vernehmbar schreien wollte, müsse sich klar darüber sein, daß er den Platz nicht lebend verlassen würde, und es sei die Frage, ob auch nur die Nächststehenden verstehen könnten, was vor sich gegangen wäre.

Nach meiner Rückkehr nach Berlin sollte ich einige Abwicklungsarbeiten durchführen und mich zur Reise ins Ausland bereit machen. Das Politbüro, das im Allgemeinen der Kaderfrage im Lande mehr als gleichgültig gegenüberstand, weil es sich nur dafür interessierte, ob zur Durchführung bestimmter Aufgaben jeweils genügend Leute vorhanden seien, nicht aber dafür, wie man den durch die Illegalität geprüften Genossen größere Sicherheit geben und sie in ihrer persönlichen Entwicklung zum Nutzen der Bewegung fördern könnte, hatte sich doch zustimmend zu meinem Vorschlag erklärt, einige Genossen, die durch die angekündigte Neuaufnahme des Verfahrens in der Horst Wesselsache gefährdet waren, ins Ausland in Sicherheit zu bringen. Es war nicht meine Auffassung, daß die größere Aufmerksamkeit auf die Entwicklung von Kadern die Überführung vieler guter Genossen ins Ausland bedeuten sollte. Mir war ja klar, welche Schäden den Genossen im Auslande drohten, wenn sie dort einfach dem Emigrantenleben überlassen oder in die sogenannte Grenzarbeit eingespannt würden. Was ich hatte erreichen wollen, war die sorgfältige Behandlung der Genossen im Lande selbst, waren zeitweilige Erholungsaufenthalte – verbunden mit Studienmöglichkeiten – im Auslande, war vor allem die wirkliche Achtung der Persönlichkeit dieser Genossen, die im Lande ihr Leben einsetzten, eine Achtung, die nicht erst in Nachrufen zum Ausdruck gebracht werden sollte. Im Falle der Genossen, die durch die Neuaufrollung der Horst Wesselsache durch Gestapo und Gericht gefährdet waren, kam es freilich darauf an, sie einfach ins Ausland in Sicherheit zu bringen.

Arthur Lehmann, der erst kurz zuvor aus dem KZ entlassen worden war, erreichte ich bald, und seine Reise konnte rasch bewerkstelligt werden. Werner Peuke war nicht aufzufinden, das heißt, er hielt sich versteckt, und er wollte nicht, daß nach ihm gesucht würde. Mir blieb nichts anderes übrig, als einigen seiner Freunde zu sagen, daß er die Möglichkeit habe, nach draußen zu fahren.

Bei meiner Suche nach einigen alten Genossen stieß ich auf Wischnewski, von dem ich wußte, daß er mit mehreren aus dem KZ entlassenen Genossen in Verbindung stehe. Mir war bekannt, daß diese Genossen, unter denen sehr achtbare Menschen waren, Beziehungen untereinander hielten und diskutierten. Ihre Auffassungen waren mir in großen Zügen bekannt. Aber ich befürchtete, sie würden sich isolieren und meinte, sie wären besser am Platze, wenn sie helfen würden, ihre Auffassungen in der Parteiorganisation zur Geltung zu bringen. Ihrerseits herrschte aber Mißtrauen gegenüber allem, was mit der offiziellen illegalen Partei zusammenhing. Sie gingen von der Erfahrung aus, die sie mit gewissen Teilen des Apparats und in gewissen Situationen gemacht hatten, und beurteilten nun die ganze illegale Partei nach diesem Maßstabe. Ich sehe jetzt auch darin eine Folgeerscheinung der totalitären Lehre von der Partei. Es ist unmöglich, im Rahmen dieser Lehre zur demokratischen Meinungsbildung und zur Respektierung von Meinungen zu gelangen. Notwendigerweise bilden sich in gewissen Situationen Gruppierungen, sie sondern sich ab oder werden ausgestoßen; wenn dann nach wiederum einer gewissen Zeit neue Ansichten, Meinungsverschiedenheiten oder Gruppierungen auftreten, wenden sich die vorher abgestoßenen gegen die neuen oft mit derselben oder gar mit noch größerer Schärfe, als die offizielle Partei selbst, weil die neuen Gruppierungen seiner Zeit noch nicht den Standpunkt der vorher abgestoßenen geteilt haben. Und umgekehrt wollen die neuen oft beweisen, daß sie ganz anders zu bewerten seien, als die früher abgestoßenen Gruppierungen, weil erst mit *ihrem* Auftreten die entscheidenden Fragen gestellt worden seien.

So war es mit jenen Genossen, von denen ich eben schrieb. So war es mit denen, die sich um Frenzel und andere alte Funktionäre in Berlin und Hannover gruppierten. Meine Auffassung ist gewesen, keiner Gruppe Schwierigkeiten zu machen, so lange es sich um Gruppierungen handelt, die durch ehrliche Auffassungen entstanden und geprägt waren. Leider haben manche dieser Genossen selbst zahlreiche Gelegenheiten versäumt, sich großzügig und weitblickend mit anderen gesunden Kräften in der Partei und außerhalb von ihr zu verbinden, oder wenigstens Fühlung mit ihnen zu halten. Die später einsetzende Kriminalisierung jeder von der offiziellen Parteidoktrin abweichenden Auffassung wäre viel schwerer geworden oder gar unmöglich gewesen, wenn sich die Genossen mit abweichenden Auffassungen nicht jeweils selbst wieder als doktrinäre Parteien miniature konstituiert und bewegt hätten.

Mit einem mir seit 1931 bekannten Genossen, Heinrich Neumann – zum Kreise Peukes gehörend – hatte ich während der Zeit seit dem 30. Januar wiederholt gesprochen. Nun bat ich ihn, mir dabei behilflich zu sein, eine Arbeitsanstellung bei einem ihm bekannten Meister zu finden, die mir wenigstens zunächst als Alibi für weitere Arbeitssuche dienen konnte. (Mein Papier auf andern Namen sollte natürlich dabei als Grundlage dienen). Der Genosse machte zur Bedingung, daß ich mich vollständig von der Parteiorganisation trenne, anders wolle er mir nicht helfen. Damit war ich zum zweiten Mal von ihm abgewiesen (das erste ... folgung ohne Unterkunft für eine kritische Nacht gewesen war) und verlor auch wieder die Chance, im Lande unterzutauchen. So weit gingen der Gruppenfanatismus und die Kurzsichtigkeit auch auf jener Seite.

Bei meinen Abwicklungsarbeiten bekam ich noch Gelegenheit, Stellung gegen einen von Ackermann ausgearbeiteten Resolutionsentwurf zu nehmen, in dem – wie vor 1933 – das Feuer gegen die Sozialdemokraten gerichtet wurde, und der ganz und gar ungeeignet war, ein neues Verhältnis zu diesen antinazistischen Kräften fördern zu helfen.

Ein Versuch – nach schwierigem Grenzübergang – in Prag Rädel zu treffen und mit ihm über einige für die Unterstützung der Berliner Organisation aktuelle Fragen zu sprechen, schlug fehl. Rädel war nicht zu treffen, trotz vorheriger Anmeldung. So mußte ich den beschwerlichen Weg zurück machen und habe noch einmal Dresden aufgesucht, um Abschied von meinen Eltern und meinem Bruder zu nehmen.

Auf dringende Aufforderung fuhr ich dann von Berlin aus – nachdem ich noch mit Dahlem zusammengetroffen war, der für kurze Zeit dort sein sollte – nach dem Saargebiet, wo ich einige Tage vor dem 30. Juni eintraf.

1934/1935 Zwischenspiel an der Saar

Auf dem Wege nach dem Saargebiet hatte ich mich einen Tag in Paris aufgehalten, um vom Politbüro zu erfahren, was es über mich beschlossen hatte. Man teilte mir mit, ich sollte als Beauftragter des Zentralkomitees nach Saarbrücken gehen, um dort dafür zu sorgen, daß die Parteiorganisation sich nun auf die Vorbereitung des Abstimmungskampfes konzentrierte. Die Partei sollte sich offen für die Beibehaltung des »status quo« erklären und die Bevölkerung des Gebietes darüber aufklären, daß ein Anschluß an Deutschland die Versklavung bedeuten würde, so lange das Hitlerregime an der Macht wäre. Nach der Ansicht des Politbüros war es damals möglich, in kurzer Zeit zu einem Abkommen mit der Sozialdemokratischen Partei des Saargebiets zu gelangen, und ich sollte dafür sorgen, daß die Unterhandlungen aus der Sackgasse, in die man dort geraten sei, herauskämen und bald so weit fortgeschritten wären, daß ein Mitglied des Politbüros zum förmlichen Abschluß eines Abkommens nach dort kommen könnte. Die schwache Parteiorganisation im Saargebiet sollte durch einige Redakteure verstärkt werden und eine wirkungsvollere Presse erhalten. Zu meinen speziellen Aufgaben sollte auch die Unterstützung der südwestdeutschen Bezirke gehören.

Für mich, der aus anderthalbjähriger unterirdischer Arbeit kam, war die Eile verwunderlich, mit der jetzt plötzlich Fragen entschieden wurden, deren Lösung früher für das Land von entscheidender Bedeutung gewesen wäre. Die kampagnenmäßige Behandlung des Problems der Zusammenarbeit mit den Sozialdemokraten stieß mich ab, weil ich aus den Erfahrungen im Lande die Erkenntnis gewonnen hatte, daß die Initiative zu einer Neuorientierung der ganzen Arbeiterbewegung ergriffen werden müßte, während aus der rein taktischen Behandlung dieses Problems nur neue Gegensätze entstehen würden. Es dauerte nicht lange, bis ich begriff, daß die neue Taktik, die im Saargebiet eingeschlagen werden sollte, auf die neue Politik der Sowjetunion im Völkerbund zurückzuführen war, und daß das Politbüro versuchte, rechtzeitig ein Demonstrationsbeispiel für seine Fähigkeit, die neue Politik zu verstehen und selbst durchzuführen, an seine Fahne heften zu können.

Switalla (»der lange Anton«), ein Hamburger Funktionär, der seit etwa Anfang des Jahres die Leitung im Saargebiet in Händen gehabt hatte, verhalf mir mit seinem Bericht über die Vorgänge der vergangenen Monate zu der Einsicht, daß die Parteiorganisation sehr schwach war, und daß sich ein Teil der saarländischen Funktionäre in einer Art passiven Widerstands um den kürzlich abgesetzten Bezirkssekretär Lorenz gruppiert hatte, der infolgedessen, daß er zum Exponenten der alten, auf die Wiedervereinigung des Saargebiets mit dem Reiche hinzielenden Politik der Partei geworden war, als nicht mehr tragbar betrachtet worden war. Noch im Januar 1934 hatten Vertreter der Partei in der Saarbrücker Stadtverordnetenversammlung pathetisch erklärt, sie würden für die Wiedervereinigung des Gebiets mit dem Reiche eintreten, auch wenn das für sie das Konzentrationslager bedeuten würde. Von den drei Abstimmungsvarianten (a) Wiedervereinigung mit dem Reich, b) Anschluß an Frankreich, c) Beibehaltung des »status quo«) waren die zweite und dritte in der Propaganda der Partei als separatistisch gebrandmarkt und abgelehnt worden. Noch im April 1934 war es im Saarbrückener Volkshaus zu einer Auseinandersetzung zwischen Kommunisten und Sozialdemokraten gekommen, bei der ein Teil der Stühle und Tische zerstört und als Schlagwaffen benützt worden war. (Die Losung der KPD war damals »Sowjet-Saar« und »Rote Saar in einem Sowjetdeutschland«.) Seitdem hatte die Bezirksleitung versucht, eine sogenannte »Einheitsfronttaktik von unten« anzuwenden, das heißt die sozialdemokratische Parteileitung unter Druck zu setzen. Abgesehen von den aktuellen politischen Gegensätzen zwischen KPD und SPD im Bezirk, erschwerte die Erinnerung an Zeiten, in denen die KPD bei Landesratswahlen mehr Stimmen erhalten hatte, als die SPD, die ersten Schritte in der Richtung eines Zusammengehens. Die Kommunisten hielten an ihren zahlreichen selbständigen Organisationen gewerkschaftlicher und sportlicher Art fest, auch wenn diese im Vergleich zu den sozialdemokratisch geführten Arbeiterorganisationen bedeutend schwächer waren und sich – wie die selbständige kommunistische Gewerkschaft der Eisenbahnarbeiter, die nicht viel mehr als 60 Mitglieder zählte – im Zustand hoffnungslosen Dahinvegetierens befanden. Die Feindschaft, die zwischen den Funktionären beispielsweise der beiden »parallelen« Arbeitersamariterorganisationen bestand, und die durch einen sich hinschleppenden gerichtlichen Prozeß um die Eigentümerschaft an Gerätschaften in Glut gehalten wurde, war tödlich. In der wichtigsten Gewerkschaftsorganisation, dem Bergarbeiterverband, waren die Kommunisten nicht Mitglieder; sie hatten einen eigenen Verband. Das Stärkeverhältnis, in Mitgliederzahlen ausgedrückt, war wie 10 : 1 zugunsten der sozialdemokratisch geführten Gewerkschaft. Aber die etwa 1500 Mitglieder der kommunistisch geführten Sondergewerkschaft hätten dem freigewerkschaftlichen Bergarbeiterverband viel mehr bedeuten können, als 1500 beitragszahlende Mitglieder mehr, wenn man berücksichtigt, daß die christliche Bergarbeitergewerkschaft weit stärker war, als die beiden rivalisierenden Organisationen zusammengenommen.

Die »Deutsche Front«, die alle Organisationen umfaßte, die für die Wiedervereinigung des Gebiets mit dem Reiche eintraten, stützte sich vor allem auf die christlichen Gewerkschaftsorganisationen und die kirchlichen Vereinigungen. Die NSDAP hatte in dem katholischen Gebiet als Partei nur schwachen Einfluß. Innerhalb der christlichen Gewerkschaften, besonders im Metallarbeiterverband, existierten Strömungen, die sich gegen die Unterordnung unter das Diktat der NSDAP richteten. Die NSDAP änderte ihre Politik dahingehend, möglichst viele namhafte katholische Leiter in den Vordergrund treten zu lassen und nicht darauf zu pochen, eigentliche Nationalsozialisten an der Spitze zu haben. Die »Deutsche Front« trat als die Verkörperung des nationalen Zusammenhalts und die Wahrerin der christlichen Traditionen auf. In der Bevölkerung, die seit 15 Jahren in der Abwehr gegen die französische Grubenverwaltung, französisches Militär und sogenannte separatistische Vereinigungen gestanden hatte, und die sowohl die Beamtenschaft als auch die Regierungskommission des Völkerbundes loswerden wollte, mußte die »Deutsche Front« Anklang finden. (Eine Abstandnahme der Kirche oder des Vatikans vom nationalsozialistischen Regime in Deutschland, die selbst nach den Morden an den katholischen Jugendführern Probst und Klausner nicht erfolgt ist, hätte das Kräfteverhältnis ändern können.)

Aus dem Einblick, den mir die Gespräche mit Switalla und mit saarländischen Funktionären vermittelt hatten, zog ich den Schluß, unmittelbar zu versuchen, eine Veränderung des Verhältnisses der Partei zur Sozialdemokratie herbeizuführen und die Fortsetzung der sogenannten Taktik der »Einheitsfront von unten«, die in der Praxis darauf hinaus lief, den Kampf gegen die Sozialdemokraten als Hauptaufgabe der Partei zu betreiben, zu unterbinden. Leider war der saarländische Funktionärkörper so geschwächt, daß es schwer schien, in kurzer Zeit genügend repräsentative Genossen zusammen zu bekommen, die mit der Leitung der Sozialdemokratie zu einer Übereinkunft kommen konnten. Mir schien es aber notwendig, die Genossen vom Saargebiet selbst mehr in den Vordergrund treten zu lassen. Zunächst war kein anderer zur Stelle, als Fritz Pfordt, damals Organisationssekretär, der als früherer Eisenbahnwerkstättenarbeiter hervorgetreten war und die Leninschule besucht hatte. Mit ihm und Switalla legte ich einige Vorschläge fest, die der sozialdemokratischen Parteileitung unterbreitet werden sollten. Sie wurden wohl einen Tag vor dem 30. Juni abgeliefert, und unter dem Eindruck der Ereignisse des 30. Juni kam es binnen weniger Tage zu einem Abkommen zwischen KPD und SPD über die gemeinsame Führung des Abstimmungskampfes. In der Folge wurden gemeinsame Versammlungen und Kundgebungen durchgeführt, auf denen meist Max Braun von der Sozialdemokratie und Fritz Pfordt von der KPD sprachen bis, nach einiger Zeit, auch andere Rednerpaare eingesetzt werden konnten. Mit Pfordt mußte ich anfänglich jede Rede Wort für Wort ausarbeiten, mußte ihm dann – nach der Kundgebung – auseinandersetzen, welche Wirkung die einzelnen Stellen der Rede gehabt hatten und ihn überhaupt dazu trainieren, neben dem ausgezeichneten Redner Braun auftreten zu können.

War so der Anfang zu einer sichtbaren Veränderung gemacht, stand noch bevor, die Partei selbst aktiv werden zu lassen. Die schwache, dürftig geschriebene, Parteipresse, reichte dazu nicht aus. Vor allem mußte den Genossen in ihren Ortsgruppen und Betrieben geholfen werden. Das versuchte ich selbst so weit wie möglich durch Besuche und Vorträge zu erreichen. In der etwa 600 Parteimitglieder zählenden Emigration fanden sich viele Genossen, die imstande und willig waren, den saarländischen Organisationen zu helfen. Im Laufe der Monate kamen außerdem aus dem Reich und aus Frankreich einige Funktionäre, die den Unterbezirksleitungen beigegeben werden konnten. Erich Gentsch, früher Gewerkschaftssekretär der Partei in Berlin-Brandenburg, Herzog, ein Lehrer und Parteifunktionär aus dem Ruhrgebiet, Sepp Wagner, ein Bergarbeiter und Bauernorganisator aus der Pfalz, Max Reimann, ein Parteifunktionär aus dem Ruhrgebiet, Lene Vehser, eine aus Baden stammende Funktionärin, Bruno von Salomon, ein aus der Landvolkbewegung Norddeutschlands zur Partei gekommener Bauernpropagandist, Schrecker, ein in Berlin tätig gewesener Funktionär, Heinrich Maass, ein Hamburger Funktionär, Alfred

Zeidler, ein aus dem Ruhrgebiet stammender Bergarbeiterfunktionär, einige Jugendfunktionäre aus Düsseldorf und Köln wurden zur Unterstützung der Saargebietsorganisationen eingesetzt. Philipp Daub, ein früher in Frankfurt tätig gewesener Reichstagsabgeordneter, der vor Jahren im Saargebiet ansässig gewesen war, wurde aus Berlin nach dem Saargebiet beordert, um die verhältnismäßig kleine Zahl der Genossen, die legal in öffentlichen Versammlungen auftreten durften, zu verstärken. Die Redaktion der Parteizeitung wurde durch Reinhardt (A. Abusch), Glückauf und Bertram ergänzt, denen sich in den letzten Wochen Hans Knoth, der Redakteur der vom Politbüro herausgegebenen »Roten Fahne«, anschloß. In der Redaktion einer Wochenzeitung »Deutsche Volkszeitung« waren Paul Dietrich und Lex Ende tätig. Ein großer Teil der reichsdeutschen Emigranten lebte unter dürftigen Verhältnissen in Gebäuden, die zu außer Betrieb gesetzten Werksteilen der Saargruben gehörten. August, ein aus der Sozialdemokratie zur Partei gekommener Genosse aus Dortmund, hatte als Leiter der Emigrantengruppen übervoll zu tun, um einerseits die Existenzbedingungen der Emigranten zu verbessern und andererseits ihre Hilfe für den Abstimmungskampf zu organisieren.

Mit der ersten großen, zentralen Kundgebung, die in Sulzbach stattfand, und die eine Gegenkundgebung gegen ein von der »Deutschen Front« veranstaltetes Treffen bildete, wurde den saarländischen Antinazisten ein notwendiger und wertvoller Impuls gegeben. Es sprachen Braun, Pfordt und der Pater Dörr. Die Teilnahme des Paters bedeutete noch keineswegs eine Stellungnahme seitens saarländischer katholischer Geistlicher gegen den Anschluß, denn Dörr gehörte innerhalb der Geistlichkeit zu einer verhältnismäßig kleinen Gruppe, die zufolge ihrer Ordenszugehörigkeit als französisch orientiert betrachtet wurde. Aber die Tatsache, daß die Antinazisten eine zentrale Kundgebung gewagt und daß sie einige tausend Menschen auf die Beine zu bringen vermocht hatten, bedeutete sehr viel für die Aktivierung der Tätigkeit gegen die »Deutsche Front«, die natürlich einen erheblichen Druck gegen alle, die nach Sulzbach gehen wollten, ausgeübt hatte.

Seit der Sulzbacher Kundgebung befanden sich auch die meisten Funktionäre der Saargebietspartei in zuversichtlicherer Stimmung. Hein Sommer, die Gebrüder Hey, Frisch (der Sicherheitsmann der

Grube Reden), Matthieu (ein anderer Bergarbeiter), Walther Brückner, das Ehepaar Hermann und andere setzten sich organisatorisch und agitatorisch voll ein und halfen bald, die ehemalige Passivität zu überwinden, so daß sie sich zumindest auf einen weniger beträchtlichen Teil engerer Freunde des ehemaligen Sekretärs Paul Lorenz beschränkte.

Die »Einheitsfront an der Saar« hat die Mitglieder der kommunistischen und der sozialdemokratischen Partei vor der Resignation gegenüber der von den Nationalsozialisten aufgezogenen »Deutschen Front« gerettet und hat ihnen praktische Erfahrungen der Zusammenarbeit vermittelt. Zweifellos hat sie auch auf längere Sicht gewirkt, nicht nur insofern, als die spätere illegale Wirksamkeit der Arbeiterorganisationen von vornherein auf der Basis der gegenseitigen Unterstützung aufbauen konnte, sondern auch dadurch, daß christliche Werktätige später auf die Argumente und die Tatsache der »Einheitsfront an der Saar« selbst zurückkommen und eine gewisse Orientierung finden konnten. Aber die Stimmentscheidung gegen die Wiedervereinigung des Saargebiets mit dem Reiche als politische Demonstration und als Schlag gegen das Hitlerregime in Deutschland hat sie nicht erreicht. Es ist darauf hingewiesen worden, daß das Schicksal der Saar mit der Ermordung Barthous entschieden worden sei, weil damit auf französischer Seite der weitestblickende und energischste Gegner Hitlers ausgefallen sei. Es ist auf die Haltung des Vatikans hingewiesen worden, dessen Förderung der anschlußfreundlichen Stellungnahme der katholischen Geistlichkeit an der Saar dem deutschen Naziregime in diesem Kampf wesentlich geholfen habe. Zweifellos konnte mit den bescheidenen Kräften, die an der Saar vorhanden waren, keine Entscheidung von europäischem Ausmaße erzwungen werden. Sicherlich hätte eine positive Stellungnahme des Völkerbundes und der Instanzen der katholischen Kirche eine große Wirkung haben müssen. Aber nicht dieses Ausbleiben von möglichen Faktoren ist es, das uns nachträglich interessieren muß. Wesentlich ist meines Erachtens die Erfahrung, daß die nationalen Gefühle, Vorurteile und Traditionen sich als stärker erwiesen haben, als der von den Arbeiterorganisationen mit vereinten Kräften (wenn auch spät, wenn auch nach dummen, verwirrenden Fehlgriffen) veranstaltete Versuch, eine auf Vernunftgründen basierende politische Entscheidung herbeizuführen.

Während des Abstimmungskampfes führte die nationalsozialistische Deutsche Arbeitsfront einen Schlag gegen die Leitung des christlichen Metallarbeiterverbandes. Dessen Expedition wurde besetzt und der Vorstand wurde für abgesetzt erklärt. Durch Daub stellte ich damals unmittelbar eine Verbindung zum Vorsitzenden des Verbandes, Pick, her und ließ ihm vorschlagen, sofort mit Hilfe von Zirkularen, für deren Herstellung wir ihm unsere technischen Möglichkeiten zur Verfügung stellen würden, alle örtlichen Organisationen gegen den Coup mobil zu machen. Auch die Parteizeitung stellten wir für Organisationsmitteilungen zur Verfügung. Der Vorsitzende des Verbands ging darauf ein. In emsiger, wochenlanger Arbeit wurden alle Ortsorganisationen des Verbandes mobilisiert, und überall wurden statutenmäßig einwandfreie Mitgliederversammlungen durchgeführt, die sich gegen den Coup aussprachen und Delegierte zu einer allgemeinen Generalversammlung für das Gesamtgebiet wählten. Als die Nazis Störungsversuche androhten und durchführten, boten wir Saalschutz an, der so durchgeführt wurde, daß die Versammlungen selbst nicht behelligt wurden. Die getarnten SA-Organisationen versuchten an einigen Stellen in die Versammlungen einzudringen, aber überall konnten diese ordentlich zu Ende geführt werden. Schließlich sprachen sich auf der Generalversammlung mehr als die statutenmäßig notwendigen 75 % der Delegierten gegen den Coup aus und wählten die von den Nazis abgesetzte Leitung erneut. Als die Generalversammlung in letzter Stunde gesprengt werden sollte, halfen Gentsch, Daub und ich den Kreissekretären, innerhalb einer halben Stunde einen von ihnen geschriebenen Handzettel zu vervielfältigen und zur Verteilung zu bringen, auf dem das geplante Sprengungsmanöver enthüllt und die Delegierten zur Vorsicht und Besonnenheit aufgefordert wurden. Diese Aktion, bei der wir den christlichen Metallarbeiterfunktionären nicht ein einziges Mal politisch hineingeredet haben, bei der wir aber gezeigt haben, daß wir ihnen unter allen Umständen gegen die Nazis helfen wollten, hat uns zu einem engen und herzlichen Verhältnis zu vielen christlichen Metallarbeitern geholfen. Sie hat auch unseren Genossen in den Orten und Betrieben viele neue Erfahrungen gebracht. Aber charakteristisch war, daß die christlichen Funktionäre (abgesehen von Pick selbst, der zu einer christlichen Minderheit gehörte, die schließlich mit einer eigenen Zeitung in den Abstimmungskampf eingriff, um für status quo einzutreten) uns sagten, sie seien uns für unsere Hilfe dankbar und würden sie nicht vergessen; sie wüßten auch, daß sie in Deutschland Verfolgungen erwarteten, aber sie könnten nicht anders, als für die Wiedervereinigung mit dem Reich zu stimmen.

Der Vorsitzende des christlichen Bergarbeiterverbandes, Kiefer, der mit der Steigerung des Abstimmungskampfes mehr und mehr in den Vordergrund trat, erklärte in einer Massenkundgebung, daß sie lieber mit ihren Brüdern im Reich Verfolgung erleiden als eine Sonderstellung mit dem Paßstempel »Sarrois« erhalten wollten. Ich wage nicht, zu entscheiden, ob dies bei Kiefer Demagogie gewesen ist; war es Demagogie, so war sie genau angepaßt dem Empfinden der breiten katholischen Massen. So dachten und sprachen viele.

Der NSDAP als solcher haben wir im Saarkampf einige empfindliche Schläge versetzen können. So, als wir einen, von der Pfalz aus geleiteten, im Saargebiet tätigen Teil der SS und Gestapo (dessen Tätigkeit bis in die nächste Umgebung des Völkerbundskommissars Knox ging) enthüllen und zur Strecke bringen konnten (dieser Streich ergab außergewöhnlich reichhaltiges Beweismaterial plus 16 000 francs in bar, für die wir eine Broschüre in Massenauflage herausgaben). So, als wir in einigen Röchlingbetrieben in Kontakt mit oppositionellen SA-Mitgliedern kamen und eine Oppositionsgruppe mit einem Organ gründen konnten. So schließlich durch unsere Aufklärungsarbeit, die später Frucht getragen hat, auch wenn sie das Abstimmungsresultat nicht beeinflussen konnte. Nicht zuletzt haben wir erreicht, daß die Kommunisten und Sozialdemokraten an der Saar sich in diesen Monaten viele Erfahrungen aneignen und Kampfesmethoden anzuwenden lernen konnten, die ihnen – nachdem die Zeit der Verwirrung und der Depression nach der Rückgliederung durchlitten war – sehr zustatten kamen. Die Widerstandsarbeit an der Saar hat nach der Rückgliederung zeitweise recht intensiven Charakter gehabt.

Daß Arbeiter, unter der Einwirkung nationalistischer Propaganda, imstande sind, Methoden des Arbeiterkampfes im Dienste letzten Endes des Nazismus anzuwenden, habe ich im Saargebiet kennen gelernt. In der letzten Zeit des Abstimmungskampfes förderten große Teile der Grubenbelegschaften, als sie von der französischen Verwaltung dazu angehalten wurden, intensiv Kohle zu fördern, sogenannte »status quo-Kohle«, das heißt Kohle mit viel Geröll. In diesem Widerstand gegen die Grubenverwaltung entwickelten sie »Solidarität« und forderten alle Arbeiter zur Unterstützung dieser Aktion auf.

Auch die Methoden des Massenterrors waren im Saargebiet an besonders drastischen Beispielen zu studieren. Sie steigerten sich bis nach Bekanntgabe des Abstimmungsresultates zu symbolischen Erhängungen, zur Aufstellung von Galgen auf den Plätzen und vor den Haustüren antinazistischer Arbeiter und Bürger und schließlich zur Veranstaltung von »status quo-Begräbnissen« in allen Orten. Abgesehen von der Massenflucht und -emigration über die nahe französische Grenze (wo die Truppen der Garde mobile schwerbewaffnet diejenigen zurückjagten, die keine visierten Pässe besaßen), die in den ersten Tagen nach der Bekanntgabe des Resultates hervorgerufen wurde, haben diese Methoden des »psychischen Terrors« zeitweise viele Menschen geradezu gelähmt. Die ausländischen Truppen, die unter einer gewissen Zeit im Saargebiet stationiert waren, haben diesem Terror oft mit Belustigung zugeschaut. Die Bilder, auf denen englische Soldaten zusammen mit Deutsch-Front-Leuten zu sehen waren, die ihnen Hakenkreuzfahnen an allen möglichen Körperteilen angebracht hatten, waren während einiger Tage im Original und sehr häufig zu sehen. Ich entkam übrigens selbst einmal knapp einer Verhaftung (nach der Abstimmung), die ein englischer Soldat erzwingen wollte, indem er behauptete, ich trüge einen Schlips, wie ihn in England die Kommunisten trügen. (Die Pointe: Dieser Schlips stammte aus Berlin; dort hatte ich ihn mir gekauft, weil zu jener Zeit gerade diese Art Schlipse viel getragen wurde.)

Die letzten Tage des Abstimmungskampfes waren voller Überraschungen und hektischer Spannung gewesen. Aus dem Reich, aus andern europäischen Ländern und aus Amerika waren abstimmungsberechtigte Saarländer eingetroffen, und die Ankunft jeder Gruppe war von der »Deutschen Front« zu einer festlichen Veranstaltung gemacht worden. Am letzten Sonntag vor der Abstimmung hatte die »Einheitsfront an der Saar« ihre Anhänger zu einer imposanten Kundgebung auf einem Sportplatz Saarbrückens versammelt; die Kundgebung war wirklich eindrucksvoll gewesen und hatte mit einer spontanen, begeisterten Demonstration durch die

Stadt geschlossen. In der letzten Woche herrschte Demonstrations-
verbot, doch die »Deutsche Front« gestaltete die Empfänge der
vom Ausland eintreffenden Abstimmungsberechtigten zu einer Demonstration, denen sich zwar in der Stadt Saarbrücken selbst die
städtische Polizei, die unter dem Befehl des reichsdeutschen Emigranten und Polizeihauptmanns Mach stand, entgegen stellte, die
aber an anderen Orten von der nationalsozialistisch orientierten
Landespolizei geduldet wurden. In Neunkirchen traf der Parteifunktionär Paul Kärcher ein, der im Herbst 1933 in Südwestdeutschland als illegal tätiger Funktionär verhaftet und nun freigelassen worden war, um für die Wiedervereinigung mit dem Reich zu
stimmen (Kärcher war im Saargebiet und besonders im Neunkir-
chener Hüttengebiet sehr bekannt und geschätzt gewesen; er war
übrigens Leninschüler gewesen). Ob auch Paul Lorenz noch in diesen letzten Tagen offen für die »Deutsche Front« erklärt hat, kann
ich jetzt nicht mit Bestimmtheit sagen; unmittelbar nach der Abstimmung trat er jedenfalls mit öffentlichen Erklärungen als Anhänger der »Deutschen Front« auf. Während der letzten drei Tage
tauchten an vielen Orten gefälschte Orts- und Betriebszeitungen
der Partei auf, in denen zur Stimmabgabe für die Wiedervereinigung mit dem Reich aufgefordert wurde (es handelte sich um sorgfältig hergestellte Fälschungen, in denen sowohl Erklärungen der
KPD aus früherer Zeit als auch Erklärungen von Kärcher zitiert
wurden). Von den getarnten SA- und SS-Organisationen wurden
Überfälle veranstaltet, die seitens der Landespolizei wohlwollend
geduldet wurden. Die Landespolizei selbst griff wiederholt ein, indem sie Arrestierungen vornahm (Viktor und ich wurden in Neunkirchen aus einem Auto heraus von Landespolizei mit erhobener
Waffe verhaftet) und Zusammenkünfte, in denen die letzten Ab-
stimmungsvorbereitungen besprochen werden sollten, auflöste (in
Dillingen mußte ich durch eine Dachluke aus einem umstellten
Haus fliehen, in das die Landespolizei eindrang, um versammelte
Abstimmungshelfer zu durchsuchen). Dank der Unterstützung,
die wir von einem Beamten der Regierungskommission erhielten
(dem reichsdeutschen Emigranten und früheren sozialdemokratischen Regierungsrat Ritzel) konnten zumindest Abschiebungen
festgenommener reichsdeutscher Emigranten nach dem Reichsge-
biet verhindert werden. In Saarbrücken und Neunkirchen führten

wir je eine Aktion gegen Ausfallstellen der bewaffneten SS durch. Ein Eingreifen der vom Völkerbund nach dem Saargebiet entsandten militärischen Verbände gegen die Terrorbanden der Nazis war nicht festzustellen oder herbeizuführen.

Nach der Abstimmung war die mühselige Arbeit des Aufbaus einer illegalen Organisation und der moralischen Festigung der Genossen, die im Lande zu bleiben entschlossen waren, zu leisten. Ferner war die Unterbringung der Flüchtlinge in Frankreich zu ordnen. Unter der Leitung von Braun und Pfordt wurde ein Ausschuß gebildet, der die Flüchtlinge gegenüber den Behörden vertrat. Am schwersten war die Unterstützung der reichsdeutschen Emigranten, die nach ihrer Flucht nach Frankreich in Lagern festgehalten und zeitweise unmenschlich und unwürdig behandelt wurden (man versuchte, sie zum Eintritt in die Fremdenlegion zu erpressen, bedrohte sie mit Auslieferung an Deutschland). Die Leitung der französischen Roten Hilfe (in ihr besonders der Generalsekretär, der auf den charakteristischen Namen Chauvet hörte), zeigte sich diesen hart geprüften Genossen gegenüber von der schlimmsten Seite. Zahlreiche von ihnen sind in Frankreich untergegangen, weil sie keine ärztliche Hilfe zur Pflege von Wunden und Leiden erhalten konnten, die sie sich in den deutschen Konzentrationslagern zugezogen hatten. Einige der emigrierten Saareinwohner sind nach kurzer Zeit bitterer Emigrationserfahrungen wieder ins Saargebiet zurückgekehrt. Unter ihnen waren einige, die sich nicht von der nazistischen Rückkehrerpropaganda ausnützen ließen, sondern später den Kampf gegen den Nazismus fortgesetzt haben. Die Schicksale einiger von ihnen habe ich später weiter verfolgen können. Interessant war, daß beispielsweise ein Bergarbeitergenosse in Homburg vom dortigen Pfarrer mit Kleidern für die Kinder und Geld für die Familie unterstützt wurde, weil er – wie der Pfarrer sagte – ehrlich für seine Überzeugung eingetreten sei und gelitten habe.

Die Unterstützung, die das Politbüro uns im Saarkampf gewährte, war recht zweifelhafter Art, abgesehen von der positiven Maßnahme, einige der früher erwähnten Funktionäre zur Verfügung gestellt zu haben. Für die Politbüromitglieder war offenbar nicht der Saarkampf an und für sich, sondern seine Ausnützung zur Aufbesserung des Prestiges der deutschen Parteiführung in den Augen der

Kominternführung wesentlich. Innerhalb des Politbüros hatten sich neue Gruppierungen gebildet. Die Mehrheit setzte sich aus Florin, Schubert, Schulte und Dahlem zusammen, während Pieck und Ulbricht in einigen Fragen als Minderheit auftraten. Diese Gruppierung entsprach nicht mehr oder weniger klar ausgeprägten politischen Meinungsverschiedenheiten; sie wurde in der Hauptsache hervorgerufen durch Spekulationen auf die Veränderungen, die der damals als nahe bevorstehend betrachtete Kongreß der Komintern in der Kominternführung zur Folge haben würde. Alle Mitglieder rechneten zwar mit den damaligen Kominternsekretären als Machtfaktoren und orientierten sich darauf, bei dem einen oder andern speziell gut angeschrieben zu sein, aber ihre Meinung darüber, von welchem Einfluß das Eintreten Dimitrows in den Kreis der Kominternsekretäre sein würde, gingen auseinander. Pieck und Ulbricht meinten, Dimitrow werde zur zentralen Person werden. Die andern waren der Auffassung, Dimitrow werde nur vorübergehend, wegen der Popularität, die er durch sein Auftreten im Prozeß gewonnen hatte, propagandistisch ausgenützt werden. Sie betrachteten ihn als Exponenten der »Versöhnler« und hielten es für klug, ihm gegenüber einen gewissen Abstand zu wahren. Die Mehrheit bezeichnete sich als die Sachwalter der Politik Thälmanns und warf denen, die mit ihnen nicht gemeinsame Sache machten, vor, Thälmanns Erbe liquidieren zu wollen. Es soll hier nicht analysiert werden, was als Thälmanns Vermächtnis und Politik betrachtet wurde; es genügt, darauf hinzuweisen, daß mit solchen Mythen operiert wurde.

Ulbricht, der es immer verstanden hatte, eher und besser als die anderen informiert zu sein, hatte sich im Herbst in Moskau umgehört und mit einem Artikel in der »Neuen Weltbühne« unter dem Vorwand einer Diskussion mit dem sozialdemokratischen Politiker Aufhäuser für eine weitgehende Einheitsfrontpolitik mit der Sozialdemokratie plädiert. Mit dieser Initiative hatte er die andern Politbüromitglieder überrascht, in den Hintergrund gedrängt und so in Verwirrung gebracht, daß sie in ihrem Versuch, ihre eigene Bedeutung hervorzuheben, sich heillos festfuhren, indem sie nun nachzuweisen versuchten, daß unter Thälmanns und ihrer eigenen Führung die deutsche Partei schon immer versucht habe, Einheitsfrontpolitik zu betreiben, daß aber infolge des besonders reaktionären

Charakters der deutschen Sozialdemokratie diese Bestrebungen hätten scheitern müssen. Gerade infolge des konsequenten Kampfes der KPD unter ihrer eigenen Führung sei die deutsche Sozialdemokratie gezwungen worden, sich zuletzt ganz zu enthüllen, woraus die übrigen Parteien der Komintern und die ganze Arbeiterbewegung entscheidende Lehren habe ziehen können, deren Konsequenzen sich nun in einer Veränderung des Kurses sowohl mehrerer sozialdemokratischer Parteien als auch der kommunistischen Parteien selbst zeigten. Ulbrichts Artikel wurde zum Ausgangspunkt einer fieberhaften Tätigkeit aller Politbüromitglieder; jeder sammelte Material und Zeugen, die für die Richtigkeit der einen oder anderen Politik ins Feld geführt werden konnten. Alle waren für Einheitsfront, waren es stets gewesen; jeder legte die Einheitsfront anders aus. Ulbricht (und im Hintergrund Pieck) pflegten spezielle Verbindungen zu Dietrich und Ende im Saargebiet, deren gute Beziehungen zu Magyar, Hugo Eberlein und Bela Kun ihnen nützlich zu sein schienen. Der wendige Abusch aber war Ulbrichts besonders begünstigter Vertrauensmann unter den Funktionären an der Saar. Schubert, Schulte, Florin und Dahlem hielten sich an Knoth, versuchten Switalla auszunützen, begünstigten Reimann und Zeidler, während Ulbricht den nach seiner Freilassung aus dem KZ zuerst in gesundem Widerspruch zu allem Cliquenwesen stehenden Erich Gentsch wieder in seine frühere Berliner Gefügigkeit zurückpreßte. Birkenhauer besorgte die »Bearbeitung« der Redakteure Glückauf und Bertram für die Politbüromehrheit. Kippenberger hielt sich, ungeachtet seiner Abneigung gegen Schulte und Schubert, zu Florin. Sein Vertreter Viktor dagegen versuchte, sich abseits vom Cliquenkampf zu halten. Otto Wahls kam in kurzen Abständen von Berlin nach dem Saargebiet, um mit Schubert oder Florin zu konferieren, weil er im Lande damit beschäftigt war, Resolutionen von Bezirksleitungen zugunsten der Politbüromehrheit zu fabrizieren. Reiners, der mit Verlags- und Druckarbeit beschäftigt war, und Kox, der sich für seine Arbeit ein zeitweiliges Standquartier im Saargebiet eingerichtet hatte, hielten sich abseits von den Cliquen. Flieg, der von Moskau wieder zur Verfügung des Politbüros gestellt worden war und dessen Kasse verwaltete, hielt sich mit allen streitenden Partnern auf gutem Fuße, um abzuwarten. Daß die Engagierung von Parteifunktionären für macht- und personenpolitische Spekulationen nachteilig auf die aktuelle Arbeit und demoralisierend auf die Funktionäre selbst wirken mußte, ist klar. Die Politbüromitglieder versuchten aber außerdem, die leitenden Funktionäre der Sozialdemokratie an der Saar für ihre jeweiligen Interessen einzuspannen. Schubert und Schulte meinten beispielsweise, es müsse vorteilhaft sein, mit dem aus dem reichsdeutschen Gebiet stammenden Sekretär Kirschmann engere Beziehungen anknüpfen zu können, weil er ihrer Auffassung nach nicht in allen Fragen mit dem Vorsitzenden Max Braun übereinstimmte. Kurz, eigentlich wollte jeder der »Einheitsfront« einen besonderen Charakter verleihen und aus ihr speziellen Nutzen ziehen. Ulbricht ging am weitesten in der Bejahung und Förderung der praktischen Maßnahmen an der Saar, denn er sah darin Möglichkeiten zur Stärkung seiner eigenen Position. In einer Sitzung der Saarbezirksleitung und der beigegebenen Funktionäre habe ich mich einmal, kurz nach dem Erscheinen von Ulbrichts Aufhäuser-Artikel, gegen alle solche Spekulationen gewandt. Die Aussprache darüber war lebhaft, und es war zu konstatieren, daß selbst die unterwürfigsten Diener Ulbrichts es für opportun hielten, mit einigen Klagen über die Art, in der sie behandelt wurden, von ihrem Meister abzurükken. Selten habe ich eine so ausgedehnte und sogar bis zu einem gewissen Grade freimütige Diskussion in einem solchen Kreise erlebt. Offenbar hatten Abusch, Ende, Gentsch einerseits, Glückauf und andere anderseits geglaubt, ich hätte irgendwo von ganz oben das Signal zum Angriff auf ihre Meister erhalten, die sie nun – wenn auch nur unter dem Eindruck dieses Mißverständnisses und der Stimmung der übrigen Genossen – hurtig verleugneten. Dies war nur ein kurzes Zwischenspiel.

Das Verhältnis zu den sozialdemokratischen Leitern Max Braun, Kirschmann, Denike (dem früheren Redakteur der »Gesellschaft«, damals unter dem Namen Decker schreibend), Wacker und dem Jugendsekretär Braun war korrekt und ganz von dem Willen zu positiver Zusammenarbeit im Rahmen der aktuellen Aufgaben geprägt. Schwieriger war die Zusammenarbeit mit den Leitern des Bergarbeiterverbandes, teilweise freilich auch deswegen, weil es erst nach langwierigen Auseinandersetzungen in unsern eigenen Reihen möglich war, die Vereinigung der beiden Bergarbeitergewerkschaften herbeizuführen. Das geschah erst im letzten Stadium des Abstimmungskampfes, nachdem der Widerstand einiger kommunistischer Funktionäre, die stark durch Zeidler und Reimann gestützt worden waren, angesichts der Notwendigkeit, im Falle der Rückgliederung auch an einen Übergang zur Übernahme durch die »Arbeitsfront« denken zu müssen, eingestellt worden war. Mit dem früheren sozialdemokratischen Abgeordneten Sollmann, der im Saargebiet ein Wochenblatt »Freiheit« herausgab, bestanden nur sehr spärliche Beziehungen; ich selbst habe ihn dort nicht getroffen.

Mit den Genossen der Bezirke Frankfurt, Mannheim, Baden unterhielt ich während meiner Anwesenheit im Saargebiet Verbindungen, half ihnen bei der Weiterführung ihres Versuchs, im Gebiet der Farbwerke Höchst die Zusammenarbeit mit den illegalen sozialdemokratischen Organisationen zu entwickeln, und unterstützte sie bei der Durchführung eines Funktionärkursus'.

Ende Februar wurde mir mitgeteilt, daß ich in Prag zu einer Besprechung mit Mitgliedern des Politbüros und der Landesleitung erwartet werde. Flieg händigte mir einen schlechten Paß und eine Fahrkarte aus, mit denen ich angeblich über Zürich nach Prag fahren sollte. Es erwies sich im letzten Augenblick, daß der mir angewiesene Zug nicht über Zürich, sondern über Kehl durch Süddeutschland fuhr. Es war zu spät, noch etwas zu ändern; ich prüfte den Inhalt meiner Taschen und reiste. Unterwegs füllten sich die Wagen mit Nazidignitären, die von einer Tagung in Stuttgart kamen. Es war unbehaglich, weil unter ihnen einige mir aus dem sächsischen Landtag in Erinnerung gebliebene Personen waren. Aber es ging gut.

In Prag hatte ich zum zweiten Male das Pech, die mir gegebene Anlaufstelle unbesetzt zu finden. Es glückte mir, Anschluß und Nachtquartier bei einer mit dem Abschnittsleiter in Verbindung stehenden Emigrantenfamilie zu finden. Fünf Personen wohnten in einem Zimmer, ich war die sechste. Der Abschnittsleiter Hans Beimler, ein Genosse, der gehört hatte, daß ich nicht zur traditionellen Thälmann-Gruppe gerechnet wurde (d. h. zum Anhang Schuberts), legte kein Gewicht darauf, mir eine sicherere und bequemere Unterkunft zu besorgen.

Stamm und Rembte von der Landesleitung, Max Maddalena vom Büro der Roten Gewerkschaftsinternationale, Ulbricht und Dahlem vom Politbüro waren von der sogenannten Januartagung, die in

Moskau abgehalten worden war, gekommen, und ich sollte zusammen mit ihnen über die zukünftige Arbeit der Landesleitung sprechen. Ich sollte also wieder nach Berlin gehen.

Die Januartagung hatte in erster Linie dem Versuch einer Ausgleichung der Gegensätze im Politbüro gegolten. Gemäß den Erzählungen Stamms und Rembtes waren die Auseinandersetzungen mitunter bis an die Grenze körperlicher Tätlichkeiten getrieben worden. Schließlich aber hatte Dahlem wieder seine Meisterschaft im rechtzeitigen Abspringen von einer Clique unter Beweis gestellt, und so war von allen ein Übereinkommen unterzeichnet worden, die Auseinandersetzungen ruhen zu lassen, die Vorbereitungen zum Kominternkongreß zu betreiben und zunächst nur Ulbricht und Dahlem wieder zur sogenannten operativen Arbeit zu schikken. Beide sollten die Reorganisation der Landesleitung ordnen, alle Grenzstellen überholen und die Wahl der Delegierten zum Kongreß und zu einer daran anschließenden Parteikonferenz organisieren. Pieck, Florin, Schubert und Schulte sollten in Moskau bleiben und mit einigen Mitarbeitern das Kongreßmaterial vorbereiten. Die Landesleitung sollte aus Stamm, Rembte, Maddalena und mir bestehen. Otto Wahls sollte aus Berlin weggehen und aus der Landesleitung ausscheiden.

Robert Stamm (ein früherer Abgeordneter des Preußischen Landtags und zur Zeit des Machtantritts der Nazi Bezirkssekretär in Bremen), hatte sich während der Januartagung in Moskau von Schulte abgewandt, mit dem er früher verbunden gewesen war (er stammte aus Schultes Bezirk Niederrhein), er hatte jedoch starke Bindungen an Florin. Mein Eindruck von ihm war, daß er sehr unsicher geworden war. Nachdem er 1933/34 etwa ¾ Jahr ziemlich passiv in Hannover gesessen hatte, ohne Verbindung zu unserem Zentrum in Berlin zu haben, war er bis zur Reise nach Moskau Leiter der Berliner Organisation gewesen. Er war in doktrinären Parteiauffassungen erzogen und befangen und befaßte sich mit Vorliebe mit sogenannten innerparteilichen Kombinationen. Auch er gehörte zu den Funktionären, die eine Opposition zum Schlagen und »Liquidieren« haben müssen, wenn sie in der Parteiarbeit warm werden sollen. In Hannover hatte er es mit ehemaligen »Versöhnlern« zu tun gehabt, die ihm gegenüber den Vorteil gehabt hatten, in den dortigen Verhältnissen verwurzelt zu sein. In Berlin hatte er wiederum solche »Versöhnler« aufgespürt. In Moskau war er zwar darauf eingegangen, in die Landesleitung überzugehen, aber in der Nähe der Grenze sprach er seine Bedenken gegen diese Arbeit aus. Schon in Moskau war bekannt geworden, daß während seiner Abwesenheit von Berlin Material in die Hände der Gestapo gefallen war, das ihn, vor allem aber Rembte, stark belastete. Rembte war nach diesem Material Todeskandidat. In Prag führte Stamm dies an, um seine Bedenken gegen die Wiederaufnahme der Arbeit im Lande zu begründen. Leider argumentierte er damit nicht gegenüber Ulbricht und Dahlem, sondern er versuchte, Maddalena und mich dazu zu bewegen, dafür einzutreten, daß wir gemeinsam unsern Sitz in Prag, beziehungsweise in der Nähe der Grenze, aufschlagen sollten. Denn, sagte er, es kommt darauf an, uns für den Kongreß und für die Wahl der neuen Führung zu erhalten. Es könne keine wirkliche Veränderung in der Partei eintreten, wenn nicht wir, die wirkliche Erfahrungen aufzuweisen hätten, Einfluß auf die Zusammensetzung der neuen Führung bekämen.

Rembte schloß sich Stamms Argumenten an, er war aber viel zurückhaltender. Er war ein sympathischer Arbeiterfunktionärtyp und hatte in Halle gearbeitet. Maddalena, der seit 1933 zum ersten Mal ins Land fahren sollte, hatte in der letzten Zeit in Artikeln gegen die doktrinäre RGO-Politik Stellung genommen und drängte darauf, selbst im Lande eingreifen zu können.

Ich vermochte Stamms Auffassung über das Aufsparen unserer Personen für den Kongreß nicht zu teilen. So weit seine Einwände die Sicherung der Arbeit betrafen, war ich für größtmögliche Vorsicht. Mir war klar, daß ich selbst von dieser Arbeit in Berlin schwerlich wieder zurückkommen würde, denn die Tätigkeit im Saargebiet hatte mein Konto bei der Gestapo um etliche Posten erweitert; aber für mich war immer noch die Organisation im Lande die Hauptsache. Dort wollte ich, wenn es nicht anders sein konnte, meinen letzten Einsatz machen. Von dort aus, hoffte ich noch immer, müßte, wenn überhaupt, eine grundsätzliche Veränderung in der Partei ausgehen. Deshalb versuchte ich, zusammen mit Maddalena, Stamm zur Arbeit in Berlin zu bewegen, oder ihn zu veranlassen, persönlich von der Erfüllung des Auftrags Abstand zu nehmen.

Von Dahlem und Ulbricht forderte ich die Prüfung der Anlaufstellen, die wir in Berlin aufsuchen sollten. Es stellte sich heraus, daß beide von Wahls gelieferten Adressen unmöglich anzulaufen waren, weil die eine schon einmal in die Hände der Polizei geraten war, während die andere einem Mann bekannt war, der eine zweifelhafte Rolle spielte. Ulbricht und Dahlem betonten selbst, daß Wahls von unserer Ankunft nichts wissen sollte, d. h. er sollte nicht mit uns zusammentreffen und nicht wissen, aus wem sich die neue Landesleitung zusammensetzte. Sie gingen deshalb darauf ein, daß ein Funktionär von Kippenbergers Apparat herbeigeholt würde, der in Berlin tätig war und einerseits berichten konnte, wie die Lage dort in Bezug auf den Organisationsapparat sei, anderseits helfen sollte, unser Ankommen zu sichern.

Humbold (das war der Parteiname dieses Funktionärs) erstattete einen Bericht über Wahls Treiben in Berlin, der selbst Ulbricht und Dahlem veranlaßte, von ihm eine schriftliche Festlegung zum Zwecke einer Parteiuntersuchung gegen Wahls zu verlangen. (Diesen Bericht habe ich nie gesehen. Kippenberger behauptete, er habe keinen bekommen, während Humbold behauptete, er habe ihn durch seine Verbindungen an Kippenberger abgeschickt.) Es wurde schließlich verabredet, daß Stamm, Rembte und Maddalena in Berlin durch Humbold an ihre Bestimmungsstellen herangebracht werden sollten, während ich mir selbst Unterkunft verschaffen und dann Humbold zu festgelegter Zeit treffen wollte.

Die Besprechungen mit Ulbricht und Dahlem waren abgeschlossen. Wir hatten noch einige Tage zur Vorbereitung unserer Reisen vor uns. Als Lotte mit Papieren, die für die Reise nach Berlin notwendig waren, eingetroffen war, suchten wir vergeblich ein Nachtquartier und eine Stelle, auf der die Papiere in Sicherheit waren. Es blieb nichts anderes übrig, als zuletzt, gegen Mitternacht, auf ein Angebot Goldhammers (eines früheren Dresdener Redakteurs, der dort als Emigrant lebte) einzugehen und ihm zu seinem außerhalb des Stadtzentrums gelegenen Hotel zu folgen, wo er – wie er gesagt hatte – gut bekannt mit dem Besitzer und sicher sei, daß wir uns nicht polizeilich anzumelden brauchten. Wir waren froh, wenigstens diese Lösung gefunden zu haben. Morgens kam die Polizei, untersuchte das ganze Hotel und nahm uns fest. Später erfuhren wir, daß eine der häufigen Razzien durchgeführt worden war.

Lotte und ich hatten große Schwierigkeiten wegen unserer verschiedenen Papiere zu bestehen. Beide saßen wir in Ungewißheit über das Weitere während 5 Wochen im Polizeigefängnis, wo die Behandlung und Verpflegung hundsmiserabel waren (ich lag 14 Tage in einem Kellerraum, ohne Bett, ohne Decke, ohne Wasch- und Rasiermöglichkeit). Dann wurde uns mitgeteilt, daß wir ausgewiesen und per Schub durch Polen nach der Sowjetunion transportiert werden sollten. Die Unterhandlungen in dieser Richtung waren von der tchechischen Abgeordneten Hodinova geführt worden. Mit 4 andern Ausgewiesenen, von denen mir der eine, Winkler, sowohl aus Berlin, als auch aus einigen Tagen gemeinsamer Haft in Prag bekannt war, wurden wir unter starker Polizeibedeckung an die polnische Grenze transportiert, von dort aus fuhren wir bis Warschau, wo wir unter Eskorte nach einem für solche Zwecke bereitstehenden Raum geführt und am nächsten Tag weiter zur russischen Grenze transportiert wurden.

In Negoreloje hatten wir uns in einem Zimmer des Bahnhofshotels aufzuhalten, bis die Genehmigung zur Weiterreise eingetroffen war. Wir kamen nach Moskau, wo wir in einem kleinen Zimmer des Hotels Lux untergebracht wurden.

Pieck wollte sofort alle Vorbereitungen zu meiner schleunigen Wiederabreise nach Berlin treffen. Als aber beunruhigende Nachrichten über Verhaftungen im Bereich der Landesleitung in Berlin eingetroffen waren, wurde beschlossen, daß Lotte und ich zunächst für einige Wochen zu einer Erholung nach Gagri fahren sollten. Dort traf, kurz vor Beendigung unseres Erholungsurlaubs, auch Otto Wahls ein, der inzwischen von Berlin weggekommen war. Wir erfuhren, daß Stamm, Rembte und Maddalena mit einigen weiteren Genossen in Berlin verhaftet worden waren. (Stamm und Rembte hatten Wahls, entgegen ihren eigenen Prager Erklärungen, in Berlin wieder getroffen, und hatten die alte »Freundschaft« wieder aufgenommen.)

Tatsachen und Gedanken über Verhaftungen

Im Alltag des Illegalen bedeuten die Verhaftungen von Kampfgenossen (sofern er selbst nicht ein verhärteter Bürokrat oder ein frivoler Abenteurer ist) erschütternde Erlebnisse. Sie bringen ihm die Gefahr, in der er selbst lebt, zum Bewußtsein und fügen ihm jedesmal tiefen Schmerz zu, weil er immer und immer wieder Freunde und Kameraden verlieren muß. Der verhärtete Bürokrat handelt wie Richard Gyptner, als sein Kamerad Dimitrow verhaftet wurde: Er fertigte eine Zusammenstellung aller Unterlassungen Dimitrows an, schrieb auf, welche Adressen durch Dimitrow in die Hände der Polizei gefallen seien, verband in seiner Niederschrift alle Mißhelligkeiten, die er irgendwann mit Dimitrow gehabt hatte, mit dessen Ungeschicklichkeit und Unvorsichtigkeit und reichte diese Denkschrift dem Sekretariat des EKKI ein, in dem Bewußtsein, damit zur Erledigung des nach menschlichem Ermessen so wie so nie wieder aus dem Kerker kommenden Dimitrow beigetragen zu haben. Für den verhärteten Bürokraten bedeutet das Wegfallen eines Kameraden nicht viel mehr als das Wegfallen eines Konkurrenten, an dessen Unglück man sich am besten noch um einige Zoll hinaufzuranken versuchen soll. Der frivole Abenteurer (in diese Kategorie zähle ich auch den ethisch haltlos gewordenen »Apparatmann«) handelt wie Otto Wahls: Er sorgte für jederzeit greifbare Geldreserven und legte das Wort von den »Toten auf Urlaub« auf die Weise aus, daß er sich einem mehr als lockeren Leben hingab.

Aus dem bisher Niedergeschriebenen ergibt sich, daß die Partei unter den ersten Jahren der nazistischen Diktatur schwer unter den Verhaftungen zu leiden gehabt hat. Im Mai 1935 legte ich den Sekretären des EKKI eine Übersicht über das Schicksal von Funktionären vor, die vom Beginn der Nazidiktatur bis zum Frühjahr 1935 als Sekretäre der Bezirksleitungen tätig gewesen sind; sie umfaßte mehr als 500 Namen von Funktionären, die in dieser Zeit in die Hände der Gestapo gefallen und zu einem erheblichen Teil getötet worden waren.

Die Parteileitung hat den Verhaftungen und dem Schicksal der Verhafteten nur ein sehr beschränktes Interesse gewidmet. Sie hat sich vorwiegend dafür interessiert, daß Ersatz zur Stelle geschafft wurde. Sie hat nicht einmal dafür gesorgt, daß zumindest die Verhaftungen, die besonders einschneidende Wirkung gehabt haben, aufgeklärt worden sind. Wenn man sich nicht überhaupt damit begnügt hat, die Achseln zu zucken und zu konstatieren, daß der Verhaftete selbst Fehler begangen habe, die seine Verhaftungen mit herbeigeführt hätten, benützte man Verhaftungen und Beschuldigungen im Zusammenhang mit Verhaftungen im sogenannten innerparteilichen Kampf und im Kampf gegen andere politische Organisationen.

Ich möchte nicht den Eindruck erwecken, als wollte ich hinter den Verhaftungen, die ich erwähnt habe, das allmächtige Wirken einer geheimnisvollen Kraft andeuten. Auch will ich nicht die Fehler der Verhafteten selbst wegdisputieren. Aber es ist notwendig, sich bei einigen Tatsachen aufzuhalten, die mehr als nur vermuten lassen, daß sowohl die Zustände in der Parteiführung, als auch die durch sie erleichterte Tätigkeit einiger Provokateure der Gestapo wesentliche Dienste geleistet haben.

Im Winter 1932 wurden der damalige Reichstagsabgeordnete John Schehr und der frühere Chefredakteur der »Hamburger Volkszeitung« und damalige Mitarbeiter Thälmanns und Schehrs, Heinrich Meyer, verhaftet. Schehrs Verhaftung erfolgte ohne vorherige Aufhebung seiner Abgeordnetenimmunität. Beide waren in ihren Wohnungen verhaftet worden; bei Meyer beschlagnahmte die Polizei ein dickes Bündel streng vertraulicher Berichte über Vorgänge in Reichswehrleitungs-, Regierungs- und Industrieleitungskreisen, die Kippenbergers Apparat geliefert hatte.

Es stellte sich heraus, daß die Verhaftung durch die öffentlich kaum bekannte Staatspolizei, eine Art von Abwehrstelle des Reichswehrministeriums, vorgenommen worden war. Während der Abgeordnete Schehr nach etwa 5 Wochen wieder auf freien Fuß gesetzt wurde (damals wurde die sogenannte Schleicher-Amnestie erlassen), wurde gegen Meyer Anklage erhoben; er blieb in Haft.

Am 3. März 1933 wurden Thälmann, seine Mitarbeiter Birkenhauer und Hirsch und sein technischer Gehilfe Alfred Kattner in der illegalen Wohnung Thälmanns in Charlottenburg verhaftet. Die »Nachtausgabe« schrieb am gleichen Abend, daß Birkenhauer der theoretische Mitarbeiter Thälmanns gewesen sei, daß Hirsch Chefredakteur der »Roten Fahne« und Mitarbeiter Thälmanns gewesen sei, während Kattner organisatorische und technische Aufträge für Thälmann erfüllt habe.

Alfred Kattner wurde schon im Oktober 1933 aus dem Konzentrationslager entlassen.

Erich Birkenhauer kam bei der sogenannten Weihnachtsamnestie 1933 aus dem Konzentrationslager frei.

Heinrich Meyer wurde, nachdem ihn das Gericht freigesprochen hatte, für einige Zeit in ein Konzentrationslager gesteckt, aus dem er im Herbst 1934 frei gekommen ist.

Hirsch wurde kurze Zeit später ebenfalls aus einem Konzentrationslager entlassen.

Daß Kattner seine Freigabe dadurch erkauft hat, daß er sich als Angeber und Provokateur gegen seine Partei verwenden ließ und bereit war, als Kronzeuge in einem gegen Thälmann vorbereiteten Prozeß aufzutreten, ist bekannt und früher erwähnt worden.

Birkenhauer, Meyer und Hirsch erklärten fast übereinstimmend, daß die Gestapo ihre eigentliche Rolle nicht gekannt habe. Birkenhauer sei es gelungen, sich darauf herauszureden, daß er als ehemaliger Lehrer zu Studienzwecken sozialer Fragen in Berlin geweilt und als Thälmanns Mitarbeiter lediglich die sprachliche Stilisierung von dessen Arbeiten erledigt hätte. Meyer behauptete, er sei nach dem gerichtlichen Freispruch (es lag Material vor, von dem ein einziges Blatt zu einem Todesurteil ausreichte) im KZ untergetaucht und habe sich darauf herausgeredet, daß er als ehemaliger Lehrer nur an der Bildungsarbeit teilgenommen hätte. Hirsch begründete sein Freikommen damit, daß er (der im Reichstagsbrandprozeß als Zeuge sich selbst schwer belastet hatte!) im KZ weniger bemerkt und schließlich dank der Beziehungen seiner Mutter zu Görings Frau, der ehemaligen Schauspielerin Emmy Sonnemann, auf freien Fuß gesetzt worden sei.

Abgesehen davon, daß der Gestapo von Anfang an bekannt gewesen ist, mit wem sie es bei den Verhafteten zu tun hatte, wurde im Januar 1934 das zentrale Abwehrarchiv des Kippenberger-Apparats von der Gestapo gefunden, aus dem sich mehr als genügend Angaben über die Genannten ausziehen ließen.

Als am 1. Februar 1934 der Verräter Kattner in seiner Wohnung in Nowawes erschossen worden war und die Gestapo vergeblich den Täter gejagt hatte, ließ sie am folgenden Tage durch Plakatanschlag verkünden, daß, als Repressalie gegen die an Kattner verübte Tat, John Schehr, Rudi Schwarz, Eugen Schönhaar und Erich Steinfurth erschossen worden seien. Sie hätten an einer Verschwörung teilgenommen, die mit Kattners Tod in Verbindung stünde. Schehr hatte sich bis dahin im Gewahrsam der Gestapo in der Prinz Albrechtstraße in Berlin befunden, desgleichen Rudi Schwarz, der dort nach seiner Verhaftung – die mit der Beschlagnahme des von ihm verwalteten Archivs erfolgt war – eingeliefert worden war. Schönhaar hatte im Konzentrationslager Oranienburg gesessen, während Steinfurth von einem Konzentrationslager weit außerhalb Berlins zu einer Vernehmung nach Berlin gebracht worden war.

Es ist unbegreiflich, wie nach alldem die früher genannten Mitarbeiter Thälmanns nicht nur jeder sogenannten Repressalie entgangen, sondern in Freiheit gesetzt worden sind. Aber es ist noch weniger begreiflich, wie es möglich war, daß Birkenhauer und Meyer unmittelbar nach ihrer auf die Freilassung hin durchgeführten Reise ins Ausland als Mitarbeiter des Politbüros und danach als Gehilfen im EKKI-Sekretariat Arbeit erhalten konnten.

Hirsch wurde sehr rasch nach seiner Ankunft in Moskau von der Internationalen Hilfe in Anspruch genommen. Er wurde allerdings beim folgenden Streit der Mitarbeiter um ihre Alibis mit Hilfe Kippenbergers ausgeschaltet und zum Objekt einer Untersuchung, die im Gefängnis der GPU geendet hat. Wohlgemerkt, war dieses Vorgehen gegen Hirsch, das nur in sehr minimalen Grenzen die Formen einer wirklichen Untersuchung angenommen hatte, diktiert von alten innerparteilichen Gegensätzen zwischen den Mitarbeitern und Politbüromitgliedern, und ausschlaggebend dabei war sowohl der Wunsch Birkenhauers und Meyers, sich durch Hirschs Erledigung selbst sicherer fühlen zu können, als auch Kippenbergers fixe Idee in bezug auf Hirsch, die ihn schon vor dem 30. Januar 1933 dazu geführt hatte, Hirsch als den Mann in Betracht zu ziehen, der bei der vorhitlerischen Polizei als X figurierte.

In der zweiten Hälfte des Jahres 1934 gelang es Thälmann, einige Briefe aus dem Gefängnis zu schmuggeln, in denen er u. a. mitteilte, wodurch er belastet würde. Er wies beispielsweise darauf hin, daß der Berliner Polizei bei der, im Anschluß an den an den Polizeibeamten Lenk und Anlauf verübten Mord, vollzogenen Schließung und Durchsuchung des Karl Liebknecht-Hauses zahlreiches Material in die Hände gefallen sei, u. a. Protokolle und Namensverzeichnisse des ZK, was ihm »Leo Flieg, der Gauner« seiner Zeit verschwiegen habe.

Nach der im Herbst mit Hilfe Kattners erfolgten Verhaftung Reinhold Dünows spielte die Frage nach der Bedeutung gewisser Ziffern, die sich an den Köpfen der vom Kippenbergerapparat gelieferten Berichte befanden (eben der Berichte, die bei Meyer im Spätherbst 1932 gefunden worden waren), eine entscheidende Rolle. Als Dünow schließlich nach schweren Folterungen gestanden hatte, daß die eine Ziffer eine Kennziffer für Thälmann bedeutete, wurde er nicht zum Tode, sondern zu lebenslänglich Zuchthaus verurteilt. Von solcher Bedeutung erschien der Gestapo diese Feststellung.

Ebenso wie Birkenhauer und Meyer unangefochten in Vertrauensfunktionen tätig waren, wurde Leo Flieg nach einem etwa zweijährigen Aufenthalt im Apparat des EKKI wieder zu verantwortlicher Arbeit in die unmittelbare Nähe des Politbüros geschickt.

Es ist nicht meine Absicht, hier eine Theorie über Thälmanns Verhaftung und über die Rolle seiner Mitarbeiter im Einzelnen auszuarbeiten. Aber schon die hier kurz skizzierten Tatsachen zwingen zu der Frage, mit welchem Recht das Politbüro der KPD und das Sekretariat des EKKI sich als die Wahrer der Reinheit des Proletariats und Bekämpfer aller möglichen Agenturen der Gestapo bezeichnen konnten, während sie im eigenen Haus derartigen Schmutz sich anhäufen ließen, ohne zu versuchen, den Dingen auf den Grund zu gehen?

Geraume Zeit nach der Verhaftung Stamms, Rembtes und Maddalenas wurde festgestellt, daß die Genannten das Opfer eines Funktionärs aus einem zentralen Apparat zur Beschaffung und Sicherung von Wohnungen geworden seien. Dieser Mann, der den Parteinamen Behrend führte, war schon 1934 außer Landes geschickt worden, als Kox und ich uns von dem Ballast derartiger Apparate freimachen mußten. Es war dem deutschen Vertreter beim EKKI mitgeteilt worden, daß es notwendig sei, ihm dort sowohl Erholung als auch ständige Arbeit zu schaffen, weil seine Anwesenheit im Lande nicht zweckmäßig und unter Umständen schädlich sein würde. Es fehlte nicht an einer genauen Angabe von Gründen. Nichtsdestoweniger berief sich Fritz Heckert, der damalige deutsche Vertreter, darauf, daß er den Mann auf dessen eigenes Begehren nach einigen Monaten wieder nach Berlin geschickt habe, weil er keinen Grund gesehen habe, ihm das abzuschlagen.

Unter dem Eindruck der Moskauer Prozesse haben leitende Funktionäre der KPD in Artikeln und durch mündliche Anweisungen Treibjagden gegen Personen veranstaltet, die sie wegen deren andersgerichteter politischer Auffassung ungestraft und billig als Agenten der Gestapo und Provokateure abstempeln zu können glaubten. Niemand hat in dieser Hinsicht mehr ungerechtfertigte und leichtfertige Beschuldigungen auf seinem Konto, als die Organe der Komintern und der KPD. Als wir es im Februar 1934 wagten, den kurz vorher getöteten Kattner als Verräter und Provokateur zu bezeichnen, wurden wir von Kippenberger und vom Politbüro gerügt, zu weit gegangen zu sein, weil dadurch ein Schatten auf Thälmann fallen könnte. Dieser Hinweis und die zusammenfassende Feststellung, daß die Frage, ob jemand beschuldigt beziehungsweise öffentlich verurteilt wird, in der Praxis der KPD-Leitung unter dem Gesichtspunkt der politischen Zweckmäßigkeit entschieden worden ist, dürften ausreichen, um darzutun, daß unter der Herrschaft solcher Grundsätze die Provokation und damit die Zersetzung in der Organisation geradezu gedeihen müssen.

An anderer Stelle werden diese Gedanken wieder aufgegriffen werden müssen.

Versuch zur Selbstkritik und zur Neuorientierung der Politik der KPD

Nachdem die Verhaftung Stamms, Rembtes und Maddalenas und die durch sie hervorgerufene Unübersichtlichkeit der Verhältnisse in Berlin meine sofortige Wiederabreise unmöglich gemacht hatten, bestimmten die Politbüromitglieder, daß ich zunächst dort bleiben und an den Vorbereitungen zum Kongreß teilnehmen sollte. Es war unter den dort herrschenden Bedingungen schwierig, irgendeine vernünftige Arbeit in dieser Beziehung zu leisten. Pieck war in seiner Eigenschaft als Mitglied des Präsidiums des EKKI dabei, den Tätigkeitsbericht des EKKI für die Zeit zwischen dem VI. und dem bevorstehenden VII. Kongreß der Komintern zu entwerfen. Damit waren er und der ihm vom EKKI-Sekretariat beigegebene Mitarbeiter Fritz David (früherer Redakteur für Gewerkschaftsfragen in der »Roten Fahne«) vollauf beschäftigt, so daß Pieck kaum Zeit fand, sich deutschen Fragen und Problemen zu widmen. Dagegen waren Schulte und Florin und ihre Mitarbeiter auf ihre Weise emsig tätig bei der Zusammenstellung von Materialien über die in Deutschland betriebene Politik. H. Meyer hatte ein spezielles Sekretariat des Politbüros eingerichtet, in dem er und seine Frau schalteten und walteten. Schubert, der an Stelle Heckerts deutscher Vertreter beim EKKI geworden war, brachte die jeweils neuesten Tips von dort und sorgte im Übrigen dafür, daß die zu diesem Kreis gehörigen Funktionäre ausreichend mit Lebensmittelgutscheinen, Essentalons, Spesen, Kleiderzuweisungen, Theaterfreikarten und Büchern, die zum Einkauf von Waren in den damals noch existierenden Torgsin-Läden (bevorzugte Geschäfte für zum Einkauf speziell legitimierte Ausländer und gewisse Sowjetbeamte) berechtigten, versorgt wurden. Lotte und ich standen außerhalb dieser »Gemeinschaft« und mußten zu zweit auf Tagesspesen für eine Person und auf die niedrigste Lebensmittelration leben; wenn wir mitunter an der Verspeisung eines Fisches teilnehmen durften, den einer der Referenten im mitteleuropäischen Sekretariat des EKKI, Hermann Nuding, spendierte, war das ein Extravergnügen für uns.

Im Apparat des EKKI waren die Referenten Sepp Schwab, Hermann Nuding, Fritz Heilmann und Karolsky unter der Leitung des politischen Gehilfen des EKKI-Sekretärs Knorin, Smoljansky, dabei, zahllose Variationen kritischer Betrachtungen der Politik der deutschen Partei anzufertigen. Sie forderten einige Male schriftliche Beiträge von mir und andern an. Pjatnitzki und Dimitrow forderten ebenfalls einige Male zu Einzelfragen schriftlich ausgearbeitete Darstellungen an. Diskussionen fanden selten statt; ich erinnere mich nur einer größeren, an der neben Knorin und Pjatnitzki auch Dimitrow eine Zeit lang teilgenommen hat; dort fand ich Gelegenheit, über einige Erfahrungen aus der illegalen Arbeit und vom Kampf an der Saar zu sprechen. Knorin geruhte nur einmal etwa 5 Minuten mit mir persönlich zu sprechen; ich hatte von dieser Audienz den schlechtesten Eindruck, – er wohl auch.

Während einiger Wochen hielt ich im deutschen Sektor der Leninschule Vorlesungen und Arbeitsgemeinschaften zum Thema »Erfahrungen und Lehren aus der konspirativen Arbeit«. Dabei erfuhr ich, daß Schubert und Birkenhauer vor den Leninschülern mit hochtrabenden theoretischen Vorträgen über die nationale Frage posierten, und daß Schubert prophezeit hatte, er werde in dieser Frage auf Grund der deutschen Erfahrungen neue Probleme stellen und lösen.

Durch den geschäftigen und geschäftstüchtigen H. Meyer managten die Politbüroleute die Unterbringung zahlloser Artikel über deutsche Themen in der russischen Presse, durch die sie nicht nur Geld, sondern auch Popularität einzuheimsen erwarteten. Meyer trat bei vielen Gelegenheiten als der Schatten und Mentor des damals mit einem Buch »Die Prüfung« bekannt gewordenen Verfassers Willy Bredel auf. Meyer schrieb und verschaffte Bredel Rezensionen, und Bredel führte Meyer dort ein, wo der es nötig hatte. Aus dieser Arbeitsgemeinschaft entstand eine Art von Gehirntrust, an dem Schubert, Wahls und Florin beteiligt waren, die damals durch Bredel und Meyer auf die »Deutsche Zentralzeitung«, die »Internationale Literatur« und »Das Wort« Einfluß bekamen, von dem diese Organe sich nicht so bald erholen sollten. Meyer, Wahls, Birkenhauer und Knoth schrieben Artikel, die dann unter Florins, Schuberts oder Schultes klangvollen Namen publiziert wurden, für die sie aber mitunter auch eigene Pseudonyme einsetzten. Pieck ließ sich seine Artikel von Hirsch oder David schreiben. Dieses Durcheinander im Produzieren und Zu-Markte-Tragen »geistiger Leistungen« war mir besonders widerwärtig, und ich habe darin ein charakteristisches Zeichen für die Verkommenheit dieser Führergarnitur sehen zu müssen geglaubt. Mir allerdings wurde meine ablehnende Haltung zu diesem Treiben damals und viele Jahre danach als Hochmut und Unfähigkeit zu kollektiver Arbeit angerechnet. In der Tat bin ich damals und stets zu solcher »Kollektivarbeit« unfähig gewesen. Ich hatte und habe eine grundsätzlich andere Auffassung über das Schreiben.

Bevor der Kongreß vom Stapel lief, hatte ich noch einen Versuch, mich von ihm fernzuhalten, abzuwehren. Bela Kun ließ mich eines Tages rufen und erklärte mir, ich sei, auf Grund meiner Zusammenarbeit mit und Kenntnis von Thälmann der für ein in Paris zu gründendes Thälmann-Komitee geeignetste Mann. Deshalb solle ich so rasch wie möglich nach Paris reisen. Ich wies bescheiden darauf hin, daß ich ein sehr ungeschickter und schwerfälliger Schreiber sei, und daß sie mit mir nicht rechnen könnten, wie mit einem ihrer versierten Redakteure; kurz, ich sei denkbar ungeeignet für solche Arbeit. Kun sprach honigsüß, aber schließlich blieb nichts anderes übrig, als mich fallen zu lassen. Birkenhauer, sicher ein geeigneterer Mann, wurde für das Amt ausersehen.

Einige Wochen vor der Kongreßeröffnung waren Florin, Schubert und Schulte zu der Einsicht gekommen, daß sie auf dem Kongreß in der einen oder andern Weise über die Stellungnahme der deutschen Partei zur Arbeit innerhalb der nazistischen Massenorganisationen würden Auskunft geben müssen. Es kam ihnen gewiß nicht auf einige Verdrehungen und Erfindungen mehr oder weniger an, aber sie hatten damit zu rechnen, daß sie durch mich oder aus dem Lande kommende Delegierte in die Enge getrieben werden könnten. Sie verfielen deshalb auf den Ausweg, in aller Eile einen ihnen besonders ergebenen Funktionär, den aus Ostpreußen stammenden Redakteur Hoffmann, nach Berlin schicken zu lassen. Hoffmann sollte zusammen mit dem von Ulbricht und Dahlem ausgesuchten Wilhelm Firl in Berlin Informationen über die allgemeine Lage und speziell über die Struktur und das Leben der von den Nazis gebildeten Massenorganisationen sammeln und dem Politbüro laufend darüber Bericht erstatten. Beide sollten nicht in die Arbeit der Organisationen der Partei eingreifen und hatten nicht die Befugnisse einer Landesleitung. Schubert versprach sich besonders viel von Hoffmann, dem er sagte, daß es von »ungeheurer Bedeutung« wäre, wenn Hoffmann »als Erster« zu berichten vermöchte, wie die Deutsche Arbeitsfront wirklich aussehe und fungiere. Schubert spekulierte darauf, Berichte zu erhalten, die beweisen sollten, daß entweder in der Arbeitsfront überhaupt keine Möglichkeiten zur Organisierung einer Opposition vorhanden wären, oder daß alles, was die Genossen im Lande bisher auf diesem Gebiete geleistet hatten, nutzlos oder schädlich gewesen wäre, auf welche Feststellungen hin dann die mit Schubert verbundenen Politbüromitglieder sowohl ihre bisherige Politik hätten begründen und verteidigen, als auch als die Verkünder neuer Methoden hätten auftreten können. Mit derlei Sonderaufträgen belastet und in dem Bewußtsein, Vertrauensmann einer mit Versprechungen nicht kargenden Gruppe von Politbüromitgliedern zu sein, wurde Hoffmann in Berlin bald zu einem Bleigewicht an Wilhelm Firl, der von Ulbricht und Dahlem beauftragt worden war, laufend wirtschaftliche und politische Informationen nach dem Ausland zu schicken, und der sich dieser Aufgabe mit großem Ernst widmete. Er verstrickte sich in vielerlei Verbindungen und ging in eine Falle der SS. Firl wurde zum Tode verurteilt und hingerichtet, Hoffmann erhielt 15 Jahre Zuchthaus.

Gibt der Fall Hoffmann ein Beispiel dafür, daß der Kampf der Parteiführung um persönliche Macht im Schatten der Kominternführung Desorganisation und Menschenverluste nach sich gezogen hat, so zeigt der Fall des Funktionärs Kasch – der sich gleichfalls in jener Zeit abgespielt hat – wie irrig die Vorstellung war, die in der Parteiführung über die Überlegenheit der sogenannten alten Kader gegenüber den sich im illegalen Kampf gegen die Nazidiktatur entwickelnden sogenannten jungen Kräften gewesen ist. Kasch gehörte zu den besonders stark ausgeprägten Bürokraten in der alten Funktionärsschicht. Vor Jahren war er Leiter der Org-Abteilung des ZK gewesen und hatte dann in einigen Ländern als Instrukteur der Komintern gewirkt. Er sollte auf Anforderung von Ulbricht und Dahlem im Lande eingesetzt werden. Pieck forderte mich auf, ihm über einige Erfahrungen aus der konspirativen Arbeit zu erzählen, damit er sich auf einiges vorbereiten könne. Kasch suchte mir von vornherein begreiflich zu machen, daß er ein ausreichend erfahrener und sicherer Konspiratör sei, denn er habe ja einige Jahre in verschiedenen Ländern gelebt und gearbeitet. Auf meinen Einwand, daß er es in keinem dieser Länder auch nur im Entferntesten mit Bedingungen zu tun gehabt habe, die denen gleichen, die unter der Nazidiktatur herrschen, erwiderte Kasch, daß er ja so auftreten werde, daß man ihn für einen finanziell unabhängigen Mann halten müsse, dem man nicht nachspüre. Kasch glaubte nicht daran, daß es unmöglich sein werde, daß er die Rolle eines solchen vermögenden Mannes spielen könne, und er konnte nicht verstehen, daß er es (selbst wenn er die Mittel für diese Rolle haben würde) nicht zuwege bringen würde, in einer solchen Rolle mit den Arbeitern und Mitgliedern der illegalen Partei im Lande vertrauensvollen Kontakt zu unterhalten. Dem gewiegten Komintern-Instrukteure, der gewöhnt gewesen war, in Hotels zu wohnen, waren die Bedingungen, unter denen wir im Lande arbeiteten, unbegreiflich, und er meinte, der Fehler müsse bei uns liegen. Es war tragisch, aber unvermeidlich, daß er gleich bei den Tastversuchen der ersten 14 Tage von der Gestapo zur Strecke gebracht wurde, und daß die Aufzeichnungen, die er bei sich getragen hatte, andern Genossen zum Verhängnis geworden sind.

Die unerquickliche Atmosphäre, in der die Kongreßvorbereitungen vor sich gingen, wurde durch das Eintreffen von Genossen, die als Delegierte teilnehmen sollten, allmählich verbessert, – wenigstens, so weit es mich betraf. Die aus dem Lande kommenden Delegierten wurden durch die Referenten des mitteleuropäischen Sekretariats des EKKI betreut; sie wurden in Quartieren untergebracht, die nicht allgemein zugänglich waren. Das geschah sowohl mit Rücksicht auf ihre persönliche Sicherung, als auch zur Vermeidung ihrer allzu intensiven Präparierung durch die auf der Jagd nach Proselyten befindlichen Politbüromitglieder. Nachdem die ersten Zeremonien und Befragungen beendet waren, gestatteten mir Nuding und Schwab, einige der mir gut bekannten Genossen aufzusuchen und in Kontakt mit den übrigen zu kommen, weil ich nicht zu den Gruppenkämpfern zu rechnen war.

Aber bald wurden andere Anzeichen bemerkbar, Anzeichen, die daran gemahnten, daß Auseinandersetzungen um politische Probleme im Rahmen der Kommunistischen Internationale nicht nur mit den Mitteln der Überzeugung durch Tatsachen und Argumente geführt werden. Ein alter Genosse, an dessen Wahrheitsliebe nicht zu zweifeln war, machte mir während der Tage, in denen die deutsche Delegation zum Kongreß ihre Tätigkeit schon aufgenommen hatte und die Linien der Auseinandersetzungen erkennbar geworden waren, die Mitteilung, daß die GPU auf eine Gruppierung unter den deutschen Funktionären aufmerksam gemacht worden sei, die als die »Gruppe der Unzufriedenen« bezeichnet und als deren Ziel die Eroberung der Führung innerhalb der KPD angegeben werde. Merker, Bertz und Ulbricht wurden, außer mir selbst, als treibende Kräfte dieser Gruppe genannt. Die Überwachung der zu dieser Gruppe gerechneten Personen war bereits im Gange. Es war ferner aus der Mitteilung zu entnehmen, daß Angaretis, der Vorsitzende der IKK, an der Einfädelung dieser Sache beteiligt gewesen war.

Die äußeren Eindrücke der feierlichen Kongreßeröffnung, das Gefühl, an einer Zusammenkunft teilzunehmen, deren Beratungen und Beschlüsse in fast allen Ländern der Erde mit Aufmerksamkeit und Spannung verfolgt würden, und nicht zuletzt die Erhebung der Gedanken zu den großen, die Arbeiterklasse aller Länder berührenden Problemen, drängten zeitweilig das Bewußtsein der grausamen Wirklichkeit zurück. Die Flammen der Begeisterung, die das Gefühl der Verbundenheit mit den chinesischen Revolutionskämpfern, den anwesenden Teilnehmern am asturischen Aufstand, den in zahllosen Kämpfen und Leiden geprüften Teilnehmern und Vorkämpfern der revolutionären Arbeiterbewegung vieler Länder entfachte, verklärten die wirklichen Verhältnisse und verführten zu der Illusion, als sei durch diese Glut alles zu läutern und aller Schmutz zu verbrennen. Wir deutschen Illegalen, die während der letzten Jahre so oft Massenbegeisterungsräuschen gegenüber gestanden, an denen wir uns nicht erwärmt, sondern angesichts derer wir den Mund zusammen gekniffen und unsere innere Bitterkeit zum Antrieb für ein noch zäheres Stemmen gegen den Strom umgeformt hatten, – wir fühlten uns hier wieder unter Genossen, und wir ließen uns gern erwärmen und mitreißen. Gewiß, wir vergaßen nicht, welche Aufgaben wir zu lösen hatten. Jede Delegationssitzung brachte uns ja wieder zum Bewußtsein, wo wir standen und gegen welche Widerstände wir in der eigenen Partei zu kämpfen hatten. Aber wir glaubten, mit uns seien ja alle die, die sich mit uns zum Gesang der Internationale erhoben, die mit uns um gefallene und eingekerkerte Genossen trauerten, und die mit uns über die Wege zur Befreiung der Arbeiterklasse diskutierten. Waren wir denn nicht dabei, einen neuen geschichtlichen Abschnitt einzuleiten? Wir glaubten, jetzt Genugtuung für viele Enttäuschungen und Nackenschläge zu bekommen. Nicht geschenkt zu bekommen, aber die Voraussetzungen und die Kräfte zu ihrer Erringung verliehen zu bekommen ...

Wir sahen noch nicht, daß ein erheblicher Teil dieser Flammen nicht aus brennenden Herzen geboren, sondern mit artistischer Fertigkeit von Pyrotechnikern der Propaganda entzündet oder reflektiert worden war. Unsere an das Dunkel der Illegalität und der innerparteilichen Muffigkeit gewöhnten Augen, die sich nun des Lichts erfreuten, waren noch nicht imstande, die Gerüste zu erkennen, von denen aus manches Feuerwerk abgebrannt wurde.

Gorki begrüßen zu dürfen, Lenins Gefährtin Krupskaja dem Kongreß beiwohnen zu sehen, – ich gestehe, daß mich dies den Anblick manches Bürokraten weniger deutlich empfinden ließ.

Mit diesen Sätzen will ich nicht das Mißverständnis erwecken, als möchte ich eine Art von optischer Täuschung erklären; ich möchte auch nicht verfehlen, anzumerken, daß ich mich nicht einfach von Festlichkeiten habe betäuben lassen. Eine solche Annahme wäre eine zu billige Vereinfachung des wirklichen Vorgangs. Nein, ich habe während der langen Dauer des Kongresses beispielsweise nicht an einem einzigen der zahlreichen Banketts, Empfänge, Vergnügungsveranstaltungen teilgenommen. Mich bewegte das politische Vorgehen, ich war gebannt von dem politischen Aspekt, der sich zu eröffnen schien. Es ist mir nicht entgangen, daß Beifallskundgebungen und Stimmungsäußerungen, die anfänglich spontan und herzlich zu sein schienen, in kurzer Zeit zu zeremoniellen Handlungen werden konnten und vielfach geworden sind. Daß viele Redner sich – sei es mit unverhohlener Absicht oder routiniert – wie Diplomaten bewegten, und daß fast alle ihre Reden vom Blatt ablasen, so daß die Reden Deklarationen glichen und von einem Meinungsaustausch oder ehrlichem Meinungskampf nicht die Rede sein konnte, das alles ging nicht einfach spurlos an mir vorüber. Aber ich glaubte, dies würde durch die vielen Ansätze zu einer tiefgehenden Kritik und zu neuen positiven Versuchen aufgewogen; es war mir noch nicht zum Bewußtsein gekommen, daß die starke Dosis Diplomatie nicht einen Überrest alter, vor der Überwindung befindlicher, politischer Formen, sondern die Anfänge eines neuen Übels, die Kehrseite der propagandistischen Vorderseite der neuen Politik, darstellte.

Der von Pieck vorgetragene Tätigkeitsbericht des EKKI über die Periode seit dem VI. Kongreß, also seit 1928, war ein Monstrum, mit dem einerseits die Kontinuität in der Politik der Führung der Komintern bewiesen und gewahrt, anderseits Lob und Tadel in mäßigen Quantitäten verabreicht werden sollten. Die Politik des EKKI stand ebensowenig zur Diskussion, wie die Politik der russischen Partei. Die Kritik, die an einigen Sektionen geübt wurde, rügte sozusagen Auswüchse und Übertreibungen einer an und für sich nicht angreifbaren politischen Grundlinie. Die Debatte zu diesem Bericht bestand, von einigen Ausnahmen abgesehen, denn auch hauptsächlich in Aufzählungen von Erfolgen und pflichtschuldigen Anerkennungen der notwendigen Selbstkritik. Die Diskussionsrede, die der von der Sozialdemokratie zur KP gekommene Österreicher Ernst Fischer zu diesem Punkt gehalten hatte, berührte ursprünglich einige Kernfragen des Verhältnisses der Kommunisten zur Arbeiterbewegung als Ganzem und der fehlerhaften Auffassung der Kommunisten von den sozialdemokratischen Vertrauensleuten und Funktionären. Der französische Kommunist Gitton berührte in seinem Bericht und seinen Diskussionsbemerkungen einige Probleme der kommunistischen Organisationsdoktrin, was mir gleichfalls bemerkenswert erschien. Als Delegierter mit beratender Stimme hatte ich das Recht, mich zur Diskussion zu melden. Praktisch genommen aber hatte zunächst die deutsche Delegation darüber zu beschließen, ob ich mich in die Rednerliste einzeichnen lassen durfte, darüber hinaus aber hatte ich auch erst der deutschen Delegation meine Rede vorzulegen, damit sie zu ihr Stellung nehmen konnte. Dadurch, daß die inneren Gegensätze in der deutschen Delegation einen Streit um jeden Satz bedingten, und die infolge der stark angeschwollenen Rednerliste auf wenige Minuten beschränkte Redezeit eine wirkliche Erörterung der Probleme nicht zuließ, mußte ich mich darauf beschränken, anzudeuten, was ich einer Erörterung für wert und notwendig gehalten hatte. (Das war also herzlich wenig; immerhin war es interessant, festzustellen, daß Molotows Sekretär und Beobachter auf dem Kongreß nach meiner kurzen Rede sich nach meinen Personalien und Gesichtspunkten erkundigt hat. Wie man sagte, sei er darüber verwundert gewesen, daß ich frei gesprochen und nicht vom Blatt gelesen hatte.)

Dem zeremoniellen Seiltanze, den Pieck vorzuführen gehabt hatte, folgte das Referat Dimitrows, in dem – ungeachtet aller Verbeugungen vor den herkömmlichen Axiomen – die kritische und zu fortgesetzter Kritik anregende Note bei weitem überwog. Obwohl sich die zu diesem Referat vorgelegte Resolution in der Form eng an die zum Tätigkeitsbericht verfaßte anschloß, ließen die stellenweise kühnen und weitgehenden Ausfälle des Referates selbst die Auffassung und Hoffnung zu, daß es sich damit um den Beginn einer Politik handelte, in deren Rahmen Kritik und Meinungsäußerungsrecht unbestritten und notwendig sein würden. Zwar wurden bei den Diskussionen um die Änderungsvorschläge zur Resolution in unserer Delegation einige weitergehende Vorschläge abgedrosselt, wobei die an der Kongreßleitung beteiligten deutschen Delegierten sich darauf beriefen, daß die Stellung solcher Anträge zu Schwierigkeiten führen würde, doch wir achteten damals weniger darauf, daß man schon wieder streng auf die Wahrung gewisser Grenzen bedacht war. Für uns kam es damals vor allem darauf an, in der eigenen Partei den Anfang mit einer gründlichen Selbstkritik zu machen.

Ercolis Referat zur Kriegsgefahr und zur Arbeit der Kommunisten gegen den imperialistischen Krieg wirkte nach Dimitrows Ausführungen konventionell und wenig anregend.

Dimitrows Schlußworte schienen, noch stärker als sein Referat selbst, zur Kritik und zu kühnen Schritten in der Richtung einer die gesamte Arbeiterbewegung befruchtenden und erneuernden Politik zu mahnen.

Daß gerade wir deutschen Illegalen jeden Satz, der sich gegen bürokratische Mißstände richtete, wir für unseren speziellen Bedarf geprägt bewerteten, ist leicht zu verstehen. Wir fühlten uns bestärkt in unserem eigenen Streben.

Als Dimitrow die Vorsitzende der Internationalen Roten Hilfe, Stassowa, wegen des von ihr geübten hartherzigen Bürokratismus anklagte, faßten wir seine Anklage und Kritik als Anzeichen dafür auf, daß nun von oben her Ernst gemacht würde mit der Anwendung demokratischer Methoden auch innerhalb der Schicht der leitenden Funktionäre, und wir zogen für uns die Schlußfolgerung, in unseren Wirkungskreisen mit Energie und Hartnäckigkeit um die Durchsetzung der demokratischen Kontrolle und des Rechts ungeschmälerter Kritik zu kämpfen.

Bei der Wahl der Mitglieder des EKKI und der IKK erfuhren wir durch Pieck, der zu der engen Kommission gehört hatte, von der die Vorschlagslisten vorgelegt worden waren, daß die Delegation der russischen Partei für eine bedeutende Verminderung der Zahl der Exekutivmitglieder plädiert und verlangt habe, daß man von der Wahl von Ersatzmitgliedern (Kandidaten des Exekutivkomitees) Abstand nehmen sollte. Schließlich war man aber übereingekommen, auch diesmal Kandidaten zu wählen, weil sonst manche Parteien keine Vertretung im EKKI bekommen hätten. Daß seitens der russischen Delegation weder Knorin noch Pjatnizki wieder vorgeschlagen worden waren, sahen wir als ganz natürlich an, weil wir in beiden die für viele Fehler Verantwortlichen sehen zu müssen glaubten. Bela Kuns Verschwinden aus der Vorschlagsliste bestärkte uns eigentlich noch mehr in der Vorstellung, daß man auch »von oben« die personellen Voraussetzungen für eine tiefgehende Veränderung und für eine Überwindung alter Mißstände und Cliquentreibereien (für die uns Kuns Praxis beispielhaft vorgekommen war) schaffen wollte. Es wurde gesagt, daß Dimitrow diese Veränderungen von Stalin verlangt und erwirkt habe. Verwunderung erregte bei der Mehrzahl der deutschen Delegierten, daß Florin neben Pieck unter den Spitzenvorschlägen stehen sollte. Die meisten verstanden nicht, womit Florin sich dafür verdient gemacht haben sollte, denn er hatte in unserer Partei als Sammelpunkt und Inspirationsquelle für alle die gewirkt, die an der »alten Politik« festzuhalten suchten; in den Auseinandersetzungen innerhalb der Delegation hatte er in allen wesentlichen Fragen Schubert und Schulte gestützt; seine Rede vor dem Plenum des Kongresses war ein Muster für einen Eiertanz gewesen und hatte Anlaß zu polemischen Schlußausführungen Dimitrows gegeben (bei denen allerdings Florins Name nicht genannt worden war). Florin selbst ließ durch seine Anhänger in der deutschen Delegation das Ereignis als einen Beweis des ihm und seinen Leuten dargebrachten Vertrauens und als Anzeichen dafür, daß man sich »drüben« nicht auf e i n e Seite festzulegen wünsche, auslegen. Die Ermunterung dieser Gruppe wurde bald fortgesetzt durch die Mitteilung, daß Florin vorgesehen sei, im neuen Sekretariat des EKKI – das eine aus den Vertretern mehrerer größerer Parteien zusammengesetzte permanente Arbeitskörperschaft werden sollte – als einer der politischen Sekretäre tätig zu sein. Zwar wurde aus Dimitrows erklärenden Schlußworten von uns herausgehört, daß Florin und andere eigentlich mehr mit Rücksicht darauf, ihnen Gelegenheit zum Lernen zu geben, in diese Positionen genommen worden seien, zwar trösteten wir uns damit, daß wir dadurch möglicherweise freiere Hände für die Erledigung unserer eigenen Parteiangelegenheiten bekämen, weil wir nun nicht mehr durch die unmittelbare Teilnahme Florins gehemmt sein würden, doch stimmten uns die Begleitumstände dieser Wahl nachdenklich; um so mehr, als wir in der letzten Sitzung feststellen mußten, daß Ulbricht (den kaum einer unter uns liebte, der aber doch – verglichen mit Florin – eine ganz andere Rolle im Kampf um die »neue Politik« gespielt hatte) neben Dahlem wieder nur Kandidat des EKKI geworden war. Merker (der seit dem Sommer 1934 im Lande Gewerkschaftsarbeit organisiert hatte) hatte die Kommission des Präsidiums nicht auf die Liste gesetzt, obwohl die deutsche Delegation ihn zum Vorschlag gebracht hatte. Wir ließen uns aber damals durch solche Rückschläge nicht entmutigen. In der Resolution über die Organisationsfragen war ein Passus enthalten, der den Parteien ausdrücklich volle Selbständigkeit in allen organisatorischen Fragen gewährte und eine Veränderung der bisher geübten Praxis bedeutete. Wir waren nur zu sehr geneigt, in dieser Neuerung mehr zu sehen, als sie in Wirklichkeit bedeuten konnte; wir glaubten auch, daß die Kommission zur Ausarbeitung eines neuen Statuts praktische Bedeutung bekommen würde. So dachten wir also, daß die Dinge in einer Weise ins Rollen gekommen seien, die zuguterletzt zu einer Neuerung der Arbeiterbewegung führen müßte, woran die zeitweiligen Konzessionen an alte Gewohnheiten und Kräfte nichts mehr zu ändern vermöchten.

Nach dem Abschluß des Kongresses sollte eine Parteitagung der KPD stattfinden, als deren Aufgabe die Diskussion der politischen Tätigkeit der Partei seit der Parteikonferenz vom Oktober 1932 und die Wahl eines neuen Zentralkomitees angesehen wurde.

Die Tagung sollte sich aus den deutschen Kongreßdelegierten, den Mitgliedern des Politbüros und einer Reihe von Delegierten, die gegen Schluß des Kongresses angekommen waren, konstituieren.

Es dauerte viele Wochen, bis Klarheit darüber zu erlangen war, ob und mit welchen Kompetenzen die Tagung stattfinden und ausgerüstet werden sollte. Von den Gegnern einer Neuwahl des Zentralkomitees wurde kein Mittel gescheut, die Tagung unmöglich zu machen. Kippenberger stellte seine Fähigkeiten zur Verfügung, um einige Delegierte in Verdacht zu bringen. Untersuchungen wurden bei der Kaderabteilung der EKKI anhängig gemacht. So wurde mir mitgeteilt, daß die EKKI sich mit einer Eingabe gegen mich und andere Genossen zu befassen habe, durch die wir beschuldigt worden waren, deutsche nationalistische Lieder gesungen zu haben (Kippenberger selbst wollte in einer schlaflosen Nacht das Deutschlandlied gehört haben und hatte angenommen, wir seien die Sänger gewesen). Gegen die Delegierten Franz (einen aus Schlesien stammenden Funktionär, der zuletzt einige Zeit in Hamburg gewesen war) und W. Voigt verbreitete Kippenberger Verdächtigungen, die zu Untersuchungsverfahren führten. Schließlich wurde die Beschlußfähigkeit der geplanten Tagung bestritten, um, wenn sie schon nicht zu verhindern war, aus ihr eine informatorische Konferenz werden zu lassen.

Mit einer Gruppe von Delegierten reiste ich während der Zeit für einige Tage nach der Stadt Gorki, wo wir Gelegenheit bekommen sollten, einige Betriebe anzusehen. Obwohl uns vorher gesagt worden war, daß wir auch politische Gespräche mit Mitgliedern russischer Parteiorganisationen haben würden, entsprach die Reise ungefähr einer von Intourist veranstalteten Vorweisungstour. An Stelle von Berichten, die wir über unsern illegalen Kampf geben wollten, erwartete man von uns Begrüßungsdeklamationen. Angekündigte Zusammenkünfte der Parteimitglieder, beispielsweise der Papierfabrik in Balachna, verwandelten sich unter der ordnenden Hand des Werksdirektors zu Festessen, während deren kein politisches Wort zu sprechen war. Die Besichtigung einer großen Fabrik, zu der wir hatten fahren müssen, wurde uns nach langer Auseinandersetzung mit dem Parteisekretär der Betriebszelle verwehrt; der Sekretär erklärte, er verstünde nicht, was wir durch die »Einheitsfront mit den Menschewisten« zu erreichen hofften und berief sich im Übrigen darauf, daß der Betrieb ein geschlossener Betrieb sei, zu dem er uns nicht Zutritt gewähren dürfte. Die Ausbeute dieser Fahrt waren Eindrücke technischer Art aus den Molotow-Autowerken und aus der genannten Papierfabrik, Einblicke in mißglückte Wohnungsbauten, ein flüchtiger Einblick in die Arbeit einer Schule, einige wohltuende Worte von einfachen Menschen aus der Bevölkerung, mit denen wir kurze Gespräche angeknüpft hatten. Beim Parteisekretär des Gebietskomitees beschwerten wir uns gelegentlich einer uns gewährten abschließenden Audienz über die förmliche Art, in der wir behandelt worden waren.

An der Reise hatten auch einige Genossen, die nicht Delegierte waren, teilgenommen: Kox, der sich kurz in Moskau aufhalten mußte, weil er einer Untersuchung wegen des Hochgehens seiner Wohnung in Saarbrücken unterworfen wurde; Zeidler, Reimann und Pfordt, die als Emigranten in Moskau von der Roten Hilfe betreut wurden. Kox half uns mit seinen russischen Sprachkenntnissen beträchtlich. Die drei anderen versuchten nach der Rückkehr, zusammen mit dem Saar-Delegierten Hermann, Verfahren gegen uns andere anhängig zu machen, weil wir in einigen Begrüßungsreden durch kritische Bemerkungen über die Schwächen unserer eigenen Partei deren Ansehen herabgesetzt hätten. Diese Verfahren führten zwar nicht zu dem von ihnen und ihren Hintermännern gewünschten Resultaten, dienten aber wiederum zur Verzettelung von Zeit und Kraft.

Endlich kam die Parteitagung zustande. Sie wurde später in der Öffentlichkeit als die »Brüsseler Parteikonferenz« bezeichnet; diese Bezeichnung wurde zur Irreführung der Gestapo gewählt. Florin hatte sich schließlich darein gefunden, daß die Tagung ein neues Zentralkomitee wählen würde. Einesteils hoffte er wahrscheinlich noch auf ein Eingreifen des EKKI bei der Auswahl der Mitglieder der neuen Parteileitung, zum Andern wollte er nicht den Eindruck erwecken, als sabotiere er das Wiederingangkommen der Parteiarbeit bis ins Letzte. (In den Wochen vor der Eröffnung der Konferenz, in denen er sich in einem Erholungsheim in Barwicha aufgehalten hatte, wo sich zeitweilig auch Dimitrow und Manuilski befanden, hatte ich ihn einige Male aufgesucht, um ihm vorzustellen, in welche unhaltbare Lage die Partei kommen müßte, wenn es nicht gelänge, ein arbeitsfähiges Zentrum zu bilden. Er war mir gegenüber sehr zurückhaltend und deswegen mit Äußerungen über Schubert und Schulte vorsichtig; als seine Hauptsorge gab er die Befürchtung an, die »Thälmannschen Kader« würden unter Piecks und Ulbrichts Leitung ausgeschaltet werden. Auf Grund meiner verhältnismäßigen Unabhängigkeit von den gegeneinander stehenden Personen war es mir immerhin möglich, mit ihm überhaupt in Argumentation zu kommen, und ich versuchte als Nächstes, ihn zu einem Abrücken von den auch für ihn schon schwer haltbaren Personen Schubert und Schulte zu bringen, um damit überhaupt eine Grundlage zu einer Neukonstituierung der Arbeit zu erreichen. Daß im Hintergrunde auch noch andere überraschende Lösungen erwogen wurden, sah ich beispielsweise daran, daß bei einem meiner Besuche in Barwicha Heinz Neumann bei Manuilski zu Gaste war, um ihn zur Zustimmung für seinen Wiedereintritt in die deutsche Parteiarbeit zu gewinnen. Manuilski, der Neumann immer gewogen gewesen war und ihn wegen seiner intellektuellen Wendigkeit schätzte, zeigte sich nicht abgeneigt, forderte Neumann aber auf, selbst mit den deutschen Genossen zu sprechen. Er riet ihm, nicht zu versuchen, sich als den besten Freund Thälmanns hinstellen zu wollen, denn darüber würden die deutschen Genossen nur dröhnend lachen. Neumann befand sich also in der Reserve. Mir erschien die Möglichkeit seiner Rückkehr in die deutsche Parteileitung als eine der verhängnisvollsten Varianten.)

Die Zusammensetzung der Konferenz ließ viel zu wünschen übrig. Unter den Delegierten waren nur wenige, die ich als bodenständige Funktionäre bezeichnen möchte; damit meine ich Genossen, die in dem Gebiet, in dem sie ihre Parteiarbeit leisten, wirklich verwurzelt sind, sei es durch ihre Herkunft, ihre Berufsarbeit oder ihre Parteientwicklung. Insofern entsprach die Zusammensetzung der Konferenz nicht dem Gesicht der kämpfenden Partei. Aber dieser Mangel war teils eine Folgeerscheinung der Hast, mit der die Auswahl und Wahl der Delegierten vor sich gegangen war, teils war er die unausbleibliche Folge der Organisations- und Kaderpolitik des Politbüros. Günstig war immerhin, daß sich unter den illegalen Parteiarbeitern, die den Hauptanteil der Teilnehmer bildeten, ein erheblicher Teil von Genossen befand, die wirklich und lange Zeit hindurch illegale Parteiarbeit geleistet hatten; und es war eigentlich nur natürlich, daß es sich bei ihnen um Genossen handelte, die vor der Zeit der Nazidiktatur bodenständige Funktionäre gewesen waren. Am schwächsten waren die westdeutschen Gebiete vertreten, nicht zahlenmäßig, aber insofern, als die Delegierten dieser Gebiete Genossen waren, die zeitweilig in Holland stationiert gewesen waren und nur »von oben« her in die Arbeit ihrer Bezirke eingegriffen hatten. Es handelte sich um frühere Leninschüler.

Alles in allem nahmen an der Konferenz etwa 35 Genossen teil, die Genossen mit gerechnet, die nicht als Delegierte gezählt aber hinzugezogen wurden, weil sie entweder als Mitarbeiter an der Ausarbeitung der Berichte und Materialien teilgenommen hatten oder von der Exekutive wieder in die deutsche Parteiarbeit überwiesen worden waren. Einer der Mitarbeiter war Fritz David, der die Hauptarbeit zu Piecks Bericht auch für diese Konferenz geleistet hatte. Ein anderer war Meyer in seiner Eigenschaft als früherer Mitarbeiter und Sekretär Thälmanns beziehungsweise Florins. Dengel nahm ebenfalls als geladener Zuhörer teil, weil er wieder in Verbindung zur deutschen Arbeit kommen sollte. Schwab, Nuding, Heilmann und der deutsche Referent der Kaderabteilung des EKKI, der den Namen Müller führte, nahmen sowohl als Beobachter des Mitteleuropäischen Sekretariats als auch im Hinblick darauf teil, daß Schwab und Nuding nach der Konferenz wieder in die deutsche Arbeit übergehen sollten. Smoljansky folgte der Konferenz regelmäßig. Zeitweilig nahmen Manuilski und Ercoli an ihr teil.

Die aus der illegalen Arbeit der Partei im Lande gekommenen, respektive delegierten, Genossen waren: a) Bertz, Merker, Wahls, Walter Hähnel (von der Jugendleitung im Lande) und ich aus zentraler, beziehungsweise mehrere Bezirke umfassender Leitungs- oder Instrukteurarbeit; b) Ackermann, W. Voigt, Irene Gärtner, ein junger Arbeitersportler mit dem Parteinamen Kurz, eine Näherin mit dem Parteinamen Schneider aus den Berliner Organisationen; c) Franz (ein aus Schlesien stammender Funktionär und späterer Leninschüler), der aus dem Niederrheinbezirk stammende Funktionär Fränkel (mit dem Parteinamen Golz), der frühere Bergarbeiter Knöchel (aus dem Ruhrgebiet stammend) als Vertreter von Hamburger Organisationen; d) Mewis (ein früher in Magdeburg tätig gewesener und 1934 von der Leninschule zurückgekehrter Funktionär), Weber (Parteiname eines aus Oberschlesien stammenden Funktionärs, der von der Leninschule 1934 zur Arbeit nach Westdeutschland gesandt worden war), ein Bergarbeiter aus Mörs, ein Funktionär (D.) aus dem Wuppertal – als Vertreter westdeutscher Organisationen; e) der frühere Chemnitzer Funktionär Gladewitz, ein aus Pockau stammender Genosse mit dem Parteinamen Wittig als Vertreter sächsischer Organisationen; f) ein Arbeitersportfunktionär (mit dem Parteinamen Bader) als Vertreter aus Baden; g) ein Hafenarbeiter aus Danzig; h) der Funktionär Hermann aus dem Saargebiet; i) zeitweilig die Jugendverbandsfunktionäre Friedel Stein und Erich Jungmann.

Kippenbergers Anwesenheit vergaß ich weiter oben zu erwähnen.

Piecks Bericht enthielt zwar kritische Bemerkungen, aber deren Grundton war (ebenso einfach, wie es ungenügend und falsch war), daß Neumann für die Fehler und Fehlschläge verantwortlich gemacht wurde, die die Politik der Partei gekennzeichnet hatten. Die Darstellung der späteren Cliquenkämpfe und ihrer Auswirkungen gab im Pieckschen Bericht ein allzu simples Bild.

Florin sprach über die neuen Aufgaben; er tat es in der für ihn bequemsten Weise, so daß ein Uneingeweihter den Eindruck bekommen mußte, nun brauche weiter nichts gesagt, sondern nur an die Arbeit gegangen zu werden.

Es gelang aber den daran Interessierten nicht, die Diskussion zu einem behaglichen Plätschern einzudämmen. Florin wurde vor Fragen gestellt, die nicht unbeantwortet bleiben konnten. Die Handlungsweise der Politbüromitglieder wurde ohne Umschweife direkt zur Diskussion gestellt. Als Schulte versuchte, an Traditionen und mythischen Begriffen anzuknüpfen und die Diskussion zu einem Leerlauf von Bekenntnissen für diesen oder jenen Namen werden zu lassen, griff ich mit einigen Erklärungen über den wirklichen Sachverhalt ein, durch die ich sowohl meine Unabhängigkeit von den wechselnden Gruppierungen unter Beweis stellen, als auch die Diskussion um die Probleme und Sachfragen wieder in den Mittelpunkt des Interesses rücken konnte. So habe ich klar ausgesprochen, weshalb ich mich mit Ulbricht in einer Reihe von Fragen nicht einverstanden erklären konnte, habe aber gleichzeitig gegen die von Schubert – Schulte angewandte Methode der Verfälschungen Stellung genommen, die darauf hinaus lief, Ulbricht wegen seiner Differenzen mit Schehr zu disqualifizieren und ihm politische Fehler anzuhängen, die in Wahrheit Schehrs, beziehungsweise des EKKIs, Fehler gewesen sind. Kurz: Die sittliche Entrüstung, mit der Florin auf den »ungehörigen Ton« hinwies, verfing nicht; die Diskussion behandelte wirklich einen großen Teil der strittigen Fragen und war in Bezug auf die verantwortlichen Personen unnachsichtlich. Ercoli und Smoljansky versuchten, Wahls zu retten, aber die Rede, die er auf ihr Anraten gehalten hat, war ein so katastrophales Beispiel für das Einführen von Beschwörungs- und Ergebenheitsformeln an Stelle von Meinungsäußerungen, daß sie auf Grund des lauten Protestes der Teilnehmer ihren Schützling bitten mußten, doch auch zu seiner eigenen Arbeit zu sprechen (wozu er nichts zu bemerken habe, war seine Antwort). Durch Wahls hatten Schubert und Schulte (mit wohlwollender Zustimmung Florins im Hintergrunde) einige Funktionäre zu beeinflussen versucht. Mit wechselndem Glück gelang es, Wittig, den Danziger Delegierten und Hermann vom Saargebiet bei einigen Abstimmungen für die Vorschläge dieser Gruppe zu bestimmen. Hermann trat auch mit einer Rede für die Gruppe auf.

Heckerts Eingreifen in die Diskussion gehört zum Sympathischsten, das mir in Erinnerung geblieben ist. Er sprach auch von seinen eigenen Fehlern. Von der Partei und der Arbeiterbewegung überhaupt sprach er in einer Weise, die es uns alle bedauern ließ, daß er die Rede wegen einer Herzattacke vorzeitig abbrechen mußte. Bei ihm leuchtete, unter dem in jahrelanger Funktionärsdiplomatie angesammelten Schutt, noch die Glut des alten Spartakusmannes, der – wenn auch zu spät – auf seinen Ausgangspunkt zurückgreift.

Die ausschlaggebenden Probleme der kommenden Arbeit waren verbunden mit dem Verhältnis zu den Sozialdemokraten und mit der Fähigkeit, Oppositionsströmungen in den Massen der nationalsozialistischen Anhänger, Mitläufer und Irregeführten zu entfesseln oder zu fördern. Zur Sozialdemokratischen Partei wollten wir ein neues Verhältnis schaffen, deshalb wandten wir uns mit solcher Schärfe gegen die Versuche, das alte zu beschönigen oder zu verfälschen. Für die Oppositionsarbeit unter den NSDAP-Orientierten und unter den Massen überhaupt schlug ich vor, weitgehend das wirtschaftliche Sofortprogramm der NSDAP vom Jahre 1932 zu Grunde zu legen, um die Demagogie der NSDAP sich gegen ihre eigene Praxis wenden zu lassen. Dies wurde akzeptiert.

Bevor es zur Wahl des Zentralkomitees kam, traf eine von Heinz Neumann an die Konferenz adressierte umfangreiche Erklärung ein, durch die er um die Wiedereinreihung in die deutsche Parteiarbeit ersuchte. Ich wußte, daß der anwesende Smoljansky bei dieser Erklärung Pate gestanden hatte; es handelte sich offenbar um einen ernstzunehmenden Versuch, Neumann wieder anzubringen. Zusammen mit einigen andern Genossen wandte ich mich gegen die Annahme der Erklärung. Durch eine Abstimmung wurde sie zurückgewiesen, weil diesen Beteuerungen Neumanns kein Vertrauen entgegenzubringen sei.

Durch Pieck ließen schließlich Ercoli und Manuilski unmittelbar vor der Wahl erklären, daß sie es – im Interesse der Wahrung der Kontinuität der Politik der Partei und als Ausdruck für die Verbundenheit der jungen Kader mit den traditionsreichen alten – für zweckmäßig und richtig hielten, Schubert und Schulte wieder in das Zentralkomitee zu wählen. Sie ließen ihre Befürchtung zum Ausdruck bringen, daß die heißen Diskussionen als ein Bruch mit der Vergangenheit der Partei ausgelegt werden könnten, wenn eine solche Demonstration unterbleiben würde. Zur Beschwichtigung ließen sie betonen, daß diese Wahl der beiden ja nicht bedeuten würde, daß sie an der operativen Führung in der nächsten Zeit teilnehmen sollten; aber es wäre auch für die weitere Entwicklung der beiden vorteilhaft, wenn die Konferenz nach diesen Auseinandersetzungen ihnen eine Chance bieten würde. Zumindest sollte die Konferenz, wenn sie nicht beide wählen wollte, Schulte wählen. Gegen diesen Vorschlag wandte ich mich als erster Redner, und ich warf die Frage auf, ob man uns zumuten wolle, Schultes unerhörtes Verhalten gegenüber seinen eigenen Kameraden 1933 als ungeschehen zu betrachten, nachdem man bisher keine Anstalten gemacht hatte, die gegen ihn erhobenen Anschuldigungen zu untersuchen. Die Konferenz beschloß nach meinen Ausführungen, die beiden Vorschläge nicht zu akzeptieren.

Das ZK erhielt folgende Zusammensetzung: Thälmann, Pieck, Florin, Heckert, Ulbricht, Dahlem, Merker, Wehner, Ackermann (die Vorgenannten wurden in der ersten Sitzung zu Mitgliedern, respektive Kandidaten, des neuen Politbüros gewählt); Bertz, Weber, Irene Gärtner, Hähnel, Münzenberg, Mewis, Erasmus (Knöchel), D. aus dem Niederrheinbezirk. Die 3 oder 2 zuletzt genannten Personen wurden zu Kandidaten des ZK gewählt. Die Wahl Münzenbergs war durch Pieck seitens des EKKI gewünscht worden, um Münzenberg, der internationale Aufträge ausführte, mit der deutschen Partei verbunden zu halten und ihm eine gewisse Autorität zu verleihen (wie es hieß).

Eine fünfköpfige Kontrollkommission wurde außerdem gewählt, deren Obliegenheiten in der Revision der Kassen und in der Behandlung von Beschwerden von Genossen bestehen sollten. Ihre Mitglieder waren: Rädel, Koenen, Dengel, Schwab, Nuding.

In den folgenden Zusammenkünften der neuen Leitung wurde beschlossen, ungesäumt an die Reorganisation der Partei auf der Grundlage der von der Konferenz gegebenen Richtlinien zu gehen. Ein großer Teil der bisherigen Parteiorganisationen sollte, weil sie der Gestapo zu viele und bequeme Angriffsflächen boten, umgebaut werden, und die neuen Organisationen sollten vor allem in den nationalsozialistischen Massenorganisationen eingebaut werden, – sowohl aus konspirativen als aus Gründen der politischen Zweckmäßigkeit. Die Organisationen des Kippenberger-Apparats sollten aufgelöst werden; ein neuer Apparat sollte nicht errichtet werden. Nur die Abwehr, das heißt der Schutz gegen die Gestapo, sollte noch speziell organisiert werden, sollte aber – mit entsprechenden Vorsichtsmaßregeln – in enger Verbindung zu den allgemeinen Parteiorganisationen stehen, denen diese Abwehrstellen ja eben helfen und dienen sollten. Deshalb sollte die bisherige Unabhängigkeit der Leiter des Kippenbergsapparats von den örtlichen Parteileitungen beim Aufbau der Abwehrstellen nicht zum Muster genommen werden. In einem speziellen Beschluß wurde jede sogenannte Apparattätigkeit innerhalb der sozialdemokratischen Organisationen (die auch unter Kippenberger bestanden hatte) als unvereinbar mit den Beschlüssen der Partei bezeichnet. Wer sie trotzdem betreibe, solle aus der Partei ausgeschlossen werden. Ulbricht berichtete, daß er von Trilisser, einem der neugewählten Sekretäre des EKKI speziell beauftragt worden sei, dafür zu sorgen, daß niemand aus dem Mitarbeiterstab des Kippenbergerapparates zu anderer Parteiarbeit verwendet würde, so lange keine Genehmigung des EKKI für die betreffende Person vorliege. (Sicherheitsmaßnahme wegen der behaupteten Durchsetzung dieses Apparats mit gegnerischen Agenten.)

1936 Im Kampf mit Windmühlen

Meine erste Aufgabe bestand in der Information der von Dänemark aus die Arbeit im Lande unterstützenden Genossen über die Beschlüsse der Parteikonferenz. Der Leiter, Hans Adam, erklärte, seit etwa 1 Jahr keine politische Information und Unterstützung erhalten zu haben. Zuletzt sei Schulte dort gewesen, habe zahlreiche Versprechungen gegeben, und nachher sei alles beim Alten geblieben. Die Arbeit lag also darnieder, und die Genossen hatten überreiche Sorgen in jeder Hinsicht. Daß Leute, wie Schubert und Schulte, nicht mehr in der Parteileitung kommandieren könnten, erschien ihnen nahezu unglaublich (Adam hatte in seinem Heimatbezirk schon früher genug unter Schultes Herrschermanieren zu leiden gehabt). Darüber, daß die neuen Beschlüsse auch ihnen eine große Erleichterung bedeuteten, ließen sie keinen Zweifel. Aber praktisch war von dort aus noch wenig zu tun. Dazu fehlten viele Voraussetzungen. Als ich ihnen mitteilte, daß die neue Parteileitung beschlossen habe, eine Reihe früher vorgenommener Ausschlüsse und Maßregelungen rückgängig zu machen, um auch in dieser Beziehung gesündere Verhältnisse zu schaffen, waren sie prinzipiell damit einverstanden; als es sich aber darum handelte, zwei dort akute Fälle, die Wiederherstellung der Parteimitgliederrechte der dort in der

Emigration lebenden früheren Hamburger Funktionäre Jallasch und Tack, zu bereinigen, hielten sie das für fehlerhaft und beinahe unmöglich. So wenig daran zu rütteln war, daß die beiden ohne zureichende Gründe ausgeschlossen worden waren, so sehr hatten sich die Beteiligten seitdem verfeindet. Dort, wie an so vielen andern Stellen, erwies es sich, daß Genossen, die wegen politischer Differenzen kaltgestellt oder ausgeschlossen worden waren, nach alter Weise mit allen denkbaren provokatorischen Vorkommnissen oder kriminellen Handlungen in Verbindung gebracht wurden, sei es, um die Notwendigkeit ihrer Bekämpfung drastischer begründen zu können, sei es, weil die Akteure selbst vom Parteikampf die Auffassung hatten, daß der politische Gegner diffamiert werden müsse. Jede Verteidigung oder Gegenwehr der Angegriffenen wurde automatisch zu einem neuen »Verbrechen«, das wiederum nachträglich die »Richtigkeit« der Maßnahmen beweisen zu helfen hatte. Es war nicht möglich, in der kurzen Zeit, die mir dort zur Verfügung stand, die Sache selbst bis zu Ende zu klären; Merker, der bald zu einem längeren Aufenthalt kommen sollte, mußte sie weiterführen.

Der Zustand der westdeutschen Parteiorganisationen, deren Information und Reorganisation ich dann einzuleiten hatte, war erschreckend. Am schlimmsten hatten die einst starken Organisationen im Wuppertal gelitten. Dort hatte die Gestapo mit Hilfe großer Mengen von Agitationsliteratur, die sie hatte beschlagnahmen können, Lockspitzel ausgerüstet, Organisationen aufgebaut und massenhafte Verhaftungen durchgeführt. Offenbar waren die Genossen nach den Erfolgen, die sie mit örtlichen Gewerkschaftsgründungen und betrieblichen Bewegungen gehabt hatten, zu weit gegangen in ihrem Bestreben, rasch Erfolge zu erzielen. Das ungesunde organisatorische System mit Instrukteuren und Leitungen jenseits der Grenze hat dazu beigetragen, dieses Mißverhältnis zwischen den wirklich vorhandenen Kräften und Möglichkeiten und den gesteckten Aufgaben zu Katastrophen zu treiben.

In einigen Teilen des Ruhrgebiets waren die Verhältnisse nicht so katastrophal, wie im Wuppertal und im Solinger und Remscheider Gebiet. Aber weder in den Gruben noch in den Hüttenwerken existierten Organisationen, die politisch arbeitsfähig gewesen wären. Die Verbindungen der Leitung liefen zu Wohngebietsorganisationen, die versuchten, die Betriebsbelegschaften zu bearbeiten. Dabei existierten Genossen, die gute Betriebskenntnisse und Anknüpfungsmöglichkeiten besaßen, beispielsweise ein früherer Betriebsrat eines Kruppwerkes. Aber die auf kampagnenhafte Art organisierte Tätigkeit der ausländischen Zentren hatte eine auf lange Sicht betriebene, ruhige und nicht von sich reden machende Organisierung und Unterstützung der Arbeit in den wesentlichen Betrieben nicht zugelassen. Eine der Folgen war, daß es der Gestapo im Ruhrgebiet gelungen war, Einfluß auf eine gebietliche Leitung zu bekommen, indem sie einen unter ihrer Kontrolle stehenden früheren Parteifunktionär die Rolle eines Genossen spielen ließ, der die Interessen der Genossen im Lande gegen die überspitzten und oft unvernünftigen Anforderungen der im Ausland agierenden Leitungen und ihrer Instrukteure zu vertreten vorgab.

Köln und das umliegende mittelrheinische Gebiet waren in organisatorischer Beziehung Trümmerhaufen.

Das Erbe der Creutzburgschen »Grenzstellen«-Arbeit war noch lange nicht überwunden. An den Grenzen (auf beiden Seiten) lagen Stapel unverbrauchter Agitationsschriften, die früher oder später in die Hände der Polizei fallen konnten oder mußten, um dann vielleicht auf die gleiche Weise ausgenützt zu werden, wie es im Wuppertal geschehen war. Doch noch schlimmer erschienen mir die Folgen und Auswüchse des Instrukteurunwesens, ich meine damit die Verführung der Genossen zur Erstattung gefärbter Berichte, zum Selbstbetrug, die allmähliche und unaufhaltsame Demoralisierung der bodenständigen Organisationen.

Neben diesen Trümmern der Parteiorganisationen lebten die Instrukteure und Berichterstatter des Kippenberger-Apparats ihr Eigenleben. Es war, als hätten beide nichts miteinander zu tun gehabt. Sechs mit Papieren und Geldmitteln wohlversehene Bezirksinstrukteure dieses Apparats waren allein in diesem Gebiet Westdeutschlands tätig.

Viktor, der damals die Arbeit des Kippenberger-Apparats in diesem Abschnitt leitete, war einer der fähigsten Organisatoren, die ich kennen gelernt habe. Er schaffte und unterhielt Verbindungen in einem Ausmaße, wie ich es vorher oder nachher von keinem andern erreicht gefunden habe. Als blutjunger Mensch war er auf diesem Arbeitsgebiet zum Spezialisten ausgebildet worden; der Kippenberger-Apparat hatte ihn eingespannt, als er – der im Berliner Jugendverband zu den äußersten »Linken« gehört hatte – vom Ausschluß aus der Organisation bedroht gewesen war. Seine ganze jugendliche Spannkraft, seinen enormen Drang zu revolutionärer Aktivität, seine außergewöhnliche Auffassungsgabe für politische Nuancen stellte er in den Dienst dieser Arbeit, in der er aufging. Es war offenbar sein Ehrgeiz, zu beweisen, daß er, den man wegen seiner politischen Auffassungen hatte ausschließen wollen, mehr zu leisten vermochte, als die berufenen »Politiker«, deren schwache Seiten er in seiner neuen Arbeit besser als andere zu sehen bekam. Er verachtete Schubert, Schulte und so manchen andern tief, als diese Leute noch eine große Rolle spielen durften. Die Alternative, die er für sich selbst zur parasitären Rolle dieser verkommenen Prahlhänse gewählt hatte, war die Rolle eines Menschen, der öffentlich nie genannt wurde, der aber durch die von ihm organisierten und unterhaltenen Verbindungen das befriedigende Gefühl gewann, derjenige zu sein, der »eigentlich« alles vermochte. Viktor wollte der Partei dienen, und er meinte offenbar, daß er es auf seine Weise am besten tue. Er glaubte nicht an die Fähigkeiten der »Politiker«, die im Vordergrund standen. Letzten Endes war er in seinen Ansichten über die offizielle Partei im Tiefsten ein vollständig desillusionierter Mensch, der auf allen Seiten Sumpf sah und keinen andern Ausweg wußte als den, sich durch Spitzenleistungen auf seinem Spezialgebiet über die triste Wirklichkeit zu erheben. Aber mit welcher Perspektive? Er glaubte, in seinem »Apparat« kristallisiere sich die Elite der Revolutionäre heraus, die in der dafür gegebenen Situation als Kern einer Art von Militärorganisation wirken werde, genauer betrachtet: als »die eigentliche Partei«. Er wollte diese in seiner Vorstellung lebenden Entwicklungsmöglichkeiten nicht aufgeben; deshalb wehrte er sich gegen die wiederholten Versuche, ihn in den Dienst spezieller russischer Apparate zu übernehmen. Von diesen Apparaten wußte er wahrscheinlich mehr als andere; ihm graute vor dem Dasein eines vollständig entwurzelten Agenten. Nicht zuletzt meinte er, mit einer Art von Berufsstolz die Apparatpraxis der andern über die Schulter ansehen zu dürfen.

Den Beschluß zur Auflösung des Kippenberger-Apparates nahm Viktor als etwas Unabänderliches entgegen. Er versuchte nicht, seiner Verwirklichung Schwierigkeiten in den Weg zu stellen. Im Gegensatz zu einem seiner Mitarbeiter (Paul Weber) versuchte er nicht, sich der Verantwortung zu entziehen. (Paul Weber hatte, als ich mit ihm über die Notwendigkeit der Aufklärung einiger Momente aus seiner Hamburger Tätigkeit gesprochen hatte, wobei es sich in erster Linie darum gehandelt hatte, zu untersuchen, wie es möglich gewesen war, daß eine Parteifunktionärin Else Fenske, deren Rolle im Zusammenhang mit einigen Verhaftungen hatte geprüft werden sollen, von ihm einfach als Mitarbeiterin engagiert und der Untersuchung entzogen worden war, das Weite gesucht und war lange Zeit unauffindbar.) Viktor übergab mir die Verbindungen, die ich gefordert hatte; er machte mich sogar darauf aufmerksam, daß Birkenhauer sich von Paris aus – wo er als Sekretär des Münzenberg unterstellten Thälmann-Komitees tätig war – besondere Vertrauensleute in Holland und in der Schweiz geschaffen hatte, die nur äußerlich mit dem Komitee zu tun hatten, in Wirklichkeit aber Verbindungsleute für eine innerparteiliche Wirksamkeit im Sinne der Gruppe um Schubert und Schulte waren. Durch seine Vermittlung kam ich in Kontakt zu deutschen Sozialdemokraten in Holland, von denen einige zum Kreis der illegalen sozialdemokratischen Organisation »Roter Stoßtrupp« gehörten, die schon 1933 in Berlin gebildet worden und wirksam gewesen war.

Vor seiner Abreise nach Prag – wo er Pieck und Ulbricht treffen und Anweisungen für seine Weiterreise entgegen nehmen sollte – sagte Viktor, er müsse mir eine Mitteilung machen, über die er bisher mit keinem gesprochen habe: Er habe im Auftrag Kippenbergers Verbindungen zu den englischen und französischen Generalstäben unterhalten. Kippenberger habe, in seiner Eigenschaft als Vertrauensmann Thälmanns, über derartige Verbindungen direkt mit Thälmann und – nach dessen Wegfall – mit Schehr gesprochen; andere Mitglieder der Parteileitung seien darüber nicht informiert worden. Ob Kippenberger seit Schehrs Wegfall über diese Verbindungen ein anderes Mitglied des Politbüros informiert habe, wisse er nicht. Er begehrte nun, von mir zu hören, ob er über diese Verbindungen sprechen solle, oder ob er sie einfach abbrechen und darüber schweigen solle. Mir war – ebenso wie ihm – klar, daß diese Angelegenheit seine persönliche Lage wesentlich erschweren würde. Aber hier mußte eine Entscheidung getroffen werden, die nichts Unklares oder gar Unsauberes verdecken durfte. Deshalb sagte ich, er müsse über diese Verbindungen zu Pieck sprechen, gleichgültig, ob er bei Pieck auf Verständnis für seine Haltung rechnen zu können meine oder nicht. Er müsse auch der Komintern gegenüber klar sagen, wie es mit diesen Verbindungen gewesen sei. Als ich mich von Viktor trennte, hatte ich den Eindruck, von einem Menschen Abschied zu nehmen, der für sich selbst nichts mehr erhoffte oder erwartete. Wir waren in den Jahren seit Ende 1932 oft zusammengekommen und hatten mancherlei gemeinsam zu tun gehabt. Unsere Ansichten standen mitunter hart gegeneinander und von seiner Grundauffassung trennte mich fast alles. Aber ich hatte den Menschen als persönlich anständig und als ehrlichen, hilfsbereiten Kameraden kennen gelernt, der sich überdies durch großen persönlichen Mut auszeichnete. Ich wußte, daß er und seine Frau (eine Tochter des Generals von Hammerstein-Ecquord, die ich ebenfalls kennen gelernt, und die uns in Berlin manchmal und zuverlässig geholfen hatte), die sich in Deutschland beim Studium befand, schwer unter der Ungewißheit leiden mußten, der er entgegen ging. – Warum so viel Aufhebens um ein Einzelschicksal, – würde mancher ungeduldig einschalten. Ich gestehe, daß ich mich immer für den einzelnen, konkreten Menschen interessiert habe, daß mich in diesem Fall der Widerspruch zwischen dem Verstehen eines konkreten Menschen und der Notwendigkeit einer politisch-organisatorischen Veränderung, die ihn hart treffen mußte, erschütterte, und daß ich mich fragte, ob nichts getan werden könnte, damit die Bewegung begabte und fähige Menschen nicht länger in solche Stellungen drängen könnte. – An Pieck schrieb ich über Viktors korrektes Verhalten bei der Abwicklung und Übergabe. Lotte, die sich damals noch in Moskau befand, bat ich in einer Mitteilung, Viktor persönlich zu helfen, falls er nach dort kommen und Hilfe nötig haben würde.

Der Einblick, den ich in die westdeutschen Organisationen gewonnen hatte, lehrte mich, daß es notwendig sei, die Reorganisation mit größter Behutsamkeit, unter Vermeidung aller terminmäßigen Aufgabenstellung, ohne Kampagnenraserei durchzuführen, daß man Geduld haben und im Verhalten zu den Genossen auch beweisen müsse. Die Voraussetzungen für eine solche Arbeit auf längere Sicht versuchte ich auch bei den Genossen, die zeitweilig in Holland stationiert waren, zu schaffen. Deswegen wandte ich mich entschieden gegen die Methode des Kommandierens und Antreibens, die bei einigen augenfällig war. Ich bestand beispielsweise darauf, daß der Jugendverbandsfunktionär Paul Verner (ein mir schon seit Jahren aus Chemnitz bekannter Funktionär, dessen Hauptsorge leider in der Erkletterung sichtbarer Kommandoposten bestanden hatte) von dort weg und zu einem einfachen Leben als Emigrant geschickt wurde, nachdem ich Zeuge gewesen war, in welcher Weise er mit den Jugendgenossen aus dem Lande herum kommandierte. Mir war auch daran gelegen, daß Beziehungen, die zu Sozialdemokraten im Lande und in der Emigration angeknüpft wurden, nicht einfach zu Reklamezwecken ausgenutzt würden. Es bestand ja die Tendenz, in kurzer Zeit zu »sichtbaren« Resultaten zu kommen, d. h. etwas über Erfolge veröffentlichen zu können. Meine eigenen Beziehungen, sowohl zu dem früheren »Vorwärts«-Redakteur Kuttner, als auch zu dem Organisator illegaler Gruppen im Lande – Mozart –, suchte ich vor allem zu einem Meinungsaustausch und zu einer allmählichen Annäherung sich entwickeln zu lassen. In dieser Weise versuchte ich auch mit Erasmus die Zusammenarbeit mit dem früheren Angestellten beim Hauptvorstand des Bergbauindustriearbeiterverbandes, Vogt, sich normal entwickeln zu lassen und alle Sprunghaftigkeit und Fassadenbauerei zu vermeiden. Nachdem ich Fühlung mit den in Belgien und Luxemburg stationierten Genossen bekommen hatte, versuchte ich, die gleichen Gesichtspunkte auch im Verhältnis zu dem alten Imbusch, einem führenden Mann der christlichen Gewerkschaftsbewegung, zur Geltung zu bringen. Übrigens hatten wir vom Niederrhein aus Verbindungen zu kleineren Gruppen aktivistischer katholischer Jugendlicher angebahnt und damit wieder dort angeknüpft, wo seiner Zeit der Jugendgenosse Ewald Kaiser aus dem Ruhrgebiet durch die Verhaftung und den folgenden Prozeß, in dem katholische Jugendfunktionäre und kommunistische Jugendverbandsfunktionäre verurteilt worden waren, unterbrochen worden war. Diese Verbindungen führten uns in die Nähe eines in Holland gedruckten und auch illegal im Lande vertriebenen katholischen Organs »Der deutsche Weg«, hinter dessen Redaktion der Jesuitenpater Muckermann stand. Diese Gruppe war scharf antikommunistisch, aber sie versuchte, aktiv gegen den Nazismus zu wirken. Zusammen mit Erich Jungmann habe ich gelegentlich Aussprachen mit Mitarbeitern dieser Zeitung gehabt, bei denen wir Erfahrungen ausgetauscht und um die Möglichkeiten gegenseitiger Hilfe im antinazistischen Kampf diskutiert haben. Es wäre keine vernünftige Idee gewesen, auf diese Gruppe im Sinne des Abschlusses einer Art von Vertrag oder der Unterzeichnung eines gemeinsamen Aufrufs einwirken zu wollen. (Leider hielt man in der Partei solche äußerlichen Dokumentationen für das geradezu Entscheidende.) Aber Kontakt zu halten, sich nicht gegenseitig kommandieren, hineinreden oder betrügen zu wollen, sondern gute Kameradschaft im Kampf gegen den gemeinsamen Feind zu halten, die allmählich fester und tiefer werden konnte, – das hielt ich für notwendig; und ich meinte auch, dies entspräche dem Geist der von Dimitrow entwickelten politischen Linie (ohne den Buchstaben allzu wichtig zu nehmen).

In diesem Sinne versuchte ich auch, auf die Versuche einzuwirken, die in Paris mit dem sogenannten Lutetia-Kreis gemacht wurden. Eine Anzahl in der Emigration lebender Schriftsteller, Künstler, Politiker hatte sich dort zusammengefunden, um über Annäherungsmöglichkeiten zu diskutieren. Münzenberg hielt im Grunde genommen diesen ziemlich heterogenen Kreis zusammen; einige der Beteiligten waren ihm in seiner Eigenschaft als Verwalter von Komiteekassen und Herausgeber oder Finanzier von Schriften nahe verbunden und mehr oder weniger verpflichtet (so Heinrich Mann). Münzenberg, als Propagandamann, wollte eine nach außen wirksame und wirkungsvolle Gesellschaft zustande bringen, in deren Rahmen die Vertreter der Arbeiterparteien und -Gruppen, die sich auf illegale Organisationen im Lande stützen konnten, die Rolle von Materiallieferanten für Aufrufe, Denkschriften und glänzende Reden zu spielen gehabt hätten. Ulbrichts Intentionen waren etwas anderer Art. Er wollte durch diesen Kreis ein Zentrum bilden, das Einfluß auf bürgerliche Oppositionsströmungen im Lande selbst gewinnen und zum Willensausdruck solcher Strömungen werden sollte. Er glaubte, besonders im Herausgeber des »Das Neue Tagebuch«, Schwarzschild, einen einflußreichen Exponenten sogenannter antihitlerischer Strömungen in Deutschland sehen zu müssen (z. B. des Stahlhelm-Führers Düsterberg). Ulbricht wähnte, der Lutetia-Kreis müsse den Prager Parteivorstand der SPD dazu bewegen können (sei es indirekt oder direkt), sich zu einem Abkommen mit der KPD-Leitung bereitzufinden.

Es erwies sich bald, daß weder Münzenbergs Geschmeidigkeit und geschäftstüchtige Gastfreundschaft, noch Ulbrichts Exerzierreglement aus dem lockeren Kreis mehr oder weniger bedeutender Persönlichkeiten eine Art von »Gegenregierung« (wie sie Münzenberg vorgeschwebt hat) oder »überparteilichen« ausführenden Organs für die kommunistische Parteileitung (wie es Ulbricht haben wollte) formen konnten. Erreichbar waren: Enge Fühlungnahme, sachlicher Meinungsaustausch, Anbahnung gegenseitiger Hilfe der im Kreis vertretenen Arbeiterorganisationen. Auf das Zustandekommen dieses Erreichbaren versuchte ich hinzuwirken.

Angesichts der Schwierigkeiten, die durch die innere Haltung mancher Parteifunktionäre, die im Ausland stationiert waren, zu einer neuen Politik im Sinne der Beschlüsse der Parteikonferenz entstanden, waren die Versuche zu einer Annäherung an andere politische Richtungen von vornherein starken Hemmungen unterworfen. Als ich beispielsweise dem früheren Reichstagsabgeordneten Sepp Miller und dem ehemaligen Bezirkssekretär Hermann Mattern, die die Leitung der Rote Hilfe-Organisation in Händen hatten, die Beschlüsse der Konferenz dargelegt hatte, meinte Miller in ihnen einfach eine Rechtfertigung für seine alte Praxis erblicken zu können, während Mattern sich, mehr als skeptisch, in Schweigen hüllte, weil er diese Beschlüsse mit seinen traditionellen Parteivorstellungen nicht in Einklang bringen konnte. Beide haben dann auf ihre Art weitergewurschtelt, bis sie durch Daub ersetzt wurden, der sich wenigstens Mühe gab, neue Formen der proletarischen Solidaritätsorganisation entwickeln zu helfen. – Oder nehmen wir Philipp Dengel, der von Moskau nach Paris gekommen war, um vorerst in Münzenbergs Komitee-Bewegung tätig zu sein und später in die Redaktion der »Deutsche Volkszeitung« einzutreten. In einer Unterhaltung mit Breitscheid und andern Sozialdemokraten, an der Münzenberg, Dengel und ich teilnahmen, und in der ich versucht hatte, unsere Beschlüsse zu erklären, antwortete zunächst Münzenberg auf eine entsprechende Frage Breitscheids, daß die frühere Politik der Partei falsch gewesen sei; Dengel dagegen dozierte, daß die Partei nach wie vor auf dem Standpunkt der Diktatur des Proletariats stehe, ein Sowjetdeutschland anstrebe, aber zur Zeit – auf Grund der gegebenen Verhältnisse – bereit sei, mit Sozialdemokraten zusammen zu gehen, wenn diese eine Reihe von Bedingungen erfüllten. Weder die opportunistische Grundsatzlosigkeit Münzenbergs, noch die Dengelsche Prinzipienfestigkeit konnten Breitscheid oder andere davon überzeugen, daß wir ehrlich um neue Wege der Arbeiterbewegung ringen wollten.

Es wurde auch rasch genug bewiesen, daß die Auswirkungen der Parteikonferenz selbst innerhalb der neuen Parteileitung nur von kurzer Dauer und geringer Reichweite waren.

Durch die Presse erfuhr ich, daß Ulbricht und Dahlem versucht hatten, mit Vertretern des Prager Parteivorstandes der SPD zu unterhandeln. Als diese nicht auf ein ihnen vorgeschlagenes Abkommen eingegangen waren, hatten Ulbricht und Dahlem ein »Protokoll« der Unterredung veröffentlichen lassen, das nun als Anklagedokument gegen die Einheitsfrontfeindlichkeit der SPD-Leitung benützt wurde. In einem Brief wandte ich mich gegen diese Wiederaufnahme alter taktischer Manöver und fragte, mit welchem Recht ein solcher Schritt ohne vorherige Information und Zustimmung der Mitglieder der Leitung unternommen worden sei. Wieder waren Beschlüsse zum Ankurbeln einer Kampagne, nicht aber zu einer tiefgehenden Änderung in der Gesamtarbeit angewandt worden. Das stritt gegen den Sinn dieser Beschlüsse.

Wegen Verabredungen, die ich mit Genossen westdeutscher und saarländischer Parteiorganisationen getroffen hatte, und auf Grund technischer Schwierigkeiten (Papiere), konnte ich damals nicht sofort nach Prag reisen, um mich über diesen Bruch der Beschlüsse mit den Mitgliedern der Leitung auseinanderzusetzen. Nach der Erledigung meiner Obliegenheiten (vor allem wollte ich die Grundlagen einer zwischen kommunistischen und sozialdemokratischen Bergarbeiterfunktionären zu schaffenden »Arbeitsgemeinschaft freigewerkschaftlicher Bergarbeiter« sicherstellen helfen) begab ich mich nach Prag.

Zum dritten Mal versagte die Prager Anlaufstelle, und ich wußte nicht, wo ich die Nacht zubringen sollte. Glücklicher- und überraschenderweise traf ich auf der Straße Werner Peuke, der – wie es sich herausstellte – kurz vorher von Berlin gekommen war. Nach kurzem Überlegen und Beraten mit seiner Beschützerin, die sich als Ilse vorstellte, bot er mir an, sein Nachtquartier zu teilen, und wir bekamen so Gelegenheit, ausführlich über die Erlebnisse der vergangenen Jahre zu sprechen. Peuke erklärte mir, daß er seiner Zeit auf keinen Versuch, ihn zur illegalen Parteiarbeit heranzuziehen, eingegangen sei, weil er erkannt hätte, daß dies früher oder später zur Verhaftung geführt hätte. Er habe sich deshalb auf dem Lande verborgen gehalten, bis er mit einigen seiner alten Freunde (Gigelka, Heinrich Neumann und andern) die Zeit für neue Arbeit für gekommen gehalten habe. Sie begannen mit der Bildung von Betriebsgruppen in Versicherungs- und Bankenbetrieben des Berliner Zentrums und Südostens und schufen sich allmählich ein Netz von gewerkschaftlich organisierten Gruppen in andern Teilen Berlins. Von Berlin aus sei es ihnen gelungen, Verbindungen nach Westdeutschland anzuknüpfen. In Berlin selbst hätten sie durch alte Gewerkschafter und sozialdemokratische Mitglieder Fühlung zu einer sozialdemokratischen Gruppe »Neu Beginnen« erhalten, hätten sich allmählich zur Leitung dieser Gruppe durchgearbeitet und seien nun – darüber habe er gerade in jenen Tagen mit Wels konferiert – eine vom Prager Parteivorstand anerkannte Leitung. Seine Absicht war, Edo Fimmen und die Sekretäre anderer Berufsinternationalen aufzusuchen, um ihnen Bericht zu erstatten und von ihnen Unterstützung für die Arbeit im Lande zu erhalten. Theoretisch entwickelte Peuke: Nach dem Verschwinden der revolutionären Situation in Deutschland war es ein Fehler, die KPD aufrecht zu erhalten. Die konsequenten Marxisten hätten erkennen müssen, daß sie nur als kleine, klare Minderheit in einer breiten Massenpartei arbeiten können, so bald keine unmittelbar revolutionäre Situation gegeben sei. Am besten geeignet sei eine breite Arbeiterpartei, etwa vom Typ der englischen Labourparty. In Deutschland hätte man versuchen müssen, die USPD zu einer solchen Sammelpartei auszugestalten. – Die KPD könne letzten Endes nichts anderes tun, als sich nach den jeweiligen Erfordernissen der russischen Außenpolitik zu richten. Das aber sei ein unsicheres Fundament für eine marxistische Politik im eigenen Lande. Peuke meinte, ich würde bald einsehen müssen, daß die vom VII. Kongreß verkündete Politik, eben weil sie lediglich von den Bedürfnissen der russischen Außenpolitik getragen sei, nicht von langer Dauer sein werde. Ulbricht, »der alte Verlader«, würde zu gegebener Zeit auch uns wieder »verladen«. Ich solle mit ihm (Peuke) ein festes Übereinkommen treffen, dessen Inhalt die Abstimmung unserer Handlungen aufeinander sein sollte, das heißt, wir sollten an verschiedenen Stellen für ein gemeinsames Ziel wirken.

Viele der von Peuke dargelegten Gedanken ließen sich zurück verfolgen bis in die Zeit unserer Gespräche in den Jahren 1931/32. Manche der von ihm berichteten Einzelheiten aus seiner Tätigkeit im Land hatte ich dort selbst beobachtend mit erlebt, respektive hatte über sie durch Heinrich Neumann erfahren. Neu war mir Peukes Alliance mit den Gedanken der Gruppe »Neu Beginnen« und mit der Gruppe selbst. Seine über Ulbricht geäußerte Meinung war das Resultat vieler Erfahrungen, die er in Berlin mit diesem gehabt hat. Ich schätzte Peukes intensives Arbeitsvermögen (obwohl es mir oft zu berlinisch geschäftig erschienen war), ich schätzte ihn auch besonders wegen seiner Kühnheit im Aussprechen persönlicher Gedanken und wegen seines Witzes (er hatte während einer stürmischen Parteiauseinandersetzung in Berlin den Einfall gehabt, einen Resolutionsentwurf einzureichen, der ausschließlich aus Sätzen und Abschnitten von Resolutionen des ZK und des EKKI zusammengesetzt war, und den Ulbricht und sein Mitsekretär Paul Langner wütend bekämpft und als parteifeindlich gebrandmarkt hatten, bevor Peuke schmunzelnd erklären konnte, aus welchen Ingredienzen er das Werkchen zusammengebraut hatte). Aber Peukes ausgesprochene Draufgängernatur ging oft mit seinen eigenen Erkenntnissen durch; er bedurfte wirbelnder Bewegung um sich, wie der Fisch des Wassers bedarf. Bei aller Übereinstimmung mit vielen der von Peuke dargelegten Gedanken und bei aller Schätzung seiner persönlich guten Absichten, befürchtete ich doch, daß er dabei sei, sich an neue Illusionen zu hängen, von denen er über kurz oder lang enttäuscht sich abwenden würde. Diese Auffassung wurde besonders durch Andeutungen über Gegensätze innerhalb der Leitung von »Neu Beginnen« und über seine eigene Rolle darin genährt. Ohne irgendwie den Versuch zu unternehmen, ihn in seinen aktuellen Vorhaben zu stören, versuchte ich, ihn dafür zu gewinnen, mit mir Fühlung zu halten, ohne die Formalität eines »Abkommens«. Er war aber damals viel zu sehr »in Fahrt«, um sich besonders für ein so zwangloses Verhältnis interessieren zu können. Zwar sah ich ihn zwei oder drei Tage später nochmals kurz, doch hatte er inzwischen Verbindung zu Merker (über dessen Wiedereintritt in die deutsche Parteileitung ich ihm erzählt hatte) bekommen, mit dem er Verabredungen getroffen hat, die mir unbekannt geblieben sind. Er traf auch Ulbricht in Prag. Später erzählte mir Merker, der Verbindung zu »Ilse« aufrechterhielt, daß Peuke nach seiner Rückkehr von den Besuchen bei den Berufssekretariaten wieder ins Land gefahren und dort schon nach wenigen Tagen von der Gestapo verhaftet worden sei. Es wurde davon geflüstert, daß die Verhaftung mit Gegensätzen innerhalb seiner Gruppe zusammenhänge, aber auch, daß irgendeine Mißhelligkeit mit seiner ehemaligen Frau (die ich als ruhige und ehrenwerte Genossin kennen gelernt hatte) zur Verhaftung beigetragen habe. Doch das waren, wie gesagt, Munkeleien. Weder Merker noch Ulbricht haben mir damals oder später über den Inhalt ihrer Gespräche mit Peuke mehr, als einige allgemeine Bemerkungen, erzählt. Daraus zog ich den Schluß, daß zumindest Merker von seinen Abmachungen mit Peuke befriedigt sein mußte und daß er wahrscheinlich Ulbricht zu der Auffassung gebracht hatte, die Zusammenarbeit mit Peuke sei zufriedenstellend geordnet. Wenn es Peuke Ernst gewesen ist mit seinen mir vorgetragenen Gedanken, mußte die eine Seite die andere als die »hineingelegte« oder (um mit Peuke zu sprechen) »verladene« betrachten. Gerade diese Art von »Einheitsfront« und »Zusammenarbeit« wollte ich nicht mitmachen.

In der Parteileitung herrschten Nervosität und Gereiztheit. Die überhasteten Versuche, zu einer Abmachung mit dem Parteivorstand der SPD zu gelangen, waren inzwischen von Bestrebungen zur Unterminierung von dessen Autorität abgelöst worden. (Auf meinen Einspruch gegen die Art und Weise, in der das sogenannte Protokoll veröffentlicht und die Möglichkeiten zu einer ruhigen aber zielbewußten Annäherung verbaut worden waren, wurde mir der Vorwurf gemacht, ich sei durch meine eigene Schuld nicht zu den Beratungen darüber »zurecht« gekommen. Die prinzipielle Seite sowohl bezüglich des Verhaltens zu den Sozialdemokraten als auch bezüglich der Zusammenarbeit in der Parteileitung wurde als ganz untergeordnet betrachtet.) Ulbricht suchte, mit Hilfe einiger – ich möchte sagen – nachgemachter Sozialdemokraten die ehemals zusammenarbeitsgewillten sozialdemokratischen und SAP-Gruppen im Zeitz-Weißenfelser Gebiet zu aktivieren und zum Druck gegen den Parteivorstand auszunützen. Seydewitz spielte dabei die Rolle eines nicht in den Vordergrund tretenden Mittelsmanns. Durch Bruno Goldhammer, mit dem ich in Prag wieder zusammengetroffen war, und dem ich natürlich über die Parteikonferenz erzählt hatte, kam es dabei zu einem Konflikt. Goldhammer hatte sich gegen die fortgesetzte apparatmäßige Bearbeitung der sozialdemokratischen Organisationen gewandt und sich dabei auf meine Darstellung der Beschlüsse der Konferenz berufen. Es war zu scharfen und langwierigen Auseinandersetzungen gekommen, in deren Verlauf Ulbricht und sein neuer Abwehrmann Nuding durch die Prager Emigrationsleitung Goldhammer aus seinen Funktionen bugsiert und nach der Schweiz abgeschoben hatten, wo er »kaltgestellt« werden sollte. In der Parteileitung war es unmöglich, Klarheit in die Sache zu bringen, weil Ulbricht selbst kniff, die Schuld auf andere schob, Nuding aber sich in Schweigen hüllen konnte, da Ulbricht innerhalb der Parteileitung für seine Tätigkeit verantwortlich auftrat. Nicht nur in dieser Frage, sondern bald auch in andern, erwies es sich, daß an die Stelle des aufgelösten Kippenberger-Apparats bereits ein neuer Apparat getreten war, in dem sogar ein Teil ehemaliger Kippenbergerleute, für die Ulbricht gut sagte, mitarbeiteten. Es hatte sich eigentlich nur so viel geändert, daß jetzt Ulbricht diese Arbeit dirigierte, und daß sie viel stümperhafter und plumper als früher durchgeführt wurde. Formell wurde Nuding als »Kaderleiter« bezeichnet, ein neuer Name für eine alte Sache. Diese Anmaßungen Ulbrichts hatten unterdessen schon zu Reibereien zwischen ihm und Dahlem geführt, der dafür eingetreten war, die Parteileitung solle sich gegenüber der Kominternleitung für eine zweckmäßige Verwendung Viktors einsetzen und ihm Gelegenheit geben, seine Loyalität zu beweisen.

Ulbricht dirigierte die operative Arbeit ziemlich unumschränkt. Auch er hatte das Mitarbeiterunwesen eingeführt, so bald er nur die Macht dazu erhalten hatte. Gerhard (Eisler), der längere Zeit in Amerika gewesen war, war die neue Entdeckung. Er war zwar nicht mehr rechtzeitig gekommen, um auf der Parteikonferenz präsentiert und zur Wahl gestellt werden zu können, wurde aber nachträglich von der Kominternleitung dem neuen Politbüro als Mitarbeiter beigegeben. Ulbricht widmete ihm bedeutend mehr Zeit und Aufmerksamkeit, als den mit ihm von der Konferenz in die neue Leitung gewählten Genossen.

Zwischen Ackermann und Merker kam es in steigendem Maße zu heftigen Auseinandersetzungen. Ackermann beschuldigte Merker, bei der Organisierung seiner Gewerkschaftsgruppen sich auf Leute zu stützen, die Parteifeinde seien.

Merker versuchte damals, Gruppen, die in Betrieben und innerhalb der Organisationen der Deutschen Arbeitsfront als Oppositionszentren wirken sollten, zustande zu bringen und zu unterstützen. Es lag keine Veranlassung vor, sich dabei nur auf Parteimitglieder zu beschränken oder gar, worauf Ackermann hinaus wollte, nur auf solche Parteimitglieder zurückzugreifen, die nicht der Zugehörigkeit zu innerhalb der Partei im Lande bestehenden Gruppierungen verdächtig waren. Wahrscheinlich hat sich Merker bei der Auswahl seiner Vertrauens- oder Verbindungsleute einige Male vergriffen. So erinnere ich mich eines Falles, in dem er einen früher wegen Unterschlagung von Geldern aus der Partei ausgeschlossenen Bauarbeiterfunktionär (er wurde Ali Weiss genannt), als Vertrauensmann verwandt hatte. Aber solche Mißgriffe hätten nicht zu derart heftigen Angriffen, wie Ackermann sie gegen Merker gerichtet hat, Anlaß geben müssen, wenn Ackermann damals nicht damit beschäftigt gewesen wäre, in der Berliner Parteiorganisation sogenannte frühere Versöhnler aufzuspüren und zu verfolgen. Ackermann hatte sich bis zuletzt dagegen gewehrt gehabt, einen unmittelbar nach der Parteikonferenz gefaßten Beschluß, die Maßregelung einiger Berliner Funktionäre (die unter Stamms und Ackermanns Verantwortung von ihren Funktionen entfernt worden waren) rückgängig zu machen, durchzuführen. Besonders heftig wehrte er sich gegen die Wiedereinsetzung eines Funktionärs Gräfe.

Vielleicht wollte Ackermann dadurch, daß er die Rolle eines Aufspürers und Bekämpfers von »parteifeindlichen« Oppositionen übernahm, sich in den Augen des EKKI-Sekretariats unentbehrlich machen. Diese Erwägung drängt sich auf, wenn man berücksichtigt, daß das EKKI-Sekretariat vorgeschlagen hatte, die neue Parteileitung solle Ackermann nach Moskau schicken, wo er das Studium der deutschen Leninschüler leiten, besser gesagt: überwachen, sollte. Offiziell wurde dieser Vorschlag mit Ackermanns Vertrautsein mit den Verhältnissen im Land und mit seinen langjährigen eigenen Erfahrungen als Leninschüler begründet. Wir hatten ihn abgelehnt, weil wir die Parteileitung, die ja erst einige Monate vorher gebildet worden war, nicht dadurch verändern lassen wollten, daß einer der jungen Genossen aus der von der Konferenz beschlossenen Reorganisationsarbeit ausscheiden sollte. Ackermann selbst hat diesen Vorschlag (der einige Zeit darauf wiederholt wurde, als die Leitung der

Leninschule behauptet hatte, die neuen Schüler bereiteten Schwierigkeiten, weil sie sich nur schwer der Disziplin und den dort herrschenden Bedingungen anpassen könnten) wahrscheinlich als Anzeichen dafür aufgefaßt, daß beim EKKI-Sekretariat Absichten zu einer baldigen Änderung der neuen Parteileitung bestünden. Er war mit den in Moskau herrschenden Gepflogenheiten aus seiner über vierjährigen Leninschul- und Aspiranturzeit (während der er auch einige Zeit dem deutschen Vertreter beim EKKI als Gehilfe beigegeben gewesen war) so vertraut, daß er wohl, besser als irgendein anderer, verstand, daß die zweckmäßigste Art, sich unter solchen Verhältnissen persönlich zu »behaupten«, darin bestand, selbst zum Angriff gegen Oppositionen überzugehen. Seit dieser Zeit hat jedenfalls Ackermann unablässig Oppositionsverschwörungen aufgedeckt und bekämpft. Er war, das zeigte sich später deutlich, gar nicht abgeneigt, einige Zeit in Moskau in »Reserve« zu liegen; aber er wollte vorher bewiesen haben, daß er der »gestählteste« und »unerbittlichste« »Bolschewik« sei.

Zu seinem Glanzstück in dieser sich über die nächsten Jahre hinziehenden Kette wurde sein Rache- und Ausrottungsfeldzug gegen eine um Frenzel in Berlin gruppierte Anzahl von Funktionären, Ackermanns Frau, die den Parteinamen Irene Gärtner führte, stand während ihrer Berliner Tätigkeit in enger Verbindung zu Ackermann. Sie hatte ihm berichtet, daß Verhaftungen, die in Berlin vorgekommen waren, auf die Tätigkeit der Gruppe um Frenzel zurückzuführen seien. Ursprünglich war die Rede davon, daß die Querverbindungen der Mitglieder dieser Gruppe untereinander dazu geführt hätten, daß die Gestapo es leichter gehabt hätte, von einer illegalen Parteizelle auf die andere überzugreifen. Allmählich aber verdichteten sich die Behauptungen bis zu der Beschuldigung, daß einige der verhafteten Funktionäre, die diesem Kreis angehörten, nach ihrer Verhaftung durch ihre Aussagen der Gestapo Handhaben zu umfassenden Verhaftungen gegeben hätten. (Etwa ein Jahr später wurde diese Beschuldigung – unter dem Eindruck der von Moskau ausgehenden Provokateurpsychose – noch weiter gesteigert; es wurde behauptet, diese Gruppe habe durch einige Mitglieder direkt der Gestapo als Provokateure im Kampf gegen die KPD gedient.) Frenzel, der selbst nicht zu den Verhafteten gehört hatte, kam zu einer Unterredung über die Grenze. Was Ackermann, Ulbricht und Nuding mit ihm im Einzelnen besprochen haben, entzieht sich meiner Kenntnis. Zu einer langen Unterredung, die Ackermann mit Frenzel gehabt hat, wurde ich hinzugezogen, weil es sich herausgestellt hatte, daß keiner der Genannten eine genügende Kenntnis Berliner Funktionäre und ihrer Entwicklung während der Illegalität hatte, um den Angaben Frenzels konkret folgen zu können. In diesem Stadium war Frenzel bereits dazu übergegangen, seine eigenen Gruppenfreunde zu belasten, um sich selbst vor dem Ausschluß aus der Partei zu retten. Ackermann wollte auch ihn vernichten und war bestrebt, die Legende zu bilden, als hätten Frenzel und seine Leute vom Anfang an die Parteiorganisation zu unterhöhlen gesucht. Demgegenüber stellte ich fest, wie Frenzel gegen Ende 1933 auf ganz legitime Weise dazu gekommen sei, in der Berliner Leitung für die Metallarbeiter und an deren Zeitung mitzuarbeiten. (Im Januar oder Februar 1934 hatte mir Otto Winzer in Berlin über diese Vorgänge berichtet.) Ich wußte wohl, daß Frenzel 1933 vom Ausland aus durch Lex Ende aufgesucht worden war, mir war auch bekannt, daß Funktionäre, die zur früheren Richtung der Versöhnler gehört hatten, untereinander Verbindungen aufrecht erhalten und dabei die Unterstützung einiger in dem Eberlein unterstehenden Apparat tätigen Funktionäre gehabt haben; aber es war mir zuwider, solche teils persönlich, teils politisch ganz verständlichen Beziehungen, von Genossen zu kriminalisieren. Deshalb habe ich darüber nicht gesprochen, sondern mich an die Tatsache der legitimen Einbeziehung Frenzels in die illegale Berliner Parteiarbeit gehalten. Aber mir war daran gelegen, daß auch Frenzel und seine Freunde selbst zu einem andern persönlichen Verhältnis gegenüber der Partei gelangen sollten. Darunter verstand ich, daß sie ihre Vorbehalte gegenüber einer offenen Teilnahme an der Parteiarbeit aufgeben, ihre kritischen Auffassungen innerhalb der Partei zur Geltung bringen und sich nicht in jesuitische Geheimbündelei verstricken sollten. Ich hatte einem in Westdeutschland tätigen Freunde Frenzels, einem Bruder des in Berlin tätigen Funktionärs Gräfe, diese meine Auffassung einige Zeit vorher offen und aufrichtig dargelegt und ihm versichert, daß diese Auffassung nicht im Widerspruch zu den Beschlüssen der Parteikonferenz stünde, sondern daß ich gerade auf Grund dieser Beschlüsse nun die Möglichkeit hätte, so mit ihm zu sprechen. Gräfe hatte sich damals ganz ablehnend verhalten und war auf keine Weise dazu zu bewegen gewesen, unter solchen Voraussetzungen mitzuarbeiten. Frenzel, der offenbar nicht recht verstand, wie er meine Gedanken werten sollte, und der in ihnen vielleicht eine Art von Kriegslist vermuten zu müssen glaubte, beteuerte nur um so eifriger, daß er seit langem keine Verbindungen mehr zu seinen früheren Versöhnlerfreunden im Auslande unterhalte, und daß die Schuld an den Verhaftungen auf einige seiner bisherigen Freunde falle. Ackermann hat ihn dann weiter verhört und gepreßt, und das Ganze schloß nach einiger Zeit damit, daß Frenzel – ungeachtet der Reservationen Ackermanns – auf Ulbrichts und Merkers Verlangen mit einer Parteifunktion betraut wurde, nachdem er sich dazu bequemt hatte, seinen Freund Gräfe als den hinzustellen, der vor der Gestapo Aussagen gemacht hätte, die zu den Verhaftungen führten. Ackermanns und Nudings weiteren Detektivbemühungen ist es wahrscheinlich zuzuschreiben, daß sie im Laufe des folgenden Jahres, gestützt auf Frenzels weitere Mitteilungen, eine Art von Kriminalroman über die Tätigkeit der sogenannten Berliner Opposition veröffentlichen konnten. Frenzel hatte Angaben über die Beziehungen Berliner Gruppen zu alten politischen Freunden in Hannover gemacht, und daraus war unter Ackermanns Redigierung eine ganze Verschwörung entstanden.

Hier möchte ich einige Gedanken einschalten, die sich auf diese Form innerparteilicher Opposition überhaupt beziehen. Bei Gesprächen, die ich in jener Zeit in Prag mit Lex Ende hatte, hatte ich wiederholt offen meine kritischen Ansichten in politischen Fragen ausgesprochen. Ende meinte einmal lachend, er frage sich, ob nicht eigentlich ich an seiner Stelle als Ketzer behandelt werden müßte. Als ich ihm über Frenzel erzählt hatte, war Ende angelegen, zu betonen, daß er mit Frenzel, Volk und andern, die sich in ihrer Opposition verrannt hätten, gebrochen habe. Frenzel seinerseits hatte ebenfalls beteuert, mit Volk nichts zu tun haben zu wollen. Ich war kein Untersuchungsrichter und Detektiv, das wußte Ende genau; es war nicht notwendig, mir eine Komödie vorzuspielen. Ich hatte nicht an dem Kesseltreiben teilgenommen, das gegen Ende veranstaltet worden war, als ihm vorgeworfen wurde, er habe einen Auftrag der alten Parteileitung nicht ausgeführt, weil er sich an die Beschlüsse einer geheimen internationalen »Versöhner«-Konferenz gehalten habe, die darauf hinausliefen, daß sich die ehemaligen Versöhnler im Hintergrund zu halten hätten, bis sich die Funktionäre der offiziellen Partei ausgeblutet und abgewirtschaftet haben würden. (Von dieser geheimnisvollen Konferenz, als deren Tagungsort einmal Zürich, ein andermal Kopenhagen genannt wurden, war in den Jahren der Psychose noch oft die Rede. Insbesondere Florin hat sich später oft ihrer bedient, um seine eigene Politik zu rechtfertigen. Er behauptete übrigens, daß die Angaben über diese Konferenz von Humbert-Droz gestammt hätten, der ein »Geständnis« abgelegt haben sollte, um sich damit wieder den Zutritt zur Führung der KP der Schweiz zu erkaufen). Mir war es zuwider, daß Genossen, wie Ende oder Frenzel, sich Pieck und Ulbricht gegenüber in Loyalitätsbeteuerungen ergingen, Beteuerungen, die auf verächtlichste persönliche Kriecherei hinausliefen, und daß sie gleichzeitig ihre eignen Freunde hemmungslos beschuldigen und beschmutzen konnten, während sie doch insgeheim mit ihnen konspirierten. Ich darf nicht behaupten, daß ich damals schon alle Schwierigkeiten durchschaut hätte, die sich innerhalb der KPD oder der Komintern überhaupt einem aufrechten und freimütigen Genossen entgegen stellen. Dazu kommt, daß ich noch in der Illusion befangen war, die Parteikonferenz müßte eine erneuernde Wirkung haben, wenn nur alle aufrichtigen Genossen fest und intensiv in ihrem Sinne wirkten. Deshalb mag den routinierten Parteifunktionären meine Haltung entweder als Ausdruck großer Naivität oder als besonders schlauer Parteidiplomatie erschienen sein. Aber so sehr ich mich heute dessen schäme, daß ich – wenn mich auch die ehrlichsten Absichten geleitet haben – nicht früher den Bruch mit diesem Parteiapparat vollzogen habe, der den reinen revolutionären Willen in den Schmutz zerrt, so wenig kann ich – auch nachträglich – die Haltung dieser sogenannten Oppositionellen billigen. Für sie war die Durchsetzung von Auffassungen ebenso eine Apparatfrage, wie es die Unterdrückung von Auffassungen für die Inhaber der Schlüsselstellungen dieses Apparates war. Ihr Kampf konnte deshalb niemals zu einer Erneuerung der Arbeiterbewegung dienen, sondern mußte den Sumpf nur vertiefen und verbreitern. Diese Gedanken werden nur bestätigt durch das Verhalten der Frenzel, Ende und anderer ihrer Freunde nach dem Kriege. So bald ihnen die Möglichkeit geboten wurde, Positionen einzunehmen, verzichteten sie auf alle Reservationen und begannen wieder, als habe sich nichts ereignet. Aus früheren Erfahrungen darf man wohl den Schluß ziehen, daß sie auch diesmal wieder eigene Freunde verleugnet und belastet haben. Mein Versuch, mit freimütiger Stellungnahme auf eine Erneuerung der Partei hinzuwirken, ist gescheitert, und ich stehe außerhalb der Partei. Deren Versuche, denen doch wohl auch die Absicht zugrunde gelegen hat, die Partei zu verändern, sind ebenfalls gescheitert, aber sie haben Positionen innerhalb der Partei, die sie letzten Endes nur bekommen haben, weil sie ihre ursprünglichen Absichten verleugnet haben. Während ich es als Ehrensache und Lebensaufgabe betrachte, meine eigene Tätigkeit gründlicher selbstkritischer Prüfung zu unterwerfen, kann deren Denken und Trachten nur darauf konzentriert sein, alte Spuren zu verwischen, sich so anzupassen, daß sie ungefährdet weiter mitmachen dürfen, – und (bestenfalls) wieder einmal mit Apparatkonspiration anzufangen.

Während meines Prager Aufenthaltes hatte ich so wenig wie möglich Lokale aufgesucht und mich auf den Straßen der innern Stadt aufgehalten, um der Aufmerksamkeit der Prager Polizei zu entgehen. Durch die Verhaftung von Kox, seiner Frau und einiger der Mitarbeiter seines Druck- und Versandapparats wurde meine Lage indessen noch schwieriger. Lotte, die drei Wochen vorher in Prag angekommen war, war bei der Umstellung von Kox' Wohnung durch die Polizei gerade dort anwesend, um eine persönliche Sache zu erledigen. Sie wurde mit verhaftet, konnte es aber verhindern, daß die Polizei Spuren fand, die zu mir hätten führen können. Nach einigen Wochen gelang es Kischs Bemühungen, sie auf freien Fuß setzen zu lassen; sie mußte jedoch das Land verlassen und reiste nach der Schweiz, wo ich später mit ihr zusammentreffen sollte. Durch die Verhaftung von Kox wurde nicht nur der dortige Druckapparat lahmgelegt, es wurde auch der Auftakt zu einer langdauernden Kampagne gegen Kox gegeben, bei der Florin treibend war, während Ulbricht aus Opportunitätsgründen sich beteiligte und seinem nach derartigen Sensationen suchenden Apparatmann Nuding die Zügel schießen ließ. Kox hatte Fehler begangen, für die er sich verantworten mußte, aber die gegen ihn geführte Kampagne hatte das Ziel, in ihm einen der »jungen Funktionäre« zu erledigen, die, zusammen mit mir, des »Frontgeistes« und des Frondierens beschuldigt worden waren. Die Fehler Kox' bestanden darin, daß er, als er im Saargebiet ein Mädchen kennen gelernt hatte, innerhalb sehr kurzer Zeit Vertrauen zu ihr gefaßt und mit ihr gemeinsam gewohnt hatte, obwohl er ein illegaler Funktionär war. In der Zwischenzeit vom Abstimmungstage bis zur Vornahme der Rückgliederung war eine Gruppe der Gestapo, die aus der Pfalz herübergekommen war, in seine Wohnung eingedrungen, hatte dort liegende Koffer geraubt und diese, zusammen mit Kox' Freundin, entführt. In den Doppelböden der Koffer hatten sich einige Adressen befunden, und einige spätere Verhaftungen konnten unter Umständen darauf zurückgeführt werden, daß die Gestapo diese Adressen entdeckt und sich ihrer zu bedienen verstanden hatte. Kox' bestritt die Möglichkeit, daß seine Freundin dabei eine zweideutige Rolle gespielt haben könnte, und als sie – etwa ein Jahr später – aus dem KZ Moringen entlassen worden war, wohin sie von Frankfurt aus gebracht worden war, ließ er sie nach Prag kommen und wohnte wiederum mit ihr zusammen. Sie hatte aus ihrer KZ-Zeit gute Empfehlungen von einigen dort gefangen gehaltenen Genossinnen unter anderm der Frau des ermordeten Genossen Steinfurth, Else Steinfurth, erhalten, durch die Kox in seiner Ansicht bestärkt wurde, daß sie sich einwandfrei betragen habe und kein Grund zu Mißtrauen vorliege. Nach den Verhaftungen in Prag, die offensichtlich darauf zurückzuführen waren, daß die Gestapo gründlich vorgearbeitet hatte (übrigens brachte das deutsche Radio am gleichen Abend die Mitteilung über die Verhaftungen), wurde eine Untersuchung durchgeführt, bei der sich herausstellte, daß Kox – trotz der Warnungen, die er nach dem Vorfall im Saargebiet erhalten hatte – in einigen wesentlichen Punkten schwere Fehler bei der Sicherung der konspirativen Arbeit begangen hatte. Kox war mein Freund, die gegen ihn geführte Hetze zielte unter anderm auch darauf hin, mein Verhältnis zu ihm zu rügen. Ich konnte nicht verhindern, daß ernste organisatorische Maßnahmen gegen Kox ergriffen wurden, so sehr ich sein persönliches Unglück bedauerte. Immerhin wagte damals niemand innerhalb der Parteileitung, offen mit Anschuldigungen hervorzutreten, die die Integrität des Charakters von Kox in Zweifel zu stellen suchten. Andeutungen Nudings in dieser Richtung wurden damals noch zurückgewiesen. Als Kox' Ausschluß beschlossen wurde, geschah das in der Form, daß er wegen grober

Verstöße gegen die Grundsätze, die zur Sicherung der illegalen Arbeit eingehalten werden mußten, ausgeschlossen wurde, daß aber nach einem Jahr geprüft werden sollte, ob sein Verhalten in der Zwischenzeit eine Wiederaufnahme zulasse. Zu dieser Prüfung ist es nie gekommen, obgleich Kox sich auch an die Internationale Kontrollkommission gewandt hat. Nuding und Ulbricht betrachteten ihn nach seinem Ausschluß als vogelfrei, und Nudings krankhafte Phantasie dichtete Kox alle möglichen Untaten an. – Hier muß ich einschalten, daß ich später Ulbricht in Moskau dafür zur Rede gestellt habe. 1940, als Kox' Hinrichtung öffentlich in der Presse bekannt gegeben worden war, machte ich Ulbricht darauf aufmerksam, und er sah sich damals zu der Feststellung gezwungen: »Er war also doch kein Schuft.« Als Schuft und Gestapoagent hatten sie ihn bezeichnet, so lange er, dem eine gründliche Untersuchung und Nachprüfung, sowie die Wiederaufnahme seines Verfahrens nicht gewährt worden war, sich in Verbindung mit der »Berliner Opposition« gesetzt und die illegale Arbeit im Lande wieder aufgenommen hatte.

Bei den Zusammenkünften, die ich an der schweizer Grenze mit Genossen aus süddeutschen Organisationen hatte, mußte ich nochmals feststellen, wie bodenlos leichtfertig Sepp Miller und Fisch gehandelt hatten, als sie beinahe ein Jahr lang eine angebliche Bezirksleitung der Roten Hilfe in München mit im Auslande gesammelten Solidaritätsgeldern unterstützt und politisch gestützt hatten. Miller und Fisch waren, als Mitteilungen aus Bayern darauf schließen ließen, daß die Gruppe um »Theo« im Dienste der Gestapo tätig sein könnte, gewarnt und ersucht worden, diese Gruppe nicht mehr zu unterstützen, sondern alles zu tun, damit eine gründliche Untersuchung Aufklärung schaffen könnte. Darin hatten sie jedoch einen Versuch erblickt, sie in ihrer am weitesten gediehenen Arbeit zu stören, und so war die Unterstützung insgeheim fortgesetzt worden. »Theo« hatte zuletzt an die 300 »Quittungen« von Angehörigen politischer Gefangener geliefert; er hatte sein organisatorisches Netz immer weiter gespannt, hatte systematisch alte Funktionäre einzuspannen versucht, und hatte sogar Flugblätter herausbringen können. Genossen, die – wie Höllerzeder in Deggendorf – nicht auf seine Aufforderungen reagiert hatten, weil sie kein Vertrauen hatten, wurden von dieser Gruppe verdächtigt.

Fischs Ausschluß und Millers Enthebung von allen Funktionen waren formell der Abschluß dieser Affäre, die wieder einmal gezeigt hatte, zu welchen Schäden die undemokratische Arbeitsmethode führen konnte.

Zusammenkünfte, die ich mit dem sozialdemokratischen Sekretär Schöttle aus Württemberg, einem ZdA-Funktionär aus Frankfurt, Arthur Crispien und dem früheren thüringschen Abgeordneten der SPD, Dietrich, hatte, ließen mich wieder erkennen, welche Geduld, Unaufdringlichkeit und wie viel Vertrauensbeweise nötig seien, um mit sozialdemokratischen Funktionären in ein kameradschaftliches Verhältnis und zu einer Zusammenarbeit auf längere Sicht zu gelangen. Schöttle vertrat den Standpunkt der Gruppe »Neu Beginnen« und war gegen alle Versuche demonstrativer Einheitsfrontpolitik, während er zu einer gegenseitigen Hilfe der Organisationen im Lande und ihrer Vertreter in den Grenzländern bereit war. Arthur Crispien erging sich in politischen Deklarationen über die reaktionären Eigenschaften der deutschen Mittelschichten, um erklären zu können, daß alle Versuche, diese zu antinazistischen Handlungen beeinflussen zu wollen, zum Scheitern verurteilt seien, während er behauptete, daß es notwendig und möglich sei, die politische Einheit der Arbeiterklasse zu schaffen. Dietrich wiederum war auf Grund einiger Erfahrungen, die mit ihm in Verbindung stehende Organisationen im Lande gehabt hatten, für eine begrenzte, auf gegenseitige Information und Hilfe gegen die Gestapo gerichtete, Fühlungnahme. Statt der Versuche, demonstrative Erklärungen von SPD-Funktionären zu erlangen, hätten wir aus solchen Erfahrungen heraus zu einer stillen, die Zusammenarbeit dort, wo sie Voraussetzungen hatte, wirklich fördernden Arbeit übergehen müssen, durch die wir wahrscheinlich an vielen Stellen zu Ergebnissen gekommen wären, die einer wirklichen Erneuerung der Arbeiterbewegung in dem und durch den gemeinsamen Kampf hätten dienen müssen. Die politischen Ereignisse drängten jedenfalls ebenso dazu, wie die persönlichen Erfahrungen dies als den gegebenen Weg erscheinen ließen. Die Remilitarisierung des Rheinlandes und die ihr gegenüber an den Tag gelegte Passivität der Westmächte hatten unter den Genossen im Lande Diskussionen ausgelöst, in denen in zunehmendem Maße zur Geltung gebracht wurde, daß die europäischen Mächte der nazistischen Kriegsvorbereitung keinen

Halt gebieten würden, und daß deshalb letzten Endes der Krieg unausweichlich würde.

In Paris fand nach einer Sitzung des ZK, in der Ulbricht und Pieck den Standpunkt vertraten, daß die auf der Brüsseler Konferenz begonnene Selbstkritik als abgeschlossen zu betrachten sei und weitere Selbstkritik nur die Stellung der Partei gegenüber der Sozialdemokratie verschlechtern könnte, eine Zusammenkunft von ZK-Mitgliedern mit Sozialdemokraten und Funktionären der SAP statt. Von den teilnehmenden Sozialdemokraten erinnere ich mich folgender: Rudolf Breitscheid, Paul Herz, Ehrmann, Glaser (Chemnitz), Grzesinsky, Max Braun, Wacker, Kirschmann, Ferl (früher Magdeburg), Kuttner (ob Böchel an dieser Tagung teilgenommen hat oder erst kurz nach ihr in Paris eingetroffen ist, kann ich nicht mit Bestimmtheit sagen); unter den SAP-Funktionären waren: Walcher, Frölich, Fabian, Rosi Wolfstein, Sternberg. – Daß man sich überhaupt einmal zusammengefunden und wenigstens die Schranke der vollkommenen persönlichen Unzugänglichkeit beiseite geschoben hatte, bedeutete einen Fortschritt. Die Erklärungen zur Bereitschaft für Gedankenaustausch und gegenseitige Annäherung, die persönlich selbstkritische Erklärung Kuttners, schienen mir gewisse Voraussetzungen für eine Fortsetzung dieser Bestrebungen zu bieten – sofern nur Zeit gelassen und nicht versucht würde, das Ganze zu einer der KPD dienenden Kampagne auszunützen. Die Meinungsverschiedenheiten – nicht nur zwischen den verschiedenen Gruppen, sondern auch innerhalb dieser selbst – waren zahlreich und groß. Persönliche Auffassungen, beispielsweise die starke Skepsis Breitscheids gegen alle Vorstellungen einer innerdeutschen antinazistischen Oppositionsarbeit, mußten beachtet werden; man durfte sie nicht zu ignorieren oder umzudeuten versuchen. Aber bei den Kommunisten bestand einerseits die Tendenz, diesen Kreis gegen den Prager Vorstand auszuspielen, wobei versucht wurde, Breitscheid in eine Oppositionsführerrolle zu drängen, die sich in Wirklichkeit gar nicht mit seinen persönlichen Auffassungen vertrug, anderseits wollten sie von vornherein auf eine Spaltung der Funktionäre der SAP hinaus. Pieck behauptete nach der Zusammenkunft, er habe mit Walcher gesprochen und wisse, daß dieser zur Partei zurück wolle. Sein und das Interesse anderer beschränkte sich hinsichtlich der SAP dann nur noch daraufhin, eine Gruppe, die man in der Umgebung Walchers glaubte, zu diesem Schritt zu drängen.

Immerhin habe ich in den folgenden Monaten, in denen ich zeitweise in Paris, zeitweise zu Besprechungen mit Vertretern der westdeutschen Organisationen gewesen bin, einige positive Erfahrungen in der Zusammenarbeit mit Sozialdemokraten und SAP-Funktionären sammeln können. Einesteils mag die damalige Lage in Frankreich, mögen die erfolgreichen Streiks, die Anfangserfolge der französischen Volksfrontbewegung dazu beigetragen haben, eine größere Bereitschaft zum gegenseitigen Verstehen und zu einem kameradschaftlicheren Verhältnis entstehen zu lassen. Zum andern konnten wir aber auch nur deshalb zu einigen gemeinsamen Schritten kommen, weil wir uns auf konkrete Teilaufgaben beschränkten. Die Herausgabe der »Deutschen Information«, einer Nachrichtenkorrespondenz in deutscher und französischer Sprache, die mit Breitscheids Hilfe gelang, und die Überwindung der Schwierigkeiten, die sich in der täglichen Praxis der Zusammenarbeit zwischen einem kommunistischen Redakteur (Frei) und einem sozialdemokratischen (Braun) ergeben mußten, waren nur möglich, weil wir uns eben auf diese Korrespondenz konzentrierten. Die Errichtung einer Auskunfts- und Rechtsvertretungsstelle für Flüchtlinge in Frankreich, deren Bürobetrieb durch Grzezinsky geleitet wurde, war – abgesehen von Grzezinsky's teilweise abenteuerlichen Vorstellungen in Geldsachen – nur so lange möglich, als wir uns eben auf die wirklichen Arbeitsfragen innerhalb dieses Gebietes beschränkten. Entsprechend war es im Verhältnis zum sozialdemokratischen Grenzsekretär Ferl. In dieser Richtung sah ich auch Möglichkeiten zur Anbahnung von Zusammenarbeit auf dem Gebiete gegenseitiger Hilfe gegen die Gestapo im Lande und gemeinsamer Anstrengung zur Aufbringung von Mitteln für die Unterstützung der Familien politischer Gefangener. Mit Vertretern des ISK und sogar mit Heinrich Brandler habe ich in dieser Richtung Besprechungen führen und einleitende Schritte unternehmen können.

Das fortgesetzte Drängen Ulbrichts, der im Namen des Politbüros sichtbare Ergebnisse forderte und so rasch wie möglich zu einer sozusagen prinzipiellen Klärung und Erklärung trieb, hat diese Versuche immer wieder gestört, bis schließlich, nach der im Herbst

1936 erfolgenden Übersiedlung des Politbüros nach Paris, Ulbricht sich so weit in alle Beziehungen einschaltete, daß nur noch abzuwarten war, in welcher Zeit er die Ansätze zertreten haben würde. Ihm mißfiel das gute persönliche Verhältnis, in dem ich zu Breitscheid stand. Er wollte die SAP-Funktionäre so weit wie möglich ausschalten. Die Ansätze zu Übereinstimmung bezüglich gemeinsamer Hilfsarbeit für politische Gefangene zerschlug er, indem er den ISK lächerlich zu machen suchte und abstieß. Die an und für sich im Anfangsstadium stehenden Versuche zu gegenseitiger Unterstützung der Gruppen der KPD und der KP-Opposition im Lande gegenüber der Gestapo wurden dadurch zerschlagen, daß – nach Brandlers Erklärung – die KPD-Funktionäre in Berlin (er beschuldigte dabei direkt Frenzel) durch einen unfairen Coup versucht hätten, die dortige Brandlergruppe ihrer Schreibmaschinen und andern technischen Mittel zu berauben.

Als Münzenberg im Herbst 1936 nach Moskau gerufen wurde, um über seine Obliegenheiten zu berichten, legte er Dahlem und mir einen Entwurf einer Denkschrift vor, in der er seine Bedenken gegen diese Entwicklung dargelegt und in seiner Art einen Plan zur Unterstützung der antihitlerschen Kreise und Kräfte durch die Komintern entworfen hatte. Aber seine Alternative zur Praxis von Ulbricht war: Glätten und Übertünchen aller wirklichen Gegensätze, Aufrichten einer glänzenden Fassade zu glänzenden Kundgebungen in der deutschen Emigration. Dies war nicht die Alternative, die für die deutsche Kampfbewegung gegen die Nazidiktatur lebensnotwendig war.

Ich bin vorausgeeilt und will in Kürze einige Ereignisse nachtragen, die das Bild vervollständigen werden.

Einige Tage nach dem Ausbruch des Krieges in Spanien traf ein Brief von einem in Barcelona sich aufhaltenden emigrierten Genossen (er nannte sich Herz) ein, in dem über die Teilnahme einiger dort weilender deutscher Emigranten am Kampf gegen die Franco-Truppen berichtet wurde. Aus der Schilderung ergab sich für uns die Aufgabe, nach Kräften zu helfen. Mit dem Leiter des Ausschusses, der die Verbindung zu allen in Frankreich lebenden Emigrantengenossen hatte (August aus der Saaremigration), suchte ich eine Anzahl militärisch kundiger Emigranten heraus, die wir fragten, ob sie bereit wären, sich freiwillig nach Spanien zu melden, wenn sie dorthin reisen könnten. In kurzer Zeit hatten sich über 100 Emigranten, von denen einige politisch zur Sozialdemokratie zählten, freiwillig gemeldet. Münzenberg unterhandelte mit Araquistain über die Einreiseerlaubnis, und bald konnten diese Genossen abreisen. Ihnen folgten Bruno von Salomon und Franz Cordas aus dem Saargebiet, die Praxis als Flieger gehabt hatten. Unter den etwa 100 Genossen befanden sich Hans Beimler, der die politische Leitung der Gruppe übernommen hatte, und Albert Schreiner. Über die Zusammenstellung und den Einsatz dieser Gruppe, die als Centuria Thälmann in Spanien eingesetzt worden ist und ihren ersten schweren Kampf an der Huesca-Front gefochten hat, habe ich seiner Zeit einen Artikel geschrieben, den einzigen Artikel übrigens, der von mir in der Zeitschrift »Die Internationale« erschienen ist. Bald entstand in der Emigration in Frankreich eine starke Bewegung zur Meldung Freiwilliger nach Spanien. Durch eine vom ZK unterzeichnete Aufforderung wurden sodann alle Genossen in der Emigration aufgefordert, sich zu melden. Der Durchgangsverkehr von Freiwilligen nahm enorme Proportionen an und mußte bald von einem speziellen Büro übernommen werden, das Rädel übernahm.

Eines Tages wurde ich zu einem Zusammentreffen mit André Marty bestellt, der von Moskau gekommen war und die Bildung der Internationalen Brigaden übernehmen sollte. Das Gespräch gehört zu den unangenehmsten, die ich mit leitenden französischen Genossen gehabt habe. Marty spielte schon dabei den General, aber er fiel völlig aus der Rolle, als ich ihm über die Zusammensetzung und bisherigen Leistungen unserer im katalanischen Sektor kämpfenden Genossen berichtet hatte. Er behauptete, es sei sicher auch hierbei die Gestapo im Spiele, ebenso wie er aufgedeckt hätte, daß eine unter anarchistischer Leitung stehende italienische Kolonne zu Provokationszwecken von der Ovra gebildet worden sei. Mich verblüfften diese hysterischen Ausfälle des Mannes, denn ich hatte damals noch keine Ahnung von seiner Psychose, die ihn überall Feinde und feindliche Agenten sehen ließ: ich war mit ihm vorher nicht in persönliche Berührung gekommen. Nach den schweren Verlusten, die unsere Genossen am Berge Eremita erlitten hatten, sprach sich Albert Schreiner gegen den weiteren exponierten Einsatz der kleinen Einheit aus und forderte auch seine persönliche Ablösung. Mir war diese Stellungnahme unerklärlich. Es war mir unmöglich, auf Schreiners Argument einzugehen, daß er als militärpolitischer Spezialist – im Stabe einer großen Einheit – viel besser am Platz sein würde. Ich wollte selbst gern nach Spanien gehen. Aber in der Leitung war darüber keine Einigkeit zu erzielen. Schließlich wurde beschlossen, daß ich für kurze Zeit reisen solle, um den Genossen zu helfen, Schwierigkeiten zu überwinden. Diesen Beschluß ließ aber Ulbricht wieder umstoßen, um dafür beschließen zu lassen, daß er selbst einen Besuch an der Front veranstalte.

Das Letzte, das ich in Verbindung zu Spanien damals habe tun können, war das Schreiben eines Flugblatts, das unter den auf der Franco-Seite eingesetzten Deutschen und unter den Besatzungen einiger deutscher Kriegsschiffe verbreitet werden sollte.

Zum Verständnis der Spannung, die inzwischen innerhalb der Parteileitung entstanden war, ist es notwendig, die Meinungsverschiedenheiten, die im Zusammenhang mit der Stellungnahme zum Nürnberger Parteitag der NSDAP aufgetreten waren, zu erwähnen. In Paris hatten einige Genossen unter den emigrierten Schriftstellern zusammen mit mir dokumentarische Zusammenstellungen über den imperialistischen und aggressiven Charakter des Nationalsozialismus ausgearbeitet. An diesen Materialien hatten auch Braun und andere mitgewirkt, und wir hatten geplant, eine Denkschrift zusammenzustellen, die unter den Teilnehmern des nach Brüssel einberufenen Kongresses des Ressemblement universelle pour la paix verteilt werden sollte. Die Denkschrift wurde mit einigen einleitenden Worten Heinrich Manns versehen. – Die in Prag weilenden Mitglieder der Parteileitung hatten zum Nürnberger Parteitag einen vom ZK unterzeichneten Aufruf herausgebracht, den man veröffentlicht hatte, ohne mir den Entwurf vorher zuzustellen. Ich protestierte gegen ihn, besonders wegen der lächerlich anmutenden, gerade erschienenen französischen und italienischen Parteiaufrufen entlehnten, pathetischen Erklärung von der Notwendigkeit der »Versöhnung des deutschen Volkes«. Dies war u. a. ein typischer Fall dafür, daß die Partei sich nicht nach der in Deutschland herrschenden Lage richtete, sondern durch Kampagnenschlagworte irregeführt wurde, die Ulbricht aufgeschnappt hatte, und von denen er annahm, sie entsprächen den neuesten Intentionen »von drüben«. Über diesen Fall gab es Auseinandersetzungen, die schließlich darin kulminierten, daß Ulbricht drohte, ich würde für meine Auffassung in Moskau Rede und Antwort zu stehen haben. Merker, den ich von der Unhaltbarkeit einer solchen Politik zu überzeugen versucht hatte, antwortete mir auf meine Argumente lediglich diplomatisch: »Wir sitzen alle in einem Boot, und es ist keinem erlaubt, auszusteigen.«

Zeitweilig verdrängten die mit dem Brüsseler Friedenskongreß zusammenhängenden aktuellen Aufgaben (Versuch, Kontakt mit ausländischen Gewerkschaftsdelegierten anzuknüpfen, Information ausländischer Delegierter über den Kampf der deutschen antinazistischen Opposition) die Austragung der Auseinandersetzungen. Ich hatte den Versuch zu machen, Schwernik, der zum Kongreß durch Paris reiste, für die Zulassung deutscher Delegierter aus dem Lande zu interessieren, erhielt aber nur die weise Auskunft, daß es nur dann möglich sei, deutsche Delegierte anzuerkennen, wenn sie mit ordnungsgemäßen Papieren versehen wären, so daß nachzuweisen wäre, ob sie wirkliche Delegierte seien. In Begleitung Schwerniks befand sich Smoljansky, dessen größere internationale Erfahrung aber auch nicht vermochte, Schwerniks Standpunkt zu beeinflussen. Es blieb also nichts anderes übrig, als inoffiziell Fühlung mit Gruppen von Delegierten zu nehmen. Dabei hatten wir Hilfe seitens des englischen Angestelltengewerkschaftsfunktionärs Jagger und der Labourabgeordneten Wilkinson.

Kurz vor Weihnachten reiste ich, auf Beschluß des Politbüros, mit Paul Herz und Georg Bernhard nach London, um an einer von Sir Malcolm, dem vom Völkerbund eingesetzten Flüchtlingskommissar, einberufenen Beratung über deutsche Flüchtlingsfragen teilzunehmen. Nach der Rückkehr besuchte ich während der letzten Woche des Jahres Vertreter westdeutscher Organisationen, um mich anschließend auf die vom Politbüro beschlossene Reise nach Moskau zu begeben, wo ich, gemäß Ulbrichts Äußerung, »Rede und Antwort stehen sollte« für meine Meinungsverschiedenheiten, speziell für meinen Einspruch gegen die »Versöhnung des deutschen Volkes«.

Noch während meines Aufenthaltes in den westlichen Ländern war
ich mit Auswirkungen großer düsterer Ereignisse in Berührung gekommen, deren Zentrum Moskau war. Erwin Piscator hatte sich,
von Moskau kommend, kurze Zeit in Paris aufgehalten, und in den
Gesprächen, die ich mit ihm hatte, war er mir als ein Mensch erschienen, auf dem ein schwerer Druck lastete. Mit Bitterkeit hatte
er von den Fehlschlägen seiner Filmpläne gesprochen. Obwohl er
vermieden hatte, auf Einzelheiten einzugehen, war der Eindruck
eines Mannes zurückgeblieben, der etwas sehr Schweres durchlebt
hatte, das noch immer seine Versuche zu neuem künstlerischen
Schaffen hemmte. Seine Pläne zur Aufführung sogenannter Frie-
densspiele auf den Schlachtfeldern von Verdun und seine unklaren
Vorstellungen von Wirkungsmöglichkeiten in Spanien machten auf
mich einen gespenstischen Eindruck und kamen mir vor wie Flucht
vor der Wirklichkeit. Aus dem Schriftstellerkreise um Kisch erfuhr
ich dann etwas mehr über Andeutungen Piscators, beispielsweise
über die Verhaftung seiner Freundin Carola Neher.

Gustav Regler, den ich im Saargebiet kennen gelernt hatte, wo er
mit dem Optimismus eines Mannes aufgetreten war, der sich auf
beste Beziehungen zu Bela Kun und andern gewichtigen Moskauer
Persönlichkeiten verlassen zu können glaubte, tauchte in Paris
ebenfalls kurz in meinem Gesichtskreis auf. Er wirkte völlig ver-
worren und war ganz ohne seine frühere Sicherheit. Aus seinen un-
zusammenhängenden und widerspruchsvollen, mehr andeutenden
als ausführenden, Erzählungen gewann ich den Eindruck, daß er in
Moskau in einen fürchterlichen Zwiespalt gezwungen worden war.
Angesichts der brutalen Härte und Wucht, mit der dort die Anklagen gegen Sinowjew, Kamenew und andere, die mit dem Mord an
Kirow und mit andern Anschlägen gegen den Sowjetstaat in Verbindung gebracht worden waren, hinausgeschleudert wurden, fühlte
Regler das Fundament, auf dem er bisher sicher gehen und bauen zu
können geglaubt hatte, bersten. Er wußte noch nicht, ob er die Beschuldigungen der Anklage im Einzelnen als auf Tatsachen beru-
hend anerkennen durfte. Aber selbst wenn es sich um Tatsachen
handelte, bedeutete für ihn ihre Enthüllung eine so schreckliche Of-
fenbarung innerer Verhältnisse der Sowjetunion und der Kommu-

nistischen Internationale, daß ihm vor deren Auswirkungen auf die europäische Intelligenz schauderte. Deshalb hatte er, als man an ihn herangetreten war, an der Redigierung von Prozeßberichten für die Auslandspresse teilgenommen, um – wie er sagte – das Gröbste zu verhindern.

Manes Sperber, ein Popularisator auf dem Gebiete der Psychologie, den ich als einen Bekannten Arthur Koestlers kennen gelernt hatte, kannte von den in Moskau Angeklagten unter andern Fritz David persönlich. Er fragte, ob ich glaube, daß David ein Trotzkist sei, und daß er wirklich die ihm zur Last gelegten Handlungen begangen habe. Als ich ihm geantwortet hatte, daß ich zwar nicht wissen könne, was David getrieben habe, daß ich ihn aber weder als Trotzkisten kennen gelernt hatte, noch ihn für einen Terroristen halte, entwickelte Sperber die Theorie, daß dieser Prozeß zwar schrecklich, aber angesichts des Kampfes der Sowjetunion um ihre Existenz wahrscheinlich unumgänglich sei, damit die Aufmerksamkeit auf die feindlichen Anschläge gegen die Sowjetmacht gelenkt würde. Manche der Angeklagten opferten vielleicht ihren Ruf und sich selbst, um der Sache zu dienen; die Leiden, die andern auferlegt würden, seien zwar persönliche Tragödien, dienten aber auch dem höheren Zwecke.

Der Bruder der Frau Arthur Koestlers, ein Arzt Dr. Ascher, der im Wolgagebiet ansässig geworden war, hatte längere Zeit nicht geschrieben, und seine Angehörigen und Freunde befürchteten, er könne verhaftet worden sein. Seine Schwester fragte mich, ob sie Schritte unternehmen könne, um ihm zu helfen (Koestler und andere wollten bezeugen, daß er ihnen gut bekannt sei und keine sowjetfeindlichen Handlungen begangen haben könne). Ich riet ihr, vor allem erst auf eine Bestätigung des Gerüchts zu warten und alles zu vermeiden, das seine Lage, falls er gar nicht verhaftet wäre, erschweren könnte.

Die frühere Jugendverbandsfunktionärin Grete Wilde, die, nach einigen Jahren Aufenthalts in einem türkischen Gefängnis, in der Kaderabteilung der Komintern tätig war, kam nach Paris, um Angaben über die in Münzenbergs Komiteeapparaten beschäftigten Personen zu sammeln. Auf ihre Fragen bezüglich der Schwester Dr. Aschers, die in einem der Komitees arbeitete, gab ich ihr die Auskunft, daß mir die Frau zwar nur wenig bekannt sei, daß ich aber glaube, sie sei eine persönlich anständige und aufrichtige Frau, gegen deren Mitarbeit keine sachlichen Bedenken bestünden. Grete Wilde nahm diese Äußerung zur Kenntnis, ohne zu widersprechen.

Breitscheid wurde durch die Moskauer Nachrichten in seinem pessimistischen Fatalismus nur bestärkt. Aber er versuchte, ebenso wie ich, unsere gemeinsamen Interessen, die sich im Rahmen der deutschen Emigration und des Kampfes gegen die Nazidiktatur bewegten, so weit wie möglich von störenden Einwirkungen freizuhalten, die sich u. a. aus Ulbrichts Versuchen, von Sozialdemokraten eine »Stellungnahme« zu erzwingen, ergaben. Ferl stellte sich nunmehr noch abweisender als vorher. Bei Kuttner konnte ich das Bestreben bemerken, seine eigenen Bemühungen um eine selbstkritische Klärung der eigenen Anschauungen und um kameradschaftliche Diskussion mit Kommunisten nicht durch die Prozeßpsychose zunichte machen zu lassen. Aber er hatte, wie alle, die ehrlich um Verständnis rangen, schwere innere Kämpfe durchzumachen.

Für Ulbricht war – nach seinen lauten Worten zu urteilen – alles sonnenklar und einfach: Ein glänzendes Beispiel für die Schonungslosigkeit, mit der vom sozialistischen Staat – ohne Ansehen der Person und früherer Verdienste – die »Fünfte Kolonne« ausgerottet würde, bevor sie in Aktion treten könnte.

Dahlem war aller Schwierigkeiten enthoben, denn er hatte vom EKKI den Auftrag erhalten, für längere Zeit nach Spanien zu gehen, um in die Leitung der Internationalen Brigaden einzutreten. Er sprach nur vom Krieg.

Merker, der sich nur noch selten ausführlicher äußerte, sagte versonnen: Damit haben sie uns ein schönes Ding eingebrockt.

Für mich selbst waren die Moskauer Vorgänge weder sonnenklar noch leicht zu nehmen. Ich hatte früher versucht, die tieferen Ursachen der inneren Auseinandersetzungen in der Sowjetunion zu verstehen; von einer vorwiegend gefühlmäßigen ablehnenden Stellungnahme gegen die Haltung der Bolschewiki im Kronstadter Aufstand und gegenüber ihren parteipolitischen Gegnern aus andern Gruppierungen der Arbeiterbewegung, zu der ich mich in den Jahren meiner Zugehörigkeit zur freien sozialistischen Jugendbewegung bekannt hatte, hatten mich meine Sympathien für die Grundsätze des sozialistischen Sowjetsystems und der Wille, Positives zur Gewinnung der Arbeiterklasse für den revolutionären Sozialismus zu leisten, dazu geführt, in der Sowjetunion *den* entscheidenden Aktivposten der sozialistischen Arbeiterbewegung zu sehen, dessen Verteidigung und Schutz notwendig seien, um sowohl die Durchführung sozialistischer Maßnahmen im Innern zu fördern, als auch der internationalen Arbeiterbewegung eine wesentliche moralische Stütze zu erhalten. Zwar vermied ich weitgehend, an der zeremoniellen Lobhudelei Stalins teilzunehmen, aber es war – ungeachtet meines innern Abstands gegen die aufdringliche Plumpheit der offiziellen Propaganda – meine Auffassung, daß es notwendig sei, die unter seinem Namen geführte Politik als eine von dem Willen zur Erhaltung und zum sozialistischen Ausbau Rußlands getragene Politik anzuerkennen, weil die Sowjetunion letzten Endes doch die entscheidende Stütze im Kampf der internationalen Arbeiterklasse gegen die Reaktion sein würde. Mit diesem realistischen Akzeptieren verband sich meine Abneigung gegen die mir oft manisch vorkommende Agitation der von der Kommunistischen Internationale abgesplitterten Gruppen und Sekten, in deren Argumentation ich allzu viele Ressentiments gescheiterter und enttäuschter Mitbewerber um die Macht finden zu müssen glaubte. Ich gab mich keinen Illusionen darüber hin, daß die Sowjetunion ein sozialistischer oder demokratischer Idealstaat sei; ich war mir der Entwicklung, die sie von der Oktoberrevolution an durchgemacht hatte, bewußt und versuchte nicht, mir oder andern einreden zu wollen, so und nicht anders müsse sich die Entwicklung zum Sozialismus vollziehen. Aber sowohl die sture Intransigenz der offiziellen Sozialdemokratie gegenüber dem lebendigen Sozialismus als auch die furchtbare Wirklichkeit der faschistischen Diktatur und ihr entsprechende Tendenzen in andern Ländern schienen mir den konsequenten Sozialisten die Verpflichtung aufzuerlegen, sich vor und neben die Sowjetunion zu stellen, sei es auch nur, um dem Antibolschewismus der nazistischen und imperialistischen Reaktion die Stirn zu bieten. Daß die »nationalen« Tendenzen in der Sowjetpolitik die Kluft sowohl zwischen Rußland und der Arbeiterbewegung als einem Ganzen, als auch zwischen den Kommunistischen Parteien und den andern Richtungen der Arbeiterbewegung erweitern mußten, verstand ich wohl; aber in meinen Bemühungen, die Sowjetunion nicht zu verlieren, ging ich so weit, mir vorzustellen, daß die notwendigerweise einmal eintretende Demokratisierung dieses Landes die Kluft wieder verringern müßte. Tendenzen zur Demokratisierung suchte ich in der vorgelegten neuen Verfassung zu finden, in denen ich auch Gegengewichte gegen die Auswüchse der Bürokratisierung sehen zu dürfen meinte. Kurz: Mir schien die Möglichkeit gegeben, daß Rußland, dessen Oktoberrevolution einst zum Ausgangspunkt einer viele Länder umfassenden sozialistischen Revolution gegeben gewesen zu sein schien, nach dem Ausbleiben der proletarischen Revolutionen in entscheidenden andern europäischen Ländern und nach tiefen Rückschlägen im eigenen Lande, seine nationale Revolution zu Ende führen und als demokratisches Land mit sozialistischen Tendenzen eine bedeutende Stütze für alle fortschrittlichen Kräfte der Erde bilden könnte. – In dem verhältnismäßig Wenigen, das ich über den Prozeß hatte erfahren können, bevor ich nach Moskau kam, glaubte ich den Ausdruck einer summarischen Abrechnung der herrschenden Kreise mit den im Kampfe um die Macht unterlegenen Mitbewerbern sehen zu müssen. Die darin zur Geltung kommende Tendenz erschütterte mich. Ich erkannte in ihr die Gefahr einer neuen rückschrittlichen Entwicklung, vermochte nicht, die Abstempelung und Vernichtung alter Revolutionäre als Verbrecher zu feiern, betrachtete das Ganze als Tragödie und klammerte mich um so mehr an die Hoffnung auf die ausgleichenden Wirkungen der demokratischen Tendenzen in der neuen Verfassung.

In Moskau selbst war es damals schwer, sich politisch über die dortigen Vorgänge zu informieren. Die meisten Menschen zogen es vor, sich etwas erzählen zu lassen, statt selbst etwas auszusagen. Und man war doch auf private Informationen angewiesen, weil die Presse und die Literatur nur die offiziellen Darstellungen wiedergaben. Zu einfachen russischen Menschen hatte ich damals noch keine Beziehungen. Von den in Moskau ansässigen Ausländern waren nur die allervorsichtigsten und sehr allgemein gehaltenen Äußerungen zu bekommen. Ja, in Wirklichkeit konnten die meisten auch gar nichts anderes, als das, was sie gelesen oder im engen Kreis gehört hatten, wissen. Aber das Wenige, das sie wußten, scheuten sie sich auszusprechen. Nach ihrer Meinung wagte ich schon gar nicht zu fragen.

Während der Zeit vor und zwischen den Tagungen, in denen die deutschen Fragen behandelt wurden, las ich einige Neuerscheinungen, unter denen auch ein Band Erzählungen von Andor Gabor war; die Erzählungen behandelten Themen und Ereignisse aus dem antinazistischen Kampf in Deutschland. Zu Ulbricht und Dengel sprach ich über meine Meinung zu diesen Erzählungen und schrieb eine Kritik, die nach einiger Zeit in der »Deutschen Zentralzeitung« erschien. Für mich handelte es sich dabei um eine rein literarische Angelegenheit, in der ich glaubte, meine Auffassung schreiben und vertreten zu müssen. Aber die Wirkung der Kritik war eine ganz andere, als die beabsichtigte. Gabor und sein Freund Georg Lukazc wandten sich an den deutschen Vertreter beim EKKI und forderten eine Klärung in einer Schriftstellersitzung. Dort stellte es sich heraus, daß sie von der fixen Idee besessen waren, ich sei von ihren Feinden ausgenützt worden, die diesen Artikel lanciert hätten, um die Vernichtung Gabors herbeizuführen. Sie betrachteten die Redakteurin der DZZ, Annenkowa, als den Urheber dieses Schlages, und sie brachten mich in Kombination zu Bredel und Huppert, die als Verbündete der Annenkowa bezeichnet wurden. Die literarischen Fragen spielten in dieser Diskussion nur die Rolle von Mitteln im politischen Intriguenkampf. Man rückte vom »Volksfeind« Ottwald ab, der einige Zeit vorher verhaftet worden war, ehedem die Rolle eines geistigen Zentrums unter den deutschen Schriftstelleremigranten in Moskau gespielt hatte, und als dessen Entlarver sich die Einzelnen nun hinzustellen suchten. Mit meiner Kritik hatte das alles nichts zu tun, aber ich mußte lernen, zu verstehen, daß diese Menschen in einer ganz andern Vorstellungswelt lebten. Für sie war bereits alles, das geschah, ein Glied in einer Kette, deren Anfang sie nicht kannten (weshalb sie aber um so eifriger beteuerten, ihn genau zu kennen und zu verstehen), und als deren Ende ihnen – so weit es die einzelnen Personen betraf – die von ihren Feinden (die im Dienste der »Volksfeinde« standen) angestrebte Verhaftung ihrer eigenen Person erschien, der die meisten dadurch zu entgehen suchten, daß sie »Material« zur Verhaftung ihrer Feinde lieferten. In diesem Falle war unbestreitbar, daß ich überhaupt keine Beziehungen zu Annenkowa gehabt hatte, und daß der Artikel einfach meine persönlichen Ansichten wiedergegeben hatte. Gabor erklärte mir noch 1940, daß er seit diesem Vorkommnis nicht mehr schriftstellerisch produktiv gewesen sei, weil er befürchtet hätte, dadurch Anlaß zu »Maßnahmen« zu geben.

Weber, der seit der Parteikonferenz deutscher Vertreter beim EKKI gewesen war, machte auf mich den Eindruck eines geprügelten und kopfscheu gewordenen Menschen. Er bereitete sich auf seine Abreise vor und schien von der Aussicht, wegkommen zu können, erleichtert zu sein. Allmählich erfuhr ich einiges über die Vorgeschichte, die seiner Depression zugrunde lag. In den Versammlungen der Mitarbeiter des Apparates des EKKI, die unmittelbar nach dem Bekanntwerden der Verhaftungen Davids und anderer abgehalten worden waren, hatte auch Weber sogenannte bolschewistische Selbstkritik üben müssen. Das bedeutete in diesem Falle, daß er sich dafür an die Brust zu schlagen hatte, nicht durch eigene Wachsamkeit zur Entlarvung des Volksfeindes David beigetragen zu haben, und nachträglich auf alle denkbaren Eigenschaften oder Handlungen Davids als auf Glieder in der Kette seiner Verbrechen einzugehen. Weber hatte jedoch gesagt, daß weder er noch irgendein anderer geahnt habe, daß der Genosse David ein volksfeindlicher Terrorist sei. Manuilski hatte mit einer scharfen Zurechtweisung Webers, wegen des Wortes Genosse in Verbindung zum Namen David, das Signal zu einer sich rasch bis zum Siedepunkt steigernden Entrüstung gegen Weber gegeben. Weber stammelte in seiner Verwirrung, daß er natürlich gemeint habe: Der ehemalige Genosse David. Manuilski hetzte jedoch sein Wild noch weiter, indem er deklarierte, daß von David auch nicht als von einem ehemaligen Genossen die Rede sein könne. Nach der Versammlung wurde Webers Verhalten zum Gegenstand von Artikeln der »Wandzeitung« des Kominternapparats gewählt. Manche suchten zu beweisen, daß sein Ausdruck nicht nur als »falscher Zungenschlag« bewertet werden könne. Weber war damit als deutscher Vertreter unmöglich geworden.

Aus diesen Erzählungen und Ereignissen lernte ich allmählich verstehen, weshalb man keine oder nur ausweichende Antworten auf seine Fragen bekommen konnte.

Bevor die Beratungen der deutschen Frage eröffnet wurden, fragte ich Ulbricht nach den Grundlinien seines Berichts. Er antwortete, daß er noch bei der Ausarbeitung sei, und ich könne doch wohl nicht glauben, daß er so dumm wäre, etwas niederzuschreiben, bevor er von Dimitrow, Manuilski, Ercoli und Kuusinen herausbekommen hätte, welche Fragen diese stellen wollten. Er war in der Tat ein unübertrefflicher Praktiker. Die offiziellen Beratungen verliefen steif und zeremoniell. Ulbricht erwähnte nicht einmal die Gegensätze, und ich mußte selbst in einigen Diskussionsreden versuchen, meinen Standpunkt herauszuarbeiten – ohne daß jemand in der Diskussion darauf eingegangen wäre. Wahrscheinlich wurden alle diese Fragen in einer engen Kommission behandelt, deren Zusammenkünfte den Hauptteil der Zeit in Anspruch genommen haben, über deren Tätigkeit ich aber erst am Schluß in der Form einer Art von Urteilsspruch unterrichtet worden bin – ohne daß ich an dieser Schlußsitzung selbst teilnehmen durfte! Mich hatte man in eine Kommission abgeschoben, in der die Erfahrungen und Lehren der organisatorischen Arbeit der illegalen Parteiorganisationen im Lande selbst behandelt und verarbeitet werden sollten. Losowsky gehörte dieser Kommission an. Ihm hatte ich einmal ausführlich über die Arbeitsmethoden und Methoden des politischen und gewerkschaftlichen Kampfes im Lande zu berichten, worauf er nach stundenlangem Frage- und Antwortspiel gestand, daß er nicht imstande sei, die wirklichen Verhältnisse in Deutschland zu verstehen. Er könne nicht begreifen, daß man die »Gelben«, nachdem sie zur herrschenden Partei geworden seien, nicht ebenso behandle, wie die Arbeiterbewegung früher diese Gelben behandelt hatte.

Nach Schluß der »Beratung« wurde mir in einer Sitzung, an der Pieck, Florin, Ulbricht, Dengel und Nuding teilnahmen, eröffnet, daß beschlossen worden sei, die Führung der Partei enger zu gestalten. Das vom Zentralkomitee gewählte Politische Büro sei aufgelöst und durch ein kleines Sekretariat ersetzt worden, in dem ein Genosse die persönliche Verantwortung und Leitung innehaben sollte. Ackermann werde künftig als Mitarbeiter dieses Sekretariats fungieren, während ich in Moskau zu verbleiben hätte. Ich sollte eine Untersuchung durchmachen, Pieck habe aber durchgesetzt, daß ich gleichzeitig als Referent in Ercolis Sekretariat die deutschen Fragen bearbeiten sollte. Ebenso sei beschlossen worden, daß die Untersuchung – weil ich Mitglied des Zentralkomitees sei – unter seiner Anteilnahme vor sich gehen sollte. Am Schluß wurde ich gefragt, ob ich mit diesen Beschlüssen einverstanden sei. Als ich schroff verneinte, erntete ich bewegte Entrüstung vor allem seitens Florins und des neuen deutschen Vertreters Dengel.

Von der vom VII. Kominternkongreß statutengemäß festgelegten Selbständigkeit der Parteien in organisatorischen und Kaderfragen war nach einem Jahr so viel übrig geblieben, wie es diese knappen Feststellungen zeigen. Die von der Parteikonferenz gewählte Kontrollkommission war bereits früher durch eine Mitteilung des EKKI in den Ruhestand versetzt worden; sie wurde nun als aufgelöst bezeichnet, weil sie unter den Verhältnissen der Illegalität doch nicht die Befugnisse einer Kontrollkommission auszuüben vermöchte.

So weit es mein eigenes Schicksal betraf, verstand ich damals, daß ich – wenn überhaupt – erst nach langer Zeit wieder von dort weg kommen würde.

Die mir zugewiesene Arbeit war eigentlich eine Formalität. Ercoli erklärte von vornherein, er wünsche nur Informationen über die politische und ökonomische Entwicklung in Deutschland, während er nicht wünsche, daß ich meine Aufmerksamkeit auf die operative Tätigkeit der Partei konzentrieren sollte. Nur selten fragte er oder Dimitrow um Auskunft über politische oder wirtschaftliche Zusammenhänge; mit Ercolis Gehilfen Smoljansky hatte ich nur wenig Berührung, seine Tage waren zudem damals schon gezählt. Ercoli war einverstanden damit, daß ich vor dem deutschen Sektor der Leninschule Vorlesungen über die wirtschaftliche Entwicklung in Deutschland, den Kampf gegen die nazistische Ideologie und Probleme der Massenarbeit unter den Bedingungen der nazistischen Diktatur hielt, und daß ich Arbeitsgemeinschaften mit den Schülern durchführte, in denen diskutiert, Zeitungen studiert, Flugblätter und Zeitungen geschrieben wurden. Dieser Arbeit habe ich während eines halben Jahres viel Zeit gewidmet. Mit Christel Wurm, der Lektor und Sektorleiter war, begann ich die gemeinsame Arbeit des Sammelns von Grundmaterial für eine Untersuchung des deutschen Kapitalismus. Eine Studie über die Bedingungen und Erfahrungen betrieblicher Bewegungen der Arbeiter unter dem Nazismus schrieb ich zum Gebrauch der Schüler.

Der Verkehr mit den Schülern gab mir nicht nur Gelegenheit zum Umgang mit einigen lebendigen und interessierten Menschen, der die Isolierung, in der ich mich anders als einer – der nicht hatte wieder wegfahren dürfen – befand, ein wenig minderte, er gab mir auch die Genugtuung, manchen von ihnen, die wieder ins Land fahren würden, einiges von meinen Erfahrungen und Kenntnissen vermitteln zu können. Daß die Überwachung seitens der Leitungsorgane der Schule und ihrer Zuträger im deutschen Sektor mißtrauisch und bösartig war, mußten Wurm und ich wiederholt feststellen. Wurm hat die damals herrschende Atmosphäre endgültig seine angegriffene Gesundheit verdorben. Er bekam während eines gehässigen Angriffs, der im Rahmen der »Samokritika« gegen ihn durchgeführt wurde, einen Schlaganfall, von dem er sich nicht wieder vollständig erholen konnte.

Durch Lotte, die am 2. Mai in Moskau eintraf, konnte ich mir ein Bild davon machen, in welcher Weise die nach Paris zurückgekehrten Ulbricht und Nuding dort noch nach Brennmaterial zu meinem Scheiterhaufen gesucht hatten. Die hundsföttische Art, in der Flieg ihre Reise hatte bewerkstelligen lassen, war ein Anzeichen mehr dafür, daß ich für jene schon ein »toter Mann« war. Lotte und ich richteten uns in dem winzigen Zimmer, das uns zur Verfügung gestellt wurde, häuslich ein und beschlossen, uns ehrlich und anständig durchzuschlagen, was auch kommen möge.

In den sogenannten Parteiversammlungen der Mitarbeiter des EKKI-Apparats, im Gebäude der Komintern, in den Korridoren des Hotels Lux breiteten sich damals ein panischer Schrecken, eine hysterische Angst vor einer ungreifbaren und doch so gut wie unentrinnbaren Gefahr aus. Wenn im Büro einer der Mitarbeiter nicht zur Arbeit erschienen war, nahmen seine Kollegen an, er sei in der Nacht durch die »Organe des NKWD« verhaftet worden. Sofort ergaben sich für jeden Einzelnen zahllose Fragen: Wie wird das Verhältnis des Verhafteten zu mir vom NKWD ausgelegt werden? fragte sich wahrscheinlich jeder im Stillen. Äußerlich aber war jeder bestrebt, entweder unberührt zu erscheinen oder zu zeigen, daß er diese Verhaftung seit langem erwartet habe. Niemand wollte engere persönliche Beziehungen zu einem Verhafteten gehabt haben. Und weil in den sogenannten Parteiversammlungen der Abteilungen und des gesamten Apparats die persönlichen Verhältnisse und Beziehungen jedes Einzelnen schonungslos und schamlos ausgebreitet, nachträglich bewertet und zu Gegenständen wochenlanger Diskussionen gemacht wurden, waren alle bestrebt, ihre persönlichen Beziehungen zu andern auf das notwendige Minimum zu beschränken. Jeder war bestrebt, sich von den meisten andern in einem sicheren Abstand zu halten. Hinter Besuchen witterte man die Absicht des Besuchers, etwas Spezielles in Erfahrung bringen zu wollen. Fast alle verleugneten frühere Freunde, zitterten vor der Möglichkeit, einer ihrer Verwandten könnte beschuldigt oder verhaftet werden, wodurch sie selbst automatisch zum Gegenstand von Untersuchungen und Beschuldigungen würden. Jeder suchte im Stillen nach entlastenden Erklärungen für frühere Freundschaften, Zusammentreffen und Ereignisse, aus denen ihm nun Gefahren erwachsen könnten. In den sogenannten Parteiversammlungen aber waren fast alle einig in der Forderung nach schonungsloser Ausrottung der Volksfeinde, während sie in zunehmenden Maße einander mangelnder Wachsamkeit, unzulässigen Liberalismus und der früheren Zugehörigkeit zu dieser oder jener Gruppierung bezichtigten.

Es würde ein besonderes Buch erfordern, wollte ich das damals Erlebte und Beobachtete jetzt ausführlich beschreiben und analysieren. Ich muß mich auf einige Beispiele beschränken.

In einem Zimmer des Lux hielt sich während etwa 6 Wochen der polnische Parteifunktionär Henrikowsky auf. Er war aus dem Auslande zur sogenannten Berichterstattung gekommen und hatte bald genug feststellen müssen, daß die meisten seiner polnischen Kameraden nicht mehr auffindbar waren. Lensky, der mit ihm zu den seit Jahren im Vordergrund stehenden polnischen Parteiführern gehörte, war vor ihm in Moskau eingetroffen und bereits verschwunden. Henrikowsky verließ sein Zimmer nur ab und zu des Abends, um sich einige Lebensmittel zu kaufen. Diejenigen, die von seiner Anwesenheit in Moskau wußten, erwarteten allmorgendlich, daß ein Siegel an der Tür des von Henrikowsky bewohnten Zimmers anzeigen würde, daß er in der vorhergehenden Nacht von NKWD abgeholt worden war. Inzwischen »lebte« er selbst in der fürchterlichsten Isolierung. Schließlich erschien das Siegel an der Tür. In Parteiversammlungen der Komintern wurden Lensky, Henrikowsky und andere leitende polnische Funktionäre nach ihrem Verschwinden als Agenten und direkte Beauftragte Pilsudskys bezeichnet. Es wurde die fantastisch anmutende Geschichte von einem führenden polnischen Funktionär erzählt, der schon 1920 im geheimen Auftrag Pilsudskys sich in die Führung der polnischen Partei eingeschlichen habe, und dessen wirkliche Rolle erst nach über 15 Jahren aufgedeckt worden sei. Nunmehr wurden die Auseinandersetzungen, die in der Vergangenheit sich in der polnischen Partei abgespielt hatten, »umgewertet«, das heißt, sie wurden zu Kapiteln eines großen Kriminalromans, in dem alle handelnden Personen Verbrecher oder im Dienste von Verbrechern stehende Agenten gewesen waren. Alle politischen Auseinandersetzungen wurden kriminalisiert. Jedem Beteiligten wurde die Rolle eines Verschwörers im Dienste irgendeiner feindlichen Macht zugeschrieben. Der Kampf zwischen verschiedenen Richtungen innerhalb der polnischen Partei wurde teils als Kampf zwischen konkurrierenden Agenten feindlicher Mächte, teils als von Pilsudsky im Hintergrund geleitetes Spiel ausgelegt, bei dem es um die Vernichtung der polnischen Arbeiterbewegung und darum gegangen sei, mittels der Emigration in die Sowjetunion einzudringen, um auch dort Zersetzungsarbeit zu leisten. Krajewsky, der frühere Leiter der Kaderabteilung des EKKI, der inzwischen auf einen unbedeutenden Posten in der sogenannten Schulungsarbeit abgeschoben worden war, wurde in den Parteiversammlungen als ehemaliger »Rechter« beschuldigt. Gerade weil er nicht zu den politischen Freunden Lenskys und Henrikowskys gehört hatte, wurde er nun als besonders gefährlicher und gerissener Agent bezeichnet. Nach seiner Verhaftung wurde triumphierend berichtet, daß man in seinem Schrank im Arbeitszimmer einen Revolver gefunden habe. Ludkewitsch, ein Schriftsteller, wurde nach seinem Verschwinden beschuldigt, zusammen mit dem ebenfalls verhafteten Ungarn Bela Iles, eine besondere Richtung innerhalb der sowjetischen Schriftsteller organisiert zu haben, deren Wirksamkeit gegen den »sozialistischen Realismus« innerhalb der Sowjetliteratur gerichtet gewesen sei. Karolsky, der in seiner Eigenschaft als Referent beim EKKI und Mitarbeiter der Zeitschrift »Kommunistische Internationale«, sich durch einen besonders sturen Eifer in der Durchführung der von oben gegebenen Direktiven ausgezeichnet hatte, wurde nach seinem Verschwinden als Terrorist bezeichnet. Einer der letzten, die verschwanden, war der alte Waletzky. Allen diesen und vielen hier nicht erwähnten andern Polen gegenüber wurde das polnische Mitglied des Präsidiums des EKKI (er wurde, wenn ich mich nicht irre, Bronsky genannt) als Muster eines stahlharten Bolschewiks gepriesen. Er konnte sich nur mit Hilfe zweier Stöcke bewegen, eine Folge im Gefängnis ausgestandener Torturen und erlittener Verwundungen. Am Schluß verschwand auch er, und er wurde nachträglich als ein besonders gefährlicher Agent bezeichnet. – Mit allen hier genannten Polen – ausgenommen Bronsky – war ich in früheren Jahren in Berührung gekommen. Lensky und Henrikowsky hatten 1931/32 in Berlin Fühlung mit der deutschen Parteileitung gehabt und einige Male Dahlem, Sawatzky und mir über ihre Erfahrungen auf den Gebieten der illegalen Organisationen und des Gewerkschaftskampfes berichtet. Krajewsky hatte ich 1935 über Kaderfragen und Verhaftungen im Lande berichtet. Ludkewitsch hatte ich in Gagri kennen gelernt, wo er mich – als die Nachricht von Pilsudskys Tod eingetroffen war – aufgefordert hatte, mit ihm eine Flasche Wein zu trinken, weil Pilsudskys Tod als große Erleichterung für den Kampf der polnischen Arbeiterklasse gefeiert werden müßte. Karolsky hatte mich im Saargebiet aufgesucht, um unmittelbare Eindrücke für einen dem EKKI zu erstattenden Bericht zu sammeln. Waletzky war mir durch seine Schriften als eine Verkörperung der alten polnischen Arbeiterbewegung erschienen, und als ich in Moskau Gelegenheit bekommen hatte, ihn als einen Pieck untergeordneten Mitarbeiter zu sehen und zu hören, wurde ich zu Vergleichen dieser beiden Veteranen angeregt, bei denen Waletzkys Intelligenz und Wissen mir noch augenfälliger wurden. Alle diese »Agenten Pilsudskys« waren Funktionäre, die mit den Nuancen, die sich aus ihrem politischen Werdegang, ihrem Bildungsgrad und ihren persönlichen Eigenschaften ergaben, der Kommunistischen Internationale zu dienen suchten. Lensky wirkte diplomatisch und juristisch, Henrikowsky als Organisator mit umfassenden Erfahrungen, Krajewsky ein wenig pedantisch aber grundehrlich; Ludkewitsch schien bitter zu sein wegen der ihm aufgezwungenen Zuschauerrolle in den Angelegenheiten seines Heimatlandes, Karolsky wirkte wie die Verkörperung des schneidigen Kominternfunktionärs, während Waletzky durch seine Selbstironie und witzigen Bemerkungen sogar dem alltäglichen Grau der bürokratischen Praxis Farbe zu verleihen vermochte. Ließ sich bei der Vernichtung dieser Funktionäre eine »Linie« feststellen? Offiziell und nachträglich wurden sie jedenfalls alle auf den Nenner

»Agenten Pilsudskys« gebracht. Aber die Staatlichen Organe, die diese Funktionäre verhaftet hatten, haben niemals verlauten lassen, welche Anschuldigungen konkret gegen diese Funktionäre erhoben würden. Gerichtliche Urteile oder Urteilsbegründungen wurden niemals veröffentlicht oder mitgeteilt. Es blieb den »Parteiversammlungen« überlassen, nachträglich und rückwirkend herauszufinden, beziehungsweise zu erfinden, welche Momente aus dem Leben und der Tätigkeit der Verschwundenen Anlaß zur Verhaftung oder »Liquidierung« gegeben haben konnten. Dabei galt als Axiom, daß NKWD sich niemals irre, und daß Verhaftungen nur durchgeführt würden, wenn NKWD das erdrückende Beweismaterial in Händen hätte.

In der Kaderabteilung war, nach Krajewskys Versetzung, ein Russe namens Alechanow als Chef eingesetzt worden. Er arbeitete eine Zeit lang mit dem aus Krajewskys Zeit zurückgebliebenen Kaukasier Tschernomordik zusammen, bis dieser ebenfalls verschwand. Alechanow selbst verschwand nach einigen Monaten auch. Es wurde behauptet, daß er früher – als er Funktionär in Leningrad gewesen war – zur Richtung Sinowjews gehört und sogar eine Broschüre verfaßt habe, in der Sinowjews Standpunkt vertreten worden sei. Diese seine Rolle habe er durch Verschweigen in Vergessenheit zu bringen gesucht.

Smoljansky, früher Knorins und später Ercolis politischer Gehilfe, blieb eines Tages aus. Nachträglich wurde behauptet, er sei – als früherer linker Sozialrevolutionär – ein Terrorist gewesen, der am Attentat auf den deutschen Gesandten Mirbach beteiligt gewesen sei. Ob das den Tatsachen entspricht, ist nicht wesentlich, denn Smoljansky hatte ja inzwischen anderthalb Jahrzehnt unter der Kontrolle der Behörden und der Parteiinstanzen gearbeitet. Die Versuche zu nachträglichen Erklärungen der möglicherweise bei der Verhaftung ausschlaggebend gewesenen Faktoren sind nur insofern interessant, als sie zeigen, mit welchen Rechtsbegriffen man es damals zu tun hatte, und wie die jeweils noch von den Verhaftungen verschont gebliebenen Leute versucht haben, sich die Vorgänge zu erklären, wobei sie selbst in steigende Panik versetzt wurden. (Wenige Tage vor Smoljanskys Verhaftung hatte ich ihn im Vorzimmer Ercolis an einem Fenster stehen gesehen, während auf der Straße eine Kavalkade von Automobilen vorübergefahren war, in denen irgendwelche von einem Fernflug zurückgekehrten und gefeierten Flieger zum Kreml gebracht wurden. Die Fenster hatten, auf strenge Anordnung des Direktors des Kominterngebäudes, verschlossen bleiben müssen.)

In einer »Parteiversammlung« von Mitarbeitern zweier Sekretäre des EKKI, von deren Teilnahme ich mich nicht (wie ich es meist versuchte) hatte ausschließen können, erlebte ich, wie Funktionäre aus Parteien baltischer Länder und einige russische Funktionäre die »bolschewistische Selbstkritik« bis zum Flagellantismus steigerten. Nacheinander bewiesen drei Funktionäre, die in früheren Versammlungen angegriffen und unter Druck gesetzt worden waren, daß ihre eigentlichen Fehler in nicht durchgeführten Handlungen und nicht geäußerten Meinungen bestanden hätten. Einer versuchte zu erklären, daß er auf Grund früher in seinem Innern verborgen gebliebener Auffassungen vor vielen Jahren eigentlich für eine damalige Opposition hätte eintreten müssen, was er aber – aus Schwäche – unterlassen habe. Dadurch, daß er überhaupt nicht hervorgetreten sei, hätte er dazu beigetragen, daß seine eigenen früheren falschen Auffassungen verborgen geblieben und nicht zur Kenntnis der Partei gekommen seien. So weit war die hysterische Panikstimmung fortgeschritten.

Kurze Zeit nach Smoljanskys Verhaftung wurde in einer »Parteiversammlung« die »Frage Petermann« auf die Tagesordnung gestellt. Das Ehepaar Petermann waren zwei junge deutsche Parteimitglieder, die schon vor vielen Jahren in die Sowjetunion gekommen waren und dort mit Büroarbeiten technischer Art im Apparat der Komintern beschäftigt wurden. In seinen Händen lag die Verwaltung der Sekretärobliegenheiten technischer Art für Knorin und später Ercoli; sie war als Stenographin und Schreibmaschinistin tätig. Der »Parteiversammlung« wurde von einem russischen Funktionär ein Bericht über die Personalien Petermanns und seiner Frau vorgelegt. Er wurde wegen seiner sozialen Herkunft als Abkömmling eines Kapitalisten qualifiziert, seine Verbindungen zum Faschismus wurden durch die Zugehörigkeit seines Bruders zur Hitlerjugend als erwiesen angesehen. Gestützt auf diese beiden Argumente wurde eine Anzahl weiterer Vergehen Petermanns konstruiert. Ihm wurde beispielsweise als Belastung angerechnet, daß er im Briefverkehr mit Familienangehörigen gestanden hatte, so lange das postalisch möglich gewesen war. Es wurde die Frage gestellt, wieso gerade er habe Mitglied der russischen Partei werden können (die Überführung eines Mitglieds von einer kommunistischen Partei in die russische Partei war vor 1933 möglich gewesen, wenn die betreffende Partei die Überführung befürwortet hatte). Kurz: In der Familie Petermann waren zwei Volksfeinde verborgen, die entlarvt werden mußten. – Dies war die einzige »Parteiversammlung« in der ich gesprochen habe. In stundenlangen Auseinandersetzungen habe ich versucht, die willkürlichen Konstruktionen des Parteianklägers zu widerlegen. Petermanns Vater war ein arbeitslos gewordener kaufmännischer Angestellter gewesen, der sich, als er keine Anstellung mehr erwarten durfte, zusammen mit einem anderen »selbständig« zu machen versucht hatte. Die Mitgliedschaft des Bruders in der Hitlerjugend war – abgesehen davon, daß Petermann seinen Bruder seit Jahren nicht gesehen hatte, und daß er grundsätzlich überhaupt nicht für seines Bruders Handlungen oder Ansichten verantwortlich gemacht werden durfte – eine der üblichen Pflichtmitgliedschaften. Im Briefverkehr Petermanns mit seinen Eltern und Verwandten war nichts Unverständliches zu suchen, wenn man bedachte, daß Petermann schon einige Jahre vor der Errichtung der Nazidiktatur in Deutschland von dort weggegangen war und während dieser Jahre in ganz legitimem Briefverkehr gestanden hatte. In diesem Falle – es ist der einzige mir bekannte Fall – nahmen die russischen Parteimitglieder (die in diesen »Parteiversammlungen« allein stimmberechtigt waren, während die Mitglieder der »Bruderparteien« zwar zum Besuch gezwungen wurden, aber kein Stimmrecht besaßen) von den Anklagen Abstand. Petermanns Ausschluß wurde nicht beschlossen. Er wurde dennoch einige Wochen später verhaftet, ebenso wie seine Frau. Wenn nicht schon vorher der damalige Ankläger selbst verhaftet worden wäre, wie es tatsächlich geschehen ist, hätte die »Parteigruppe« nach Petermanns Verhaftung wahrscheinlich in hysterischer Selbstprüfung alle die zu verdammen versucht, die sich seiner Zeit gegen die Anklagen ausgesprochen hatten.

Ganz besonders weite Kreise zogen die Verhaftungen innerhalb des internationalen Verbindungsapparats der Komintern, der mit einer Abkürzung, die sich aus den Anfangsbuchstaben der russischen Bezeichnung zusammensetzt, »Oms« genannt wurde. Nach der Verhaftung des früher allmächtigen Chefs, Abramow, war der neue Chef – ein mit dem »Orden der Roten Fahne« ausgezeichneter Teilnehmer am Kampf gegen die japanische Intervention – mit der Aufdeckung von Abramows Verbindungen und mit der »Säuberung« des Apparats beschäftigt. Er wurde in den allgemeinen »Parteiversammlungen« als eherner Bolschewik gefeiert, bis er selbst nach einigen Monaten verhaftet worden war, worauf die überlebenden Reste seines Apparats dazu übergingen, nachzuweisen, daß er schon früher Anlaß zu Verdacht gegeben hätte. Es dauerte nur einige Tage, bis von ihm allgemein als von einem japanischen Spion gesprochen wurde.

Um solche jähen Umschwünge verständlich zu machen, verbreiteten die russischen Parteimitglieder Erzählungen aus Bürgerkriegszeiten und versuchten besonders an einem Beispiel eines Letten, der Mering genannt wurde, zu zeigen, wie es unter den Bürgerkriegsverhältnissen möglich gewesen sei, daß ein Angehöriger einer weißen Truppe sich später als Angehöriger einer im selben Gebiet im Kampf gewesenen roten Abteilung habe ausgeben können; wie insbesondere Überläufer es leicht gehabt hätten, durch Angaben zu verblüffen, die es glaubwürdig erscheinen ließen, daß der Betreffende wirklich dort Angehöriger der roten Truppen gewesen sei. Ob diese Berichte auf die betreffenden Personen zutrafen, ließ sich nicht kontrollieren. Immerhin enthielten solche Erzählungen eine gewisse Erklärung für das Verhalten mancher Russen inmitten dieser Psychose.

Die offiziellen Organe der Komintern, besonders die IKK, betrieben – parallel zu den von den Staatsorganen vorgenommenen Verhaftungen und zum Kesseltreiben der »Parteiversammlungen«, mit dem ja nur dem Vorbild der »Parteiversammlungen« in den russischen Betrieben und Institutionen nachgeeifert wurde – eine eigene Untersuchungs- und »Säuberungs«-Aktion. Genossinnen, die beispielsweise aus Oms entfernt worden waren, weil sie dort unter Abramow oder seinem Nachfolger angestellt gewesen waren, wurden durch die IKK weiter untersucht, um in den meisten Fällen – so weit sie nicht inzwischen verhaftet worden waren – auch aus Anstellungen, die sie bei einem Verlag gefunden hatten, verdrängt zu werden. Lotte Thiele, die mit ihrem Kind nach Moskau gekommen und bei Oms beschäftigt worden war, mußte sich nach ihrer Entfernung aus dieser Anstellung vor der IKK dafür verantworten, daß ihr Mann seine Freilassung aus dem deutschen KZ dadurch erkauft hatte, daß er seine Bereitwilligkeit zu Angaben über Verbindungen, die er nach seiner Freilassung aufnehmen würde, erklärt hatte. Der Mann hatte seinen Kompromiß mit der Gestapo selbst den deutschen Parteistellen in Prag zur Kenntnis gebracht. Zur selben Zeit hatten die ebenfalls freigelassenen Funktionäre Walter Barthel und Olbrisch gleichlautende Mitteilungen über entsprechende Übereinkommen mit der Gestapo gegeben. In Moskau war man davon unterrichtet worden, daß diese Funktionäre aus der Partei ausgeschlossen worden seien. Thieles Frau erfuhr in einem späten Stadium vom Verhalten ihres Mannes; sie litt außerordentlich unter diesem Schlag. Irgendwie Verbindung zwischen dem Parteivergehen ihres Mannes – den sie seit Jahren nicht gesehen hatte – und ihrer eigenen Tätigkeit bestand nicht. Ihr wurde es aber als unverzeihlich angerechnet, daß sie einmal in einem persönlichen Gespräch gesagt hatte, sie könne trotz allem nicht glauben, daß ihr Mann ein Schuft geworden sei, der wirklich die Absicht gehabt hätte, der Gestapo Handlangerdienste zu leisten. – Eine Hamburger Funktionärin Naujoks, deren Mann ebenfalls im KZ saß, wurde vor die IKK gestellt und ausgeschlossen, unter anderem weil sie Trotzkisten unterstützt hätte. Diese Unterstützung hatte darin bestanden, daß sie die Beziehungen zu ihren dem Leninbund angehörenden Eltern nicht abgebrochen und ihnen mitunter Geld gegeben hatte, weil sie unter schweren Verhältnissen lebten. Als sie beim deutschen Vertreter Dengel Einspruch erheben wollte, wurde ihr von dem die Tür gewiesen mit der Begründung, daß man mit solchen Leuten eigentlich überhaupt nicht spreche, sie müsse eigentlich schon verhaftet sein.

Daß man mit sogenannten Volksfeinden nicht sprechen durfte, daß die Frauen von angeblichen Volksfeinden nach der Verhaftung ihres Mannes automatisch Wohnung und Arbeitsplatz verloren und – falls sie der Partei angehörten – aus der Partei ausgeschlossen wurden, war zur allgemeinen Regel geworden. Im Hinterhofe des Lux war ein verfallendes Gebäude zum Wohnhaus für die Angehörigen verhafteter Luxbewohner eingerichtet worden. Ihre Personalausweise berechtigten sie nicht mehr zum Betreten des Lux selbst. Wollten oder mußten sie jemand in diesem Hause aufsuchen, hatte der Betreffende mit seinem Namen für ihren Durchlaß zu bürgen. Die meisten Luxbewohner zogen es aber vor, ihre Namen nicht in Verbindung zu den Angehörigen Verhafteter bringen zu lassen. Einige dieser Frauen hatten versucht, Unterstützung durch die Rote Hilfe zu erhalten, um überhaupt vegetieren zu können. Sie waren unter kränkenden Worten hinausgewiesen worden. Um zu verhindern, daß sie Einlaß in die Gebäude der Komintern begehrten, richtete der deutsche Vertreter im Zentrum der Stadt ein Büro ein, wo zuerst der frühere Berliner Rote Hilfe-Funktionär Dittbender und, nach dessen Verhaftung, der frühere Chemnitzer Funktionär Paul Jäckel zur Erledigung laufender Angelegenheiten, Raterteilung zur Arbeitsuche und Auskunfterteilung tätig waren. Allmählich wurden die meisten sogenannten Personalangelegenheiten deutscher Emigranten durch diese Stelle erledigt. Der deutsche Vertreter selbst suchte, so wenig wie möglich mit deutschen Genossen in Verbindung zu kommen. Er hat damals – gemeinsam mit dem in der Kaderabteilung beschäftigten Referenten »Kader-Müller« – etwa 1000 außerhalb Moskaus noch erreichbare deutsche Parteimitglieder brieflich davon unterrichtet, daß sie sich nicht mehr als Parteimitglieder betrachten und bezeichnen dürften. (Erst etwa ein Jahr später habe ich von dieser Maßnahme erfahren.) Vom sogenannten Klub ausländischer Arbeiter, der den Namen Thälmanns trug und früher eine Art von Zentrum für Geselligkeit und kulturelle Darbietungen gewesen war, zog sich der deutsche Vertreter selbst fast ganz zurück. Nachdem ich – unter Hinweis auf meine sonstige Ausschaltung aus aller operativen Arbeit und auf das gegen mich laufende Untersuchungsverfahren – abgelehnt hatte, ihn dort zu vertreten, hatte er – nach der Verhaftung des Vorsitzenden Steffen, eines früheren deutschen Gewerkschaftsfunktionärs – Paul Schwenk, Martha Arendsee und Albert Zwicker mit der Leitung der Klubarbeit beauftragt. Paul Schwenk, Albert Zwicker und einige jüngere Mitglieder wurden verhaftet, bevor der Klub aufgelöst und seine Räume geschlossen werden konnten. Die Verhaftungen hatten einen Umfang angenommen, der selbst diejenigen unsicher werden ließ, die bisher gemeint hatten, für jede einzelne Verhaftung die richtige Erklärung zu wissen. Martha Arendsee gehörte zu denen. Sie hatte alle Verhaftungen erklären können und war unermüdlich in der Verteidigung der Notwendigkeit dieser Maßnahmen. Als ihr Mann,

Paul Schwenk, verhaftet worden war, glaubte sie zunächst, es handle sich um ein Versehen, dann – um einen Racheakt irgendeines ver-
borgenen Feindes, schließlich verfiel sie einer an physische und psy-
chische Auflösung grenzenden Depression, aus der sie erst wieder
erwacht ist, als von der Möglichkeit die Rede war, Schwenk könnte
freigelassen werden. (Er wurde nach über 2½ Jahren Untersuchungshaft entlassen.)

Der Kominternapparat hatte im Sommer 1937 das bisherige Gebäude im Stadtzentrum verlassen und war nach einem neuen Gebäude außerhalb der Stadt übersiedelt, aus dem er aber nach wenigen Monaten wieder umzuziehen hatte, weil der Gewerkschaftsrat
das Gebäude beanspruchte. Vor der Übersiedlung aus dem Stadtzentrum nach der Peripherie fand, gelegentlich der in der Presse
veröffentlichten Mitteilung über die Fertigstellung eines großen
Kanalbaus, eine Versammlung aller Angestellten des Apparats statt,
die durch eine Begrüßung an den Chef von NKWD, Jeschow, ihre
Begeisterung für die mit dem Kanalbau vollbrachten Leistungen zu
demonstrieren hatte.

In einer allgemeinen Versammlung der Angestellten und Mitarbeiter des EKKI, in der während einiger Wochen Stellung zur Neuwahl des Gewerkschaftskomitees dieses »Betriebs« genommen
wurde, befand man sich gerade bei der Behandlung der Kandidatur
des deutschen Funktionärs Jule Gebhard für den Betriebsrat, als
Hugo Eberleins im Laufe der dazwischen liegenden Nacht erfolgte
Verhaftung bekannt wurde. Gebhard arbeitete unter Eberleins Leitung und war mit diesem während vieler Jahre bekannt und befreundet gewesen. Am Tage zuvor hatten in der Versammlung
Eberlein und Gebhard noch nebeneinander gesessen. Nun wurde
Gebhard in ein Kreuzverhör genommen, in dessen Verlauf nicht ein
heiles Haar an ihm geblieben ist. Er wußte über die Gründe, die zu
Eberleins Verhaftung geführt hatten, ebensowenig wie alle andern.
Dimitrow selbst hatte Eberlein am Nachmittag vor der Verhaftung
zu einer Budgetbesprechung bei sich gehabt. Gebhard aber wurde
gepreßt, um seine mangelhafte Wachsamkeit einzugestehen und
eventuell als Mitschuldiger eines Volksfeindes entlarvt werden zu
können. Seine Frau – die aus der lettischen Arbeiterbewegung stammende Funktionärin Hilde Thal, die im Auslandsdienst von Oms
tätig war – wurde einige Zeit später verhaftet. Gebhard mußte Ar-

beitsplatz und Wohnung verlassen und sich in das im Hinterhofe gelegene Haus begeben. Monate später habe ich ihn gesehen; er war völlig ergraut, zusammengefallen und gebeugt und machte den Eindruck eines verlorenen Menschen.

Ein in der internationalen Freidenkerbewegung tätiger Funktionär, Hans Mainz aus Hamburg, hatte sich zur Berichterstattung einige Zeit in Moskau befunden. Am Tage vor seiner Abreise ins Ausland hatte er eine längere, abschließende Unterredung mit Dimitrow gehabt. Am nächsten Morgen mußten die in den benachbarten Zimmern wohnenden Leute feststellen, daß er während der Nacht von den NKWD-Organen verhaftet worden war, statt die Reise antreten zu können.

Neumann, Remmele, Schulte, H. Meyer, Roberta Gropper verschwanden inmitten einer unübersehbaren Flut von Verhaftungen. Kippenberger, Hirsch, Viktor waren schon einige Zeit früher verhaftet worden.

Hermann Schubert, der seit seinem Ausscheiden aus der deutschen Parteileitung in der Exekutive der Internationalen Roten Hilfe tätig gewesen war, schickte sich während einer Präsidiumssitzung des EKKI, an der auch zahlreiche hinzugezogene Funktionäre teilnahmen, gerade an, zur Diskussion zu sprechen, als Ercoli, der den Vorsitz führte, an ihn die Frage richtete, ob es wahr sei, daß er sich geäußert habe, wie es aus einem Brief der österreichischen Rote Hilfe-Funktionärin Malke Schorr hervorgehe. In dem Brief, den Ercoli sodann verlas, schilderte Schorr eine kurze Unterredung, die sie im Korridor des Gebäudes der Roten Hilfe mit Schubert gehabt hatte. Sie habe Schubert darauf aufmerksam gemacht, daß die RH die Moskauer Prozesse in ihrer internationalen Propaganda ausnützen müsse, vor allem Trotzkis Verbindungen zu den Nazisten. Schubert habe darauf erwidert, daß man sich davon keine besondere Wirkung zu versprechen brauche, weil die Gegner ja damit argumentieren würden, daß auch Lenin mit Genehmigung der kaiserlichen Militaristen im plombierten Wagen durch Deutschland gereist sei. Schorr forderte in flammenden Worten Maßnahmen gegen Schubert, der Trotzki mit Lenin auf eine Stufe gestellt habe. Ercoli wiederholte seine kategorische Frage und forderte ein Ja oder ein Nein. Als Schubert die Umstände seines Gesprächs und den Sinn seiner Antwort an Schorr erklären wollte, wurde ihm das Wort abgeschnitten. Kurze Zeit darauf wurde er verhaftet.

Die deutschen Genossen, die bei der »Deutschen Zentralzeitung« beschäftigt waren, wurden fast ausnahmslos verhaftet. Unter ihnen war Bernhard Richter, ein alter Funktionär aus Leipzig, der als Korrektor tätig gewesen war. Aus Leningrad und besonders aus dem Wolgagebiet kamen Nachrichten, die über die Verhaftung vieler deutscher Parteimitglieder berichteten. Paul Dietrich, der in Leningrad als Redakteur an einer deutschsprachigen Zeitung gearbeitet hatte, war verhaftet worden. Der langjährige Parteirevisor Dattan aus Wuppertal, der nach schweren Erlebnissen im Konzentrationslager zu seiner in Leningrad als Bibliothekarin tätigen Tochter hatte kommen können, wurde als verhaftet gemeldet. Das Ehepaar Verner aus Chemnitz ebenfalls. Im Wolgagebiet mußte man damit rechnen, daß nahezu alle dort ansässig gewordenen deutschen Emigranten verhaftet worden waren. Willy Leow und August Creutzburg befanden sich unter den Verhafteten. Die Nachrichten kamen nur spärlich und verspätet. Die Verbindungen zur deutschen Vertretung waren schlecht. Durch Maxim Valentin, der mit seiner Frau aus dem Wolgagebiet nach Moskau gekommen war, erfuhr ich einiges über den Umfang der Verhaftungen dort.

In ähnlichem Umfange, in dem die deutschen Parteimitglieder von den Verhaftungen betroffen wurden, wurden Ungarn und Balkankommunisten in Mitleidenschaft gezogen. Gleichzeitig mit den Verhaftungen wurden zahlreiche Ausweisungen vollzogen. Irgendein System habe ich bei den sich überstürzenden und überschneidenden Maßnahmen nicht erkennen können. Alles machte den Eindruck des blindwütigen Waltens eines unpersönlichen Apparats. Parteifunktionäre, die – wie Gromulat, Gustel Meier, Reimers – aus dem Auslande gerufen worden waren, um ihre im Auftrag irgendeiner internationalen Stelle betriebene Arbeit zu übergeben, waren froh, wenn sie nach etwa acht- bis neunmonatiger Wartezeit das Land verlassen durften, beziehungsweise mußten, obwohl sie wußten, daß ihrer draußen nur die ganz unsichere Existenz als Emigranten in einem fremden Lande harrte. Andere – so Otto Wahls und Switalla – durften als Freiwillige nach Spanien reisen. Wahls war nicht einmal einer Untersuchung unterzogen worden.

Die Untersuchung, die über mich verhängt worden war, zog sich zunächst bis Mitte Juli 1938 hin. Mir wurden einmal 42 Fragen übergeben, die ich schriftlich zu beantworten hatte. Auf Grund meiner Antworten wurden dann einige der Fragen mit mir mündlich behandelt. In der Hauptsache aber wurde die Untersuchung so durchgeführt, daß ich kaum Gelegenheit bekam, ihrem Fortgang zu folgen. Die 42 Fragen betrafen meine soziale Herkunft, meinen Werdegang in der Arbeiterbewegung, Personen – mit denen ich bekannt gewesen war oder zu tun gehabt hatte, Vorgänge aus der Parteiarbeit seit 1933 – beispielsweise Thälmanns Verhaftung. Sie ließen erkennen, daß Münzenberg, Birkenhauer, Grete Wilde einen großen Teil des Materials geliefert hatten, und daß Ulbricht und Nuding nachträglich ihre Beiträge dazu gegeben haben mußten. Die Fragen, die sich auf die illegale Parteiarbeit bezogen, sollten dazu dienen, mich mit Verhaftungen in Verbindung bringen zu können, vor allem mit der Verhaftung Thälmanns. Mein Eintreten für Genossen, die ich gegen eine meiner Meinung nach ungerechtfertigte Behandlung verteidigt hatte, war zum Anklagematerial in einem weiteren Punkt verwendet worden. Kox, Goldhammer, Günter Reimann figurierten in diesem Zusammenhang. (Ich hatte im Sommer 1936 ein Verfahren, das gegen Reimann angezettelt worden war, einstellen lassen, als ich in Paris dazu Gelegenheit bekommen hatte. Nachdem Günter Reimann dann selbst aus der Partei ausgetreten war, hatte man das natürlich zum Anlaß genommen, mich der Vorschubleistung zu bezichtigen.) Politische Fragen waren in die Form von Fragen über mein Verhältnis zu sozialdemokratischen Funktionären und über Gespräche mit Politikern wie Klepper gekleidet worden. Wie und warum ich 1936 nach London gereist sei, sollte untersucht werden, obwohl sich die Reise aus einem Beschluß der Parteileitung ergeben hatte. Die Fragen stellten also ein Sammelsurium dar, ganz geeignet, mich auf lange Zeit in eine Untersuchung zu verstricken. Daß die Fragen in der Absicht gestellt und formuliert worden waren, mich nach allen Regeln der Kunst zur Strecke zu bringen geht aus folgenden Beispielen hervor. Es wurde behauptet, ich hätte mich seiner Zeit Münzenbergs Absicht widersetzt, die Schwester des Volksfeindes Ascher von ihrem Arbeitsplatz zu entfernen; ich sollte erklären, warum ich das getan hätte. – Bei einer Reise von Paris nach Saarbrücken, hätte ich während eines Zugaufenthalts eine Weinzeche für fünf Funktionäre bezahlt; es wurde gefragt, woher ich die Geldmittel dazu genommen hätte.

Im Verlauf der Untersuchung trafen Birkenhauer und später Flieg, von Paris kommend ein. Birkenhauer erhob – ohne daß ich davon eine Ahnung haben konnte – fantastische Anklagen gegen mich, wobei er die Vorgänge des Nachmittags vor der Verhaftung Thälmanns so entstellte, als hätte ich damals versucht, ihn der Polizei in die Hände zu spielen. Schwab, der etwa ein Jahr von Moskau weg gewesen war, wurde zurückgeholt und hatte wahrscheinlich gerade in dieser Sache Aufklärungen zu geben. – Nachdem sich Birkenhauer einige Monate in Moskau aufgehalten hatte, erfuhr ich in einer bei Gottwald stattfindenden Sitzung aus Dengels Munde, daß das ZK beschlossen habe, Birkenhauer zur Arbeit in der deutschen Redaktion des Moskauer Radios vorzuschlagen. Als Dengel auf meine Frage behauptete, dies habe das deutsche ZK beschlossen, erhob ich Protest gegen die Fälschungen und verlangte, daß dann zumindest erst meine Einwände gegen Birkenhauer zur Kenntnis genommen werden müßten. Gottwald stellte die Sache zurück. Birkenhauer wurde einige Zeit darauf verhaftet. – Flieg sollte, nach einer Erklärung Piecks, daß alle seine Angelegenheiten untersucht und geklärt seien, im Auftrage der Partei nach Amerika fahren, um dort die Aufbringung von Mitteln für die Unterstützung des antinazistischen Kampfes in Deutschland zu organisieren. Als ich fragte, ob Thälmanns Kassiber-Anschuldigungen auch geklärt worden seien, wich Pieck zunächst aus und meinte, ich müßte mich irren, denn Fliegs Name komme in denen nicht vor. In meiner mir vorgelegten Mappe mit Briefen Thälmanns aus dem Gefängnis, die Pieck im Besitz hatte, fehlte eben dieser – der umfangreichste und wichtigste Brief. Als ich darauf bestand, dieser Brief müsse beschafft und die in ihm enthaltenen Angaben müßten geprüft werden, gab Pieck nach einigen Tagen die Auskunft, der Brief sei im Verwahr Pjatnitzkis gewesen und dadurch mit beschlagnahmt worden. Flieg wurde nach einigen Wochen ebenfalls verhaftet.

Ob diese Verhaftungen irgendetwas mit meiner Verteidigung gegen die zu meiner Vernichtung konstruierten Anklagen zu tun gehabt haben, wage ich nicht zu entscheiden. Ob durch diese Verhaftungen Licht in die dunkle Angelegenheit der Verhaftung Thälmanns gebracht worden ist, entzieht sich meiner Kenntnis. Ich glaube es jedenfalls nicht, denn es wurde u. a. auch im Zusammenhang mit Creutzburgs Verhaftung erzählt, daß er beschuldigt worden sei, an Thälmanns Verhaftung durch die Gestapo beteiligt und schuld gewesen zu sein. Es wurde erzählt, daß Creutzburg bei der Vernehmung gefragt worden sei, wie viel Geld er dafür von der Gestapo erhalten habe. Als er auf seine Antwort: 25 Mark! die Erwiderung erhalten hatte, das könne doch nicht stimmen, das sei doch zu wenig, soll er gesagt haben: Schreiben sie dann eben 300 Mark! – Wenn an diesem Bericht etwas Wahres ist, so würde er nur ein übriges Mal zeigen, wie viele deutsche Funktionäre beschuldigt und verdächtigt worden sind, mit Thälmanns Verhaftung zu tun gehabt zu haben. Creutzburg und andere der Beschuldigten konnten sicher der Gestapo nicht dabei geholfen haben. Dennoch wurden sie beschuldigt. Ich glaube, daß es sich bei alledem nicht darum gehandelt hat, die tatsächlichen Vorgänge aufzudecken. Übrigens wäre eine Untersuchung einfach durchzuführen gewesen, ohne Massenverhaftungen, Massenbeschuldigungen. Vor allem aber waren die Organe des NKWD weder zuständig noch geeignet, eine solche Untersuchung durchzuführen.

Während der gegen mich durchgeführten Untersuchung wurde ich eines Nachts zum Zentralgebäude des NKWD, der Lubjanka, geholt. Das geschah im Dezember 1937. Ich hatte einen Tag krank gelegen und war nicht aus dem Zimmer gegangen. Gegen Mitternacht erschien ein Arbeiter der Lux-Verwaltung (gleichzeitig Aufpasser im Dienste des Direktors), der vorgab, nachsehen zu müssen, ob das Fenster beschädigt sei. Als er das Zimmer verlassen hatte, sagte ich Lotte, dies sei wahrscheinlich nur ein Vorwand gewesen; einige Minuten später klingelte das Telefon, und der Direktor des Lux, Gurewitsch, verlangte, ich solle sofort nach seinem Zimmer kommen. Auf meinen Hinweis auf das Fieber, das ich hatte, erwiderte er nur, es werde nicht so schlimm sein, daß ich nicht doch kommen könnte. So kleidete ich mich an, jedoch nur notdürftig, so daß ich, falls ich das Haus verlassen müßte, einen Grund hätte, nochmals aufs Zimmer zu gehen, um Lotte Bescheid zu sagen. Gurewitsch empfing mich, wie gewöhnlich vielsagend und höhnisch lächelnd, indem er erklärte, NKWD habe mit mir zu sprechen, und ich solle sofort mitfahren. Auch diesmal half mein Hinweis auf meine Erkrankung nichts. Beim Abschied von Lotte – ich sagte ihr, sie solle nicht verzweifeln, vielleicht käme ich zurück; käme ich nicht, so wisse sie, daß ich nichts Strafbares begangen hatte, und sie solle sich nicht von den sie dann erwartenden fürchterlichen Verhältnissen unterkriegen lassen – war mir besonders schwer der Gedanke daran, daß sie fast mittellos war, so daß sie nicht einmal für einige Tage Nahrungsmittel kaufen könnte, falls ich nicht wieder käme. Auf die Möglichkeit des Verkaufs der vielen Bücher, die wir uns in den Moskauer Antiquariaten zusammen gekauft hatten, und unter denen viele kostbare Stücke waren, durfte sie nicht rechnen, weil das Eigentum von Verhafteten beschlagnahmt wurde. So machte ich sie darauf aufmerksam, daß sie versuchen solle, das fällige Honorar für einen für eine ausländische Zeitschrift geschriebenen Artikel noch zu erhalten, obwohl auch in dieser Hinsicht die Praxis eingehalten wurde, Honorare, als zum Eigentum gehörig, zu beschlagnahmen, respektive nicht auszuzahlen. Ich nannte ihr den Titel des Artikels, ein Thema zur neuen, sogenannten Stalinschen Verfassung der Sowjetunion, und wir mußten beide wehmütig lächeln. – In einem Automobil wurde ich von einem Offizier der NKWD-Truppen zur Kommandantur der Lubjanka gebracht, die sich in einem Gebäude einer Nebenstraße befand (offenbar zu dem Zwekke, die Zugänge zum Lubjanka-Gebäude selbst frei zu halten von Leuten, die Einlaß oder Auskunft begehrten; nur wer einen von der Kommandantur ausgestellten Passierschein besaß, wurde von den vor der Lubjanka postierten NKWD-Soldaten durchgelassen). Der Offizier ging an den Schlangen stumm wartender Menschen vorbei, bekam sofort einen Schein und ließ von der Kommandantur in der Abteilung anrufen, in der wir erwartet wurden. Im Lubjanka-Gebäude, einem Labyrinth von Gängen, passierten wir mehrere Kontrollposten, und schließlich wurde ich in ein Zimmer geführt, in dem sich mehrere Offiziere, inmitten vieler Papiere, befanden. Nach meiner Ankunft verließen sie, mit Ausnahme eines, das Zimmer. Erst als sie wieder zurückgekehrt waren, wurde ich nach meinen Personalien gefragt. Dann stellte man mir unvermittelt die Frage, ob ich einen Rattke kenne. Darauf konnte ich nur antworten, daß ich mich im Augenblick nicht auf den Namen besinnen könnte, daß es aber möglich sei, mir durch nähere Angaben über den Träger dieses Namens Anhaltspunkte zu geben. Es stellte sich heraus, daß Rattke ein aus der Pfalz stammender Genosse war, den ich im Saargebiet als Mitarbeiter Viktors kennen gelernt hatte. Sie sprachen davon, daß er dort terroristische Akte vorbereitet und durchgeführt habe. Dazu sagte ich, was mir bekannt und der Wahrheit entsprechend war: Daß wir uns an der Saar zweimal gegen die bewaffneten SS-Truppen zur Wehr gesetzt haben. Sie fragten dann nach Creutzburg, über dessen Tun und Lassen ich ihnen aber nichts zu sagen hatte. Es war ihnen bekannt, daß ich Zenzl Mühsam, die Frau Erich Mühsams, persönlich gekannt hatte. Als ich ihnen sagte, daß ich sie seit 1926 nicht mehr gesehen hatte, und daß ich zwar 1934 versucht hatte, mit ihr in Verbindung zu kommen, um zu versuchen, Erich Mühsam aus dem Konzentrationslager zu helfen, daß aber aus dem Treff nichts geworden war, weil er in letzter Stunde wegen einiger Verhaftungen hatte umgestellt werden müssen, fragten sie, ob ich nicht versuchen wolle, in Moskau wieder mit ihr zusammen zu treffen. Darauf antwortete ich, daß ich dazu nicht bereit sei; ich wies darauf hin, daß ich im Ausland gelesen hatte, was über ihre Verbindungen zu Erich Wollenberg geschrieben worden war, daß ich dann gehört hatte, sie sei verhaftet, und daß ich nun zum ersten Mal erfuhr, daß sie sich wieder auf freiem Fuß befinde. Ich erklärte, daß ich mich in diese Sache nicht einmischen wolle und könne, und daß ich nicht verstünde, daß sie einem Mitglied des Zentralkomitees der KPD zumuten könnten, Verbindung zu Frau Mühsam aufzunehmen, um ihnen dann Berichte liefern zu können. In diesem Zusammenhang wurde auch Max Hoelz erwähnt, der mir persönlich bekannt gewesen war (ich hatte ihn zuletzt 1930 getroffen; damals hatte ich ihn aus einem Versteck in Falkenstein im Vogtland abgeholt und per Auto nach Berlin gebracht; Hoelz wurde seiner Zeit steckbrieflich verfolgt und war in einer Versammlung in Bad Elster verwundet worden). Ich sagte, daß ich von Hoelz' späterem Leben bis zu seinem Tode nur wisse, was mir Heckert erzählt und was ich in einem in der Schweiz erschienenen Buch gelesen hatte, das sie sich übrigens selbst beschaffen sollten, wenn sie nach Anhaltspunkten suchten oder Hoelz' und seiner Moskauer Freunde Beziehungen zu ausländischen Legationen prüfen wollten. Weiter wurde die – ich möchte sagen: unausbleibliche – Frage gestellt, ob ich etwas über Trotzkisten und deren Tätigkeit sagen könnte. Erklärend wurde hinzugefügt, daß ich – als leitender Funktionär einer kommunistischen Partei – sicher verstehen könnte, daß die Organe des NKWD Unterstützung brauchten, um die vom Auslande nach der Sowjetunion und umgekehrt laufenden Verbindungen trotzkistischer

Schädlinge aufdecken zu können. Ich machte sie darauf aufmerksam, daß ich bereits vor etwa 9 Monaten einmal von NKWD verhört worden sei, und daß ich heute nicht mehr sagen könne als damals. Sie behaupteten erst, es könne nicht stimmen, daß ich schon einmal dort gewesen sei. Als ich ihnen dann beschrieben hatte, wie das Zimmer ausgesehen hatte, in dem ich von zwei NKWD-Funktionären im Beisein einiger Sekretärinnen befragt worden war, und als ich ihnen eine Beschreibung der beiden Männer hatte geben können, zogen sie sich für einige Zeit zurück und erklärten mir dann, daß meine Angaben stimmten, daß aber leider die damals angefertigten Niederschriften nicht mehr zu finden seien, und daß die beiden Leute nicht mehr existierten. Schließlich resumierte ich, was ich damals gesagt hatte; ich hatte erklärt, daß ich persönlich keine Beziehungen zu Trotzkisten habe, und daß ich ihnen nur Angaben über mir bekannt gewordene Veröffentlichungen in Zeitungen und Zeitschriften machen könnte, deren Wahrheitswert sie dann selbst zu prüfen oder abzuschätzen hätten. Man interessierte sich speziell für eine angebliche Trotzkistendruckerei, die in Skandinavien von Fritz Neufeld betrieben würde, und über die in einer ausländischen Zeitung geschrieben worden war. (Erst später ist mir bekannt geworden, daß diese und andere Angaben zweifellos der phantasievollen Kombinationsgabe Sepp Schwabs zu verdanken waren, der nach jahrelangem Aufenthalt in Moskau sich ein Jahr in Dänemark aufgehalten hatte und in dieser Zeit besonderes Augenmerk darauf verwendet hatte, volksfeindliche Komplotte zu entdecken.)

Während des Verhörs wurde mir einmal das Angebot gemacht, im Lux anzurufen, um Lotte zu benachrichtigen, daß sie sich nicht beunruhigen sollte, weil ich noch einige Stunden ausbleiben würde. Man sagte mir, daß man gehört habe, daß ich krank sei, und deshalb würden sie besonders gut verstehen, daß Lotte, die vielleicht annähme, daß ich nicht zurück kommen würde, sich stark beunruhige. Ich wußte noch nicht genau, wie ich das vieldeutige Lächeln und die besonders liebenswürdige Besorgnis, die in das Angebot gelegt wurden, auszulegen hatte; ruhig und mit ein wenig Verwunderung im Ton erwiderte ich, daß Lotte natürlich damit rechne, daß ich zurück komme, und daß es unnötig wäre, sie anzurufen.

Gegen Morgen wurde mir eröffnet, daß ich nun gehen könne. Man sagte nochmals, daß man hoffte, daß ich verstünde, weshalb

NKWD solche Fragen stellen müßte. In einem der Gänge des Labyrinths begegnete mir und dem begleitenden Offizier ein Gefangener, der zu einem Verhör geführt wurde. Sein Gesicht mit dem sich in irgendeiner Ferne verlierenden Blick sehe ich noch immer vor mir. Es gehört zu den Eindrücken, die wahrscheinlich unauslöschlich sind; so sehe ich auch noch einen Gefangenentransportzug, dem wir 1938 auf einer Fahrt nach dem Kaukasus begegnet sind, so höre ich noch das Schlagen und Rattern der nächtlich durch einen Vorort Moskaus fahrenden Gefangenenzüge, und so sehe ich Lotte – wie sie mir beim Abschied 1941 sagte: »Laß mich nicht in diesem Lande sterben; ich muß immer an die Mauer denken.« Die Mauer sehe ich auch noch; es ist die Mauer eines Moskauer Friedhofs; die Photographien und die sich auf die revolutionäre Vergangenheit einiger dort Beigesetzter beziehenden Daten waren überklebt oder weggemeißelt worden. Wir hatten erschüttert vor dieser Mauer gestanden, als wir zum Jahrestag des Todes unseres Freundes Christel Wurm im September 1940 dort Einlaß erhalten hatten. Zu den psychisch nahezu unausstehlichen Druckmitteln, denen wir damals ausgesetzt gewesen sind, gehören die Wartezeiten zwischen dem Tag, an dem der zur Visierung einzureichende Personalausweis abgeliefert worden war und dem Tag, an dem er zurückgegeben wurde. Die längste Wartezeit, die ich auszustehen hatte, betrug 10 Monate. Während dieser Zeit hatte man allnächtlich mit der Möglichkeit abgeholt zu werden, zu rechnen. Ohne diesen an und für sich mehr diskriminierenden als helfenden Ausweis (es war ein »Paß« für eine Person ohne Bürgerrecht) war man kaum imstande, Zutritt zu Gebäuden zu bekommen.

Im August oder September 1938 wurde mir durch Dimitrow, in dessen Gegenwart sich der Leiter der Kaderabteilung befand, mitgeteilt, daß die gegen mich durchgeführte Untersuchung abgeschlossen worden sei. Er wisse, daß diese Zeit für mich nicht leicht gewesen sei, nachdem sich aber herausgestellt habe, daß die gegen mich erhobenen Anschuldigungen grundlos gewesen seien, hoffe er, daß ich die Notwendigkeit der Untersuchung verstünde, und daß ich mit ganzer Kraft weiter arbeiten würde.

Welche Linie wurde mit den Massenverhaftungen, Verurteilungen, Liquidierungen, Absetzungen – überhaupt mit all den zu einer Psychose führenden Maßnahmen verfolgt? Waren diejenigen, die auf die eine oder andere Art betroffen wurden, feindliche Agenten, Gestapospione, Terroristen? Die offizielle kommunistische Propaganda hält an dieser Behauptung fest und verweist auf die Aussagen und Geständnisse von Angeklagten in einigen öffentlich geführten Prozessen. Es gibt keine Kritik an NKWD. Jagoda konnte zwar eines Tages ebenfalls vor Gericht gestellt und als feindlicher Agent verurteilt werden, aber an der Allmacht der Organe des NKWD änderte das nichts. Es gab keine Rehabilitierungen der Opfer, die unter Jagoda zur Strecke gebracht worden waren. Jeschow verschwand, nachdem er von hysterischen Massen einige Jahre als das scharfe Schwert der Sowjetmacht gefeiert worden war; in Moskau hieß es, er sei in einer Nervenheilanstalt. Es gab keine Wiedergutmachung an den unter seiner Leiterschaft zu Boden geschlagenen oder vernichteten Menschen. Immerhin machte die Argumentation, die von den russischen Kommunisten in Gesprächen zur Erklärung und Verteidigung der Terrormaßnahmen angewandt wurden, eine bemerkenswerte Entwicklung durch. Sie hatten ursprünglich an der Behauptung festgehalten, daß NKWD sich nie irre; jede Verhaftung sei begründet, und Verhaftungen würden von NKWD erst durchgeführt, wenn das Beweismaterial vollständig sei. Mit dieser Behauptung begründeten sie die Forderung, die an jeden Angehörigen oder Bekannten eines Verhafteten gestellt wurde, sich vom verhafteten »Volksfeind« loszusagen und nachträglich alles zu tun, um alles bloßzulegen, das zur Weiterverfolgung von Spuren und Verbindungen dienen könnte. Als die Massenverhaftungen und Verschickungen Dimensionen angenommen hatten, die unübersehbar waren, erklärten die russischen Kommunisten, es könne vorkommen, daß Unschuldige getroffen würden, aber es sei besser, tausend Unschuldige müßten eine Zeit lang leiden, als daß ein Volksfeind unentdeckt bleibe. – In den Jahren, während der ich in Moskau war, habe ich nicht einen Fall feststellen können, in dem den Angehörigen eines Verhafteten auf ihre Fragen unumwunden gesagt worden wäre, weshalb der Betreffende verhaftet worden war. Aber in jedem einzelnen Fall spielte sich sofort die zuständige kommunistische Parteiorganisation als eine Art von Nebenankläger auf; die kommunistischen Parteiorganisationen zwangen ihre Mitglieder und die Arbeiter und Angestellten des Betriebes oder der Institutionen, in der der Verhaftete tätig gewesen war, alles, was sie über den Verhafteten wußten und aussagen konnten, nun im Lichte seiner angeblich erwiesenen Volksfeindschaft zu sehen und zu behandeln. Wurde ein Verhafteter gerichtlich abgeurteilt, so war nur in den wenigen Fällen, in denen es sich um Schauprozesse gehandelt hat, eine Urteilsbegründung zu erfahren. Die Motivierung der meisten Urteile ist niemals öffentlich bekannt gegeben worden. – Einige Beispiele zeigen das Doppelspiel, das von NKWD und den Parteiorganisationen getrieben worden ist.

In der Leninschule war eine russische Jungkommunistin namens Tamara als Übersetzerin tätig. Sie wurde durch das Moskauer Komitee ihrer Organisation einer Dienststelle des NKWD zur Ausführung dringender Aushilfsarbeiten vorgeschlagen, die sie neben ihrer gewöhnlichen Arbeit zu übernehmen sich bereit erklärt hatte, als NKWD sprachkundige Kräfte angefordert hatte. Als sie einige Wochen lang diese Aushilfsarbeit zu voller Zufriedenheit der NKWD-Beamten geleistet hatte, sagte ihr eines Tages der eine Beamte, sie sei nicht nur außergewöhnlich tüchtig, sondern sie mache auch einen so ehrlichen und aufrichtigen Eindruck, daß er glaube, sie könne gegenüber NKWD nie eine Unwahrheit sagen. Diese Bemerkung machte auf Tamara einen tiefen Eindruck. Am nächsten Tage sagte sie dem Beamten, sie müsse ihm gestehen, daß sie doch etwas, das sie wisse, bisher verschwiegen habe. Ihr Bruder, der vor Jahren wegen unerlaubten Handels mit Kartoffeln zu einer Freiheitsstrafe verurteilt worden war, war, nachdem er einen Teil seiner Strafe verbüßt hatte, aus einem Straflager geflohen, und es war ihm geglückt, sich mit Hilfe gefälschter Papiere in einer andern Stadt anzusiedeln, ohne von der Polizei wieder eingefangen zu werden. Tamara bekannte nun, daß sie gewußt hatte, daß ihr Bruder geflohen war und sich seit seiner Flucht unentdeckt in Freiheit bewegte. Der NKWD-Beamte erklärte ihr, daß er darüber Meldung machen müsse; sie werde in ihrer Eigenschaft als Mitglied des Jugendverbandes für ihren Fehler zur Verantwortung gezogen werden, aber sie solle nicht verzweifeln, denn NKWD werde dafür sorgen, daß ihr nichts Ernsthaftes geschehe – sie habe zwar einen Fehler begangen, aber sie habe ja selbst diese Mitteilung gemacht. – Von der Leitung der Leninschule wurden ihr die schwersten Vorwürfe gemacht. Die Organisation des Jugendverbandes in der Schule beschloß ihren Ausschluß aus der Organisation. Der Beschluß wurde vom nächstzuständigen

Kreiskomitee bestätigt. Tamara wurde fristlos von ihrem Arbeitsplatz entlassen. Die gegen sie geführte Kampagne war zu einer hochpolitischen Angelegenheit gemacht worden; Tamara wurde beschuldigt, einen Volksfeind unterstützt zu haben, sie wurde in hitzigen Reden selbst als Volksfeind und Auswurf bezeichnet. Als sie sich in ihrer Hilflosigkeit und Angst an den Gehilfen Piecks, einen aus Baden stammenden Funktionär mit dem Parteinamen Klassner, wandte, der vordem Parteisekretär an der Leninschule gewesen war, und von dem sie annahm, er werde ihr zumindest mit Rat beistehen, weil er sie doch aus jahrelanger Arbeit genau kannte, wurde sie von Klassne. zur Tür hinausgewiesen. Er lehnte es ab, mit einer solchen Person auch nur zu sprechen. So erging es ihr überall. (Als nach sehr langer Zeit, in der sie durch viele Tiefen der Erniedrigung hatte gehen müssen, die zentrale Instanz des Jugendverbandes ihre Mitgliedschaft wieder hergestellt und sie mit einer Verwarnung bestraft hatte, waren diejenigen, die ihr in ihrer Notzeit die Türen gewiesen hatten, wieder bereit, mit ihr zu sprechen.)

An der Leninschule zeichnete man sich überhaupt durch besondere Initiative in der Brandmarkung von Volksfeinden aus. Einer der Lektoren, der deutsche Parteifunktionär Ölsner, war mit Schimpf und Schande von seinem Arbeitsplatz gejagt worden, weil er versucht habe, die Schüler mit faschistischer Ideologie zu vergiften. Der Tatbestand: in einem Studienmaterial zur Geographie, das Ölsner geschrieben hatte, war von einer Fortsetzung der norddeutschen Tiefebene und einiger Höhenzüge nach Rußland hinein die Rede gewesen. Ölsner war einfach der Lapsus unterlaufen, geographische Termen aus dem deutschen Geographieunterricht anzuwenden. Nach seiner Entfernung von der Schule hatte der deutsche Vertreter beim EKKI es nicht mehr für opportun gehalten, Ölsner zu empfangen, so daß dieser weder auf eine moralische Unterstützung beim Versuch seiner Rechtfertigung rechnen durfte, noch Hilfe beim Suchen einer neuen Arbeitsstelle erhielt.

Als Hermann Schubert verhaftet worden war, sprach Grete Wilde vor den deutschen Leninschülern über die Bedeutung der Verhaftungen und erklärte im Bezug auf Schubert, er habe schon im Saargebiet terroristische und provokatorische Akte organisiert. Auf die Frage einiger Leninschüler, ob dies der Grund zu Schuberts Verhaftung gewesen sei, konnte ich ihnen nur antworten, daß niemand wisse, weshalb Schubert verhaftet wurde, und daß Grete Wildes Auslegung ihre Privatangelegenheit sei. Am Abend nach Hugo Eberleins Verhaftung sprach mich Eva Sindermann, die Frau Rudolf Lindaus, die in der Kaderabteilung tätig war, an und klagte, wie sie durch Eberleins Verhaftung unvermutet in eigene Schwierigkeiten geraten sei. Erst kürzlich habe sie an Eberleins Geburtstagsfeier in einem engen Kreis teilgenommen, zu der auch Pieck anwesend gewesen war. Pieck habe dort sogar eine kleine Rede gehalten, Eberleins Verdienste gewürdigt und gesagt, nun sei auch der Zeitpunkt nahe, von dem an Eberlein wieder führend in der deutschen Partei mitarbeiten könne. Sie habe doch nicht ahnen können, daß Eberlein kurze Zeit darauf verhaftet werden würde.

Der Schriftsteller Hugo Huppert, der seit vielen Jahren in der Sowjetunion gelebt hatte und Sowjetbürgerschaftsrecht besaß, war nach seiner Verhaftung von den Schriftstellern, die nicht verhaftet waren, als die Inkarnation aller Schmutzigkeit, Sowjetfeindschaft, Cliquentreiberei und geheimen Verbindungen zum Faschismus hingestellt worden. Jeder, der sich durch irgend etwas benachteiligt fühlte, versuchte, Huppert dafür verantwortlich zu machen. Er hatte die schlechten Rezensionen lanziert; er hatte darauf hingewirkt, daß Verträge annulliert worden waren, er hatte den Ruf dieses und jenes Schriftstellers bei den russischen Redaktionen untergraben. Man stellte Denkschriften zusammen und bewies schließlich, daß Hupperts ganze Vergangenheit in Dunkel gehüllt sei, und daß seine Angaben über seine Parteizugehörigkeit gefälscht seien. Huppert war einer der wenigen Menschen, die nach einigen Jahren Untersuchungshaft wieder freigelassen wurden. Nach seiner Freilassung forderte er, gestützt auf die entsprechenden Erklärungen, die er von NKWD bekommen hatte, wieder in seine alten Rechte eingesetzt zu werden. Die Schriftsteller, die niemals eine authentische Erklärung der Behörden über die seiner Zeit für seine Verhaftung maßgebenden Gründe hatten – die aber nach allgemeinem Brauch – eine gewaltige Kampagne gegen den Volksfeind Huppert geführt hatten, wurden nun ohne daß sie von irgendeiner Stelle Aufklärung über die ganze Angelegenheit Huppert bekommen hätten – vor die unangenehme Notwendigkeit gestellt, die Hand Hupperts, die sie maßlos bespuckt hatten, wieder zu ergreifen. Sie taten es.

Der aus dem Ruhrgebiet bekannt gewordene deutsche Parteifunktionär Heinrich (ein ungarischer Emigrant), war verhaftet worden, als er noch Mitarbeiter der Profinternleitung war. Er wurde summarisch als deutscher Spion bezeichnet. Im Jahre 1940 stellte es sich heraus, daß er nach einigen Jahren Haft vor die Wahl gestellt worden war, nach Deutschland oder Ungarn abgeschoben zu werden, und daß er tatsächlich nach Ungarn gereist war. Zu jener Zeit wurden insgeheim viele als Spione, Trotzkisten oder Gestapoagenten verschrieene Personen abgeschoben.

Einige der verhafteten bulgarischen Kommunisten wurden, dank Dimitrows Bemühungen, wieder auf freien Fuß gesetzt. Wlachow – ein Veteran der mazedonischen sozialistischen Bewegung – und Kabaktschiew – einer der Gründer der bulgarischen KP und der Kommunistischen Internationale – befanden sich unter denen, die auf die Weise davor bewahrt wurden, als »Volksfeinde« in die Vergessenheit zu wandern.

Diese Beispiele zeigen, daß die Behauptung der offiziellen kommunistischen Propaganda, die Verhafteten und Verurteilten seien Gestapospione und andere feindliche Agenten, eine Erklärung ist, die nur zu dem Zwecke erfunden und verbreitet wurde, die Maßnahmen von NKWD sowohl vor der russischen Bevölkerung als auch vor dem Ausland in der gewünschten Beleuchtung erscheinen zu lassen. An einigen weiteren Beispielen wird sich zeigen, wie NKWD selbst die ihm zugeschriebene Rolle als Vorkämpfer gegen faschistische Schädlinge aufgefaßt und gespielt hat.

Im Jahre 1939 war einer der verhafteten deutschen Parteifunktionäre, Bernhard Koenen, freigelassen worden. Er ist, meines Wissens, der einzige Verhaftete gewesen, der in jener Zeit freigelassen worden ist und Gelegenheit gefunden hat, sich mit Pieck in Verbindung zu setzen. Aus den zurückhaltenden Äußerungen Piecks über Koenens Angaben ließ sich entnehmen, daß Koenen konkrete Beschuldigungen gegen einige Beamte und Offiziere von NKWD erhoben und sich damit einverstanden erklärt hatte, daß seine Angaben über die Handlungsweise dieser Personen dem Büro Stalins übergeben würden. Koenens Angaben beschuldigten einige NKWD-Funktionäre der Anwendung von Torturmitteln, der Anwendung von Zwang und Erpressung zur Erzielung gewünschter Geständnisse. Eine der ersten sichtbaren Folgen des Koenenschen Berichts war seine Wiederverhaftung.

Immerhin ließen sich Pieck, Florin und Ulbricht auf Grund dessen, was sie durch Koenens Bericht erfahren hatten, nun dazu herbei, einige Schritte für einige verhaftete Personen zu unternehmen. Unter denen waren Bernhard Richter, Dattan, Schwenk, Kerff, die beiden Söhne Max Seydewitz', ein Sohn des deutschen Sozialdemokraten Brass. Es wurde angenommen, daß zur Verhaftung von Brass' Sohn dessen über Remmele geleiteter Briefwechsel mit seinem in Deutschland verbliebenen Vater beigetragen hatte. Deshalb wurde dem Büro Stalins Aufklärung darüber gegeben, daß Brass' Vater in Deutschland mit der illegalen KPD zusammenarbeitete, und daß der Briefwechsel zwischen Vater und Sohn der deutschen Parteileitung bekannt und erwünscht gewesen war. Der junge Brass wurde – so wurde wenigstens erzählt – nach einigen Monaten freigelassen. Im Falle Dattans und Bernhard Richters wurden jedoch keine Auskünfte gegeben, ungeachtet dessen, daß es sich bei beiden um alte Parteiveteranen handelte, deren ganzes Leben sozusagen offen vor aller Augen vor sich gegangen war, und denen niemand auch nur das Mindeste nachsagen konnte. Es war weder zu erfahren, aus welchen Gründen die beiden verhaftet worden waren, noch ob sie verurteilt und wo sie untergebracht worden waren. Manuilski gab auf wiederholte Vorstellungen Piecks hin die Antwort, daß er nicht verstehen könne, warum sich Pieck für die Verhafteten überhaupt einsetze. Fast alle hätten ja selbst gestanden und unterschrieben, daß sie im Dienste der Gestapo oder anderer feindlicher Stellen gestanden hätten. Und da doch niemand behaupten könne oder wolle, sie hätten diese Geständnisse unter Zwang abgelegt, sei doch zumindest soviel klar, daß es sich bei den Verhafteten, die unterschrieben hatten, um unzuverlässige Personen handelte. Welchen Nutzen könnte die Partei von solchen Personen haben? Wie würden sie sich erst verhalten, wenn sie in den Händen der Gestapo wären und Torturen ausgesetzt würden? fragte Manuilski. Während über Dattan und Richter keine Auskunft gegeben wurde, wurde über Schwenk mitgeteilt, daß er ein Bekenntnis unterschrieben habe. (Seiner Frau, Martha Arendsee war zunächst überhaupt nichts gesagt worden. In einem späteren Stadium vertröstete man sie darauf, daß Schwenk nur noch kurze Zeit zur Aufklärung gewisser Fragen festgehalten werden müsse, daß es ihm aber gut gehe, daß er Billard spiele und dergleichen mehr. Sehen durfte sie ihn trotzdem nicht. Dieses Stadium dauerte mehr als ein Jahr. Insgesamt hat Schwenk ziemlich drei Jahre im Gefängnis gesessen.)

Schwenk hatte tatsächlich ein Bekenntnis, dessen Formulierung ihm vorgelegt worden war, unterschrieben. Er bezichtigte sich darin selbst der Teilnahme an trotzkistischer, im Auftrage der Gestapo durchgeführter, Schädlingstätigkeit gegen den Sowjetstaat. Dieses Bekenntnis hatte er – wie er dann geltend zu machen versuchte – nur unterschrieben, um aus der unerträglichen Haft heraus- und vor ein ordentliches Gericht zu kommen. Das Bekenntnis enthielt nicht eine einzige Wahrheit; Schwenk glaubte, durch die Unterschrift würde seine Sache aus den Händen der NKWD-Organe in die Hände eines Gerichts übergehen, und er war so fest davon überzeugt, daß es ihm gelingen werde, das Gericht von seiner Unschuld zu überzeugen und ihm klar zu machen, weshalb er sich zu der Unterschrift hatte bewegen lassen, daß er die Unterschriftleistung als kleineres Übel betrachten zu können glaubte. Als es sich aber herausstellte, daß er durch die Unterschrift keineswegs Gelegenheit zu einer – wie er geträumt hatte – unparteiischen, objektiven Untersuchung seiner Sache bekam, sondern auf schriftlichem Wege verurteilt wurde, stand er vor einem Zusammenbruch.

Der frühere preußische Landtagsabgeordnete Kerff, der einige Jahre in einem deutschen Konzentrationslager gesessen hatte, war – im Gegensatz zu Schwenk – nicht dazu zu bewegen gewesen, sich selbst zu beschuldigen. Kerff war verhaftet worden, als er, still und zurückgezogen, mit der Arbeit für eine Biographie Karl Liebknechts beschäftigt gewesen war. Nachdem er lange Zeit in Haft gesessen hatte, ohne verhört worden zu sein, wurde ihm eines Tages Dittbender gegenübergestellt. Dittbender erklärte, er selbst habe, im Dienste der Gestapo stehend, Kerff für eine trotzkistische Organisation geworben, und Kerff habe die Aufgabe übernommen, Schädlingstätigkeit in der Sowjetunion zu leisten. Dies habe sich in Paris abgespielt. Als Kerff entschieden gegen diese Behauptungen protestiert hatte, war ihm von Dittbender erwidert worden, daß es keinen Zweck habe, noch etwas zu verschweigen, deshalb solle auch er die Wahrheit gestehen. Kerff war jedoch bei der Erklärung geblieben, daß an Dittbenders Behauptungen kein wahres Wort sei. Er konnte sich Dittbenders Verhalten nicht erklären. (Dittbender – früherer Bezirksverordneter in Berlin-Wilmersdorf und Leiter der

Emigrantenhilfsabteilung beim Zentralvorstand der Roten Hilfe Deutschlands – hatte, als er im Reichstagsbrandprozeß aus dem KZ als Zeuge vorgeführt worden war, eine so feste und mutige Haltung bewahrt, daß Dimitrow selbst ihn später als ein Muster für die ungebrochenen deutschen Genossen angeführt hatte. In Moskau war er durch seine Tätigkeit in Berührung mit den meisten der dort lebenden deutschen Parteimitglieder und Emigranten gekommen, und ich hatte an ihm einen zunehmenden zynischen Fatalismus gegenüber den sich täglich vor ihm häufenden Personalsachen beobachten können.) Nach Jahr und Tag sah sich der offizielle Ankläger, der die Prüfung und Erledigung der Sache Kerff zugewiesen erhalten hatte, veranlaßt, mit Pieck persönlich über die Sache Kerff zu sprechen. Er sprach unumwunden aus, daß er Kerff für unschuldig halte; dennoch wußte er nicht, wie er die Freilassung Kerffs bewerkstelligen könnte. Kerff – so sagte er – habe zwar unentwegt seine Unschuld beteuert und nichts unterschrieben, aber gegen ihn liege die Anschuldigung Dittbenders vor. Diese könne nicht mehr nachgeprüft werden, weil Dittbender verurteilt und erschossen worden sei. Dadurch sei die Sache Kerff nun so kompliziert. Er – der Ankläger – müsse, wenn er die Niederschlagung einer Anklage und die Freilassung eines Gefangenen befürworte, persönlich für die Sauberkeit dieses Mannes bürgen. Indem es sich bei Kerff um einen Ausländer handelte, sei ihm das besonders schwer. Aus diesen Gründen also suchte er eine Aussprache mit Pieck. – Dieser Fall ist nicht nur äußerst lehrreich, er steht auch einzig da insofern, als sich ein Ankläger veranlaßt gefühlt hat, aus den offiziellen NKWD- und russischen Parteikreisen herauszutreten und eine Aussprache mit einem ausländischen kommunistischen Funktionär zu suchen. – Kerff wurde nach fast drei Jahren Haft entlassen. Er war weißhaarig und gebeugt und fiel häufig in schreckliche Anfälle nervöser Zuckungen.

Eine junge bayerische Genossin, die Frau eines besonders aktiven und kühnen Funktionärs namens Schwarzmüller, war verhaftet und zu fünf Jahren Freiheitsentzug verurteilt worden. Schwarzmüller befand sich zur Zeit ihrer Verhaftung in besonders schwieriger Lage. Er hatte, infolge eines Beschlusses der Leninschulleitung und des deutschen Parteivertreters, eine Rüge erhalten, war nicht wieder zur Parteiarbeit nach Deutschland zurück geschickt worden und mußte sich in Moskau als Chauffeur ernähren. Das erst wenige Monate alte Kind der beiden starb kurze Zeit nach der Verhaftung der Mutter. Schwarzmüller kämpfte einen verzweifelten Kampf für die Rehabilitierung und Freilassung seiner Frau. Zwar wurde ihm seitens der deutschen und internationalen Parteiinstanzen keine Unterstützung gewährt, aber er drang so weit vor, daß er Auskunft über das gegen seine Frau gefällte Urteil erhielt. (Ich habe ihm während seines Kampfes nach Kräften zu helfen versucht, und er kam oft, um sich Rat zu holen oder einfach, um mal wieder mit einem Menschen sprechen zu können. Unvergeßlich ist mir ein Abend, an dem er mir von seinen Eltern, die beide im deutschen KZ gefangen gehalten wurden, und von seinem eigenen Kampf erzählt hatte; der harte Junge konnte die Tränen nicht mehr zurückhalten, als er versuchte, seine eigene Parteiergebenheit und die Schläge, die ihn und seine Frau getroffen hatten, in Beziehung zueinander zu bringen. Er sagte, er habe in den Jahren, in denen er nun so isoliert gewesen sei, alle Schriften Lenins gründlich studiert, denn er hoffe noch immer, einmal wieder politisch arbeiten zu dürfen.) – Die Frau war von NKWD-Leuten bei ihrer Treue und Ergebenheit zur kommunistischen Partei und zur Sowjetunion gepackt worden. Sie sei doch Kommunistin – hatten sie ihr gesagt – und müsse zu allen Opfern bereit sein. Sie wisse sicher, daß die Sowjetunion gegen die Agenten der deutschen Spionage und Schädlingsarbeit zu kämpfen habe. Sie könne in diesem Kampf helfen, wenn sie unterschreibe, in Verbindung zu deutschen Agenten gestanden zu haben. Mit diesem Geständnis könnten die Sowjetbehörden ihren Druck gegen die Nazibehörden verstärken. Die Genossin, die sehr jung und sehr enthusiastisch gewesen war, ging schließlich auf diesen eigenartigen »Vorschlag« ein. Sie erhielt 5 Jahre, kam bald in ein sogenanntes leichteres Straflager, wo sie für ihre fleißige Arbeit mit einer Medaille ausgezeichnet wurde. Ihre Strafe wurde um 2 Jahre verkürzt.

Eine alte Genossin, die in einem Kurort des Kaukasus als Krankenschwester tätig gewesen war, während ihr Mann in einer Apotheke gearbeitet hatte, war nach einigen Jahren Haft ohne Urteil entlassen worden. Sie lieferte Pieck einen Bericht über die Behandlung, der sie ausgesetzt gewesen war. Während vieler Verhöre hatte sie stundenlang stehen müssen und war einigemale dazu gezwungen worden, viele Stunden an einer Wand zu stehen, bis sie zusammengebrochen war. Die Haft hatte ihr schwere physische Leiden eingetragen. Am härtesten empfand sie aber, daß ihr die jungen NKWD-Leute, die sie verhört hatten, feixend die Frage gestellt hatten, was denn der Spartakusbund – dem sie während des ersten Weltkrieges angehört hatte – für eine faschistische Organisation gewesen sei.

Grete Wilde und »Kader-Müller« waren, nachdem sie selbst als Werkzeuge dazu beigetragen hatten, einige tausend deutsche Parteimitglieder entweder verhaften zu lassen oder nach ihrer Verhaftung durch ihre Angaben zu belasten, selbst verhaftet worden. Pieck sprach davon, daß »Kader-Müller« ihm eine Mitteilung habe zugehen lassen, nach der er verlange, nach Deutschland ausgewiesen zu werden. Pieck meinte aber, dies sei ein Trick jener NKWD-Leute, gegen die auf Grund des Koenenschen Berichts Beschwerde eingelegt worden war. Grete Wilde sollte einem Mitgefangenen gesagt haben, aus ihr würde NKWD nichts herauspressen können, auch wenn man sie 24 Stunden an der Wand stehen lasse.

Aufschlußreich sind die Mitteilungen, die im Zusammenhang mit der Verhaftung einer Gruppe Jugendlicher allmählich herausgekommen sind. Zu diesen jungen Menschen gehörten u. a.: Ein Sohn Gustav Sobottkas, zwei Söhne Max Seydewitz', der Sohn Max Maddalenas und der Sohn Hans Beimlers. Zunächst wurde behauptet, die Jungen hätten eine illegale Gruppe der Hitlerjugend gebildet, die im Rahmen des Klubs ausländischer Arbeiter tätig gewesen wäre. Dann hieß es, sie stünden unter Anklage, die Sprengung einer Fabrik vorbereitet zu haben. Schließlich sollten sie auch ein Attentat gegen Stalin geplant haben. Die Fabrik, in der die meisten dieser Jungen gearbeitet hatten, war eine mechanische Werkstatt, deren Direktor zu den wenigen Moskauer Betriebsleitern gehörte, die den Kindern ausländischer Kommunisten Gelegenheit zur Berufsausbildung gaben, während die meisten sich ablehnend gegen die Beschäftigung von Ausländern verhielten. Keiner der hier genannten Jungen hatte in Deutschland einer nazistischen Organisation angehört. Alle waren von Kind auf mit der Arbeiterbewegung in enger Berührung gewesen. Die Söhne Seydewitz' hatten in der ersten Zeit ihres Aufenthalts in Moskau Gelegenheit gehabt, österreichische Schutzbündler, die – unzufrieden mit dem Leben, das sie im Donezgebiet und an andern Stellen geführt hatten – aus der Sowjetunion nach Österreich zurückzukehren im Begriffe waren, in einem

Durchgangsheim für Flüchtlinge kennen zu lernen. Damals hatten die beiden sich nicht von den Reden der Rückkehrer beeinflussen lassen. Ihr Vater hatte einige ihrer Briefe für seine gegen den Trotzkismus gerichtete Argumentation in seinem Buche »Stalin oder Trotzki?« ausgenützt. – Diese Jugendlichen wurden also in der angegebenen Weise beschuldigt. Nach einiger Zeit stellte sich heraus, daß Seydewitz' Söhne zu je 5 Jahren Gefängnis verurteilt worden waren. Es war jedoch nicht zu ermitteln, auf welche Grundlagen sich das Urteil stützte. Sobottka und seine Frau versuchten vergeblich, den Aufenthaltsort ihres verhafteten Sohnes in Erfahrung zu bringen. Nach fast zwei Jahren erfolglosen Suchens und Fragens wurde der Mutter der Bescheid gegeben, der Sohn werde wahrscheinlich an einem bestimmten Tage entlassen werden. Die Mutter klammerte sich wirklich an diese Hoffnung. Sie wurde wahnsinnig und mußte in eine Nervenheilanstalt überführt werden, als der ausgesetzte Tag vorübergegangen war, ohne daß der Sohn sich eingefunden hatte. Genau ein Jahr später erfuhr Sobottka, daß der Sohn vor mehr als einem Jahr in einem Straflager gestorben sei. Er war also schon tot gewesen, als die Behörde der Mutter die vertröstende Auskunft gegeben hatte. Der junge Maddalena und der junge Beimler waren schon nach etwa 9 Monaten freigelassen worden. Nach einem Bericht Ulbrichts hatten beide ihre Kameraden belastet und waren frei gegeben worden, nachdem sie sich verpflichtet hatten, NKWD Berichte zu liefern. Der junge Maddalena (sein Vater war in Deutschland zu lebenslänglich Zuchthaus verurteilt) hatte unter anderm den Auftrag, Florin und Pieck zu bespitzeln. – Als den beiden dies mitgeteilt worden war, habe ich sie zum ersten Mal in wirklicher Aufregung gesehen. Bisher hatten sie offenbar geglaubt, außerhalb der Kreise der Gefährdeten zu stehen.

Im Jahre 1940 ersuchte mich Ulbricht, mit einem von NKWD aus der Haft entlassenen Arzt zu sprechen, der darauf bestanden habe, mit einem deutschen Funktionär zu sprechen. Der junge Arzt, ein deutscher Emigrant, war der Sohn eines bekannten Arztes, in dessen Haus Karl Liebknecht und Rosa Luxemburg oft und gern zu Gast gewesen waren. Der Sohn konnte sich daran noch als Kindheitserinnerung entsinnen. Er hatte nach dem Machtantritt der Nazis Deutschland verlassen müssen und war zunächst nach der Schweiz gegangen. Von dort aus war er in Korrespondenz mit russischen Ärzten seines Fachgebiets getreten und hatte nach einiger Zeit die Einladung bekommen, nach der Sowjetunion zu reisen, um dort zu arbeiten. Aus seiner Arbeit heraus war er bei den großen Verhaftungswellen auch verhaftet worden. Über seine Erlebnisse in der Haft sprach er nicht; er betonte, daß er sich verpflichtet habe, darüber nicht zu sprechen (eine Verpflichtung, an die sich auch Kerff, der frühere Reichstagsabgeordnete Kassler und Schwenk halten zu müssen glaubten). Aber eins, das ihn besonders erschüttert hatte, wollte er zumindest andeuten: Man hatte ihm zugemutet, nachzudenken und Angaben darüber zu machen, ob nicht Wilhelm Pieck, der doch auch mitunter zu seinem Vater gekommen war, Liebknecht und Luxemburg verraten und den weißen Offizieren ausgeliefert hätte. Er erklärte, daß er mit allem fertig sei. Obwohl Jude, sei er im Begriff, nach Deutschland zurückzukehren, wenn ihm dort auch Konzentrationslager oder Schlimmeres sicher sei. Er habe nichts mehr; seine Zeugnisse seien verschwunden, seine Anzüge und sonstigen Besitztümer ebenfalls. Als er nach seiner Entlassung nach diesen Dingen gefragt habe, sei ihm gesagt worden, davon sei der Dienststelle nichts bekannt, es sei auch nichts eingetragen. Als er Nachforschungen verlangte, war er gefragt worden, ob er damit sagen wollte, daß NKWD solche Sachen veruntreue.

Damit bin ich an dem Punkt angelangt, der noch durch einige Angaben beleuchtet werden soll. Ende 1939 und während des Jahres 1940 schickten oder zwangen Organe des NKWD deutsche Flüchtlinge, die Asyl in der Sowjetunion gesucht hatten, zum deutschen Konsulat. Der eben genannte jüdische Arzt war einer von denen, deren Fall bekannt geworden ist. Nach Andeutungen Ulbrichts ging in jener Zeit aber eine umfangreiche, nicht an die Öffentlichkeit gelangende, Abschiebung von Gefangenen und Nichtgefangenen vor sich. Den Fall Heinrich habe ich schon notiert. In einem anderen Fall berichtete Ulbricht, daß ein langjähriges Mitglied der Partei und der Roten Hilfe seine bisher gut verwahrten Mitgliedsbücher der deutschen Vertretung zugestellt hatte mit einem Brief, in dem er erklärte, daß er, nachdem er gegen seinen Protest und nach mehr als ein halbes Jahr sich hinziehender Weigerung seinerseits, von NKWD gezwungen werde, zum deutschen Konsulat zu gehen, um sich dort einen Paß ausstellen zu lassen, nicht mehr Kommunist sein könne. (Ulbricht hatte in einigen Fällen Einsprüche

versucht, sagte aber, daß NKWD vollständig unzugänglich sei.) –
Die Genossin Martha Kühne, eine frühere Textilarbeiterin und
Landtagsabgeordnete aus Leipzig, die infolge der Verhaftung ihres
Mannes Arbeitsplatz und Wohnung verloren hatte und nach der
Aufzehrung ihrer kleinen Ersparnisse gezwungen gewesen war,
Hilfe bei der Roten Hilfe zu suchen, wo sie aber brüsk abgewiesen
worden war, stand vor der Alternative, eine für sie körperlich nicht
ausführbare Arbeit (sie war leidend) für monatlich 150 Rubel anzunehmen, oder nach Deutschland zu reisen, wo sie zwei Kinder
wohnen hatte. Ulbricht ersuchte mich, einer Unterredung mit ihr
beizuwohnen, weil ich die Genossin aus früheren Jahren kannte,
und weil er nicht wisse, wie weit sie in ihren Unterhandlungen mit
der deutschen Konsulatsbehörde gelangt sei. Die Frau weinte und
sagte, daß sie drei Jahre lang das schlimmste Leben habe führen
müssen, und daß sie von allen gemieden und verachtet gewesen sei;
ich sei der einzige gewesen, der sie noch gegrüßt hatte. Jetzt bleibe
ihr keine andere Wahl, als zu reisen, um vielleicht bei ihren Kindern
Hilfe zu bekommen. Ich fragte sie, ob sie nicht daran denke, daß sie
dort wahrscheinlich verhaftet würde, und daß man versuchen würde, sie in die Rolle einer Propagandistin gegen die Sowjetunion zu
zwingen, wie es mit den Frauen Eberleins und Schultes geschehen
war, die zurück gefahren waren. Sie antwortete, daß ich sie gut genug kenne, um zu wissen, daß sie ehrlich sei und bleiben wolle. Sie
würde ja auch nicht reisen, wenn man ihr hier wenigstens eine Arbeit geben würde, von der sie leben könnte. Ulbricht versprach,
nochmals zu versuchen, eine Arbeit für sie zu finden. Aber als die
Zeit vergangen war, in der er dies hatte versuchen wollen, lag nur
ein negatives Ergebnis vor. Mit den ihm zu Gebote stehenden Mitteln und Verbindungen war es nicht möglich gewesen, eine Arbeitsstelle für Martha Kühne zu finden. Sie fuhr nach Deutschland.

Das Wort: »Ihr laßt die Armen schuldig werden, dann überlaßt
ihr sie der Pein« traf auf das Verhältnis der Instanzen und ihrer
Nachbeter gegenüber vielen Opfern der sogenannten Reinigungs-
maßnahmen zu. Frauen und Kinder von Verhafteten mußten unter
unerträglichen Verhältnissen leben. Nur die gröbsten, schlechtest
bezahlten Arbeiten standen ihnen offen. Trude, die frühere Steno-
typistin Thälmanns und Freundin Hirschs, die in ihrer Glanzzeit zu
den selbstsicheren Typen der Arrivierten gehört hatte, arbeitete

nun für einen Lohn von 75 Rubeln in bar und ein gewisses Entgelt in Naturalien auf einem außerhalb Moskaus gelegenen Kolchos. Sie glich einem gehetzten Tier. Einige Frauen versuchten, ihr Leben aus den kümmerlichen Erträgnissen der Prostitution zu fristen. Knoths Frau glückte es, eines Amerikaners habhaft zu werden, der sie heiratete, so daß sie amerikanisches Bürgerrecht erwarb und das Land verlassen konnte. H. Meyers Frau, die den Eindruck einer Irren zu machen begann, versuchte verzweifelt, Angaben gegen andere zu sammeln und NKWD damit zu beweisen, daß sie einwandfrei sei. Angeberei, Provokation, feiges Abschieben eigener Versehen auf andere wucherten in dieser krankhaften Atmosphäre. Niemand wollte selbst eine Verantwortung übernehmen. Sepp Schwab, der Redakteur der deutschsprachigen Sendungen des Moskauer Rundfunks, ließ beispielsweise zu, daß zwei der Sprecher (Lotte Loebinger und Maxim Valentin) durch fristlose Entlassung (Loebinger) und eine strenge Verwarnung (Valentin) bestraft wurden, obwohl das ihnen zur Last gelegte Versehen (das Auslassen einer Seite beim Verlesen einer Rede Molotows) auf einen Fehler der Redaktion zurückzuführen war. Franz, der selbst durch Kippenbergers Angaben in Moskau festgehalten und in langwierige Untersuchungen verwickelt worden war, sah zwei Jahre lang zu, wie die Hamburger Genossin Naujoks von Instanz zu Instanz gejagt, um Arbeitsplatz und Wohnung gebracht wurde, ehe er zu gestehen wagte, daß Angaben, die er gegen sie gemacht hatte, falsch gewesen und nur seinem Wunsch entsprungen waren, selbst den Untersuchungen zu entgehen. Die Frau des in Deutschland zu 15 Jahren Zuchthaus verurteilten früheren Leuna-Betriebsrats Schmitt wurde sowohl von ihren Nachbarn (Emigranten und Russen) als auch von den lokalen Behörden hart bedrängt, in Klatsch verstrickt und als Trotzkistin, beziehungsweise Frau eines Trotzkisten, verschrien, weil man annahm, ihr Mann sei in der Sowjetunion verhaftet und verschickt worden. Sie geriet in die schwierigste Lage, weil es ihr untersagt war, darüber zu sprechen, daß ihr Mann von Moskau aus zur illegalen antinazistischen Parteiarbeit nach Deutschland zurückgekehrt war; sie durfte lediglich die Auskunft geben, daß ihr Mann »auf Kommandierung« sei. Im täglichen Kampf um ihren Ruf und im immer unerträglicher werdenden Klatsch griff sie selbst zu dem Mittel, einige ihrer Nachbarn als feindliche Elemente und als trotzkistisch verseucht zu bezeichnen. Erschütternd war der allmähliche Untergang der Familie König. Mann und Frau waren alte Mitglieder der Arbeiterbewegung, die stolz auf ihre beiden Söhne waren, von denen sie berichteten, daß sie schon in der Schule und als Jungpioniere aktiv hervorgetreten seien. Die ganze Familie war schon seit 1933 in der Sowjetunion, wo der Mann, der in Berlin seit vielen Jahren als Lithograph für Parteiapparate gearbeitet hatte, bei einer internationalen Stelle in seinem Fach beschäftigt wurde. Am Schluß eines Aufenthalts in einem südrussischen Erholungsheim war er von den russischen Gästen aufgefordert worden, im Rahmen eines kleinen Festes eine Abschiedsrede zu halten. Er war kein routinierter Redner, und es fiel ihm nicht leicht, die passenden Worte zu finden. So versuchte er, seine Dankbarkeit für den genossenen Erholungsaufenthalt und seine Wertschätzung der russischen Gastfreundschaft in einem Vergleich zum Ausdruck zu bringen, den er zwischen den Eindrücken, die er in früheren Jahren während eines Aufenthalts in einem der Erholungsheime der deutschen Invalidenversicherung gewonnen hatte, und seinen Erlebnissen im sowjetrussischen Erholungsheim anstellte. Unter anderm erzählte er, daß es im deutschen Erholungsheim auch sehr ordentlich und sauber gewesen sei, daß man sich dort aber nicht habe so heimisch fühlen können, wie im sowjetrussischen. Kurz, er wollte zeigen, daß er verstehe, daß der fundamentale Unterschied zwischen zwei Erholungsheimen, in denen er gewesen war, im gesellschaftlichen System verwurzelt sei. Der russische Parteisekretär aber hielt einen solchen Vergleich für unzulässig, denn er bestritt, daß es im kapitalistischen System Erholungsheime für Arbeiter gäbe. Deshalb bezichtigte er König in einem schriftlichen Rapport faschistischer Propaganda und verlangte entschiedene Maßnahmen gegen ihn. König wurde aus seiner Arbeit entlassen, obwohl seine Vorgesetzten, die mit seinen Leistungen zufrieden waren, wußten, was König mit seinem Vergleich hatte sagen wollen. Sie wagten aber nicht, sich den Forderungen des Sekretärs zu widersetzen. Das Äußerste, das sie für König zu tun bereit waren, war die Hilfe bei der Vermittlung an einen andern Arbeitsplatz, wo er allerdings eine bedeutend niedrigere Entlohnung erhielt. Ungefähr zur selben Zeit, in der sich dies ereignet hatte, erhielt Frau König auf ihre dringenden Fragen über das Schicksal des älteren ihrer beiden Söhne, der als Funkspezialist nach Spanien gegangen war, den Bescheid, daß er vermißt sei, und daß seine vorgesetzte Stelle keine weitere Auskunft zu geben vermöchte. Sie glaubte nicht daran, daß der Sohn einfach verschwunden sei und meinte, seine Vorgesetzten müßten wissen, was wirklich mit ihm geschehen war. In ihrem Mißtrauen wurde sie bestärkt, als der jüngere Sohn mit andern Altersgenossen in Moskau verhaftet wurde, ohne daß es ihr gelingen wollte, Auskunft über seinen Verbleib und die gegen ihn erhobenen Anschuldigungen zu erhalten. Die Mutter lief von einer Instanz zur andern, die Ergebnisse blieben immer gleich negativ. Unter den wenigen deutschen Emigranten, die sich noch in Moskau befanden, zirkulierten im Winter 1939/40 manche scharfen Worte der fast um den Verstand gebrachten Mutter, und man erwartete, daß sie eines Tages festgenommen werden würde. Am Schluß einer Versammlung (Anfang 1940 waren nach mehrjähriger Unterbrechung wieder einige Versammlungen deutscher Emigranten erlaubt worden; die Teilnehmerlisten wurden vorher dem Moskauer Komitee der russischen Partei eingereicht) sprachen sie und ihr Mann einige Stunden mit mir über ihren Fall und ihre Sorgen. Ich riet ihnen, in einem an Dimitrow adressierten Brief das Wesentliche aufzuschreiben und um Prüfung der Angelegenheit des verhafteten Sohnes zu ersuchen. Den Brief wollte ich – so versprach ich ihnen – selbst Dimitrows persönlichem Sekretär übergeben, so daß er auf dem Postwege nicht verloren gehen könnte. (So hatte ich es vorher in einigen Fällen getan, mit dem Ergebnis, daß zwar einige auf die Weise umgangene Untergebene Dimitrows mich für meine Eigenmächtigkeit ausgescholten hatten, daß aber doch zumindest die geforderten Prüfungen in die Wege geleitet worden waren.) Die Frau hat, trotz wiederholter eindringlicher Vorstellungen, die ich ihr bei späteren Zusammentreffen gemacht habe, diesen Brief nie fertig gekriegt. Ihre Verzweiflung und ihr Unglaube an alle Bereitschaft zur Hilfe waren schon so vorgeschritten, daß sie – wie sie selbst sagte – einfach nicht zum Schreiben imstande war. Meine eigenen Versuche, im Rahmen der durch Pieck betriebenen Nachforschungen nach Seydewitz' Söhnen eine Spur vom verhafteten Sohn der Eltern König zu finden, blieben ergebnislos. Eines Tages erhielt ich einen vom Redakteur Heiss geschriebenen und durch die Post an mich gesandten Brief, in dem Äußerungen der Frau König wiedergegeben wurden, u. a. die, daß ich der einzige Mensch in der deutschen Parteileitung sei, mit dem man reden und von dem man Verständnis erwarten könne, während Ulbricht und Dengel überhaupt kein Herz hätten. Es war in diesen Zeiten ganz ungewöhnlich, daß solche Dinge in einem Brief behandelt wurden; man scheute sich vor dem Aussprechen solcher Meinungen, Briefe aber waren überhaupt ganz verpönt. Nach dem, was ich über Heiss wußte, mußte ich annehmen, daß hier wieder ein Versuch zur Erlangung von »Beweismaterial« vorlag. Deshalb verlangte ich vom deutschen Vertreter Ulbricht, daß er mit Heiss spreche; dies war die einzige Möglichkeit, seine Auftraggeber in diesem Falle matt zu setzen. Kurz vor meinem Weggang war ich noch Zeuge eines schrecklichen Ausbruchs der schwer geprüften und verzweifelten Frau König vor Ulbricht, Dengel und mir. Dengels gravitätisches Verhalten reizte die Frau offenbar dazu, einmal hinauszuschreien, was sie fühlte und dachte. Sie sagte ihm ihre tiefe Verachtung für seine beamtenhafte Feigheit und Herzlosigkeit offen ins Gesicht. Auf meine Versuche, sie vor offen gegen die Behörden gerichtete Äußerungen zurückzuhalten, erwiderte sie, daß sie wisse, daß ich es gut mit ihr meine, aber sie könne sich nicht mehr beherrschen. Sie sei eine Mutter, der man ihre Kinder genommen habe, und die nirgendwo Recht bekommen könnte. Wir haben unser ganzes Leben lang für Gerechtigkeit gekämpft, wir verlangen auch für uns nur Gerechtigkeit! rief sie. Man soll mit mir machen, was man will. Will man mich erschießen, so soll man es tun, aber man soll aufhören, mich zu quälen. Hier stehe ich, sagt mir doch, was mit meinen Kindern geschehen ist! Wenn die Arbeiter in Berlin wüßten, was man mit uns macht! Aber sie müssen einmal die Wahrheit erfahren ... Welches Schicksal Frau König erfahren hat, entzieht sich meiner Kenntnis. Aber ich befürchtete das Schlimmste für sie.

So wurden Menschen zermalmt und vernichtet. Es wäre falsch, in der Verhaftungspraxis nur die Auswirkungen eines Kampfes der in der Sowjetunion herrschenden Kreise gegen politische Gegner zu sehen. Viele der Verhafteten standen gar nicht in irgendwelcher Opposition. Aus dem, was ich über meine Erlebnisse während der Verhaftungspsychose hier niedergeschrieben habe, ergibt sich ohne weiteres, daß viele der Verhafteten Menschen waren, die in der Zeit, in der sie selbst Macht ausüben durften, mit ähnlicher Schonungslosigkeit gegen ihre politischen Gegner und diejenigen vorgegangen sind, die sie, als außerhalb ihrer eigenen Clique stehend, bekämpfen zu müssen glaubten. Ich habe darauf verzichtet, hier Versuche zur Beleuchtung oder Erklärung der großen, während dieser Zeit veranstalteten, Schauprozesse niederzulegen. Meine unmittelbaren Erlebnisse kennzeichnen die Umstände, unter denen sie sich abgespielt haben, besser, als es mir mit Hilfe einer allgemeinen Analyse möglich wäre. Rechtlosigkeit, Unsicherheit – die sich bis zu panischer Angst steigerte, zynischer Fatalismus, bürokratische Skrupellosigkeit, Ohnmacht des einzelnen Menschen gegenüber einer unbegreiflichen mächtigen Maschinerie, kennzeichnen jene Zeitspanne. Wußten die an der Spitze des Staates stehenden Personen, was sich in ihrem Lande im Einzelnen abspielte? Viele der Betroffenen klammerten sich bis zuletzt an die Hoffnung, daß durch ein Eingreifen Stalins ihre Rettung möglich wäre. Als Shdanow in seinem Referat auf dem Parteitag im März 1939 einige an und für sich selbstverständliche Feststellungen traf, wie die, daß niemand für die Vergehen seiner Tante verantwortlich gemacht werden könnte, und daß viele Fälle nachgeprüft und wiederaufgenommen werden müßten, klammerten sich wiederum viele an die Hoffnung, daß es sich bei vielen Vorkommnissen um Übergriffe von Beamten oder um Zersetzungsmanöver von im Dienste feindlicher Mächte handelnder Personen gehandelt habe. Aber auch diese von Tag zu Tag aufkommenden Hoffnungen, neuen Verzweiflungsausbrüche und die zuletzt das Resultat bildende Vereinsamung jedes Individuums inmitten eines Wirrwarrs einander offen und geheim bekämpfender Individuen scheint mir charakteristisch für die Auswirkungen der totalitären Diktatur. Der Widerspruch zwischen den durch die offizielle Propaganda hervorgerufenen und genährten Vorstellungen der einzelnen Menschen und der Wirklichkeit war für den Einzelnen vernichtend. Er versuchte bis zum Äußersten, sich das Geschehen zu erklären, indem er die Kriegsgefahr, die Notwendigkeit der Verteidigung des Sowjetstaates, die geheime und bis in den NKWD-Apparat sich erstreckende Tätigkeit feindlicher Agenten oder das Wirken persönlicher Feinde zur Erklärung heranzog. Aber die Diktatur ging in ihren Ansprüchen und Auswirkungen noch weiter. Sie verlangte, daß auch der zu Boden Getretene sich wieder in ihren Dienst stelle. Viele haben es getan. Sobald sie nur einen Schimmer persönlicher Hoffnung sehen zu dürfen glaubten, klammerten sie sich wieder an ihre alten Vorstellungen und stellten sich wieder in Reih und Glied. Ich möchte alle diese Momente und Tendenzen für sich selbst sprechen lassen und ziehe hier keine allgemeinen Schlußfolgerungen.

Politik im Moskauer Prokrustes-Bett

Ercolis häufige und lange Abwesenheit von Moskau, die durch Auslandsreisen verursacht wurde, hatte zur Folge, daß meine sogenannte Referententätigkeit sich allmählich darauf beschränkte, mich selbst zu informieren. Das tat ich, so gut es sich unter den dortigen und damals herrschenden Bedingungen tun ließ. In der Presseabteilung fehlte es an einem Mitarbeiter, der die deutsche Presse und eine Reihe ausländischer Zeitungen unter dem Gesichtspunkt des Sammelns von Informationen über die deutsche Lage bearbeitete. Die Presseabteilung wandte sich an mich, und ich habe ihr dann täglich Auszüge und Übersichten, die ich zusammenstellte, für das täglich erscheinende »Pressebulletin« geliefert. Dieses Bulletin wurde einem Kreis von Sekretären und Mitarbeitern des EKKI und den Leitern einiger Institute (z. B. des Agrarinstituts, des Wirtschaftsinstituts) zugestellt. Für die meisten Abnehmer war es die hauptsächliche Informationsquelle über die Vorgänge im Ausland. Als es mir 1938 gelungen war, einen Radioapparat zu erstehen, ergänzte ich mitunter die Presseinformationen durch Radioübersichten. Die Presseabteilung kaufte einige Radioapparate, die während der ersten Kriegsjahre auf fünf vermehrt wurden, und allmählich wurde von mir ein regelmäßiger Radioabhör- und Berichterstattungsdienst eingerichtet.

Ende 1938 trafen die Mitglieder des Politbüros der tschechoslowakischen Partei in Moskau ein. Gottwald setzte sich persönlich für die Unterbringung seiner Freunde im Apparat des EKKI ein, und in diesem Zusammenhange wurden Umbesetzungen durchgeführt. Durch den Österreicher Ernst Fischer hatte ich erfahren, daß ein Genosse, der gut mit den deutschen Verhältnissen vertraut sein sollte, damit beauftragt werden sollte, die deutschen und mitteleuropäischen Fragen überhaupt zu studieren und zu bearbeiten, um in erster Linie Dimitrow laufend zu informieren. Brieflich fragte ich bei Dimitrow an, ob ich für diese Aufgabe in Aussicht genommen sei, machte ihn darauf aufmerksam, daß ich an einem Buch »Deutschland zwischen zwei Revolutionen« (gemeint waren damit die französische Revolution und die russische) arbeite und gern Gelegenheit hätte, diese und damit verbundene Studienarbeiten fortzuführen. Dimitrow sagte, daß die Presseabteilung mich in ihrem Budgetvorschlag für das kommende Jahr als ständigen Mitarbeiter vorgeschlagen habe, und daß er es für besser halte, wenn ich dort mitarbeitete; vor allem hielt er es für notwendig, Einfluß auf die deutschsprachigen und anderen für das Ausland bestimmten Sendungen des Moskauer Rundfunks zu nehmen, was zwar nicht direkt möglich sei, aber durch die Belieferung mit geeignetem Material versucht werden müßte. – Der Tscheche Kopetzky wurde an meiner Stelle mit der Bearbeitung der deutschen und mitteleuropäischen Fragen betraut. Sverma trat als stellvertretender Leiter in die Presseabteilung ein, Siroky wurde stellvertretender Leiter von Oms, Appel wurde stellvertretender Leiter der Verlagsabteilung, Slansky übernahm die Leitung der tschechischen Sendungen des Rundfunks. Im Laufe der Zeit wurden weitere leitende tschechische Parteifunktionäre in verschiedenen Sekretariaten eingesetzt; in der Presseabteilung wuchs ihre Zahl bis zur Hälfte aller Mitarbeiter.

1939 dirigierte die russische Parteileitung eine Gruppe jüngerer russischer Parteifunktionäre in den Kominternapparat. Ihre Eingliederung war verbunden mit der Bildung einer sogenannten Propaganda-Abteilung, der die theoretische Schulung sowohl der Mitarbeiter des Kominternapparats, als auch der »Bruderparteien« obliegen sollte. Die Tätigkeit der Verlagsabteilung, deren Leitung Alexandrow (später Leiter der Propaganda-Abteilung des ZK der russischen Partei) übernahm, wurde fast ausschließlich in den Dienst dieser neuen Propaganda gestellt. Die Propaganda-Abteilung, deren Leiter ein junger Russe namens Jewtschuk wurde, erwarb sich durch ihre Zusammensetzung (junge russische Funktionäre, die eben die philosophische Fakultät der Universität verlassen hatten) und durch ihre engen Beziehungen zu leitenden Funktionären in der russischen Partei rasch die Stellung der ausschlaggebenden Abteilung im gesamten Kominternapparat, deren Unternehmungen zudem auf alle erdenkliche Weise durch Manuilski gefördert wurden. Im Sekretariat Dimitrows wurden einige der jungen Russen untergebracht. Unter ihnen war Kruschkow, der nach dreivierteljähriger Tätigkeit »auf Grund seiner Kenntnis der internationalen Arbeiterbewegung« Chef der Auslandsabteilung der »Prawda« wurde, um von dieser Stelle bald auf den Posten eines Generalsekretärs im Volkskommissariat für auswärtige Angelegenheiten überzugehen. Die jungen russischen Funktionäre, die alle eine vieljährige intensive Schulausbildung hinter sich hatten, kannten weder die wirklichen Verhältnisse der Arbeiterbewegung, noch nahmen sie Gelegenheit, sich mit ihnen vertraut zu machen. Sie nahmen in dieser Beziehung eine ganz andere Haltung ein, als die älteren russischen Funktionäre, die früher im Kominternapparat tätig gewesen waren. Jewtschuk wurde bald wegen seiner aggressiven und langen Reden gefürchtet, in denen er ausgiebig die Erzeugnisse anderer Mitarbeiter und deren mangelhafte Schulung in der Lehre von Marx-Engels-Lenin-Stalin geißelte. Er und die übrigen neuen Besen waren durchdrungen von der Mission, die ganze internationale Arbeiterbewegung auszufegen und mit dem von ihnen studierten reinen Inhalt der mit den vier Namen bezeichneten Lehre zu erfüllen. Jewtschuk berief sich gern auf seine vor der Schulausbildung ausgeübte Praxis als »Sowchosnik«, und er wollte die Gepflogenheiten, die er dort als Komsomolsekretär mit Erfolg angewandt hatte, der ganzen internationalen Arbeiterbewegung beibringen. Doitjaswilis Stellung war besonders unerschütterlich – ungeachtet seiner langen und kaum verdaulichen Artikel –, weil er Kaukasier war. Ponomarew, der schon einige Zeit früher als politischer Gehilfe Dimitrows begonnen hatte, aber zu dieser Gruppe gerechnet werden kann, zeichnete sich persönlich durch große Zurückhaltung, ausgeprägte Bescheidenheit im Auftreten und die Fähigkeit, seinem Gegenüber zuhören zu können, aus; er gehörte zu einem speziellen Typ junger russischer Funktionäre, der durch die Schule der persönlichen Umgebung Stalins gegangen war und die Kunst der Anpassung an die überragende Persönlichkeit (von der in aller Arbeiten in der Hauptsache geschwärmt und gepredigt wurde) bis zur Vollkommenheit erworben hatte.

Auf Aufforderung Ernst Fischers, der von Dimitrow den Auftrag erhalten hatte, unter seiner und Kuusinens Leitung die für das Ausland geschriebenen Ausgaben der Zeitschrift »Die kommunistische Internationale« zu politisch aktuellen Organen umzugestalten, hatte ich einige Zeit nach der Besetzung Österreichs Beiträge für diese Zeitschrift zu schreiben begonnen. Ich konzentrierte mich auf die Bekämpfung aller Tendenzen, die der nazistischen Expansion dienen konnten und versuchte gleichzeitig, für die Demokratisierung und Unabhängigkeit der Arbeiterbewegung einzutreten. Der Anstoß zu meiner Mitarbeit war die Notwendigkeit, gegen das Liebäugeln mit großdeutschen Tendenzen in der deutschen Parteileitung zu polemisieren. Dimitrow und Kuusinen stimmten schließlich einem Vorschlag Fischers zu, nach dem er mit einem langjährigen Mitarbeiter Dimitrows (der den Schriftstellernamen Franz Lang trug), einer französischen Funktionärin, einem Engländer (zeitweise Page Arnot, zeitweise Campbell) und mir eine kleine Redaktionskommission bildete, die während einiger Zeit die Hauptarbeit der Redaktion geleistet hat. Fischer machte auf mich damals den Eindruck eines frischen, nicht von Vorurteilen eingeengten Genossen, der es wagte, für seine Auffassung einzutreten. Unsere Zusammenarbeit wurde noch enger durch Aufträge, die wir gelegentlich der Nürnberger Parteitage der NSDAP erhielten, und die uns den Anlaß zu gründlichen Auseinandersetzungen mit der nazistischen Ideologie gaben. Mit dem 18. Parteitag der russischen Partei wurde diese Zusammenarbeit lockerer, und Fischers ursprünglich oft mutige Stellungnahme wich einer immer fühlbarer werdenden Anpassung an die neuen Verhältnisse. Bei der Übersetzung der Hauptreden des russischen Parteitags wurde Fischer zur stilistischen Überarbeitung der Übersetzungen herangezogen. Im Gespräch mit ihm, der sich voller Enthusiasmus über Stalins Rede erging, machte ich darauf aufmerksam, daß sie die Keime nicht nur einer möglichen Abwendung von der bisher verfolgten Politik der kollektiven Sicherheit, sondern auch einer Befriedung des Verhältnisses zum nazistischen Deutschland enthalte. Fischer stürzte sich aber mit demselben Enthusiasmus, mit dem er früher gegen vieles Muffige im Kominternleben losgezogen war, auf die neuen Möglichkeiten. Als Manuilski im Zusammenhang mit dem Münchener Übereinkommen geäußert hatte, nun sollten die in Europa sich selbst überlassen bleiben, »wir« studieren indessen in Ruhe Stalins Geschichte der KPdSU, ging Fischer monatelang ganz in den Arbeiten zur stilistischen Bearbeitung der Übersetzung dieses Buches auf. Die meisten Kominternmitarbeiter wurden damals zu Übersetzern und Bearbeitern von Übersetzungen der Parteigeschichte. Sie wurden anschließend zu Schülern, die mit geradezu pedantisch anmutendem Eifer an den Schulungszirkeln teilnahmen, die als Pflichtarbeit, in verschiedene Klassen eingeteilt, für alle technischen und politischen Mitarbeiter des EKKI abgehalten wurden. Mit dem deutsch-sowjetischen Pakt wurde ein vollständiger Bruch der bisherigen redaktionellen Linie der Zeitschrift der Komintern vollzogen. Jewtschuk leitete eine Generalkritik des bisher Geschriebenen ein und von Stund an bezog die Zeitschrift eine gegen den englischen Imperialismus gerichtete Linie. Ich zog mich von der weiteren Mitarbeit zurück und erwiderte auf zwei Aufforderungen Gerös (des ungarischen Gehilfen Manuilskis und nunmehrigen Mitredakteurs Fischers), daß ich nicht (wie er mir zugemutet hatte) über Gewerkschaftsfragen und andere Themen schreiben würde, wenn ich nicht Gelegenheit hätte, gegen den deutschen Nazismus zu schreiben. So sind von mir in der Folge nur zwei Artikel erschienen, die ich auf Aufforderung Dimitrows schreiben mußte. Der eine polemisierte gegen die Haltung des sozialdemokratischen »Neuen Vorwärts« zum Kriege, der andere, im Februar 1941 veröffentlichte, war dem Internationalismus, den Karl Liebknecht und Rosa Luxemburg verkörperten, und der sie zur Stellungnahme gegen den Feind im eigenen Land befähigte, gewidmet.

Auch die mir aufgetragene Mitarbeit an der Ausgestaltung der Radiosendungen stieß bald an Grenzen, an denen nicht zu rütteln war. Ich hatte der deutschen Redaktion allwöchentlich einen Beitrag geliefert, der einen festen Platz in den Sendungen eingenommen hatte und auch von einigen anderssprachigen Sendungen übersetzt und übernommen worden war. Dieser Beitrag richtete sich gegen die nazistische Expansionspolitik. Einige Zeit nach der Besetzung der Tschechoslowakei hatte ich begonnen, Danzig zu behandeln. Schon der zweite Beitrag wurde gestoppt. Der Chef der Auslandsabteilung des Moskauer Senders, ein gewisser Kolmakow, sagte mir, daß es unmöglich sei, diese Beiträge weiter zu senden, denn es würde daraus die Gefahr entstehen, daß die deutschen Hörer zur Auffassung kämen, die Sowjetunion halte die gleiche Linie in der Danzig-Frage ein, wie der englische Imperialismus. Antifaschismus um jeden Preis könne leicht zur Provokation werden.

Hinfort beschränkte ich meine »Mitarbeit« an dieser Institution darauf, alle paar Tage Material aus ausländischen Zeitungen, das über antinazistische Kundgebungen, Meinungsäußerungen, Bewegungen berichtete, zu Informationszwecken zu übersenden, sowie täglich eine vom Leiter der Presseabteilung angefertigte Übersicht über den Inhalt der Sowjetpresse stilistisch zu bearbeiten. Doch auch dabei gerieten wir auf Glatteis; eines Tages wurden der Leiter der Presseabteilung und ich zu Manuilski zitiert, der uns eröffnete, daß Kolmakow und der Chef des gesamten Radios eine Anzeige gegen uns bei Beria eingereicht habe, weil bei der Wiedergabe eines über einen Erlaß der Regierung referierenden Telegramms der Titel Molotows unrichtig übersetzt gewesen sei, was einer Herabminderung der Bedeutung Molotows gleich käme. Ich erklärte Manuilski in wenig zurückhaltendem Ton, daß Kolmakow, den ich mit seinem oben wiedergegebenen Ausspruch über Antifaschismus charakterisierte, seit Monaten versuchte, jede sei es noch so bescheidene, Einflußnahme auf die Auslandssendungen zu unterbinden, und daß es besser wäre, die Komintern gäbe alle Versuche zu einer solchen Flickarbeit auf. Manuilski war durch meine Feststellung über Kolmakows Ausspruch über Antifaschismus und Provokation sichtlich peinlich berührt und versprach, dieser Sache auf den Grund zu gehen. Das einzige Ergebnis war, daß die Anzeige keine weiteren Folgen zeitigte. Lange Zeit später wurde ich von Dimitrow und Manuilski aufgefordert, eine Denkschrift über die Sendungen des Moskauer Radios zu schreiben und zugleich Charakteristiken der englischen und deutschen Rundfunksendungen zu liefern. Es wurde erklärt, daß Stalin und Molotow sich mit dem Problem der Radiosendungen befaßten und eine ausführliche kritische Sachdarstellung wünschten.

Aber sogar die zu Informationszwecken zusammengestellten Berichte über die Sendungen ausländischer Radiostationen, die den EKKI-Sekretären und einigen Mitarbeitern zugestellt wurden, erregten zu ihrer Zeit Widerspruch. Manuilski protestierte dagegen, daß während des finnisch-russischen Winterkrieges die Sendungen des Helsingforser Senders und die Sendungen anderer Auslandsstationen mit ihrer Stellungnahme zur Roten Armee, zur russischen Kriegsführung und überhaupt zur Lage an den Fronten abgehört und wiedergegeben wurden. Auf die Entgegnung, daß diese Berichte ja nur den Sekretären übermittelt würden, damit sie informiert seien über die Argumentation der andern, erwiderte Manuilski, daß es schon zu viel sei, daß überhaupt eine Person diese Sendungen abhöre und ihren Inhalt notiere.

Einige Zeit nach der Besetzung der Tschechoslowakei erschien im Prometheus-Verlag eine von mir verfaßte Broschüre unter dem Titel: »Soll die Arbeiterklasse vor dem Kriege kapitulieren?« Unter den im Ausland über sie geschriebenen Rezensionen machte mich die der sozialdemokratischen »Berner Tagwacht« recht nachdenklich. Sie stellte nämlich, nach sachlicher Auseinandersetzung mit dem Inhalt der Schrift und nach einigen zustimmenden Bemerkungen über einige wesentliche Punkte, die Frage, ob es nicht notwendig sei, zu sagen, wohinaus die Sowjetunion wolle, eine Frage, auf die ich in meiner Schrift nicht eingegangen sei.

Schon vor der Publikation des deutsch-russischen Vertrags waren die Restriktionen, denen die antinazistische Propaganda von Moskau aus unterworfen war, in zunehmendem Grade fühlbar geworden. Die Abwendung von »Europa« war deutlich in vielem. Dadurch aber, daß diese Abwendung gleichzeitig von einer scharfen Hervorkehrung der sogenannten prinzipiellen Punkte des kommunistischen Programms begleitet war, wurde der Eindruck erweckt, als steure die Sowjetunion letzten Endes auf große revolutionäre Umwälzungen in einigen europäischen Ländern zu. Der deutsch-russische Pakt war die äußerliche Kennzeichnung einer seit längerer Zeit spürbaren Entwicklung. Für die deutschen Kommunisten in Moskau bedeutete er eine furchtbare Belastung. Das Moskauer Radio gab in knechtischer Aufdringlichkeit die DNB-Meldungen wieder. Der Ausbruch des Krieges gegen Polen wurde durch die ausführliche Wiedergabe der offiziellen deutschen Berichte und Kundgebungen ebenso falsch beleuchtet, wie die Stellungnahme der Westmächte bei ihrem Eintritt in den Krieg. Ein alter deutscher Genosse, der oft zu mir kam, um seine Gedanken mit mir auszutauschen, erzählte mir, daß er in seinem Betrieb plötzlich vom Parteisekretär begrüßt und beglückwünscht worden sei. Bisher hatte der Parteisekretär dem ausländischen Kommunisten, der ja im offiziellen Sprachgebrauch als Parteiloser galt, ungeachtet dessen, daß er schon dem Spartakusbund angehört hatte, keine besonders freundliche Aufmerksamkeit gewidmet. Als mein Freund nun erstaunt fragte, wofür er ihn beglückwünscht habe, bekam er die Antwort: Für die Erfolge der deutschen Truppen in Polen. Darauf der deutsche Kommunist: Die sind kein Grund, mich zu beglückwünschen. Die erstaunte Frage des Russen: Sind Sie denn nicht dafür, daß die Deutschen die Polen schlagen? Die Antwort des deutschen Kommunisten: Ich bin für den Sieg der Revolution, nicht für den Sieg Hitlers. Darauf abschließend, ärgerlich mit dem Kopfe schüttelnd, der Russe: Das sind Phrasen. Hitler hilft uns durch seine Siege über die polnischen Pans. Einer meiner Freunde, ebenfalls ein deutscher Genosse, der 8 Jahre seines jungen Lebens in einem englischen Zuchthaus verbracht hatte, weil er für antimilitaristische Arbeit verurteilt gewesen war, erzählte einer russischen Kommunistin, daß er bei der Fahrt im Autobus gehört hatte, wie viele der Passagiere auf Grund der neuesten Zeitungsmeldungen über deutsche Siege in Polen gesagt hatten: »Hitler molodjez!« (Etwa: »Hitler ist ein Teufelskerl, ein tüchtiger Kerl!«) Er drückte der Russin darüber die Befürchtung aus, daß die Gefahr, die der Sowjetunion letzten Endes vom Nazismus drohe, unterschätzt würde. Sie war ärgerlich und empört darüber, daß er die russischen Arbeiter für so dumm halten könne. – Während die russischen Zeitungen Mühe hatten, die umfangreichen DNB-Meldungen auf ihrem knappen Raum unterzubringen, war es ihnen unmöglich, beispielsweise den Tod und den Termin der Beisetzung des alten Genossen Christel Wurm auch nur durch drei Zeilen anzuzeigen. Damals mußte »alles unterlassen werden«, das die Aufmerksamkeit auf das Vorhandensein deutscher Flüchtlinge in der Sowjetunion lenken konnte.

In Zusammenarbeit mit einigen Genossen (dem aus Köln stammenden Redakteur Hansen, dem Österreicher Hexmann, dem Schweizer Bamatter) verfolgte ich damals Tag und Nacht die Radiosendungen, und mit ihrer Hilfe, sowie mit Hilfe des allmählich stark angewachsenen Zeitungs- und Zeitschriftenmaterials, dessen regelmäßige Lieferung zu sichern mir gelungen war, war ich imstande, den Ereignissen zu folgen. Damals begann ich die Ausarbeitung einer Schrift über die Kriegsziele, die in der Propaganda der am Kriege beteiligten Mächte angeführt und erläutert wurden. Einige Genossen – wie der alte Tscheche Smeral – kamen in jener Zeit regelmäßig, um sich bei mir Informationen zu holen, ohne die sie kein richtiges Bild hätten bekommen können.

Gottwald, Pieck und der Österreicher Koplenig versuchten zu Beginn des Krieges, ein gemeinsames Manifest der kommunistischen Parteien der Tschechoslowakei, Österreichs und Deutschlands zu entwerfen. Ihre Anstrengungen führten aber nicht zu dem Ergebnis, das vom EKKI-Sekretariat gebilligt werden konnte. Fürnberg und ich erhielten deshalb den Auftrag, dieses Manifest auszuarbeiten und vorzulegen. Fürnberg, der – wie meist – undurchsichtig war, sagte mir bei dieser Gelegenheit, daß man viele Vorurteile über Bord werfen müsse. Wenn es möglich wäre, auf diesem Wege (d. h. durch das Zusammengehen der Sowjetunion mit Deutschland) zum Sozialismus zu kommen, müsse man auch die Konzentrationslager und den Antisemitismus als notwendige Übel in Kauf nehmen. Mir war nicht klar, ob Fürnberg damit seine Meinung hatte ausdrücken oder nur hatte feststellen wollen, was ich dazu meinte. So gab ich keine Antwort. Als wir mit Hängen und Würgen einen Entwurf ausgearbeitet hatten, der sich gegen den imperialistischen Krieg, gegen den Feind im eigenen Lande und für die Verbrüderung der Arbeiter im Waffenrock aussprach, sagte Manuilski, daß es für die Verbrüderung noch zu zeitig sei, und daß man auch vorsichtig damit sein müsse, zu konstatieren, daß die arbeitende Bevölkerung keines Landes den Krieg gewollt oder gewünscht hätte. Es könne eine Zeit kommen, in der man auch die arbeitende Bevölkerung zur Verantwortung ziehen müßte, wenn sie durch ihre Haltung dazu Anlaß gäbe.

Einige Tage vor dem Einmarsch der Sowjettruppen ins östliche Polen wurde den deutschen ZK-Mitgliedern durch Pieck eine vertrauliche Information aus dem Kreis der russischen Parteileitung gegeben. Es wurde dazu gesagt, daß auch andere Parteileitungen entsprechende Aufklärungen erhalten hätten. Die Information besagte, daß die Sowjetregierung auf Grund der bedrohlichen internationalen Lage und wegen der Versuche der München-Mächte, den Krieg gegen die Sowjetunion zu wenden, gezwungen gewesen sei, zur Parierung dieser Absichten, den deutsch-sowjetischen Vertrag abzuschließen. Es sei noch ungewiß, wie sich der Krieg weiter entwickeln würde. Aber auch vom Standpunkt der Interessen des internationalen Proletariats könne es kein Nachteil sein, wenn das halbfaschistische Polen von der Karte verschwände. Die »Bruderparteien« in den kapitalistischen Ländern dürften aus dem deutsch-sowjetischen Vertrag jedoch nicht den Schluß ziehen, daß sie ähnliche Pakte mit der Bourgeoisie ihres eigenen Landes schließen dürften; dies sei eine grundsätzlich andere Frage. Die deutschen Kommunisten dürften nie aus dem Auge verlieren, daß sie *keinen* Pakt mit Hitler hätten. – Mit dieser Mitteilung (der einzigen direkten Mitteilung seitens der russischen Parteileitung, von der ich während der ganzen Zeit meines Aufenthalts in Moskau gehört habe) wurde also der Eindruck erweckt, als habe die Sowjetregierung in einer Art von Notwehr gehandelt, und sie appellierte auf ihre Weise an die Kommunisten der andern Länder, sie durch ihren eigenen Kampf gegen den Feind in ihren eigenen Ländern zu unterstützen und aus einer Zwangslage zu befreien. Angesichts der Erbitterung gegen die Politik der Chamberlains, die sich insbesondere im Zusammenhang mit München angesammelt hatte, war dieser Appell an die proletarische Klassensolidarität in der damaligen Situation, in der bei den Kommunisten Erinnerungen an die während des ersten imperialistischen Weltkriegs herangereiften revolutionären Möglichkeiten lebendig wurden, eine Art von moralischer Verpflichtung. Von mir selbst muß ich sagen, daß ich schweren Herzens an die Genossen dachte, die in Deutschland durch den Vertrag in die schwersten Konflikte gebracht wurden, und daß ich mit offenen Augen die Anzeichen nationalistischer Beschränktheit und einer Art von chauvinistischer Selbstgefälligkeit im russischen Leben aufnahm. Mit meinem Freunde Christel Wurm konnte ich in den ersten Tagen des Krieges noch offen über diese Fragen sprechen. Zu einem Gedankenaustausch über die durch die vertrauliche Information »zwischen den Zeilen« angedeutete Möglichkeit einer russischen Expansion auf Kosten Polens kam es aber nicht mehr, weil er in diesen Tagen seinen zweiten Schlaganfall erlitt, dem er erlegen ist.

Ein Mann ging am Tage der Bekanntgabe des Vorrückens der Sowjettruppen in das östliche Polen triumphierend umher und forderte jeden zu Beifallskundgebungen auf: Ernst Fischer. Er war bar jedes Gefühls für die Leiden, die der Krieg insbesondere den geplagten antinazistischen Kämpfern bringen mußte, ihn störte es nicht, daß die Sowjetunion durch diesen Schritt meilenweit von den antihitlerischen Massen in allen Ländern entfernt wurde; er sah in seinen dichterischen und karrieristischen Visionen den Sowjetstern bereits über Wien.

Der finnische Krieg brachte den Schreibtischsiegern kalte Duschen, die sie aber durch um so eifrigeres Betonen ihrer Siegeszuversicht wegzuleugnen versuchten.

In Moskau hatte der finnische Krieg während fünf Tagen eine fühlbare Krise der Lebensmittelversorgung hervorgerufen. Brot war einige Tage nicht zu kaufen, Milch war noch knapper als gewöhnlich. Tabak war – bis auf einige nicht genießbare Sorten – aus den Geschäften verschwunden. Lotte zog sich während des Stehens nach Butter von 3 Uhr nachts bis 10 Uhr morgens bei 38 Grad Kälte eine schwere Bauchfellentzündung zu, mit der sie zwei Monate im Krankenhaus liegen mußte. Nach den fünf kritischsten Tagen wurde vom Moskauer Sowjet mitgeteilt, daß teils Sabotage, teils bürokratisches Unvermögen die Lebensmittelversorgung gelähmt hätten. Um die Bevölkerung zu beruhigen, wurde Brot von Automobilen aus auf offener Straße verkauft. Diese Krise während des kleinen Krieges gab zu weitgehenden Gedanken Anlaß. Moskaus Lebensmittelversorgung war nicht ein Maßstab für die des ganzen Landes. Moskau war stets bevorzugt. Jenseits der 110 Kilometergrenze um Moskau sah es bereits in normalen Zeiten düster aus. Schlimmer war es in Orten weiter drin im Lande, in denen sich die Bevölkerung in der Hauptsache von schwarzem Brot, Tee, Kartoffeln und nur wenig Fleisch zu ernähren hatte, während Butter und Zucker schwer und selten zu erstehen waren. Welche Folgen müßte die Einbeziehung der Sowjetunion in den großen Krieg für die Versorgung der Bevölkerung haben? Wer es konnte, versuchte sich private Lebensmittelvorräte anzulegen. Brot wurde in geröstetem Zustand aufbewahrt, Zündhölzer, Salz und Zucker waren andere begehrte Hamsterartikel. Die russische Partei führte eine Kampagne gegen das Hamstern durch.

Für denjenigen, der einige Zeit unter den Bedingungen eines totalitären Regimes, wie des russischen, gelebt hat, ist es – besonders nach den Erfahrungen der »Reinigungs«-Jahre – nicht notwendig, zu erklären, weshalb der Einzelne nicht klipp und klar gegen die damalige Politik Stellung genommen habe. Es gab keine Diskussionen. Es gab keine Befragung. Es wurde deklariert und eingepeitscht. Die Stellungnahme des Einzelnen ließ sich nur an der Nuancierung seiner Worte, an seinen Versuchen, sich nicht in den Vordergrund drängen zu lassen und so weit wie möglich unbemerkt zu bleiben, erkennen. Nur ganz intime Freunde wußten voneinander, was der Einzelne wirklich dachte. Daß dies alles eine Korrumpierung der Grundsätze der Arbeiterbewegung bedeutete, die auch den Einzelnen korrumpieren mußte, und daß jeder, dem es mit dem Sozialismus ernst war, einen Zustand herbeiwünschen mußte, in dem die Arbeiterbewegung sich von den ihr durch das Stalinsche Regime auferlegten Fesseln würde befreien können, um unabhängig ihren Kampf für Demokratie und Sozialismus führen zu können, ist damals wahrscheinlich nicht nur mir klar geworden. Die Politik der internationalen Arbeiterbewegung war oft bis zur Grenze des Erträglichen durch die Politik der russischen Parteiführung belastet worden. Die nun unmittelbar drohende Kriegsgefahr verschlimmerte diesen Zustand noch weiter. Alles, was in den russischen Betrieben und im gesamten russischen Leben an kriegsvorbereitenden Maßnahmen eingeführt wurde (Heraufsetzung der Arbeitszeit, drakonische Strafen für Unpünktlichkeit, Gesetze, durch die frühere Reformen auf dem Gebiete des Schulwesens und der Berufsausbildung rückgängig gemacht wurden u. v. a. m.), sollte in der sowjetfreundlichen Propaganda der kommunistischen Parteien als neue Triumphe des Sozialismus gefeiert werden. Die schon in den Jahren kurz vor dem Kriege eingeführten zahlreichen Lohnabstufungen, die Gradbezeichnungen und Gradeinkommen auf allen erdenklichen Gebieten (nicht nur der Armee) waren von den kommunistischen Parteien als sozialistische Maßnahmen von fundamentaler Bedeutung interpretiert worden. Wer Augen hatte, zu sehen, konnte in der Blütezeit des deutsch-russischen Paktes noch andere Anzeichen nicht nur der inneren Verwandtheit der totalitären Methoden, sondern auch des fundamentalen Irrtums vieler russischer kommunistischer Propagandisten erkennen. Die russische Funktionärin Samoilowitsch, die Gelegenheit gehabt hatte, sowohl die polnischen Gebiete als auch das von den Sowjettruppen besetzte Bessarabien und die Bukowina zu besuchen, erzählte mir, daß die deutschen Soldaten begierig nach Sowjetsternen seien, und daß ein ganzer Zug Rotarmisten beim Appell habe melden müssen, daß sie ihre Knöpfe und Sterne deutschen Soldaten als Andenken gegeben hätten, die sie darum gebeten hätten. Aus solchen Episoden, deren Wahrheitsgehalt nicht nachzuprüfen war, wurde der Schluß gezogen, daß die deutsch-sowjetische »Freundschaft« zu einer Auflockerung innerhalb Deutschlands führen müsse, und daß die prorussischen Sympathien innerhalb der deutschen Bevölkerung nunmehr zur Geltung kommen und ein Hindernis für Hitlers eventuelle Ostpläne bilden könnten.

Solche törichten Auffassungen wurden von einigen deutschen Kommunisten aufgeschnappt und genährt. Die Folge war, daß sowohl bei Dengel als auch bei Ulbricht bald geradezu eifersüchtig darüber gewacht wurde, daß nicht durch »primitiven Antifaschismus« die »legalen« Möglichkeiten zur Propagierung des sowjetischen Systems innerhalb Deutschlands gestört würden. Ulbricht versuchte sogar die in der Sowjetunion lebenden deutschen Schriftsteller auf diese »legale« Methode der deutsch-russischen Verständigung zu exerzieren.

Zur Beratung der deutschen Fragen waren einige deutsche Funktionäre nach Moskau geladen worden. Schon im Frühjahr 1939 hatte eine solche Beratung stattfinden sollen, weil die Lage in der deutschen Partei zu Besorgnissen Anlaß gegeben hatte und die Hoffnungen, die Dimitrow auf Dahlems Leiterschaft gesetzt hatte, nicht eingetroffen waren. (Dahlem hatte Ulbricht im Frühjahr 1938 als Leiter abgelöst. Ulbricht war in Moskau behalten worden, wo er zwar als deutscher Vertreter fungierte und wichtig tat, gleichzeitig jedoch in ein bei der IKK anhängig gemachtes Verfahren verwickelt wurde, in dessen Verlauf vor allem der Abfall Münzenbergs eine Rolle spielte.) Dahlem und Merker waren jedoch – unter Berufung auf Paß-Schwierigkeiten damals nicht erschienen. Als der Krieg erklärt worden war, hatte das Sekretariat der deutschen Partei, das seinen Sitz in Paris hatte, die in Frankreich lebenden deutschen Kommunisten aufgefordert, der Anordnung der französischen Regierung nachzukommen, und sich freiwillig zur Inhaftierung in Konzentrationslagern zu melden. Bis auf wenige Ausnahmen haben die leitenden Funktionäre diese Aufforderung durchgeführt, über die es im Sekretariat zu einer schweren Auseinandersetzung gekommen war, weil Bertz sich dagegen ausgesprochen hatte. Dahlems Auffassung ging aus zwei Briefen hervor, die er aus dem Konzentrationslager an Daladier gerichtet hatte. In diesen Briefen berief er sich auf die Loyalität der deutschen Kommunisten gegenüber dem französischen Gastland, bezeichnete die Festhaltung der freiwillig in Haft gegangenen Kommunisten als Bruch eines Versprechens, sie nur einige Tage zum Zwecke der Registrierung und Gewinnung einer Übersicht zu behalten, und forderte die Einreihung der deutschen Antinazisten in deutsche Einheiten in der französischen Armee. Die Verbindungen, die die deutsche Leitung zu Organisationen im Lande gehabt hatte, waren durch diese Ereignisse zerstört worden.

Von den erwarteten deutschen Funktionären Mewis und Weber erschien nur Mewis, der einen Bericht über die mit ihm in Verbindung stehenden Berliner Organisationen erstattete. Sein Bericht war so »kraftvoll«, daß Dimitrow nachdem er ihn gehört hatte, sagte: »Ich glaube dem Mann kein Wort.«

Während der Beratungen kam es zu hitzigen Zusammenstößen zwischen Manuilski und Pieck, zu denen Manuilskis stichelnde Bemerkungen Anlaß gaben, daß es in Deutschland seit langem keine Kommunisten mehr gäbe. Scharfe Formen nahmen die Auseinandersetzungen mit Gottwald und dem Österreicher Fischer an, die, sekundiert von dem Österreicher Schilling, für eine politische Linie plädierten, die nicht antinazistisch, sondern schlechtweg antideutsch sein sollte. Ihnen gegenüber verrannten sich Pieck, Florin und Dengel in einer hoffnungslosen Verteidigung »deutscher Wesenszüge« und in einem kraftvollen Versuch, die Traditionen der deutschen Arbeiterbewegung für sich in Anspruch zu nehmen. Dimitrow trat abschließend mit der Feststellung auf, daß die deutsche Partei schon während des Krieges in Spanien nicht mehr als handelnder politischer Faktor in Erscheinung getreten sei. Der von der Brüsseler Konferenz geplante Reorganisationsversuch sei nicht zu Ende geführt worden. Man müsse nüchtern feststellen, daß es eine zusammenhängende deutsche Partei nicht mehr gibt, und daß sich daraus die Aufgabe ergäbe, Zentren zu bilden – im Lande! – die wieder zu einer einheitlich handelnden Partei verbunden werden könnten. Maßgebend für die Beurteilung einer Partei sei ihr Verhalten zu ihren Fehlern. Die deutschen führenden Genossen hätten bewiesen, daß es ihnen vor allem an Selbstkritik fehle. Dimitrow rühmte die deutschen Kader, die nur einen geringen Prozentsatz von Verrätern und Überläufern ausgewiesen hätten (besonders gering im Vergleich zur Zahl der Verräter und Überläufer beispielsweise der französischen Partei am Anfang des Krieges, – über die Marty eine lange Liste verlesen hatte, und unter denen sich viele Namen befanden, die heute als vorbildliche Kämpfer hingestellt werden), doch von diesen Traditionen könne die Partei auf die Dauer nicht leben. – Der Partei wurde eine Richtlinie gegeben, von der es hieß, sie habe die ausdrückliche Billigung der russischen Genossen. Diese Richtlinie, die später vertraulich als sogenannte Januarresolution zirkulierte, forderte von den Genossen einerseits schärfsten Kampf gegen das Hitlerregime, anderseits aber auch die Unterstützung der sowjetrussischen Paktpolitik. Mewis und Dengel haben diese Richtlinien so ausgelegt, daß Dengel sich dazu verstieg, zu erklären, daß nun die Genossen, die in Berlin arbeiten müßten, sicher sein könnten, nicht mehr geköpft zu werden, weil sicher Stalin dafür sorgen würde, daß Hitler den Terror in gewissen Grenzen zu halten habe. Mewis ließ nach seiner Rückkehr nach Skandinavien die Richtlinien so auslegen, daß Hitler die Rolle Tschiang Kai Scheks in Deutschland spiele, und daß die deutschen Kommunisten darauf hinarbeiten müßten, ihre Legalität zu erringen und zum Regime ein entsprechendes Verhalten an den Tag zu legen, wie die chinesischen Kommunisten zu Tschiang Kai Schek.

Ich hatte Dimitrow die Frage gestellt, warum die Kominternführung bei ihrer Einschätzung der Lage in der deutschen Partei nicht früher zugelassen habe, daß Genossen, die in der illegalen Arbeit erfahren seien, im Lande arbeiten durften. Dimitrow versprach, auf meine Frage und auf die Anregung, mir die Erlaubnis zur Arbeit im Lande zu geben, später zu antworten. Bevor es zu dieser Antwort kam, hatte ich in einer Sitzung der Deutschen die Frage gestellt, ob es nicht an der Zeit sei, zu fragen, weshalb die Kominternführung den Versuch der Brüsseler Konferenz, eine verjüngte Parteileitung zu schaffen, gestört hatte, und ob sie bereit sei, zu erklären, weshalb sie in der Praxis sich von einem Mißtrauen mir und andern jüngeren Genossen gegenüber habe leiten lassen. Meine damit verbundene Kritik an der Kaderpolitik sowohl der deutschen Parteileitung, als auch der Kominternleitung, hatte unter den Deutschen zu nachträglichen Auseinandersetzungen über das Verhalten Ulbrichts und Piecks zu der gegen mich geführten Untersuchung geführt. Ulbricht hatte erklärt, er sehe ein, damals falsch gehandelt zu haben und würde sich nicht wieder zu solchen Schritten treiben lassen. Man überließ es mir, Dimitrow die hier skizzierten Fragen selbst zu stellen. Das tat ich auch. Das Ergebnis war, daß Dimitrow nach langem Schweigen die diplomatische Antwort gab: »Das Vertrauen der Kominternführung äußert sich in ihren Beschlüssen. Wir haben Vertrauen zu Pieck; wir haben Vertrauen zu Florin; wir haben (nach einigem Zögern) Vertrauen zu Ulbricht.« Fast ein Jahr verging nach diesem Zwischenfall, ehe die Bildung eines organisatorischen Zentrums zur Wiederaufnahme der deutschen Parteiarbeit auf die Tagesordnung gesetzt worden ist.

Kurz vor dem Zusammenbruch Frankreichs, von dem in Moskau erschreckend wenig Notiz genommen wurde, trafen Ackermann, Irene Gärtner und Richard (ein früherer technischer Mitarbeiter Dimitrows, der zuletzt in einem Balkanbüro in Paris tätig gewesen war) in Moskau ein. Ackermann erstattete schriftlich einen Bericht, der die ganze Schuld für den Zusammenbruch der deutschen Parteileitung auf Merker und Gerhard wälzte, während er versuchte, sich selbst und Dahlem weitgehend zu entlasten. Merker wurde in Ackermanns Bericht als ein Förderer trotzkistischer Elemente in der Organisation hingestellt, während Gerhard – im Zusammenhang mit seinen Beziehungen zu Mitgliedern der Gruppen »Neu Beginnen« und »Berliner Opposition« – als der böse Geist Dahlems angeschwärzt wurde. Ackermanns sogenannte »Selbstkritik« war auch in der Form so widerwärtig, daß selbst Manuilski und Dimitrow seiner Zeit darauf verzichteten, ihn selbst anzuhören, und den deutschen Funktionären die Erledigung der Angelegenheit überließen. In Anbetracht der dazu kommenden Erklärungen Ercolis, der sich längere Zeit in Paris aufgehalten hatte und nachdem er dort verhaftet gewesen war, offenbar durch stillschweigendes Eingreifen diplomatischer Art freigekommen und nach Moskau zurückgelangt war, wurde beschlossen, Dahlem – so bald er wieder frei sein werde – für sein Verhalten zur Verantwortung zu ziehen und ihn nicht mehr als Mitglied des ZK zu betrachten. Auch Gerhard sollte einem Verfahren unterworfen werden, als dessen Ergebnis der Ausschluß aus der Partei als so gut wie sicher vorausgesehen wurde.

Noch vor dem Zusammenbruch Frankreichs hatte ich versucht, die Rettung einiger in französischen Konzentrationslagern gefangen gehaltener Spanienkämpfer zu erwirken. So lange ich selbst in Moskau war, habe ich nur einen Genossen, den früheren Gewerkschaftsfunktionär Schramm, ankommen sehen. Switallas Sowjetbürgerschaft reichte nicht aus, die Genehmigung zur Reise zu erhalten, weil Ulbricht der Meinung war, er sei in Schuberts Fraktionsarbeit verstrickt gewesen. Als ich nach wochenlangen Auseinandersetzungen erreicht hatte, daß eine von mir – als erkanntem Nichtparteigänger Schuberts – geschriebene Erklärung zugunsten eines Antrags auf Erteilung eines Visums für Switalla angenommen werden sollte, war es praktisch bereits zu spät, um die Reise noch verwirklichen zu können. In Belgien befand sich unter andern Genossen Gladewitz. Auch seine Reise kam nicht zustande. Ich konnte feststellen, daß Paul Jäckel der Kaderabteilung eine Erklärung gegeben hatte, die Gladewitz in ein unvorteilhaftes Licht stellte. Meine Gegenerklärung wurde zwar zu den Akten genommen, aber an der Verhinderung der Reise konnte sie nichts mehr ändern. Ulbricht, dessen Sache es gewesen wäre, in diesen Angelegenheiten entschieden einzugreifen und die Rettung geflohener Genossen zu bewerkstelligen, scheute viel zu sehr die Übernahme einer persönlichen Verantwortung, als daß er die sich entgegenstellenden Hindernisse hätte überwinden können.

Abgesehen von meiner Informationsarbeit und von journalistischer Gelegenheitsarbeit, wie einem Besuch bei Antikainen und Taiminen, die aus finnischen Zuchthäusern in der Sowjetunion angekommen waren, beschäftigte ich mich damals hauptsächlich mit einer umfassenden Arbeit über die Entwicklung der deutschen Wirtschaft, an der ich – zuerst gemeinsam mit Christel Wurm – seit Jahren gearbeitet hatte. Anfang 1941 wurde sie fertig, und ich konnte sie Dimitrow, Varga (der sich seit Jahr und Tag mit diplomatischer Vorsicht gescheut hatte, offen über die deutsche Wirtschaft zu sprechen) und Pieck übergeben.

Inzwischen waren Berichte von Mewis und aus Kopenhagen eingetroffen, die, im Verein mit Artikeln von Mewis in der Zeitschrift »Die Welt«, Anlaß zu einer erneuten Behandlung der Lage in Deutschland gaben. Dimitrow warf die Frage auf, daß untersucht werden müßte, ob derjenige, den Mewis nach dem Lande geschickt hatte, um Verbindungen zu Organisationsteilen in Berlin und Magdeburg herzustellen (Georg Henke), ein Gestapoagent sei, oder ob sowohl Mewis als auch er so dumm wären, daß sie der Gestapo unbewußt geholfen hätten. Dimitrow hatte seinen früheren Vertrauten Richard (der ursprünglich aus Königsberg stammte) nach Schweden entsandt, um sich in die Arbeit Mewis' einzuschalten.

Ende Januar 1941 wurde ich selbst auf die Reise geschickt, nachdem vorher in mühseligen Verhandlungen über meine Rechte gefeilscht worden war. Ulbrichts Antrag, Mewis unmittelbar aus der Arbeit auszuscheiden, wurde zurückgestellt, und es wurde beschlossen, daß ich seine Tätigkeit genau untersuchen sollte (»unfamiliär« – wie Dimitrow fordernd hervorhob). Auf der Basis der Untersuchungen und einer daraufhin in Moskau zu fällenden Entscheidung über Mewis' Verbleiben oder Ausscheiden sollte ich dann die Bildung eines neuen Parteizentrums in Berlin übernehmen. Piecks Hauptsorge war, daß dies kein Zentralkomitee werden dürfe, und es wurde ausdrücklich festgelegt, daß sich neue Leitungen, die im Lande gebildet werden sollten, nicht als Zentralkomitee bezeichnen dürften, daß sie aber als »Kommunistische Partei« auftreten könnten. Ich selbst legte diesem Feilschen keine große Bedeutung bei, sondern war im Grunde genommen froh, Gelegenheit zu eigener Arbeit im Kampfe gegen den Nazismus zu erhalten, bei der ich hoffte, neue Grundlagen für eine aus dem Krieg erneut hervorgehende revolutionäre Partei schaffen zu können.

Lotte durfte die Reise nicht mit antreten, obwohl das erst zugesagt worden war. Ich sah darin einen Versuch, mir noch mehr die Hände zu binden. Dabei wußte ich noch gar nicht, welche Schwierigkeiten sich einstellen würden. Hinsichtlich der Einbeziehung der Sowjetunion in den Krieg war ich damals auf Grund meiner Einsichten und Erfahrungen der Auffassung, daß die Sowjetregierung Deutschland so weit wie möglich zu Willen sein würde, um ihre Einbeziehung in den Krieg hinauszuschieben oder zu verhindern. Sie würde – so weit es von ihr abhinge – jeden geforderten Preis dafür bezahlen. Diese düstere Erkenntnis hatte ich besonders nach dem Zusammenbruch Frankreichs und der Reaktion auf dieses Ereignis in Moskau gewonnen.

1941–1942 Das Scheitern des letzten Versuchs

Als ich die Sowjetunion verließ, hatte ich viel gelernt. Eins aber hatte ich noch nicht gelernt: Welche Konsequenzen aus meinen Erfahrungen zu ziehen waren.

Auf der nächtlichen Fahrt von Moskau nach Leningrad sagte ich einmal zu meinem Begleiter (der die Reise dazu ausnützen sollte, in

Estland ein neues großes Automobil aufzutreiben, das die dortigen Behörden Dimitrow verehren sollten) – auf die zahlreichen lachenden und lärmenden Offiziere und Soldaten der Roten Armee zeigend, die den größten Teil der Reisenden ausmachten: »Die haben es leicht, für die ist alles einfach.« Er antwortete nur, verständnislos: »Ja, natürlich; warum nicht?«

In Tallinn gehörten zu den letzten Eindrücken, die ich auf den Weg bekam, deutsche SS-Leute, die einzeln, mitunter zu zweit, durch die Straßen gingen. Niemand schaute sich nach ihnen um. Niemand empfand offenbar bei ihrem Anblick etwas, das mit meinen Empfindungen Berührung hatte. Aber diese Kluft hatte ich ja auch schon in der andern Atmosphäre Moskaus erlebt, besonders deutlich einmal, als eine starke Gruppe kürzlich aus Deutschland gekommener Geschäftsleute und ihre Begleiter von der Moskauer deutschen Gesandtschaft sich im großen Saal des Konservatoriums breit gemacht und, als sei das für sie ganz natürlich, dem jüdischen Dirigenten, unter dessen Leitung eben eine Beethoven-Symphonie gespielt worden war, ihren Beifall gespendet hatten. Damals mußten Lotte und ich uns abwenden und hinausgehen. Für die andern war das Betragen der Deutschen eine Attraktion, vielleicht sogar eine Auszeichnung.

Nein, ich wollte aus allen Zweideutigkeiten heraus; ich wollte wieder unmittelbar im Kampfe gegen den Feind stehen, von dessen eigentlichem Wesen ich mehr zu wissen glaubte, als viele der politischen Würdenträger. Daß dieser Feind sehr stark war, wußte ich. Ich wußte auch, daß er stärker war, als die russischen Politiker meinten. Anderseits teilte ich nicht die allgemeingültige (in der Partei allgemeingültige) Vorstellung von der Wunderkraft der Roten Armee. Über die Kräfte hatte ich eine einigermaßen klare Auffassung. Gerade deswegen war ich auf einen langen Krieg gefaßt, nachdem einmal England den deutschen »Blitzen« stand gehalten hatte. Über die Verhältnisse innerhalb der Reste der deutschen Arbeiterbewegung machte ich mir keine Illusionen. Gerade deshalb meinte ich, eine kühne und weitspannende Initiative müßte dazu helfen können, inmitten der großen Veränderungen, die der Krieg herbeiführen würde, grundsätzliche Veränderungen in der Arbeiterbewegung hervorzurufen, Veränderungen in der Richtung der Herstellung ihrer Unabhängigkeit und ihrer inneren Demokratisierung.

Was ich noch nicht erkannte, war, daß alle Bestrebungen zur Bildung unabhängiger Zentren einer freien sozialistischen Arbeiterbewegung so lange mißglücken müssen, so lange Moskau Gelegenheit bekommt, seinen gleichschaltenden, die revolutionäre Initiative verzerrenden und zuletzt paralysierenden Einfluß geltend zu machen. Mein Traum war die Ausnützung der geringen mir gewährten Bewegungsfreiheit zur Bildung neuer, aus verschiedenen Richtungen der Arbeiterbewegung zusammengesetzter Kampfzentren gegen den Nazismus, aus denen die Grundelemente einer gegen Schluß des Krieges selbständig hervortretenden und ihren Einfluß geltend machenden neuen Arbeiterbewegung hervorgehen sollten. Wieder verfiel ich der alten, in früheren Jahren der Illegalität gehegten Idee, vom Lande her die verfahrene Entwicklung der Bewegung auf neue Geleise zu lenken.

Gleich nach meiner Ankunft in Stockholm hatte ich mich mit einigen der hemmenden Faktoren auseinanderzusetzen. Mir war ja vorgeschrieben, mit Mewis und Richard zusammenzuarbeiten. Meine Unterbringung war der Routine einiger schwedischer Parteimitglieder anheimgegeben. Als ich Richard, der sich als spezieller Vertrauensmann Dimitrows fühlte, nach seinem Verhältnis zu Mewis fragte, bekam ich schließlich die zwar diplomatische, doch schon ganz aufschlußreiche Antwort: »Wenn ich mit ihm im Lande zusammen arbeiten sollte, würde ich das ablehnen.« Mewis und Richard hatten in den Monaten, in denen sie in Stockholm gemeinsam tätig gewesen waren, versucht, zwei Genossen nach Deutschland zu schicken. Glücklicherweise kam ich an, bevor sie die Reisen bewerkstelligt hatten. Beide waren sowohl politisch als auch vor allem technisch ganz ungenügend auf die schweren Reisen vorbereitet worden, und wenn sie gefahren wären, hätte es wahrscheinlich wieder die bei früheren von Mewis organisierten Reisen üblichen Zusammenbrüche gegeben.

Die Prüfung der Tätigkeit Mewis' erwies sich als eine recht komplizierte Aufgabe, deren Lösung Zeit erforderte. Im April fuhr Hermann Mattern – der sich, von Norwegen gekommen, einige Monate in Stockholm aufgehalten hatte – nach Rußland, wo er bleiben sollte. Ihm konnte ich für Pieck und Ulbricht zunächst nur mitteilen, daß sich eine Reihe schwerer Fehler bei der Behandlung der Verbindungen zu Berliner Gruppen herausgestellt hätten, daß aber noch nicht gesagt werden könne, welchen Umfang die persönliche Schuld Mewis' daran habe. Darüber wollte ich so bald wie möglich berichten. In wochenlanger mühseliger Untersuchung ergab sich schließlich:

a) Mewis hatte zwei junge Genossen, die denkbar schlecht ausgerüstet worden waren, durch ihm unbekannte deutsche Seeleute auf einem deutschen Schiff über Bremen nach Berlin geschickt. Es mußte als unumstößlich betrachtet werden, daß einer dieser Seeleute ein im Dienste der Gestapo stehender Provokateur war. Wahrscheinlich waren die beiden Genossen schon in Bremen von der Gestapo in Empfang genommen worden. Selbst wenn sie nach Berlin gekommen wären, hätten sie dort in die Hände der Gestapo fallen müssen, beziehungsweise hätten ihre Versuche, dort Kontakt zu Parteimitgliedern zu erhalten, von Anfang an unter Kontrolle der Gestapo stehen müssen, weil die ihnen gegebene Berliner Adresse eine von der Gestapo beschattete Stelle anwies.

b) Mewis hatte zwei andere Genossen durch die sogenannte Abschnittsleitung Kopenhagen nach Deutschland transportieren lassen, obwohl ihm bekannt war, daß die Landverbindungen von Kopenhagen aus seit langem mehr als fragwürdig waren, weil die Gestapo von Hamburg aus und an der deutsch-dänischen Grenze ihre Finger im Spiele hatte. Beide Genossen hatten – unzulässiger- und überflüssigerweise – von Deutschland aus Verbindung zu Kopenhagen aufrechterhalten müssen, wodurch sie noch mehr gefährdet wurden. Unter den ihnen gegebenen Adressen befanden sich eine, die unzweifelhaft von der Gestapo kontrolliert wurde, und eine weitere, die wahrscheinlich der Aufmerksamkeit der Gestapo nicht entgangen war.

c) Mewis hatte Georg Henke nach Berlin geschickt – angeblich um die vorgenannten Genossen vor Gefahr zu warnen. Er hatte ihm aufgetragen, den seit 1934 als Überläufer bekannten früheren preußischen Landtagsabgeordneten und Gewerkschaftssekretär Gerhard Scholz aufzusuchen, um mit dessen Hilfe einige alte Funktionäre der Partei (Erich Auer und Fritz Emmrich) an die Mewis'-schen Verbindungen zu knüpfen. Henke hatte sich durch Scholz zu Auer bringen lassen und hatte sich »nichts dabei gedacht«, als Auer abgelehnt hatte, etwas zu tun. Bei der Anknüpfung der Verbindung zu Auer hatte Henke im Auftrage Mewis' einen persönlichen Gruß von mir bestellt, ohne daß ich davon gewußt hatte und er zu diesem Mißbrauch berechtigt gewesen wäre.

d) Mewis hatte einige andere unkontrollierte Personen (beispielsweise einen vom Kriegsdienst befreiten jungen Steward aus Königsberg, der oft nach Stockholm kam und jederzeit besondere Vergünstigungen hinsichtlich des Landurlaubs als auch der Valuta gehabt hatte) dazu benützt, Genossen im Lande mit Literatur zu beliefern und aufsuchen zu lassen, um sie über ihre Bekanntschaften auszufragen.

e) Das Netz von Berliner Organisationsverbindungen, auf das sich Mewis stets berufen hatte, erwies sich als an entscheidenden Punkten unter Kontrolle der Gestapo stehend. Insbesondere waren die durch Henke unterhaltenen Verbindungen in den Händen der Gestapo (Henkes Freundin, die eine Schlüsselstellung in diesen Verbindungen einnahm, war verhaftet und wieder freigelassen worden; die Gestapo hatte ihre Beziehungen zu Henke und zum Ausland gekannt, und die Freundin hatte das Versprechen gegeben, künftig Meldungen zu machen).

Nachdem dieser Tatbestand herausgearbeitet worden und von mir Kartenskizzen der Berliner Verbindungen Mewis' angefertigt worden waren, die eindeutig die Kontrolle durch die Gestapo erkennen ließen, unterschrieb Mewis eigenhändig einen Bericht, der in trockenen Worten diese Feststellungen wiedergab und in Einzelheiten dokumentierte. Richard und ich unterschrieben gleichfalls. Außerdem unterschrieben Richard und ich eine kurze Schlußfolgerung, in der wir von den ZK-Mitgliedern in Moskau verlangten, Mewis aus unserer Arbeit sofort zurückzuziehen. Diesen Bericht photographierte Richard in Miniaturformat und übergab ihn dem schwedischen Funktionär Södermann zur Weiterleitung. Nach mehr als drei Wochen erklärte Södermann, daß das Material nicht mehr habe befördert werden können und nun weiter nicht befördert werden könnte, weil durch den inzwischen ausgebrochenen Krieg im Osten die Verbindungswege gesperrt seien. – Über die Ergebnisse der Untersuchung informierte ich vorsichtshalber den Redakteur der Wochenschrift »Die Welt«, einen alten österreichischen Funktionär, der mir als ein langjähriger Mitarbeiter Dimitrows bekannt war, und von dem ich annahm, er werde diese Tatsachen zu gegebener Zeit zur Sprache bringen können. Mit ihm sprach ich auch über die politischen Auseinandersetzungen, die sich auf Grund der eigenartigen verkrampften nationalistischen Auffassungen Mewis', die auch in einigen in der »Welt« erschienenen Artikeln zum Ausdruck gekommen waren, ergeben hatten.

Mit Lotte Bischof und Josef Wagner, den beiden Genossen, die von Mewis und Richard zur Reise ins Land ausgesucht worden waren, legten Richard und ich während dieser Zeit ganz neue Pläne fest. Beide wurden getrennt voneinander vorbereitet und wußten nichts voneinander. Eines Tages kam Bischof auf Wagner zu sprechen, den sie aus früheren Emigrationsjahren in Stockholm kannte, und sie behauptete, Wagner sei von der kommunistischen Emigrationsleitung als englischer Agent bezeichnet worden. Dieser Anschuldigung ging ich nach, und es stellte sich bald heraus, daß sie von Mewis aufgebracht worden war. Er gestand das selbst ein, entschuldigte sich aber mit taktischen Erwägungen, die dafür maßgebend gewesen seien. Damals habe es sich darum gehandelt, eine neue Emigrationsleitung einzusetzen und eine neue politische Linie zu begründen (Mewis' Auslegung der Januarresolution, von der früher die Rede gewesen ist), und es sei am drastischsten gewesen, die Exponenten der alten Politik, der sogenannten Volksfrontlinie, als englische Agenten zu bezeichnen, womit nur ihre politische Orientierung gemeint gewesen sei, nicht aber ein persönliches Verhältnis.

Josef Wagner, den ich damals erst kennen lernte, machte auf mich den Eindruck eines Genossen, der viel Mut hat und versteht, daß im Lande die Grundlage zu einer gesunden Partei gelegt werden müßte. Er war bis zu einem gewissen Grade kritisch, kritisch vor allem gegenüber Mewis und den Lokalgrößen der Stockholmer Emigration. Wichtig war, daß er 1938 im Lande alte Beziehungen zu Gewerkschaftsfunktionären und SAP-Genossen aufgefrischt hatte, und daß es möglich schien, einige dieser Beziehungen wieder lebendig werden zu lassen. Politisch suchte ich ihm klar zu machen, daß es nicht darauf ankomme, alte zersetzte Parteiorganisationen wieder zu flicken, sondern darauf, mit bewußten Menschen – gleichgültig welcher Richtung in der Arbeiterbewegung sie angehört hätten oder angehörten – Kontakt zu suchen, um aus ihnen Kreise zu bilden, die sich ernsthaft mit den Problemen des Kampfes gegen den Krieg und das nazistische Regime auseinandersetzen sollten, um zu gegebener Zeit Einfluß auf die Hamburger Arbeiterschaft ausüben zu können. Ich ging so weit, Wagner einzuschärfen, daß diese Kreise auch darin bestärkt werden müßten, sich zu gegebener Zeit als Repräsentanten des Widerstands und der neu zu bildenden Arbeiterbewegung zu behaupten, d. h. zu behaupten gegenüber Leuten, die mit weiter nichts ausgerüstet sein würden als den Machtbefugnissen offizieller Parteiorgane. Wir vereinbarten, die Organisierung der neuen antinazistischen Zentren unter größten Vorsichtsmaßnahmen zu betreiben und uns durch keinerlei Antreiberei von irgend einer Stelle stören zu lassen. So bald die Vorbereitungen dazu gediehen wären, wollte ich von Berlin aus mit ihm Kontakt nehmen. Falls er unvorhergesehenerweise das Land nach einiger Zeit wieder verlassen müßte, sollte er sich auf gewisse verabredete Rückzugsmaßnahmen stützen können. Für Mitteilungen, die ihm eventuell von Stockholm aus übersandt werden müßten, vereinbarten wir, auf seinen Wunsch, entweder Viktor Kunze oder Werner Sager zu schicken, zu denen er persönlich Vertrauen habe. Mir waren beide persönlich unbekannt.

Zum ersten Mal begab sich Wagner im Mai auf die Reise. Nach etwa 5 Wochen kam er zurück, weil das Schiff, mit dem er befördert worden war, nach Rotterdam destiniert gewesen war. Die Destinationen waren schwer zu erfahren, in der Regel wurden sie den Seeleuten erst auf See bekannt gegeben. Unterwegs war der schwedische Maschinist, der Wagner auf dem Schiff untergebracht hatte, von einer schweren psychischen Krise befallen worden. Er glaubte, alles sei entdeckt und hatte Wagner sich selbst überlassen, ihn nur ab und zu aufsuchend, um ihm zu sagen, daß doch alles verloren sei, und daß es besser wäre, dem Kapitän selbst Meldung zu machen. Wagner war aber glücklich durch die Gestapokontrolle des Kieler Kanals gekommen, und in Rotterdam hatte er Kontakt zu einigen Heizern gesucht, die ihm bei der Rückfahrt durch ihre Verstecke und mit Nahrungsmitteln halfen. Als Wagner unvorhergesehen wieder in Stockholm eintraf, benachrichtigte ich sofort Richard, der sich in Göteborg befand, um dort die Einschiffung von Lotte Bischof zu überwachen. Ich verlangte den zeitweiligen Abbruch der Reisevorbereitungen, weil ich aus Wagners ersten Erzählungen den Eindruck erhalten hatte, daß bei der Vorbereitung manches Wichtige außer acht gelassen worden war.

Nach langwierigen Auseinandersetzungen sowohl mit Richard, der sich in seiner Technikerehre verletzt fühlte und Wagner für sein Mißgeschick verantwortlich machen wollte, als auch mit schwedischen Funktionären, die sich vor ihren schwedischen Genossen stellen zu müssen glaubten, wurde eine neue Reise für Wagner vorbereitet. Diesmal setzte ich durch, daß Wagner, auf Grund der Erfahrungen der ersten Reise, mit den Seeleuten selbst alles Notwendige regeln konnte, bis die Reise vor sich zu gehen hatte.

Mit Lotte Bischof hatte ich festgelegt, sie solle sich darauf beschränken, einige gemeinsame Bekannte aufzusuchen, um von denen zu erfahren, wie weit sie uns bei der Beschaffung von Quartieren und Verstecken behilflich sein könnten. Sie hatte selbst einen ausgedehnten Verwandtenkreis, auf den sie sich stützen wollte, von mir erhielt sie die Adresse und einige Zeilen für meine Schwiegereltern, außerdem wurde ihr von Richard die Adresse der Mutter von Willy Langrocks Frau verschafft, deren damals noch funktionierender Briefwechsel zu Andeutungen ausgenützt werden sollte. Die technischen Vorbereitungen zur Reise und für die Aufrechterhaltung der Verbindung zwischen Bischof und uns in Stockholm wurden zwischen ihr und Richard vereinbart. Die Reise selbst kam nach mehrfachen Verzögerungen erst kurz nach dem 22. Juni zustande.

Mewis wurde aus den organisatorischen Vorbereitungen, so weit es sich machen ließ, herausgelassen.

Die Seeleute hatten, als sie Wagner in Lübeck an Land gesetzt hatten, von ihm einen Zettel mit kurzer Mitteilung für mich bekommen, den sie nach ihrer Rückkehr durch Richard übermittelten. Einige Zeit später teilte Richard mir mit, daß Wagner in einem Zeitungsinserat ein mit ihm verabredetes Zeichen gegeben habe, das bedeute, daß er einen Genossen erwarte, dringend erwarte. Damals stellte ich in einer Sitzung mit Mewis und Richard die Frage, ob einer von ihnen bereit sei, zu fahren, um Wagner aufzusuchen und zu helfen und dadurch gleich den Weg nach Berlin zu bereiten. Mir war klar, welche Antwort Mewis geben würde: ich wollte ihn nur zu einer Entscheidung zwingen. Er lehnte ab, mit der Begründung, daß es falsch wäre, jetzt ins Land zu fahren. Es wäre vielleicht notwendig gewesen, in den ersten Wochen des Krieges im Osten zu fahren, um zu zeigen, daß man bereit sei, alles aufs Spiel zu setzen, jetzt aber erweise es sich, daß der Krieg lange dauern werde, und da müsse man draußen bleiben. Richard lehnte ebenfalls ab, mit der Begründung, daß er nicht fahren werde, bevor er nicht wisse, wer seine Arbeit in Stockholm übernehmen würde. Als ich entgegnete, eine solche Arbeit in Stockholm würde sich von selbst erledigen, weil wir sie nicht brauchten, beharrte er auf seiner Weigerung. Dann stellte es sich heraus, daß beide Seeleute bereits mit einem an Wagner zu vermittelnden Zettel abgespeist waren.

Am nächsten Abend versuchte ich Richard in einer Auseinandersetzung zu zweit klar zu machen, was seine Weigerung bedeute, und ich fragte ihn, ob er sich auch in Zukunft auf Mewis' Seite zu schlagen gedenke. Das verneinte er und sagte, er sei bereit, mit mir zu fahren, allein aber fahre er nicht. Er sei ja nicht einmal imstande, den Text eines Flugblatts zu schreiben, wenn er allein im Lande sein sollte. – Richards Qualitäten waren mir durch diesen Vorfall noch deutlicher bewußt geworden. Mein Kreuz bestand darin, daß ich mich trotzdem mit ihm abschleppen mußte, weil er das Vertrauen Dimitrows besaß. Ich habe mich dann monatelang intensiv mit ihm befaßt, um ihn zu stützen und möglicherweise zu einer vertrauensvolleren Arbeit zu kommen. Dabei erfuhr ich manches aus seiner Parteivergangenheit, das mir unbekannt gewesen war. Charakteristisch für ihn ist vielleicht eine Erzählung, die er selbst gegeben hat, damit ich verstünde, welche Entwicklung er durchgemacht hatte. Den Wahrheitsgehalt der Erzählung konnte ich nicht prüfen, aber sie spricht für sich selbst, da er sie ja selbst gegeben hat. – Zur Zeit der Parteiführung Ruth Fischers sei er – erzählte Richard – vom »Apparat« auf eine Probe gestellt worden, weil man ihm als einem mit den »Rechten« sympathisierenden Funktionär mißtraut habe. Man habe ihm die Aufgabe erteilt, im Grunewald zu einer bestimmten Zeit einen Mann zu erschießen, den er gut kannte, und mit dem er sogar eine Art von Freundschaft gehabt habe, den ihm aber der »Apparat« als Spitzel und Provokateur bezeichnet habe. Als er zur angegebenen Zeit im Grunewald die Pistole gegen den ihm bezeichneten Mann erhoben habe, seien dann in letzter Sekunde einige verborgen gewesene Leute des »Apparats« hinzugesprungen und hätten ihm erklärt, das Ganze sei nur veranstaltet worden, um einen Beweis für die Ergebenheit und Zuverlässigkeit Richards zu bekommen. Dieser Beweis sei nun geliefert worden. – So sah sich Richard selbst.

Um einige zuverlässige Genossen zu erhalten, die imstande wären, einige Reisen durchzuführen, die für die Weiterentwicklung unserer Arbeit unerläßlich waren, mußte die Flucht einiger in einem schwedischen Internierungslager gefangen gehaltenen Genossen organisiert werden. In der Emigration gab es niemand, der für die geplanten Reisen hätte in Frage kommen können. Leider war eine Verbindungnahme zu den Funktionären im Lager nur über Mewis und die Frau des Internierten Warnke möglich. Dadurch, daß Mewis sich einmischte, kam dann mit den angeforderten Genossen Sager und Welter ein Hamburger Harry Müller, über den überhaupt nicht die Rede gewesen war, und der uns zur Last lag, weil er verborgen gehalten werden mußte. Sager wurde auf die Reise zu Wagner vorbereitet, und ich legte ihm nahe, mit Hilfe seiner Verwandten in Lübeck zu versuchen, sich selbst dort sicher unterbringen zu lassen, um vielleicht längere Zeit im Lande zu bleiben und Verbindungsarbeit leisten zu können. Welter, den ich aus dem Saargebiet kannte, schlug ich vor, nach Holland zu gehen, um den dort wieder aufgefundenen deutschen Genossen, zu denen ich Verbindung durch Seeleute Richards bekommen hatte, Material zu überbringen und mit ihnen daran zu arbeiten, zu gegebener Zeit selbst ins Land zu übersiedeln. Welters Reise gelang reibungslos. Sager jedoch hatte von Richard nicht die Adresse Wagners mitbekommen, worauf sich Richard erst durch eine Frage von mir besann, um dann noch nachträglich die Adresse in einem andern schwedischen Hafen an Bord bringen zu lassen.

Im August hatte sich eine Gruppe aus der Stockholmer Emigration (Heinz Rauch, Franz Stefani und dessen norwegische Frau) nach Oslo begeben, um den norwegischen Genossen vorzuschlagen, einer oder einigen Gruppen deutscher Genossen die Möglichkeit zu geben, die in Norwegen befindlichen deutschen Soldaten im antinazistischen Sinne zu beeinflussen. Die Gruppe kam aber bald mit dem Bescheid zurück, daß die norwegische Parteileitung die Anwesenheit deutscher Kommunisten nicht wünsche, weil die Zeit dafür noch nicht reif sei. Im Falle der Verhaftung deutscher Kommunisten würde die norwegische KP unter Repressalien der deutschen Besatzungsbehörden zu leiden haben.

Kurz nach ihnen teilten Richard und Mewis mir mit, daß in der Wohnung von Mewis' Frau der norwegische Funktionär Lippe angelaufen sei, und daß sie bereits mit ihm in Verbindung gekommen seien. Sie forderten auch mich auf, mit Lippe zusammenzutreffen. Das lehnte ich ab und verlangte meinerseits von ihnen, die Verbindung abzubrechen, weil es nicht zu unsern Obliegenheiten gehöre, solche Verbindungen zu unterhalten. Richard behauptete, er müsse Lippe erst mit »den Russen« in Verbindung bringen, eher er die Verbindung zu ihm abbrechen könnte. Zwei Tage später erfuhr ich durch Södermann, daß Lippe am Abend zuvor verschwunden sei, und daß befürchtet würde, er sei verhaftet worden. Richard hatte ihn mit »den Russen« in Verbindung gebracht. Nach dem Gespräch mit denen war er nicht mehr gesehen worden.

»Die Russen«, d. h. Verbindungsleute des russischen diplomatischen Apparats, waren seit dem 22. Juli bestrebt, sich auch in unsere Arbeit einzuschalten. Zu Richard hatten sie eine sogenannte technische Verbindung hergestellt, weil durch die Unterbrechung der speziellen Verbindungen der Komintern die Möglichkeit eintreten könnte, daß Mitteilungen über sie an uns gegeben würden. Als Richard mir von seiner sogenannten technischen Verbindung erzählt hatte, hatte ich ihm erklärt, daß eine Vermischung unserer Parteiarbeit mit diesem Apparat unter keinen Umständen eintreten dürfe. Er hatte erwidert, daß er diese Leute genug kenne, um selbst darauf zu achten, daß nichts in dieser Linie geschehen könne. Unter dem Vorwand, mir eine Mitteilung Dimitrows übergeben zu müssen, wurde ich aufgefordert, mit einem dieser Russen zusammenzutreffen. Ich lehnte ab und verwies darauf, daß sie sich Richards bedienen könnten, daß ich aber mit ihnen nichts zu tun hätte. Södermann erklärte mir daraufhin, daß es sich nur um ein einmaliges Treffen handele, und daß sie die Mitteilung nur mir geben könnten. Bei der Zusammenkunft stellte es sich heraus, daß sie Einblick in unsere Organisation im Lande haben wollten, und daß sie Verbindung zu Leuten suchten, die sie nach der Tschechoslowakei schicken könnten. Die Einsichtnahme und Einflußnahme in unsere Organisation lehnte ich ab. Bezüglich der Leute für die Tschechoslowakei verwies ich sie auf ihre eigenen Verbindungen, versprach ihnen aber, einen mit sudetendeutschen Emigranten in Göteborg bekannten Funktionär nach dort reisen zu lassen, um diesen Emigranten anheimzustellen, sich mit ihnen in Verbindung zu setzen. Bei dieser Gelegenheit stellte es sich heraus, daß sie eine Verbindung zu Mewis besaßen, von der ich nichts wußte; sie war über einen ihrer Agenten angebahnt worden, zu dem Mewis persönliche Beziehungen hielt. Ich verlangte den Abbruch dieser Beziehungen sowohl von den Russen als auch von Mewis. Später stellte es sich heraus, daß die Beziehungen weiter unterhalten worden waren, ohne daß ich davon unterrichtet war. – Innerhalb der Kreise der Göteborger kommunistischen Sudetendeutschen war bald davon die Rede, daß die Russen davon gesprochen hätten, einige Sudetendeutsche mit Hilfe von »Kurt« (damit war ich gemeint) nach der Tschechoslowakei zu transportieren. Nichts war in dieser Richtung abgemacht worden; aber die Russen begannen, sich auf diese Weise bemerkbar zu machen.

Ohne mich ablenken zu lassen, konzentrierte ich mich auf den Ausbau der über Holland nach Westdeutschland führenden Verbindung. Es hatte sich herausgestellt, daß einige Genossen, die ich aus früherer persönlicher Zusammenarbeit kannte, dort noch vorhanden waren und arbeiteten. Sie sandten mir nach Welters Ankunft Exemplare von Flugblättern und kurze Mitteilungen über ihre Arbeit. Durch Friedel Stein, einen Jugendverbandsfunktionär, der in Göteborg isoliert gesessen hatte, ohne von Mewis herangezogen worden zu sein, sandte ich den Genossen meine Meinung über ihre politische Linie und Vorschläge für ihre Arbeit. Stein sollte ihnen vor allem klar machen, daß sie ihre ganze politische Argumentation umstellen müßten; sie waren in ihren Flugblättern wie eine Abteilung der Roten Armee aufgetreten. Ich ließ ihnen sagen und schrieb ihnen, daß sie den Kampf gegen den Krieg als Kern einer deutschen Opposition führen müßten, wenn sie nicht riskieren wollten, von der Bevölkerung als Teil der »Feinde Deutschlands« betrachtet zu werden und auf diese Weise isoliert zu bleiben. In einer Broschüre mit dem Titel: »Die Wahrheit dem deutschen Volke«, die ich zum Beginn des dritten Kriegswinters geschrieben hatte, und die in einer zur Verbreitung im Lande geeigneten Ausgabe gedruckt worden war, versuchte ich, die Grundlinien einer innerdeutschen Widerstandsbewegung gegen die nazistische Kriegspolitik zu entwickeln. Diese Gedanken schlossen sich eng an Gedanken an, die ich in früheren Flugschriften und Artikeln dargelegt hatte, in denen ich zu einer unmittelbaren Diskussion mit den von nationalsozialistischen Vorstellungen beeinflußten deutschen Menschen zu kommen versucht hatte (»Es ist Zeit, sich auszusprechen«, »Wer am Kriege verdient, muß fallen!«, »Gedanken über den Weg zum Frieden« – die zuletzt genannte Schrift knüpfte an der Reise Hess' nach England an – u. a.). Steins Reise glückte, und ich erhielt von den westdeutschen Genossen ausführliche Berichte über die Lage der Bevölkerung und in einigen Betrieben, über die Erzählungen von Urlaubern über ihre Fronterlebnisse und über die Tätigkeit der kleinen Parteigruppen und des Arbeitsausschusses freigewerkschaftlicher Bergarbeiter.

Indessen war die Zeit herangekommen, für die Richard die Rückkehr des Schiffes erwartete, auf dem Sager zu Wagner gefahren war. Eine kurze Mitteilung in einigen Zeitungen unterrichtete davon, daß zwei Personen, die sich unbemerkt an Bord eines schwedischen Schiffes befunden hatten, bei der Ankunft im schwedischen Hafen Södertälje entdeckt und verhaftet worden waren. Richard brachte mir die Notiz und befand sich in panischer Aufregung, die sich in heftigen Ausfällen gegen Wagner und Sager Luft machte, denen er Unvorsichtigkeit, Leichtsinn und viele andere Untugenden vorwarf, ohne mehr über sie zu wissen, als was die knappe Notiz erkennen ließ. Es dauerte geraume Zeit, ehe wir durch Södermann erfahren konnten, daß es sich bei den Verhafteten tatsächlich um Wagner und Sager gehandelt hatte. Damit war die Aussicht auf den weiteren Ausbau des in Hamburg geschaffenen Ausgangspunktes für die nächste Zeit zerstört. Die Versuche, Verbindung zu den beiden Verhafteten herzustellen, um sie vor dem Schicksal der Ausweisung und Rücksendung nach Deutschland zu bewahren, stießen auf große Schwierigkeiten. Die Polizei stellte die These auf, die beiden Verhafteten sollten als Gestapoagenten betrachtet und zurück geschickt werden. Der schwedische Rechtsanwalt Rydling erklärte sich nach Rücksprache mit der Polizei außerstande, den beiden beizustehen, obwohl er Wagner persönlich kannte. Der Vertreter der schwedischen Roten Hilfe ließ sich von der Polizei, die ihre Gestapotheorie ausspielte, abweisen. Wagners Frau, zu der wir Verbindung hatten, erreichte schließlich, daß der liberale Abgeordnete Petersson aus Göteborg sich für den Fall interessierte, und daß der Rechtsanwalt Branting die Verhafteten aufsuchte. Damit war zumindest die Voraussetzung für ihre Rettung und für ihre materielle Unterstützung gegeben. (Richard übernahm die Belieferung Sagers mit Lebensmitteln, stellte sie jedoch ein, als er erfahren hatte, Sager habe der Polizei gegenüber zugegeben, Hilfe von schwedischen Seeleuten gehabt zu haben. Sager hatte sich zu diesem Geständnis gezwungen gefühlt, weil er anders die Behauptung, durch die Hilfe der Gestapo die Reise bewerkstelligt zu haben, nicht wirkungsvoll entkräften zu können geglaubt hatte. Ich übernahm Wagners Belieferung und führte zuletzt auch die von Sager durch, bis ich sicher sein konnte, daß beide nicht ausgeliefert, sondern nach dem schwedischen Gefängnis Falun überführt worden waren. Über drei Monate dauerte dieser Kampf um die Rettung der beiden Verhafteten.)

Södermann stellte einige Zeit nach der Verhaftung Wagners und Sagers die Theorie auf, daß zu erwägen wäre, ob nicht Richard, dem er schon immer Unvorsichtigkeit und Leichtfertigkeit bei seinen Hantierungen vorgeworfen habe, von der Polizei beschattet und dadurch zum Anhaltspunkt für deren Eingreifen geworden sei. »Die Russen« hätten dieselbe Frage gestellt, sie hätten sie schon nach dem Verschwinden Lippes ausgesprochen. Ich verlangte anstelle der vagen Vermutungen konkrete Anhaltspunkte und entgegnete, daß mit ebenso guten Gründen vermutet werden könnte, die Russen, die seiner Zeit mit Lippe zusammengetroffen waren, hätten den Anlaß zu Lippes Verhaftung gegeben. Um diese Zeit erhielt ich erneut die Aufforderung zu einer Aussprache mit einem Russen. Södermann gegenüber lehnte ich mit dem Hinweis darauf ab, daß ich nicht verpflichtet und gewillt sei, solche Zusammenkünfte durchzuführen, daß mir außerdem die eigenartigen Redereien, die nach dem seinerzeitigen Zusammentreffen aufgekommen waren, weiteren Grund zu äußerster Vorsicht gegeben hätten. Södermann kam nach einigen Tagen mit der Erklärung wieder, daß es sich diesmal um eine unausweichliche Zusammenkunft handele, weil eine Russin, die kürzlich angekommen sei, vor ihrer Abreise von Moskau mit Dimitrow gesprochen und von diesem den Auftrag erhalten habe, mit mir zu sprechen. Meine Vorwürfe wegen der Redereien unter den Göteborger Sudetendeutschen seien verständlich, doch sei der Mann, der damals mit mir gesprochen hatte, nicht mehr auf diesem Posten. Södermann fügte dem von sich aus noch hinzu, daß es nun auch angebracht wäre, die von den Russen mit Mewis unterhaltene Verbindung zur Sprache zu bringen; er betrachtete es als erwiesen, daß Mewis auf dem Wege über diese Verbindung verleumderische Behauptungen über die schwedische Partei lanziert habe. – Die Russin, die mit mir zu sprechen verlangt hatte, war einige Zeit vorher von Moskau angekommen und sagte, daß man dort – unter dem Eindruck der Stimmungen an der Front – zu einer härteren Kriegführung gegen die Deutschen übergegangen sei, von denen man ursprünglich nicht erwartet hätte, daß sie mit der von ihnen an den Tag gelegten Brutalität vorgehen würden. So, wie nun in Rußland jede Sentimentalität verschwunden sei, müsse auch von den deutschen Kommunisten erwartet werden, daß sie sich als Soldaten fühlen und als solche handeln. Ich erwiderte, daß – so, wie ich selbst – wahrscheinlich viele Kommunisten in Deutschland tief beschämt darüber wären, daß deutsche Werktätige in Uniform sich als die Werkzeuge des Vernichtungskrieges gegen die Sowjetunion mißbrauchen ließen, und daß wir mit den uns zu Gebote stehenden Mitteln versuchten, eine aktive Widerstandsbewegung in Deutschland selbst zu formieren. Das sei aber eine in erster Linie politische Aufgabe, die nicht mit militärischen Methoden gelöst werden könnte. Es dürfe nicht vergessen werden, daß die deutsche Arbeiterklasse 1933 eine katastrophale Niederlage erlitten hat, von der sie sich nicht erholt, sondern unter deren Auswirkungen und Folgen sie weiter zu leiden habe. Die Russin erwiderte darauf, daß Sentimentalität nicht am Platz sei, und daß auch sie Parteimitglied sei, seit 15 Jahren. Von den deutschen Kommunisten würde vor allem die Organisierung von Sabotage- und Kampftrupps erwartet. Auf meine Entgegnung, daß wir den Kampf gegen den Nazismus auf unsere Weise zu führen hätten, wodurch wir am besten dazu beitrügen, die Kriegsstärke des Hitler-Regimes zu schwächen, gab sie ihre Ungeduld und Unzufriedenheit dadurch zu erkennen, daß sie sagte, viele deutsche Genossen begriffen noch nicht, worum es gehe, und daß sie in diesem Kriege als Soldaten zu kämpfen hätten. – Bezüglich Richards warf sie die Frage auf, ob nicht er sowohl an Lippes Verhaftung als auch an der Entdeckung und Verhaftung Wagners und Sagers schuld gewesen sei. Beweise und konkrete Anhaltspunkte hatte sie mir nicht zu geben. – Meiner Beschwerde wegen des Mißbrauchs meines Namens in einer Sache, mit der ich nichts zu tun hatte, versprach sie nachzugehen. – Anschließend an diese Unterredung kam es zu einem Zwischenfall zwischen dem über die Verdächtigungen erregten Richard und seinem russischen Verbindungsmann. Ich ersuchte Södermann, Linderot von der Sache zu informieren und ihn zu bitten, eine Untersuchung durchzuführen. Mit Linderot hatte ich persönlich nur wenig Berührung gehabt. Als er sich nach Ausbruch des Krieges im Osten für einige Monate unsichtbar machen wollte, hatte er mich unvorangemeldet in meiner Wohnung aufgesucht. Auch damals hatte er auf die ihm eigene, etwas schwülstige, Art in Komplimenten und Phrasen geschwelgt, wie ich es bei andern Zusammentreffen mit ihm schon erfahren hatte. Diesmal ließ er lange auf sein Eingreifen warten, und als er endlich zu sprechen war, ging alles, was über die unklaren, aber beharrlich vorgebrachten Anschuldigungen gegen Richard und über die Anmaßung der russischen Apparatleute uns gegenüber gesagt wurde und geklärt werden sollte, in einem versöhnlichen Brei unverbindlicher Worte unter. Allerdings drückte er selbst, wenn auch in vorsichtigen Wendungen, die Auffassung aus, daß die russischen Apparatleute kein Recht hätten, sich in unsere Organisationsangelegenheiten einzumischen. Er meinte, man solle das alles nicht zu heiß genießen. – Die russischen Apparatleute selbst waren offenbar aber anderer Auffassung darüber. Sie drängten darauf, zu erfahren, welche Mitteilungen Wagner mitgebracht hatte und preßten, um diese Mitteilungen auch aus dem Gefängnis heraus zu erhalten. Södermann hatte ihnen eine Andeutung Wagners, die er einem Seemann vor seiner polizeilichen Abführung von Bord gemacht haben sollte, mitgeteilt; Wagner sollte gesagt haben, daß er viel gesehen und auch etwas erfahren habe, das für die Russen wichtig sein könnte. Im Februar 1942, zwei Tage vor meiner Verhaftung, machte mir der schwedische Funktionär Lager, mit dem ich über einige mit der Vorbereitung meiner Abreise nach Deutschland zusammenhängende Angelegenheiten gesprochen hatte, am Schluß unserer Unterredung die Mitteilung, daß die Russin kurz danach im selben Zimmer erscheinen werde, weil sie dringend mit mir zu sprechen wünschte, und weil es auf andere Weise so schwer sei, mit mir zusammen zu kommen. Gegen diesen Überfall protestierte ich, aber an der Sache selbst war kaum noch etwas zu ändern. Sie erhob wieder ihre Klagen und Vorwürfe über die Schwäche der deutschen Partei und verlangte schließlich, ich solle ihnen Adresse und Anlaufstelle der nach Berlin gereisten Lotte Bischof aushändigen, damit sie selbst diese Adresse für ihre Arbeit ausnützen könnten. Das schlug ich rundweg ab und erklärte abschließend, daß wir uns nicht mehr treffen würden, weil ich selbst nach Deutschland zu reisen beabsichtigte.

Sie meinte, daß dies doch sehr riskant für mich sei, und ob sie mir vielleicht mit einem Papier helfen sollten, doch ich erklärte, daß ich keine solche Hilfe brauchen könnte. Das war die letzte Unterredung; sie fand am vorletzten Abend vor meiner Festnahme statt.

Bezüglich Lotte Bischofs waren die von Richard gegebenen Auskünfte seit langer Zeit schwebend und zuletzt direkt unklar geworden. Erst behauptete er, sie habe keine Nachricht gegeben, später sprach er von einer Nachricht, die er nicht mehr genau deuten könnte. Nach der Erfahrung, die ich mit seiner Sorgfalt im Falle der Sager zu übergebenden Adresse Wagners gemacht hatte, mußte ich befürchten, daß er auch in diesem Falle etwas versäumt hatte. Stein hatte ich gebeten, von Holland aus zu untersuchen, ob Lotte Bischof von dort aus erreicht werden könnte. Er hatte einiges Geld in deutscher Währung und einige Mitteilungen für sie mit genommen, auf Grund deren sie – wenn sie noch existierte – entscheiden sollte, ob sie eventuell nach Holland gehen wollte. Außerdem sollte Stein untersuchen, ob ich so bald wie möglich über Holland nach Deutschland gehen könnte.

In Erwartung der Antworten Steins versuchte ich, politisch und organisatorisch alles zur Reise vorzubereiten. Ein wesentlicher und schwieriger Punkt war die notwendige Tarnung gegenüber Mewis, der von der Reise nichts wissen durfte. Schwierig war auch, alle Sicherungen zu treffen, damit Mewis nicht nach unserer Abreise Schaden anrichten könnte. Dazu war vor allem seine politische Disqualifizierung notwendig. Der »Welt«-Redakteur, mit dem ich seit Juni nahezu täglich zusammen gekommen war, hatte sich im Januar 1942 auf Grund einiger von Mewis eingereichter Artikel an Linderot gewandt, um dessen Stellungnahme gegen die nationalistischen Auffassungen Mewis' zu erzwingen. Linderot war ausgewichen, hatte sich zwar geringschätzig über Mewis ausgesprochen – aber schließlich gesagt, daß man Mewis in Moskau offenbar für einen schlechten Kerl ansähe, weil man seinen Namen unter einen jüngst im Radio verlesenen Aufruf gesetzt hatte. Linderot kniff also. Mewis seinerseits bediente sich der Verbindungen, die er zu der Stockholmer Emigration hatte, um zu wühlen und meine Versuche zu einer kritischen Behandlung der Entwicklung der Arbeiterbewegung und der Politik der deutschen Partei angreifen zu lassen. Der frühere Redakteur Glückauf, mit dem ich ab und zu zusammen kam, weil er Artikel für die »Welt« lieferte, die Anlaß zu Auseinandersetzungen gaben, hatte schon im Dezember davon gesprochen, daß ich in einigen meiner Artikel zu nüchtern und kalt über die Sowjetunion geschrieben hätte. Nachdem ich dann in einer Reihe zusammenhängender Artikel die Kriegslage und die Lage der deutschen Arbeiterklasse und Arbeiterbewegung zu behandeln begonnen hatte, trafen bei der Redaktion der Zeitschrift Briefe ein, die in ihrem Ton als Drohbriefe aufgefaßt werden mußten. Als Absender eines dieser Briefe wurde Franz Stefani ermittelt. Bei einer Zusammenkunft zwischen ihm, Richard und mir gab er zu, daß er diesen Brief mit Glückauf besprochen habe, und daß Mewis von der Sache unterrichtet gewesen sei. Seydewitz, mit dem ich über eine Broschüre für das Land diskutierte, in der er versuchen wollte, den Gedanken der Zusammenarbeit verschiedener Richtungen der deutschen Arbeiterbewegung im Kampf gegen den Krieg und der daraus entstehenden Grundlagen einer neuen Arbeiterbewegung zu entwickeln, gab zu verstehen, daß er von diesen Treibereien einiges gewußt hatte. Es war schlimm genug, unter den damals herrschenden Verhältnissen mit solchen Personen in Konflikt zu sein; aber die Beziehungen dieser Personen zu Kreisen, die in der Unterdrückung ihnen unbequemer politischer Auffassungen ganz spezielle Erfahrungen besaßen, ließen meine Lage noch schwieriger erscheinen. (Seydewitz war Berichterstatter für die TASS-Agentur und gehörte mit Glückauf zu einer Gruppe von Personen, die – abseits von unserer Parteiorganisation – in direktem Kontakt zu russischen Verbindungsleuten standen. Mewis' spezielle Verbindungen, die ihn leider auch in den Stand setzten, über manche unserer organisatorischen Maßnahmen mehr zu erfahren, als er wissen sollte, habe ich schon erwähnt.)

Für den Nachmittag des 18. Februar hatte ich mit Mewis und Richard eine Zusammenkunft verabredet, die ich zu einer gründlichen politischen Auseinandersetzung mit Mewis gestalten wollte; vor allem, um Richard die Konsequenzen der Mewis'schen Auffassungen vor Augen zu führen. Nachdem ich am Abend zuvor mit dem »Welt«-Redakteur die Auswertung eines reichhaltigen, aus Westdeutschland angekommenen Berichtmaterials für die Zeitschrift besprochen hatte, arbeitete ich in meinem Quartier bis spät in die Nacht an der Vorbereitung zu der angesetzten Diskussion. (Das erwähnte Berichtmaterial hatte außer deutschen Berichten aus dem Ruhrgebiet, Flugblättern und einem Brief des Arbeitsausschusses freigewerkschaftlicher Bergarbeiter an den Präsidenten der Bergarbeitergewerkschaft Englands illegal erschienene Zeitungen und Flugblätter aus Holland, Frankreich und Belgien umfaßt, die von den Genossen in Holland beigefügt worden waren.) Der mit den Berichten eingetroffene Brief Steins enthielt die Zusicherung, daß die Reise über Holland nach Berlin möglich zu machen sei, obwohl große Schwierigkeiten zu überwinden wären. Auf Grund dieser Nachricht erschien mir die politische Auseinandersetzung unaufschiebbar.

Für den Morgen hatte ich mit der Genossin Wagner eine gemeinsame Arbeit zur Übersetzung einiger holländischer Zeitungen verabredet. In ihrer Wohnung wurde ich verhaftet.

Die Versuche, die ich zur Verleugnung meiner Identität unternahm, wurden – weil ich ja keinerlei Papiere besaß – rasch durchschaut; die Polizei ließ sich nicht beirren. Während der Vernehmungen wurde ich gewahr, daß die Polizei einige Anhaltspunkte für meine Tätigkeit besaß. Um zu verhindern, daß ich durch die Angaben von Provokateuren oder durch Aussagen eventueller anderer Verhafteter in noch größere Schwierigkeiten käme, begann ich nach einigen Tagen, Angaben über meine Person und über meine Tätigkeit in der Arbeiterbewegung zu machen, die sich auf zum größten Teil nachprüfbare und öffentlich bekannte Unterlagen stützten. Darüber, wie ich nach Schweden gekommen war, und was ich sowohl hier, wie in der unmittelbar vorhergegangenen Zeit getrieben hatte, erfand ich eine Geschichte, an der ich festzuhalten gedachte, um gegen alle Eventualitäten geschützt zu sein. Danach war ich von Holland über Norwegen nach Schweden gekommen. Die Polizei, die in jener Zeit von der Auffassung durchdrungen war, daß Deutschland den Krieg zu gewinnen im Begriffe sei, und die sich in ihren Äußerungen so weit verstieg, Quisling als den Mann mit einer großen Zukunft zu bezeichnen, versuchte durch Drohungen mit Auslieferung und anderseits durch Versprechungen die Grundlagen zu einem umfassenden Schlag gegen die nach Deutschland führenden Verbindungen und gegen diejenigen, die uns in Schweden unterstützt hatten, zu erhalten. Nachdem vier Wochen vergangen waren, in denen ich täglich und oft bis spät in den Abend zu Verhören geschleppt worden war (in einer ungeheizten Zelle hatte ich rheumatische Schmerzen bekommen, die es zeitweise nicht zuließen, daß ich allein zu gehen vermochte), während der ich auch zwei Mal mit Polizeibewachung durch einige Teile der Stadt gefahren wurde, wo die Polizei Anhaltspunkte zu finden vermutete, entschloß ich mich, die Adresse meines Quartiers anzugeben, um dadurch zu verhindern, daß sechs Genossen weiter festgehalten, beziehungsweise unter Polizeikontrolle zur Aufdeckung weiterer Spuren ausgenützt werden konnten. Der Seemann, der in die Sache Wagners und Sagers verwickelt gewesen war, war wiederum festgenommen worden, und es bestand die Gefahr seiner endgültigen Verknüpfung mit meiner Sache. Die mit Frau Wagner befreundete und mir von Berlin bekannte Funktionärin Erika Friedländer war ebenfalls festgenommen gewesen und wurde beschuldigt, mich beherbergt und mit mir Verbindungen unterhalten zu haben. Willy Neumann, der enge Verbindung zu Richard hatte – ebenso wie Friedländer –, war gleichfalls festgenommen und unter Beobachtung gestellt gewesen. In dieser Lage und angesichts der Gefahr, daß die Polizei von diesen Personen aus eine Reihe weitreichender Verbindungen aufdecken könnte, die mir bekannt waren, entschloß ich mich also zur Angabe der Wohnung, hoffend, daß während der Zeit von mehr als einem Monat die Wohnung selbst gesäubert und die Inhaber auf die Fragen der Polizei vorbereitet worden wären. Ich erwartete dadurch das Ausscheiden der genannten Personen aus den weiteren Ermittlungen der Polizei und hoffte, allein da zu stehen. Darin hatte ich mich aber geirrt und mußte dafür bezahlen. Die Wohnungsinhaberin erzählte der Polizei, was sie über mich wußte, und daß ich durch ihren Bruder nach der Wohnung gebracht worden war. Beim Bruder fand die Polizei nicht nur Material, das Richard aus meiner Wohnung nach dort gebracht hatte, sondern auch Material, das Richard gehörte, und das er mit meinen Sachen vermengt hatte. Durch den Bruder, einen bekannten kommunistischen Funktionär, wurde die Polizei ferner auf Södermann und dessen Mitarbeitern Hansson aufmerksam gemacht, die beide festgenommen wurden. Auch ein früherer Seemann, Mineur, bei dem ich einige Zeit gewohnt hatte, wurde von Frithjof, dem Bruder der Wohnungsinhaberin, angegeben. Angesichts dieser Lage versuchte ich erneut, die durch die Verhaftungen Betroffenen so weit wie möglich aus dem Zusammenhang mit mir herauszuhalten.

Ich verneinte, Södermann zu kennen und beharrte bei dieser Stellungnahme auch, als Frithjof bei einer Gegenüberstellung das Gegenteil behauptete, und als die Polizei mit Einzelheiten über Södermanns Tätigkeit aufwartete, die darauf schließen ließen, daß sie beispielsweise ziemlich gut über seine internationale Verbindungsarbeit unterrichtet war. Während dieser Zeit hatte ich um die Auslegung jedes Stücks Papier mit der Polizei zu kämpfen, das gefunden worden war. Besonders schwierig wurde dies durch chiffrierte Briefe, die Richard gehörten. Meine Hauptsorge war, der Polizei keinerlei Anhaltspunkte über in Deutschland arbeitende und mit der Arbeit in Deutschland in Verbindung stehende Genossen zu geben, ferner alle Andeutungen, die auf organisatorische Beziehungen in Deutschland hinweisen könnten, abzubiegen. Dies ist mir gelungen. Die Polizei hat während der Voruntersuchungen und während des Prozesses von mir nicht nur keine neue Handhaben zu erhalten vermocht, sie mußte auch auf die Weiterverfolgung einiger von ihr bereits aufgenommener Spuren verzichten.

In der ersten Instanz wurde ich zu einem Jahr Gefängnis verurteilt. Gegen das Urteil erhob der Ankläger Einspruch, und ich wurde in zweiter Instanz zu einem Jahr Zuchthaus verurteilt; die bereits verbüßte Gefängnishaft wurde auf diese neue Zeit nur zur Hälfte angerechnet. Für die Charakterisierung der damals in Schweden herrschenden Polizei- und Gerichtsverhältnisse wäre eine ausführliche Schilderung des Prozesses und seiner Vorgeschichte interessant. Im Rahmen dieser Niederschrift begnüge ich mich mit der Wiedergabe einer schriftlichen Erklärung, die ich vor Svea Hovrätten verlesen und abgegeben habe, nachdem ich die mir im Verhör gestellten Fragen beantwortet hatte. Die Erklärung gibt eine Zusammenfassung meiner während des Prozesses geführten politischen Verteidigung.

»Zur Begründung seines Antrags auf Verschärfung der gegen mich von Stockholms Radhusrätt verhängten Strafe sagt der Staatsanwalt, bei der Strafbemessung dürfe nicht der mehr oder weniger große Wert der mittels hemlig underrättelseverksamhet erworbenen Nachrichten ausschlaggebend sein, sondern man müsse berücksichtigen, daß Schwedens Freiheit und Neutralität gefährdet worden seien, weil meine Tätigkeit in Stockholm die Tätigkeit der Leitung einer Organisation gewesen sei, deren Ziel der Sturz der

Regierung eines mit Schweden freundschaftlich verbundenen Landes gewesen sei.

Diese neue Argumentation des Anklägers bedeutet, daß er sein altes Hauptargument, mit dem er vorwiegend operiert hat, um meine Verurteilung nach Kapitel 8, § 14, Abschnitt 2 des Strafgesetzbuches durchzusetzen, nun selbst im Stich läßt, um, nachdem er mich einmal verurteilt weiß, mit einer neuen Begründung die aus ganz andern Voraussetzungen zustande gekommene Strafe erhöhen zu lassen.

Im Gegensatz zu Staatsanwalt und Polizei, die meine politische Tätigkeit als sogenannte »spioneri« und meine politische Organisation als eine Organisation von Agenten zu qualifizieren suchen, deren Ziel die Bedienung einer fremden Macht mit militärischen, wirtschaftlichen und politischen Nachrichten aus Deutschland gewesen sei, habe ich stets erklärt und nachgewiesen, daß ich niemals »underrättelseverksamhet för främmande makts räkning« im Sinne des Kapitels 8, § 14, Abschnitt 2, des schwedischen Strafgesetzes betrieben habe.

Es sei mir erlaubt, das hohe Gericht darauf aufmerksam zu machen, daß

a) meine politische Tätigkeit während der Kriegsjahre die Fortsetzung einer langjährigen politischen Tätigkeit war, deren Ziele Demokratie und Sozialismus in Deutschland gewesen sind;

b) daß ich vor dem Krieg und während des Krieges meine politische Tätigkeit als ein Angehöriger des deutschen Volkes ausgeübt habe, der sein Heimatland und sein Volk vor der Katastrophe retten wollte, und der, ungeachtet dessen, daß die Hitlerregierung seine »Ausbürgerung« verfügt hat, sich als ein Angehöriger des deutschen Volkes verpflichtet gefühlt hat, weiter zum Besten seines Volkes zu wirken;

c) daß mir meine grundsätzliche Auffassung über mein Verhältnis zum deutschen Volk, bei aller unbedingten Gegnerschaft gegen die Regierung Hitlers, verbietet, eine Tätigkeit auszuüben, die als »spioneri« zu qualifizieren wäre;

d) daß meine politische Tätigkeit eine der Sorge um das nationale Wohl meines Volkes entsprungene und ihm dienende Tätigkeit gewesen ist.

Um diese Feststellungen über den Charakter meiner politischen Tätigkeit zu erhärten, erlaube ich mir, einige Angaben zu machen:

1.) Seit Januar 1923, also seit rund 20 Jahren, war ich politisch wirksam. Mein Wirken war von Anfang an öffentlich und stand im jeweiligen Wirkungskreis unter öffentlicher Kontrolle. Vorwiegend war ich publizistisch tätig. Meine Kindheits- und Jugenderfahrungen brachten es mit sich, daß ich frühzeitig zu der Erkenntnis kam, daß es im Interesse der progressiven menschlichen Entwicklung notwendig ist, den Sozialismus anzustreben. Unbeschadet parteipolitischer Bindungen war ich allzeit von der Notwendigkeit der Verwirklichung der Demokratie überzeugt.

2.) Der Zusammenbruch, den die deutsche Arbeiterbewegung 1933 erlebte, hat mich persönlich zu einer gründlichen Selbstprüfung veranlaßt. Wenn ich mich dann jahrelang außergewöhnlichen Gefahren ausgesetzt und – ungeachtet vieler Rückschläge – immer wieder versucht habe, in Deutschland eine politische Opposition gegen die Politik der nazistischen Regierung zu organisieren, so war dies eine Folge meiner politischen Überzeugung.

3.) Ein Leben, wie ich es zu führen gezwungen war, Nackenschläge und schwerste persönliche Verluste, wie ich sie im letzten Jahrzehnt erfahren habe, sind von einem Menschen mit meinem Entwicklungsgang und meinen Grundsätzen nur zu ertragen, wenn ihn sein Gewissen dazu verpflichtet. Ich habe mich allzeit bemüht, meine politische Tätigkeit selbstkritisch zu lenken. Mein politischer Kampf war der Versuch eines ehrlichen Deutschen, die Kräfte der Arbeiterschaft und andere progressive Kräfte in Deutschland gegen eine blutige Gewaltherrschaft in Bewegung zu bringen, getragen vom Willen zu demokratischer Selbstregierung, erfüllt vom Geist der Humanität, des Humanismus, den ich als Erbe der deutschen klassischen Literatur und Philosophie verehre.

4.) Seit 1933 habe ich – klarer als vorher – die Notwendigkeit einer tiefgreifenden Reform der deutschen und internationalen Arbeiterbewegung verstanden und versucht, meine bescheidenen Kräfte dafür einzusetzen. Der Krieg und die schrecklichen Leiden, die durch die deutsche Okkupation so vieler Länder hervorgerufen worden sind, haben es mich als direkte persönliche Pflicht erkennen lassen, alles in meinen Kräften Stehende zu tun, um dem Volk, dem ich trotz allem angehöre, zur Einsicht und Umkehr, zum Verlassen des verhängnisvollen Weges zu verhelfen. Ich habe zahlreiche Artikel und Schriften in diesem Sinne veröffentlicht, und ich war dabei, mich wieder nach Berlin zu begeben, um dort für meine Ansichten zu wirken, als ich verhaftet wurde.

Dies wollte ich dem hohen Gericht vor Augen führen, um darzutun, daß ich aus reiner Überzeugung, Liebe zu meinem Volk und Land und zu den Idealen des Sozialismus gehandelt habe, nicht aber als »Agent einer fremden Macht«. Ich habe jahrelang gegen den drohenden Krieg geschrieben, habe im Sinne der von Lord Cecil ins Leben gerufenen Friedensbewegung auch in Deutschland zu wirken gesucht und habe mich in Wort und Schrift auch gegen den Fatalismus gegenüber dem Krieg in den Reihen meiner eigenen Partei gewandt. Seit Kriegsausbruch habe ich das in meinen Kräften Stehende versucht, um zur Entfaltung einer Bewegung zur Herbeiführung eines gerechten Friedens innerhalb Deutschlands beizutragen und die Stimme des Volkes gegen die in den okkupierten Ländern verübten Grausamkeiten zur Geltung zu bringen.

Es ist, nachdem ich dies in notwendiger Gedrängtheit vorgetragen habe, die Frage erlaubt, ob dies Fakta sind, die nach schwedischem Recht meine Bestrafung notwendig machen. Infolge besonderer Umstände, die ich zu Protokoll gegeben habe, gelangte ich im Jahre 1941 nach Schweden. Es gelang mir zunächst nicht, meine Reise, wie ich beabsichtigt hatte, fortzusetzen. In den Monaten, die ich hier – zugegebenermaßen illegal – zugebracht habe, schrieb ich Artikel, die legal veröffentlicht wurden, verwendete dazu Unterlagen, die ich aus dem Studium der deutschen Presse, Literatur und zweier Briefe von meinen Freunden aus Westdeutschland bekam. Schließlich bereitete ich mich darauf vor – zugegebenermaßen illegal –, nach Berlin zurückzukehren. Von meinen Freunden aus Westdeutschland erhielt ich, zusammen mit zwei Briefen, einige Flugblätter und gedruckte Exemplare einer dort verbreiteten Schrift »Die Wahrheit dem deutschen Volk«, deren Manuskript von mir stammt. Ich schickte meinen Freunden Zeitschriften sowie Geld und Hinweise zur Bewerkstelligung meiner Übersiedelung.

Meine Verurteilung wurde damit motiviert, daß eben dies die Faktoren seien, die den Tatbestand der »underrättelseverksamhet« ausmachen, und daß durch meine Zugehörigkeit zur Kommunistischen Partei Deutschlands – die ihrerseits der Kommunistischen Internationale angehört – der Tatbestand »för främmande makts räkning« nach Kp. 8, § 14, Abschnitt 2, des Strafgesetzes erfüllt sei.

Während des ganzen rättegangs spielte die Frage nach dem Charakter der beiden Briefe und nach ihrer militärischen Bedeutung deswegen eine große Rolle, weil der Staatsanwalt diese Frage in den Vordergrund stellte, während er nun, nachdem diese Seite insofern ihre Schuldigkeit getan hat, als ich eben verurteilt worden bin, darauf besteht, nicht diese Seite sei wesentlich, sondern eine andere, nämlich der Charakter meiner Tätigkeit als Tätigkeit der Leitung einer geheimen Organisation.

Erlauben Sie mir, bitte, zunächst noch einmal auf die Unhaltbarkeit der Qualifizierung meiner Tätigkeit als »underrättelseverksamhet för främmande makts räkning« zu sprechen zu kommen. In einem Memorandum, das ich Radhusrätten vorlegte, habe ich mich ausführlich dazu geäußert. Nun möchte ich noch folgendes zu bedenken geben:

a) Wenn die Polizei außer mir meinen Freund X aus einem westdeutschen Ort verhaftet und vor Gericht gestellt hätte, so hätte sich, obwohl X überzeugter Katholik und christlicher Organisationsmann ist, ergeben, daß X und ich dasselbe getan haben. Wenn jedoch die Anschuldigungen gegen X und mich fast völlig gleichlautend hätten sein können, fehlte wegen seiner Nichtzugehörigkeit zur Kommunistischen Partei just der Faktor, der in meinem Fall ausschlaggebend für die Verurteilung war.

b) Wenn einer meiner Freunde aus dem Arbeitsausschuß freigewerkschaftlicher Bergarbeiter Deutschlands mit mir vor Gericht gestanden hätte, beispielsweise ein Sozialdemokrat, so würde sich ebenfalls ergeben haben, daß sich unsere beiden Tätigkeiten nahezu vollständig gleichen, abgesehen davon, daß wir verschiedenen Parteiorganisationen angehören.

Muß ich also die Schlußfolgerung ziehen, daß mich ein schwedisches Gericht wegen meiner Mitgliedschaft zur Kommunistischen Partei Deutschlands verurteilt hat?

Und – erlauben Sie mir, bitte, eine letzte Frage in diesem Zusammenhang – würde man wohl zugeben, daß von zwei norwegischen Patrioten, die, auf norwegische Verhältnisse bezogen, dasselbe getan haben, was ich tat, und von denen einer Mitglied der Kommunistischen Partei Norwegens war, eben dieser eine verurteilt würde, so wie man mich verurteilt hat? Gibt es denn verschiedenes Strafmaß für gleiche Delikte, wegen verschiedener Parteizugehörigkeit?

Schließlich möchte ich noch in Kürze darauf aufmerksam machen, daß die beiden Briefe, die ich empfing und deren Inhalt von mir als Unterlage für Zeitschriftenpublikationen verwendet worden ist, nicht den Tatbestand der »underrättelseverksamhet« im Sinne des Kap. 8, § 14, Abschn. 2, des Strafgesetzes erfüllen. Journalisten, Geschäftsleute, Politiker erhalten zu Tausenden private Nachrichten, die sie für ihre Tätigkeit verwerten, ohne daß sie deswegen Gefahr laufen, unter Anklage gestellt und verurteilt zu werden.

Ungeachtet des Nichtvorhandenseins stichhaltiger Gründe zu meiner Verurteilung fordert nun der Ankläger eine Strafverschärfung, weil während meiner Abwesenheit in Stockholm diese Stadt der Sitz der Leitung einer geheimen Organisation gewesen ist, deren Tätigkeit sich gegen die Regierung eines mit Schweden befreundeten Landes gerichtet habe.

Es entspricht jedoch nicht den Tatsachen, daß sich, während ich mich in Stockholm aufgehalten habe, damit die Leitung einer Organisation hier befunden habe, deren Tätigkeit geeignet gewesen wäre, die Neutralität Schwedens zu gefährden. Die Leitung der illegal in Deutschland tätigen Organisation befand sich nicht in Stockholm oder überhaupt in Schweden, sondern in Deutschland. Daß es seit 1939 keine Auslandsleitung mehr gegeben hat und weshalb, habe ich in einem besonderen Memorandum ausgeführt. Leider hat die Polizei nur ein Bruchstück dieses Memorandums dem Gericht vorgelegt. Ich hatte es geschrieben, um im Zusammenhang die Wahrheit über die Organisationstätigkeit der Kommunistischen Partei Deutschlands unter den Verhältnissen der nazistischen Diktatur niederzulegen, im Gegensatz zu den auch bei der Stockholmer Polizei vorhandenen wahrheitswidrigen Auffassungen über die Tätigkeit der Hitlergegner in Deutschland.

Wenn aber weder meine persönliche Tätigkeit eine Verurteilung nach schwedischem Strafgesetz zuläßt, noch die vom Staatsanwalt behauptete Tätigkeit einer Organisationsleitung sich hier abgespielt hat – wobei ich mich einer Beurteilung der Frage enthalte, wodurch Schwedens Neutralität gefährdet werden kann –, worauf stützt sich dann der Staatsanwalt bei seiner Forderung nach Strafverschärfung?

Erlauben Sie mir, bitte, auf den Widerspruch hinzuweisen, der zwischen des Staatsanwalts pathetischer Berufung auf Schwedens Freiheit und Neutralität einerseits und anderseits der Art besteht, in der der Staatsanwalt sich Argumente zurecht gemacht hat. Ich habe schon darauf aufmerksam gemacht, wie er sein eigenes bisheriges Hauptargument, die angebliche militärische Wichtigkeit der Berichte, im Stich gelassen hat und sogar selbst angreift, um nun seine Zuflucht zu einem neuen Argument zu nehmen. Der Staatsanwalt hat aber vor Radhusrätten ein anderes, meines Erachtens leider recht trübes und bezeichnendes Beispiel dafür gegeben, woher er seine Anschuldigungen holt und wie er seine Anklagen fundiert. Ich mache auf dieses Beispiel besonders aufmerksam, weil es im Protokoll nur einen schwachen Niederschlag gefunden hat.

Um eine möglichst hohe Strafe zu erzielen, stellte es der Staatsanwalt gegen Schluß des rättegangs als möglich hin, ich sei vielleicht der Nachfolger eines gewissen Wollweber, dessen Tätigkeit im Buch eines gewissen Jan Valtin behandelt worden sei. Nachdem ich schon vorher völlig absurde Versuche der Polizei, mich in Beziehungen zu irgendwelchen Personen zu setzen, um mich dadurch vor Gericht zu belasten, zurückgewiesen hatte, habe ich in diesem speziellen Fall darauf aufmerksam gemacht, daß der betreffende Jan Valtin, auf dessen Buch »Out of the night« der Staatsanwalt anspielte, in Wirklichkeit Krebs heißt und als Gestapoagent überführt ist. Seine Behauptungen, mit denen ich nicht das Geringste zu schaffen habe, sind teilweise öffentlich als Phantasien oder Entstellungen disqualifiziert worden. So habe ich in Schweizer Zeitungen gelesen, daß Behauptungen, die er über Vorgänge in der Schweiz aufgestellt hat, sich bei Nachprüfung als unwahr herausgestellt haben. Meines Wissens gibt es solche Feststellungen auch in schwedischen Publikationen (wenn ich nicht irre in »Vekko-Journalen«). Obwohl weder Valtins Buch selbst noch die Untersuchung gegen mich irgendwelche Beziehungen ergeben haben, die dazu berechtigen könnten, Wollweber und mich gemeinsam zu nennen, tat das der Staatsanwalt. Ihm waren auch die Lügen eines notorischen Gestapomannes nicht schmutzig genug, um sie nicht doch auf mich zu werfen.

Erlauben Sie es mir, zu sagen, daß ich, wenn im öffentlichen Leben eine Person sich eines derartigen Verfahrens gegen eine andere bedienen würde, dies als gemeine Verleumdung zurückweisen würde.

Was aber ergibt sich aus der eigenartigen Beweisführung des

Staatsanwalts, da es sich doch, nach seinen Worten, um so ernste Dinge handelt, wie die Freiheit und Neutralität Schwedens?

Es ist nicht meines Amtes, zu untersuchen und zu beurteilen, wodurch und durch wen Freiheit und Neutralität Schwedens gefährdet worden sind oder werden. Wenn mir das hohe Gericht eine Bemerkung gestattet, so möchte ich zum Ausdruck bringen, daß ich es recht wohl verstehe, wenn die Bürger Schwedens eifersüchtig über die Sicherung von Schwedens Freiheit und Neutralität wachen. Kann aber jemand im Ernst meinen, ich, der viele Jahre unter schwierigsten Umständen gegen den Krieg und für die Rettung des Friedens gearbeitet und gekämpft habe, hätte Schwedens Freiheit und Neutralität gefährden wollen oder gefährdet?

Es ist auch nicht meines Amts, mich mit den Maßnahmen zu befassen, die Schweden zur Sicherung seiner Freiheit und Neutralität für notwendig erachtet hat. Wenn es sich aber darum handelt, daß ein Staatsanwalt behauptet, meine Verurteilung und die Verschärfung meiner Strafe seien notwendig im Hinblick auf Schwedens Freiheit und Neutralität, so muß ich erklären, daß dies ein Mißbrauch hoher Begriffe ist.

Hoffentlich hängt die Bewahrung von Schwedens Freiheit und Neutralität nicht ab von der Tätigkeit, wie sie am Beispiel der Beweisführung des Staatsanwalts gegen mich sichtbar geworden ist.

Ich komme zum Schluß: Nachdem ich versucht habe, dem Gericht darzulegen, was ich wirklich getan und aus welchen Beweggründen ich gehandelt habe, will ich nur kurz erwähnen, daß ich nun den fünften Monat der über mich verhängten Strafe verbüße. Es ist eine harte Strafe. Hart und scharf ist nicht nur die allgemeine Behandlung, der ich unterliege: die strenge Isolierung, die tägliche 11–12stündige Strafarbeit, die ganz unzureichende Verpflegung, die zu schweren gesundheitlichen Schäden führen muß. Hart und scharf sind die speziellen Maßnahmen gegen mich: Man hat mir verboten, Briefe mit dem einzigen Freund zu wechseln, den ich in diesem Lande habe. Man verabreicht mir wöchentlich zwei Missionsbücher, während ich keine Möglichkeit habe, Werke der schwedischen und der Weltliteratur zu lesen. Kurz, man zwingt mich auf ein körperliches und geistiges Niveau, das nur unter Aufbietung letzter Willenskraft zu ertragen ist.

Diese Qual kann verlängert und verschärft werden. Doch erlauben Sie mir, zum Schluß zu sagen, daß dadurch zwar ein Mensch, der vor seinem Gewissen das Beste gewollt und unter großen Schwierigkeiten gelebt und gekämpft hat, geschlagen und geplagt wird, daß aber damit nichts getan würde, was zur Aufrechterhaltung von Schwedens Freiheit und Neutralität notwendig oder dienlich wäre. «

Erst nach der Abgabe dieser Erklärung erfuhr ich, daß dem Gericht Aussagen vorlagen, die die Polizei bei Verhören mit Mewis, Henke und Seydewitz erhalten hatte. Mit Hilfe dieser Aussagen und angeblich in einer Brieftasche Richards gefundener Aufzeichnungen versuchte die Polizei, ein neues Verfahren gegen mich zustande zu bringen. Mewis und Henke wurden nicht unter Anklage gestellt, sondern für kurze Zeit nach einem Lager überführt, aus dem sie im Sommer 1943 freigelassen wurden, um sogleich mit öffentlicher politischer Tätigkeit zu beginnen. Seydewitz wurde nur ein anderer Aufenthaltsort als Stockholm zugewiesen. Richard war nie verhaftet.

Zwei Jahre und fünf Monate habe ich in den Strafanstalten Falun, Vänersborg und Langholmen und im geschlossenen Lager Smedsbo zugebracht. Es waren harte und bittere Jahre, aber lehrreiche Jahre. Ich begann mit der Niederschrift von »Selbstbesinnung und Selbstkritik«.

Von Smedsbo aus versuchte ich, die Genossen über die Provokationen, denen ich ausgesetzt gewesen war, zu unterrichten. Mir lag an einer reinlichen Scheidung. Aber die Parteileitung zog, wie in so vielen früheren Fällen, ein schmutziges Zusammenleben einer reinlichen Scheidung vor. Nachdem ich endlich im Sommer 1944 durch die Hilfe einiger schwedischer Liberaler, die von meinen Freunden auf meine Lage aufmerksam gemacht worden waren, auf freien Fuß gesetzt worden war, schickte man mir nach Boras, wo ich in einer Fabrik arbeitete, Glückauf und Rauch als Vertreter der sogenannten Parteileitung in Schweden, während nebenher der Russe Simon Sorkin (mit dem sich Josef Wagner in Kalmar befreundet hatte) sich erbot, meine Sache an Pieck zu vermitteln. Glückauf und Rauch lehnte ich ab, zu empfangen. Sorkin gab ich eine kurze Darstellung der Provokationen Mewis' und seiner Komplicen. Jede weitere Verbindung zu ihm und andern lehnte ich ab. Als mir bekannt wurde, daß auf einer sogenannten Parteikonferenz Maßnahmen gegen einige Genossen beschlossen werden sollten, die ihr Mißtrauen gegen Mewis geäußert hatten, wandte ich mich in einem Brief an Linderot mit dem Ersuchen, meine Angaben über Mewis' und anderer Verhältnis zur Polizei zur Kenntnis zu nehmen. Die Parteikonferenz verbot den Mitgliedern der KPD in Schweden erneut jeden Verkehr mit mir, weil meine Stellungnahme seit meiner Entlassung aus dem Konzentrationslager parteischädigend sei.

Diese Niederschrift, die der Vergangenheit gewidmet ist, schließe ich, ohne sie durch allgemeine Erwägungen oder durch den Versuch eines Ausblicks auf Kommendes zu ergänzen. Sie soll ganz durch sich selbst wirken. Der Ernst und die Kritik, mit denen ich an ihr gearbeitet habe, sind gewiß noch nicht an und für sich Bürgschaften dafür, daß es mir gelingen muß, die richtigen Konsequenzen aus den Erfahrungen zu ziehen, aber sie müssen, sie werden wesentlich dazu beitragen.

Auf der ersten Seite habe ich von meiner Absicht geschrieben, ein einfaches Leben zu führen. Im Jahre 1941 las ich Ernst Wiecherts Buch »Das einfache Leben« zum ersten Mal, und ich wurde tief berührt von der Ehrlichkeit, von der dieses Buch eines auf einer ganz andern Seite stehenden Menschen durchdrungen ist. Wenn ich mir den Begriff »einfaches Leben« zu eigen gemacht habe, so will ich damit sagen: Ein Leben, in dem das Streben bestimmend ist, nicht Kluft noch Widerspruch zwischen dem als Wahrheit Erkannten und dem eigenen Tun entstehen zu lassen. Diese Maxime ist gewiß nicht allmächtig, aber sie ist unerläßlich gerade für einen Sozialisten.

Herbert Wehners ehemalige Mitgliedschaft in der Kommunistischen Partei Deutschlands und seine langjährige Arbeit für sie wurden immer wieder dazu mißbraucht, ihn und seine Arbeit zu verdächtigen und zu verleumden. Besonders niederträchtig war die wiederholt aufgestellte Verdächtigung, er sei in Schweden »als Spion« verurteilt worden. Wie er sich dagegen in den Jahren 1953 und 1957 – bezeichnenderweise in Jahren, in denen zum Deutschen Bundestag gewählt wurde – zur Wehr setzen mußte, zeigen die nachfolgenden Schreiben und Erklärungen. Sie ergänzen und erläutern den entsprechenden Teil der »Notizen«.

DEUTSCHER BUNDESTAG
Abgeordneter
Herbert Wehner

BONN; 10. 10. 1953
(Bundeshaus)
Fernruf 20141

Herrn
Bundeskanzler Dr. Konrad Adenauer,
Bonn

Sehr geehrter Herr Bundeskanzler!

Nachdem der Bundestag sich konstituiert hat und die Arbeiten wieder in Gang gekommen sind, erlaube ich mir, Ihre Aufmerksamkeit für eine Angelegenheit zu erbitten, die klargestellt werden muß. Sie ist für mich persönlich von schwerwiegender Bedeutung, und sie berührt meines Erachtens die Grundlage des Verhältnisses der nach bestem Wissen und Gewissen unserem Vaterland dienenden Angehörigen der parlamentarischen Opposition zur Bundesrepublik und ihren Institutionen.

Am 29. August – also während des Wahlkampfes – erfuhr ich, daß »Der Spiegel« in seiner letzten vor der Wahl herauskommenden Nummer, mit dem Datum vom 2. September, eine Notiz veröffentlichen werde, in der mitgeteilt werden sollte, daß Herbert Wehner, »Sowjet-Experte der SPD«, mit Karlshorst Verbindung aufgenommen habe. Das gehe aus Berichten hervor, die dem Bundeskanzler vorliegen. Wehner habe in Erfahrung bringen wollen, wie sich Karlshorst »propagandafrei« die Bedingungen für ein waffenloses, neutralisiertes, wiedervereinigtes Deutschland denke. Weil aber der Mittelsmann, dessen Wehner sich bediente, gleichzeitig für den britischen Geheimdienst tätig war, habe der britische Geheimdienst von der ganzen Angelegenheit erfahren und dem Bundeskanzler Bericht erstattet.

Als ich diese ungeheuerliche und in keiner Weise der Wahrheit entsprechende Behauptung erfuhr, habe ich unverzüglich Herrn Heine vom Büro des Vorstands der Sozialdemokratischen Partei Deutschlands telefonisch davon in Kenntnis gesetzt und ebenso telefonisch eine Erklärung zu Protokoll gegeben, in der diese Behauptung und die ihr zu Grunde liegenden Berichte als Fälschungen bezeichnet wurden. Ferner begab ich mich sogleich zum Rechtsanwalt Dr. Allert in Hamburg, um ihm Vollmacht zu erteilen, damit er alle erforderlichen gerichtlichen Schritte einleiten könne. Einer meiner Hamburger Bundestagskollegen, dem ich den Hergang erzählt hatte, erklärte dem zuständigen »Spiegel«-Redakteur, daß er von mir erfahren habe, ich würde gegen die Verbreiter dieser Behauptung mit allen mir zu Gebote stehenden gerichtlichen Mitteln vorgehen. Am Abend des 29. August gab ich öffentlich eine entsprechende Erklärung, als ich auf dem Rathausplatz in Hamburg-Harburg in meinem Wahlkreis eine Rede hielt. Noch bevor ich Hamburg verließ, um zu Wahlversammlungen im Ruhrgebiet zu gelangen, erhielt ich die Mitteilung, »Der Spiegel« werde die Notiz nicht veröffentlichen, die Redaktion habe davon Abstand genommen. Ich habe mich dann an Hand der in Frage kommenden Nummer der Wochenschrift davon überzeugt, daß die Meldung herausgenommen worden war.

Am 3. September fragte ein in Bonn tätiger Vertreter mehrerer Zeitungen bei mir in Hamburg an, ob ich ihm Auskunft bezüglich eines Gerüchts geben wolle, von dem er gehört habe, und das seine Zeitungen interessiere. Es handelte sich sachlich um dieselbe Behauptung, mit der ich es im »Spiegel«-Falle zu tun gehabt hatte; nur wurde diesmal hinzugefügt, es habe am 17. Juni in Berlin ein erstes Gespräch stattgefunden, dem dann weitere gefolgt seien. Ich habe dem Bonner Journalisten eine Erklärung gegeben, die sachlich dem entsprach, was ich vorstehend dargelegt habe. Im Anschluß an dieses Telefongespräch rief ich Herrn Heine in Bonn an und bat ihn, von dieser Sachlage Kenntnis zu nehmen, Herrn Ollenhauer zu informieren und schließlich eine öffentliche Erklärung zu veranlassen, durch die Licht auf einige Machenschaften geworfen werden sollte, von denen ich im Juni zum ersten Mal Kenntnis erhalten hatte. Herr Heine entsprach meinen Bitten und teilte mir dann schriftlich mit, Herr Ollenhauer habe Kenntnis genommen, aber er rate angesichts der Verleumdungen, mit denen in diesem Wahlkampf operiert worden ist und im Hinblick darauf, daß nicht mehr genügend Zeit sei, davon ab, in dem von mir vorgeschlagenen Sinne durch eine Erklärung wirksam zu werden.

Damit Sie, Herr Bundeskanzler, verstehen, welche Absicht ich mit dieser Erklärung verbunden hatte, muß ich an dieser Stelle auf einen Vorfall zurückgreifen, der sich am 18. Juni in Berlin ereignete. Zusammen mit Herrn Ollenhauer war ich – ebenso wie einige andere Abgeordnete – am 17. Juni nach Berlin geflogen. Davon ist dem Bundestag und der Öffentlichkeit Kenntnis gegeben worden. Herr Ollenhauer zeigte mir am Morgen des 18. Juni einen an ihn gerichteten Brief, in dem ein Mann – der sich darauf berief, früher der Sozialistischen Arbeiterjugend angehört zu haben – Herrn Ollenhauer um eine Unterredung über Fragen der Berliner Politik und der Sowjetzone bat.

Herr Ollenhauer und ich kamen sehr schnell überein, diesem Wunsch nicht nachzukommen; wir hatten übereinstimmend den Eindruck, es handle sich hierbei um eine von dritter oder vierter Seite verfolgte schlechte Absicht. Dieser Vorfall wurde mir wieder in Erinnerung gebracht, als Herr Ollenhauer mich einige Zeit später in Bonn davon unterrichtete, der Briefschreiber von Berlin habe etwa eine Woche darauf einen unserer Kollegen außerhalb Berlins aufgesucht und ihm zu verstehen gegeben, er wünsche dringend mit Herrn Ollenhauer zu sprechen, es handle sich um ein Gespräch über Beziehungen zu Karlshorst. Herr Ollenhauer und ich waren darüber befriedigt, den Briefschreiber in Berlin haben abblitzen zu lassen, und ich schlug Herrn Ollenhauer vor, die Ursprünge dieses Anbiederungsversuchs aufspüren und untersuchen zu lassen, um einmal an Hand eines solchen Falles so lückenlos wie möglich darstellen zu können, wie und von wem in provokatorischer und verleumderischer Absicht versucht wird, »Zusammenhänge« zwischen der Sozialdemokratie und sowjetischen oder sowjetzonalen Stellen oder Personen zu konstruieren, die es auf Grund der Politik und des Charakters der Sozialdemokratie in Wirklichkeit nicht gibt und nicht geben kann.

Leider hat es die Entwicklung des Wahlkampfes unmöglich gemacht, zu rechter Zeit und unbeschwert den Versuch zu machen, auf die von mir angedeutete Weise der Vergiftung der deutschen Politik entgegenzuwirken. Im Verlauf der vom Ost-Büro der Sozialdemokratischen Partei Deutschlands angestellten Untersuchungen, die naturgemäß eine gewisse Zeit in Anspruch nahmen, stellte es sich heraus, daß ungefähr gleichlaufend zu dem von mir behandelten Fall zwei weitere ähnliche Versuche unternommen wurden. Ich hätte es gern gesehen, wenn Ihnen, Herr Bundeskanzler, die Resultate dieser Untersuchungen zugeleitet worden wären, und wenn man sie nötigenfalls auch der Öffentlichkeit zugänglich gemacht haben würde. Aber ich mußte mich aus eigener Einsicht damit abfinden, daß davon – so wenige Tage vor der Wahl – Abstand genommen wurde.

Es ist nicht meine Absicht, jetzt allen oder irgendwelchen während des Wahlkampfes in die Welt gesetzten Behauptungen nachzuspüren. Ich sehe auch davon ab, mich zum Beispiel mit Herrn Bundesminister Seebohm auseinanderzusetzen, der leider in durchaus unqualifizierter Weise Verleumdungen verbreitet hat, obwohl er doch die Möglichkeit gehabt hätte, sich zunächst über den wahren Sachverhalt zu unterrichten. Mit diesem Schreiben verfolge ich die Absicht, Ihnen, Herr Bundeskanzler, klarzumachen, welche ehrenrührigen Behauptungen unter Berufung auf angeblich Ihnen vorliegende Berichte lanciert worden sind. Ich hätte es dankbar begrüßt, wenn Sie dem durch solche Fälschungen zu Unrecht Verleumdeten Gelegenheit gegeben hätten, sich Ihnen gegenüber zur Sache zu äußern, und wenn dadurch hätte vermieden werden können, daß verleumderische Gerüchte unter Berufung auf Mitteilungen Ihrer Umgebung eine Rolle spielen konnten.

Als Sie, sehr geehrter Herr Bundeskanzler, Anfang Oktober vorigen Jahres mit mir eine Unterredung hatten, die Sie seiner Zeit fortzusetzen ankündigten, machte ich Sie auf einen Passus meiner damals zur Debatte stehenden Rede vom Dortmunder Parteitag der SPD aufmerksam, in dem ich darzulegen versucht hatte, daß der Kampf der sozialdemokratischen Opposition gegen die von Ihnen geführte Bundesregierung eine natürliche Grenze habe, nämlich die Linie, deren Überschreiten Kollaboration mit den sowjetzonalen Blockparteien bedeuten würde oder zur Folge hätte. Ich unterstrich diese Bemerkungen durch Hinweise auf die sozialdemokratische Auffassung von der Notwendigkeit der Gemeinsamkeit des Handelns der demokratischen Parteien in den grundlegenden Fragen von nationalpolitischer Bedeutung, weil Situationen nach dem Modell von Warschau und Prag nicht heraufbeschworen oder herausgefordert werden dürfen. Wenn ich heute daran erinnere, so deshalb, um zu betonen, daß diese Bemerkungen, die doch unbestreitbar im Einklang stehen mit meiner eigenen Wirksamkeit und der Gesamtauffassung der Sozialdemokratischen Partei Deutschlands, jede Berührung mit oder Beziehung zu sowjetischen Stellen oder Personen einschließen und verbieten. Meine Partei und ich persönlich ringen um die Gestaltung der Politik der Bundesrepublik. Ich betrachte es als meine Verpflichtung, mit allen Kräften und nach bestem Wissen und Gewissen dazu beizutragen, daß die Politik der Bundesrepublik im bestmöglichen Maße der Wiedervereinigung Deutschlands in Freiheit dient. Das schließt ein, daß alles getan und gefördert wird, was bolschewistischer Unterminierung, Zersetzung und Verlockung entgegenwirken kann und sie schließlich unschädlich machen wird.

Nach diesen Darlegungen werden Sie verstehen, daß ich mich empört und entschieden gegen die ungeheuerlichen und auf Fälschungen basierenden Behauptungen wende, auf die ich Sie – weil ihr Ursprung in Ihnen vorliegenden Berichten angezeigt worden ist – aufmerksam machen wollte. Wäre es zu einer gerichtlichen Austragung dieser Angelegenheit gekommen, so würde sich jedes weitere Wort erübrigen. Nachdem das nicht der Fall sein konnte, darf ich Sie wohl bitten, dafür Sorge tragen zu lassen, daß die in Frage stehenden und auf Fälschungen basierenden Berichte nicht weiterhin als Grundlagen für Verdächtigungen und Verleumdungen benützt werden können.

Mit vorzüglicher Hochachtung
Ihr ergebener
(Herbert Wehner)

ABGEORDNETER
des Deutschen Bundestages
Herbert Wehner

BONN, am 14. März 1957
Bundeshaus
Fernruf 20141 (Ortsverkehr)
20151 (Fernver-
kehr)

Der Unterzeichnete erlaubt sich, die Kopie einiger Erklärungen zu überreichen, die er zu einer Veröffentlichung der schwedischen Zeitung »Dagens Nyheter« vom 9. März 1957 geschrieben hat.

An erster Stelle steht eine unter dem 13. März 1957 in »PPP«, PARLAMENTARISCH-POLITISCHER PRESSEDIENST, unter der Überschrift: »Wehner: Ich war niemals Sowjetspion!« erschienene Erklärung.

Es folgt die »Erklärung zu einer Veröffentlichung der Zeitung ›Dagens Nyheter‹« vom 11. März 1957, die ich dem Sekretär der Sozialdemokratischen Arbeiterpartei Schwedens, Sven Aspling, dem Botschafter Schwedens in Bonn, O. Jödal, dem Vorsitzenden der Sozialdemokratischen Partei Deutschlands Erich Ollenhauer, und in einer Fotokopie dem Präsidenten des Deutschen Bundestages, D. Dr. E. Gerstenmaier, gesandt habe.

Diesen Erklärungen beigefügt ist der Text einer Niederschrift, die ich am 23. Mai 1946 begonnen und am 23. Juli 1946 abgeschlossen habe. Es handelt sich um eine Niederschrift von Erlebnissen und Erfahrungen aus der Zeit der Hitlerdiktatur und des Krieges. Sie entstand in der schwedischen Stadt Uppsala und wurde von mir nur in einem Exemplar mit einem Durchschlag angefertigt. Das Original behielt ich selbst, den Durchschlag sandte ich einem in den Wirren der Kriegsjahre nach New York verschlagenen Freund, von dem ich zehn Jahre lang nichts gehört hatte. Mir lag daran, daß er eine Vorstellung von meinen Erlebnissen und Erfahrungen erhalte. Ich habe an dieser Niederschrift nichts geändert und bitte um Entschuldigung dafür, daß sie einen persönlich-intimen Charakter trägt.

Beigefügt ist ferner ein Brief an Bundeskanzler Adenauer vom 10. Oktober 1953, auf den ich bis zur Stunde keine Antwort erhalten habe.

Ich bitte um Entschuldigung für die Belästigung mit so viel meine Person behandelnde Schriftstücke. Aber ich glaube, die gegen mich und meine Partei, die Sozialdemokratische Partei

Deutschlands, gerichteten Verleumdungen rechtfertigen diese Zusammenstellung von Erklärungen.

(M)   13. 3. 1957
Nr. 8 Zusatz zur Meldung Nr. 6
Wehner schrieb an Gerstenmaier
(PPP) – 13. 3. 57 – Der SPD-Abg. Herbert Wehner hat die Meldung der Stockholmer Zeitung »Dagens Nyheter« am Mittwoch zum Anlaß für ein Schreiben an den Bundestagspräsidenten Dr. Gerstenmaier genommen, in dem er mitteilte, daß er jederzeit mit allen erforderlichen Unterlagen zu einer Unterredung zur Verfügung stehe. Wehner legte dem Brief eine ausführliche Denkschrift zur Veröffentlichung von »Dagens Nyheter« bei. Diese Denkschrift ist von Abg. Wehner auch dem schwedischen Botschafter in Bonn übermittelt worden.

(2/133/–/hs)

Nr. 6 *SPD weist Beschuldigungen gegen Wehner zurück*
»Weiteres Beispiel übelster politischer Brunnenvergiftung«
(PPP) – 13. 3. 57 – Der SPD-Vorstand wies am Mittwoch die Beschuldigung gegen den SPD-Abg. Herbert Wehner, die im Zusammenhang mit einer Meldung der Stockholmer Zeitung »Dagens Nyheter« von einigen deutschen Tageszeitungen mit zum Teil böswillig unterstellenden Überschriften übernommen worden sind, entschieden zurück und stellte fest, daß es sich hier um ein weiteres Beispiel übelster politischer Brunnenvergiftung handelt. Bereits im Februar 1957 sei in einer CDU-Versammlung in Speyer behauptet worden, Wehner habe zu einem Stockholmer Spionagekreis gehört. Der SPD-Vorstand erklärte, daß Herbert Wehner nach wie vor sein vollstes Vertrauen genieße.
Wehner: »Ich war niemals Sowjetspion!«
In dem Bericht von »Dagens Nyheter« vom 9. März 1957 war behauptet worden, daß Abg. Herbert Wehner Ende 1941 nach Stockholm entsandt worden sei, um eine Spionagezentrale für die Komintern zu errichten. Dazu erklärte der Abg. Herbert Wehner:

»1. Ich war niemals Sowjetspion und habe niemals einen schwedischen Nachrichtendienst der Komintern oder irgendeinen anderen Nachrichtendienst der Komintern geleitet oder an ihm mitgearbeitet.

2. Ich bin weder in Moskau noch an einer anderen Stelle der Sowjetunion für Spionagetätigkeit oder sonstwie geschult worden.

3. Ich habe niemals einen Auftrag erhalten, in Stockholm oder an anderen Stellen in Schweden eine Spionage-Zentrale für die Komintern zu errichten oder an ihr mitzuarbeiten.

4. Ich konnte die Sowjetunion erst 1941 verlassen. Ich bin nach Stockholm gegangen, um von dort aus sobald wie möglich nach Deutschland weiterzureisen. Das wurde später unmöglich, da sich inzwischen der Krieg ausweitete und der Gestapo gerade während dieser Zeit in Deutschland weitgehende Einbrüche in die illegalen Parteiorganisationen gelangen.

5. Während meiner Stockholmer Zeit habe ich mich ausschließlich darauf konzentriert, trotz zunehmender Schwierigkeiten sobald wie möglich in Deutschland meine Widerstandsarbeit gegen das Hitler-Regime wieder aufzunehmen. Meine politische Tätigkeit bestand vor allem in der Mitarbeit bei der Herausgabe der in Stockholm erscheinenden deutschsprachigen Wochenschrift »Die Welt«.

6. Die Verurteilung durch das Stockholmer Stadtgericht erfolgte auf Grund meiner Zusammenarbeit mit schwedischen und nach Schweden geflüchteten deutschen Kommunisten und auf Grund der weiteren Tatsache, daß ich mich als Ausländer ohne die erforderlichen Aufenthaltspapiere in Schweden aufhielt. Die Urteilsgründe haben ausdrücklich hervorgehoben, daß sich meine politische Tätigkeit nicht gegen irgendwelche militärischen oder sonstigen Sicherheitsvorrichtungen gerichtet haben. Ich bin auch heute noch jederzeit bereit, vor jeder zuständigen schwedischen Stelle alle zur völligen Aufklärung der damaligen Ereignisse notwendigen Angaben zu machen.

Die jetzigen Veröffentlichungen sind offensichtlich der Versuch, einen zur SPD gehörenden Abgeordneten durch Verleumdungen zu vernichten, weil er früher Kommunist gewesen ist und weil man damit hofft, die SPD zu treffen. Ich habe nie geleugnet, Mitglied der Kommunistischen Partei gewesen zu sein. Stets und mit vollem Recht weise ich aber jede Behauptung zurück, jemals für die Sowjetregierung oder eine ihrer Einrichtungen oder für eine von der früheren Komintern betriebene Spitzelorganisation tätig gewesen zu sein. Ich habe stets abgelehnt, in die Dienste irgendeiner russischen oder anderen Geheimorganisation einzutreten oder eine Unterstützung zu leisten. Seit meiner polizeilichen Festnahme in Stockholm bin ich aus jeder Tätigkeit im Rahmen oder in Verbindung mit der Kommunistischen Partei Deutschlands oder einer anderen Kommunistischen Partei ausgeschieden. Ich habe es nach meiner Entlassung aus dem schwedischen Internierungslager auch abgelehnt, vor einer Institution der Kommunistischen Partei zu erscheinen oder mit ihr in Unterhandlungen zu treten. Meine Haltung seit dieser Zeit braucht nicht erläutert zu werden, da sie vor aller Öffentlichkeit klarliegt.«

Warum schießt die CDU gegen Wehner?

Der SPD-Pressedienst erklärte in einem sehr scharfen Kommentar, daß der Geschäftsführer der CDU-Bundestagsfraktion, Abg. Rasner, mit seinen Erklärungen vor der Presse den Startschuß zur Wiederholung von Wahlkampfmethoden gegeben habe, die von dem Parteivorsitzenden der CDU, Adenauer, vor der Bundestagswahl 1953 mit später durch Gerichtsbeschluß als falsch erwiesenen Behauptung eingeleitet worden war, sozialdemokratische Funktionäre – Schroth und Scharley – erhielten für ihre Propaganda »Geld aus dem Osten«. Daß man diesmal zur Zielscheibe von Verleumdungen und Verdächtigungen den Vorsitzenden des Bundestagsausschusses für Gesamtdeutsche und Berliner Fragen, Herbert Wehner, auserkor, habe seine besonderen Gründe. Wehner sei einer der profiliertesten westdeutschen Politiker, die wegen ihrer umfassenden Kenntnis gesamtdeutscher Fragen der CDU und besonders dem Bundeskanzler schon seit langem auf die Nerven fallen. Die entscheidenden Vorschläge für eine aktive Politik der Wiedervereinigung Deutschlands seien auf der Grundlage von gewissenhaften Ausarbeitungen Wehners entstanden. Unzählige Male habe Wehner die Regierungskoalition dazu gezwungen, seinen Argumenten zu folgen; er habe sie immer wieder an ihre Pflichten gegenüber Gesamtdeutschland erinnert und mit nie versagender Energie stets dafür gesorgt, daß die Frage der Wiedervereinigung Deutschlands mit allen ihren Aspekten Gegenstand der parlamentarischen und außerparlamentarischen Diskussion in der Bundesrepublik geblieben sei. Die Tatsache, daß Wehner einmal Kommunist war, sei allgemein bekannt. Jetzt benutze man die aus dem Sensationsbedürfnis einer schwedischen Zeitung entstandene Verdächtigung, um diesen über jeden Zweifel erhabenen deutschen Politiker und mit ihm seine Partei zu diffamieren. Das hätten bisher nur der »Rheinische Merkur« und die Kommunisten fertiggebracht, die in Wehner mit Recht einen ihrer unversöhnlichen Gegner erblicken.

Herbert Wehner   Bonn, am 11. März 1957

Erklärung
zu einer Veröffentlichung der Zeitung »Dagens Nyheter«

Die Zeitung »Dagens Nyheter« hat am 9. März 1957 eine Meldung veröffentlicht, in der behauptet wird, das Haus Blekingegata 63 – das in einer sowjetischen Veröffentlichung als die Basis für das sogenannte Seekommando des schwedischen Nachrichtendienstes bezeichnet worden sei – dürfte eine dem russischen Nachrichtendienst wohlbekannte Adresse sein, weil es während des Krieges Zufluchtsort des »Sowjetspions Herbert Wehner« gewesen sei, der von einer Wohnung dieses Hauses aus »den schwedischen Nachrichtendienst der Komintern geleitet« habe.

In der Meldung wird weiter zu meiner Person behauptet, ich hätte in der Zeit vor dem Kriegsausbruch in Moskau gelebt, wo ich »für Spionagetätigkeit geschult worden« sei. Ende 1941 sei ich nach Stockholm geschickt worden, wo ich »eine Spionagezentrale für die Komintern« errichten sollte. Nach meinen eigenen Angaben hätte ich meinen Auftrag vom damaligen Kominternchef Dimitrow erhalten. In Schweden, wohin ich illegal gekommen sei, hätte ich mich unter verschiedenen Decknamen aufgehalten; unter anderem hätte ich mich Willy Neumann, Svensson und Kurt Funk genannt. Zunächst hätte ich ein Zimmer im Haus Gotlandsgata 76 A gemietet, sei aber dann zur Blekingegata 63 umgezogen. Die schwedische Sicherheitspolizei habe mich entlarvt, als ich die Frau eines russischen Spions aufzusuchen begonnen hatte, der schon vorher entdeckt worden sei und zu jener Zeit im Gefängnis in Falun gesessen habe.

Weiter ist in der Meldung enthalten, daß eine schwedische Frau gleichzeitig mit Wehner zu einem halben Jahr Gefängnis verurteilt worden sei, während andere Schweden zu Geldbußen verurteilt wurden. Während der Haftzeit in Vänersborg habe Wehner – nach seinen eigenen Angaben – am Kommunismus zu zweifeln begonnen, und er sei auch nach seiner Rückkehr nach Deutschland nach dem Kriege abgesprungen. Die Meldung enthält außerdem einige Hinweise auf meine Tätigkeit im Bundestag und in der Sozialdemokratischen Partei, die recht summarisch sind.

Eine Meldung ziemlich gleichen Inhalts ist von der Zeitung »Göteborgs Posten« veröffentlicht worden.

Die bösartige Form, in der in dieser Meldung mein Name und das gegen mich vor 15 Jahren durchgeführte geheime Gerichtsverfahren in Beziehung zu einer mir sonst nicht bekannten Auseinandersetzung über Spionage- oder Nachrichtendiensttätigkeit zwischen der Sowjetunion und Schweden gebracht worden sind, zwingen mich zu einigen Feststellungen:

1. Durch eine in der Berliner Zeitung »Der Kurier« veröffentlichte dpa-Meldung erfuhr ich kurz vor meinem Abflug aus Berlin am Samstagnachmittag, daß »Dagens Nyheter« eine Meldung der oben beschriebenen Art veröffentlicht haben mußte. Am Sonntag, 10. 3. 57, erhielt ich am Hauptbahnhofskiosk in Hamburg die in Frage kommende Ausgabe von »Dagens Nyheter«. Mir ist nicht bekannt, durch wen oder wodurch »Dagens Nyheter« veranlaßt worden ist, meinen Namen und die oben angeführten Behauptungen über meine Person in Zusammenhang mit einer Auseinandersetzung zu bringen, die – soweit ich der Meldung entnehmen kann – als Folge sowjetischer Anschuldigungen gegen Schweden entstanden sein muß. Leider bin ich zur Zeit nicht einmal imstande, mit Sicherheit festzustellen, ob ich das fragliche Haus Blekingegata 63 tatsächlich betreten oder bewohnt habe. Anhand eines Stadtplans habe ich inzwischen eine gewisse Vorstellung davon, wo sich die Blekingegata 63 befinden muß, aber ich weiß nicht, ob ich vor mehr als 15 Jahren in diesem Haus gewesen bin. Zu den in diesem Zusammenhang über meine Person veröffentlichten Behauptungen sind einige Feststellungen notwendig, aus denen sich ergibt, daß »Dagens Nyheters« Meldung hinsichtlich der Angaben über meine Person das Gegenteil einer sachlichen Berichterstattung bildet.

2. Ich war nie »Sowjetspion« und ich habe niemals einen »schwedischen Nachrichtendienst der Komintern« oder irgendeinen anderen Nachrichtendienst der Komintern geleitet. Ich bin in Moskau oder an anderer Stelle in der Sowjetunion nicht »für Spionagetätigkeit geschult« worden. Ich bin in Moskau oder an anderer Stelle überhaupt nicht »geschult« worden. Ich habe niemals einen Auftrag erhalten, in Stockholm oder an anderer Stelle in Schweden eine »Spionagezentrale für die Komintern« zu errichten. Während meines illegalen Aufenthalts in Stockholm vom Februar 1941 bis zu meiner polizeilichen Festnahme im Februar 1942 habe ich mich weder falscher Papiere noch irgend welcher Personalangaben bedient, die mit Papieren belegt worden sind. Den Namen Willy Neumann nannte ich lediglich bei meiner polizeilichen Festnahme; der Name Svensson wurde mir von schwedischen Kommunisten beigelegt, die mir zu einer Unterkunft verholfen hatten, in der ich mich ohne polizeiliche Meldung aufhielt. Der Name Kurt Funk war zeitwei-

se mein Verfassername, er entstand aus einer Kombination eines Decknamens, den ich während eines Aufenthalts im Saargebiet geführt hatte, und des Namens Funk, der der Name eines der verhafteten und ermordeten Angehörigen der illegalen Kommunistischen Partei Deutschlands aus dem Ruhrgebiet war und den ich während meines Aufenthalts in Moskau zur Zeit des VII. Kongresses der Kommunistischen Internationale im Jahre 1935 »übertragen« erhielt. Meines Wissens habe ich die meiste Zeit meines illegalen Stockholmaufenthalts im Hause Gotlandsgata 76 A verbracht, wo ich durch schwedische Kommunisten bei Verwandten eines von ihnen ein Zimmer erhalten hatte. Ehe ich in diesem Haus wohnte, war ich kurzfristig nacheinander in den Wohnungen zweier schwedischer Arbeiterfamilien untergebracht, deren Adressen ich nicht mehr weiß, an deren Lage ich mich aber so genau erinnere, daß ich die Häuser wieder finden würde; sie lagen in völlig anderen Gegenden Stockholms. Der »russische Spion«, dessen Frau ich aufgesucht haben soll, war ein illegaler deutscher Antinazist, der wie ich der Kommunistischen Partei angehört hat und durch die schwedische Polizei an Bord eines schwedischen Schiffes festgenommen wurde, als er eben nach einem mehrmonatigen gefahrvollen Aufenthalt in Hamburg nach Stockholm kommen und sich mit mir und anderen über die damalige politische Lage in Deutschland aussprechen wollte. Ich bin zunächst von Stockholms Radhusrätt und später von Svea Hovrätt zu einem Jahr Gefängnis, beziehungsweise einem Jahr Strafarbeit verurteilt worden. Die beiden Strafmaße wurden miteinander verrechnet. Mir ist – nach schwedischem Recht, wie man mich damals belehrt hat – kein Urteil und keine Urteilsbegründung ausgehändigt worden. Nach Verbüßung meiner Strafe wurde ich in das Internierungslager Smedsbo gebracht, wo ich bis zum August 1944 festgehalten wurde. Nach dem Kriege habe ich versucht, durch eine Eingabe bei dem »Sandler«-Ausschuß meine Angelegenheit wieder aufzurollen beziehungsweise in entscheidenden Punkten zu klären. Der Versuch scheiterte, denn ich mußte auf ihn selbst verzichten, nachdem ich festzustellen hatte, daß der Vorsitzende der Unterkommission, die sich mit meiner Sache befassen sollte, personengleich war mit einem schwedischen Rechtsanwalt, der in der geheimen Verhandlung vor Stockholms Radhusrätt gegen meine Person Verdächtigungen ausgesprochen hatte, durch die meine antinazistische Integrität in Zweifel gezogen werden sollte.

In den polizeilichen Untersuchungen und in den Gerichtsverhandlungen habe ich Angaben zu meiner Person und über meine Tätigkeit gemacht, die andere antinazistische Illegale und Wege antinazistischer Illegaler nach und von Deutschland weder gefährden noch überhaupt in das Blickfeld der Behörden bringen sollten. Ich habe gesagt, was zur Aufklärung über meine Person und zur Sicherheit gegen eine Abschiebung nach Deutschland oder in den sonstigen Machtbereich der Gestapo notwendig und was nach Lage der Dinge unvermeidlich war. Es war meine Absicht, mit meiner Eingabe an den »Sandler«-Ausschuß Gelegenheit zu finden und zu geben, restlose Aufklärung zu schaffen, nachdem der Krieg beendet und das Hitlerregime beseitigt war. Dazu war, aus den oben angeführten Gründen, leider keine Gelegenheit. Später hat niemand sich um eine solche Aufklärung bemüht. Damit das bösartige und verleumderische Gerede über den »Sowjetspion« endlich zum Verstummen gebracht wird, gebe ich hiermit einige Hinweise, die jederzeit an Ort und Stelle in Gegenwart zuständiger schwedischer Personen erhärtet werden können.

3. Ich bin im Februar 1941 in Stockholm eingetroffen, um von dort so bald wie möglich zur illegalen Widerstandsarbeit gegen das Hitlerregime nach Deutschland weiter zu reisen. In Stockholm versuchte ich festzustellen, welche Anknüpfungspunkte zur Übersiedlung nach Deutschland und zum Aufbau antinazistischer Widerstandsgruppen in Deutschland bestanden. In dieser Zeit verfaßte ich einige Schriften, die vervielfältigt und zur politischen Orientierung nach Deutschland geschmuggelt wurden. Außerdem schrieb ich unter verschiedenen Pseudonymen Artikel, die in der Zeitschrift »Die Welt« veröffentlicht wurden und zur politischen Orientierung für kommunistische und andere antinazistische Personen und Gruppen außerhalb und innerhalb Deutschlands dienen sollten. Die Verbreiterung des Krieges durch den Beginn der Kriegshandlungen an der Ostfront erschwerte die Realisierung der Reisepläne nach Deutschland außerordentlich, um so mehr, als ich im Laufe der ersten Monate weitgehende und sehr bösartige Einbrüche der Gestapo in die Überreste der kommunistischen illegalen Parteiorganisation in Deutschland hatte feststellen müssen. Ich versuchte, in Holland, dem Ruhrgebiet, in Hamburg und Berlin Stützpunkte zu finden, was unter den damaligen Grenz- und Seeverkehrsverhältnissen äußerst schwierig und zeitraubend war. Mit Hilfe aufopferungsvoller politischer Flüchtlinge gelang es, an den genannten Stellen Feststellungen über den Verbleib ehemaliger kommunistischer Parteiorganisationen und über die derzeitige politische und sonstige Lage (Lebensmittelversorgung Illegaler, Unterbringungsmöglichkeiten Illegaler) zu

treffen. Durch die Festnahme eines meiner Freunde, zu dessen Unterstützung ich mit Hilfe schwedischer Seeleute einen Dritten nach Hamburg geschickt hatte, bei ihrer Rückkehr nach Schweden, wurde sowohl meine Vorbereitung für den Ausbau eines organisatorischen Stützpunktes in Hamburg, als auch die eigene Übersiedlung empfindlich getroffen. Ich habe versucht, mit Hilfe seiner Ehefrau Anhaltspunkte zu bekommen und andererseits die beiden in Schweden Inhaftierten zu unterstützen. In dieser Zeit bin ich dann selbst von der schwedischen Polizei festgenommen worden. Um zu verhindern, daß andere, die mit mir in Verbindung standen, durch meine Verhaftung gefährdet würden, habe ich über meine Person und meinen Aufenthalt in Schweden Angaben gemacht, die nur zum Teil den Tatsachen entsprachen. Nach vierwöchigem Verschweigen der Wohnung, in der ich untergebracht gewesen war, habe ich die Adresse genannt, weil ich dadurch die Entlastung von vier oder fünf Personen erhoffte, die im Zusammenhang mit meiner Festnahme und der vor sich gehenden Voruntersuchung Gegenstand der Aufmerksamkeit der Stockholmer Polizei geworden waren. So hatte ich im Untersuchungsgefängnis gesehen, daß ein Schwede, der meine Unterbringung bei seinen Parteifreunden bewerkstelligt hatte, dort vernommen wurde; ihn wollte ich vor allem aus den Untersuchungen heraushalten. Zu meinem Unglück befanden sich in der Wohnung und in einer weiteren Wohnung, die durch die Angaben der Wirtin durch die Polizei festgestellt werden konnte, allerlei Schriftstücke, die nur zum Teil mir gehörten, zu deren Besitz ich mich aber vor der Polizei und vor Gericht bekannte, um andere nicht in den Bereich der Untersuchung ziehen zu lassen. So war es mit einigen chiffrierten Briefen, deren Eigentümer mir bekannt war, als ich die Briefe sah, den ich aber nicht gefährden wollte, weil ich hoffte, er und ein anderer würden versuchen, die politische Arbeit fortzusetzen. Andererseits hatte ich mit dem Eigentümer der Briefe und mit dem Dritten in den Wochen vor meiner Festnahme Auseinandersetzungen und scharfe Meinungsverschiedenheiten gehabt, die auf politische Differenzen zurückzuführen waren. Das war für mich ein Grund mehr, diese beiden Leute – so weit es an mir lag – außerhalb der Reichweite der schwedischen Polizei zu halten. Ich war Mitglied der Kommunistischen Partei Deutschlands und gehörte ihrem Zentralkomitee an. In vier vorangegangenen Jahren hatte ich die schwersten politischen Belastungen erlebt und durchgemacht, die einem deutschen Kommunisten zugefügt werden konnten; ich hatte die Jahre des hemmungslosen Terrors in der Sowjetunion erlebt und war selbst in Mitleidenschaft gezogen worden. Für einen Mann, der in den ersten Jahren der Hitlerdiktatur in Deutschland unter Lebensgefahr illegal gearbeitet hatte und dann in der Sowjetunion diesen Terror miterleben mußte, war dies alles in jenem Stadium des Krieges die fürchterlichste Belastung, um so mehr, wenn er es für außerhalb jeder Diskussion oder Erwägung hielt, auch nur die kleinste Konzession an die in Deutschland an der Macht befindlichen Blutsäufer zu machen.

4. Zu meinem Moskau-Aufenthalt möchte ich einige Feststellungen machen, die vielleicht all zu knapp sein müssen, die aber doch zeigen werden, daß es eine Verleumdung ist, mir zu unterstellen, ich sei in Moskau »für Spionagetätigkeit geschult worden« oder für würdig erachtet worden, eine »Spionenzentrale für die Komintern« oder überhaupt irgendeinen Auftrag für die Komintern zu errichten beziehungsweise durchzuführen.

Ich bin im Januar des Jahres 1937 nach Moskau gekommen, weil das Politbüro der illegalen KPD, dem ich als Kandidat angehörte, beschlossen hatte, ich solle nach Moskau reisen, um dort im Rahmen einer Beratung über die deutschen Fragen meinen Standpunkt zu vertreten, der in wesentlichen Punkten ein anderer war als der Walter Ulbrichts. Am Schluß dieser Beratungen, an denen ich nur sehr bruchstückweise teilnehmen durfte, wurde mir in Moskau eröffnet, daß ich in Moskau bleiben müsse, denn es werde gegen mich ein Untersuchungsverfahren durchgeführt. In der gleichen Sitzung, in der mir diese Eröffnung gemacht wurde, erhielt ich den Bescheid, daß ich nicht mehr Kandidat des Politbüros sei, denn das Politbüro sei aufgelöst und werde durch ein Sekretariat ersetzt. Während der Dauer des Untersuchungsverfahrens sollte ich als Mitglied des Zentralkomitees Gelegenheit haben, Zeitungen aus Deutschland und Berichte aus Deutschland zu studieren und – formell dem damaligen Mitglied des Exekutivkomitees der Komintern, Togliatti, unterstellt – darüber Berichte zu machen. Togliatti erklärte mir ausdrücklich, er lege Wert lediglich auf eine Berichterstattung über die Entwicklung der politischen Lage und wünsche nicht, von mir irgend welche Berichte oder Hinweise auf sogenannte innerparteiliche oder sonstige Vorgänge zu erhalten. Ich hatte auch keinerlei Befugnisse im Rahmen der Vertretung der KPD bei der Exekutive; damals war der Vertreter Ph. Dengel, der selbst nicht dem Zentralkomitee angehörte.

Zum offiziellen Beginn der gegen mich durchgeführten Untersuchung wurden mir 42 Fragen vorgelegt, auf die ich schriftlich und mündlich zu antworten hatte. Die Untersuchung wurde offiziell von einer besonderen Kommission durchgeführt, deren

Zusammensetzung mir im einzelnen heute nicht mehr erinnerlich ist. Ich habe aber nicht vergessen, daß Dimitrow und Pieck dieser Kommission angehörten; wenn ihre Zugehörigkeit zu dieser Kommission auch mehr offizieller Natur war, bedeutete sie doch, daß sie an den Entscheidungen der Kommission teilnehmen konnten, was damals für mich eine gewisse Gewähr dafür bedeutet hat, als ein politischer Mensch beurteilt zu werden. Während der Dauer der Untersuchung war ich vielen Widerwärtigkeiten ausgesetzt, zum Beispiel wurde mir nur selten und für kurze Zeit der »Personalausweis für staatenlose Ausländer« ausgehändigt, der auf meinen Verfassernamen Kurt Funk ausgestellt worden war. Ich war einmal 10 Monate hintereinander ohne jeden Ausweis, was bedeutete, daß ich viele Gebäude nicht betreten durfte und jederzeit damit rechnen mußte, von staatlichen Behörden zur Verantwortung gezogen zu werden. Während der Untersuchungszeit wurde ich auch einige Male von den Organen des NKWD vernommen, darunter drei Mal nächtlich in der Lubjanka. Der offizielle Abschluß der Untersuchung wurde mir nach beinahe zwei Jahren durch Dimitrow mitgeteilt. Das geschah in der Form, daß er mich in sein Arbeitszimmer rufen ließ, um mir dort in Gegenwart eines Russen, der nach meiner Erinnerung der Leiter der sogenannten Kaderabteilung war, zu erklären, die gegen mich durchgeführte Untersuchung habe ergeben, daß keine der gegen mich erhobenen Anschuldigungen zutreffend sei. Er hoffe und wünsche, daß die Untersuchung auf meiner Seite keine Nachwirkungen haben werde.

Meine Versuche in den Jahren 1939 und 1940, die Erlaubnis zum Verlassen der Sowjetunion und zur Rückkehr in die illegale Arbeit der Kommunistischen Partei Deutschlands zu erwirken, blieben erfolglos. Gelegentlich einer Beratung über deutsche Fragen, die um die Jahreswende 1939/40 stattfand, und bei der sich herausstellte, daß sich die illegalen Organisationen der KPD in Deutschland in einem trost- und hoffnungslosen Zustand befanden, stellte ich Dimitrow erneut die Frage, ob mir nun nicht endlich Gelegenheit gegeben würde, zur Arbeit meiner eigenen Partei zurückzukehren. Er antwortete, das werde überlegt werden. Unmittelbar danach aber wurde ich erneut Gegenstand politischer Überprüfungen, weil ich in einer Sitzung an Dimitrow und andere leitende Kominternleute die Frage gerichtet hatte, aus welchen Gründen sie gerade bei der KPD immer wieder verhindert hätten, daß jüngere Mitglieder in leitende Parteikörperschaften und -stellungen aufstiegen und Gelegenheit bekommen hätten, sich zu bewähren.

Erst ein Jahr später erhielt ich Gelegenheit, aus der Sowjetunion auszureisen. Laut Beschluß der in Moskau weilenden Mitglieder des Zentralkomitees der KPD sollte ich von Stockholm aus meine Übersiedlung nach Deutschland organisieren, um dort eine Leitung für die antinazistische illegale Organisation der KPD aufzubauen und zu errichten. Dimitrow, der, ehe ich von Moskau abreiste, noch mit mir sprach, erklärte mir lediglich, daß es ganz und gar meine eigene Sache sei, wie ich mit dieser Aufgabe fertig würde; gelinge sie mir, sei meine Position klar, gelinge sie nicht, sei sie eben auch klar. Persönlich gab er mir den Rat, sehr genau zu prüfen, was eigentlich bei der Stockholmer Vertretung der KPD los sei; entweder hätte man dort aus Dummheit die Gestapo sehr weit in die eigenen Verbindungen hineinkommen lassen oder man arbeite für sie. So lange ich in Stockholm sei, solle ich versuchen, »Franz Lang« etwas zu helfen, der dort die »Welt« herausgab, denn er könne nicht alles allein schreiben. Auf meinen Einwand, daß ich doch nicht dort bleiben wolle und deshalb viel zu tun haben werde mit meinen eigenen Angelegenheiten, erwiderte er, so viel Zeit werde mir schon bleiben, und er bitte mich darum.

Für die technische Seite meiner Tätigkeit war ich auf Richard Iller (Stahlmann) angewiesen, der schon längere Zeit vorher nach Stockholm gegangen war und dessen Aufträge ich im einzelnen nicht kannte. Durch ihn sollte ich nach Moskau mitteilen, wenn ich etwas Dringendes mitzuteilen hätte. Von Dimitrow hatte ich in striktester Weise gehört, daß ich mich auf nichts einlassen solle, wenn jemand behaupten würde, mir einen Auftrag oder eine Anforderung von Moskau überbringen zu wollen. Für »Richard« erhielt ich ein Rezept zur Zubereitung einer besonderen Tinte und eine Ergänzung zu einem mit ihm vereinbarten Chiffre-Schlüssel mit auf den Weg. Das war alles. »Richard« ist von mir in Stockholm darüber unterrichtet worden. Die einige Wochen nach meiner Festnahme in Stockholm (rund ein Jahr später) gefundenen chiffrierten Briefteile waren Arbeiten »Richards«. Sie enthielten Verabredungen mit anderen Illegalen.

5. Meine Unterbringung in Stockholm vermittelten Beauftragte der Kommunistischen Partei Schwedens. Mir wurde ein Verbindungsmann zum schwedischen Zentralkomitee vorgestellt, an den ich mich auch zu wenden hatte, wenn es sich darum handelte, Hilfe in der Vermittlung schwedischer Seeleute zu erhalten, die für den Transport gebraucht wurden. Meine persönlichen Berührungen in Stockholm beschränkten sich auf einen verhältnismäßig engen Personenkreis. Abgesehen von den Quartierwirten handelte es sich um »Richard« und »Karl«, die

mit mir zusammen die illegale Parteileitung in Deutschland aufbauen sollten und für die Vorbereitung mitverantwortlich waren. Ferner handelte es sich um einige in Schweden lebende deutsche politische Flüchtlinge, mit denen ich Fühlung nahm, um festzustellen, ob sie sich für die illegale Arbeit in Deutschland eignen würden. Außer diesen Flüchtlingen hatte ich gelegentliche Zusammentreffen mit einem nicht zur KPD gehörenden antinazistischen deutschen Flüchtling, der ab und zu für »Die Welt« schrieb und mit mir politischen Gedankenaustausch pflegte. Schließlich war ich sehr viel mit dem Redakteur der genannten Wochenschrift zusammen, mit dem ich über Artikel und über die politische Entwicklung diskutierte. (Aus den Heften der zu jener Zeit erschienenen Ausgabe von »Die Welt« läßt sich nachweisen, daß ich in dieser Zeit häufig den Hauptanteil der Artikel geschrieben habe.) Andere persönliche Berührungen waren mehr vorübergehender Art.

Einige Male traf ich mit einem Mitglied des Zentralkomitees der KP Schwedens zusammen, um mit ihm über die politische Entwicklung und die daraus für meine Pläne entstehenden Konsequenzen zu sprechen. Er hat mich ein Mal mit einer aus Moskau eingetroffenen russischen Frau zusammengebracht, die angab, mir Mitteilungen von Dimitrow berichten zu wollen. Als er mich nach einiger Zeit wieder mit ihr zusammenbringen wollte, erklärte ich, daß ich dazu keine Veranlassung sähe. Dennoch hat er das Zusammentreffen zustandegebracht, indem er eine Zusammenkunft, die ich mit ihm selbst hatte, abbrach und mir erklärte, nun komme die erwähnte Frau, die dringend mit mir zu sprechen wünsche. Während dieses Gesprächs wurde an mich das Ansinnen gestellt, Adressen in Berlin zur Verfügung zu stellen und dazu beizutragen, die Frau eines vor Jahren in Moskau verhafteten deutschen Kommunisten aufzufinden, weil sie wichtige Angaben machen könnte. Ich lehnte beide Ansinnen ab. Das erste mit der Begründung, daß ich mit meinen Freunden unter schwierigsten Umständen Adressen und Ansatzpunkte zu illegaler Arbeit politischer Art gesammelt hätte und nicht zugeben könne, diese Adressen für andere Zwecke verwenden zu lassen. Das zweite Ansinnen wies ich zurück mit der Erklärung, man könne ja den in Moskau verhafteten Kommunisten, der mir persönlich sehr nahe gestanden hatte, selbst befragen, denn man müsse ja wissen, wo er sich befinde. Diese mir aufgedrängte Unterredung fand wenige Tage vor meiner polizeilichen Festnahme in Stockholm statt.

Einige Male während meines Stockholmaufenthalts erhielt ich durch Vermittlung schwedischer Seeleute politische Berichte aus einigen Gegenden Deutschlands. Diese Berichte verarbeitete ich bei der Abfassung meiner Artikel für die Wochenschrift und bei der Ausarbeitung der politischen Schriften, die zur Information kommunistischer Parteigruppen in Deutschland und besetzten Ländern bestimmt waren. Außerdem habe ich versucht, einem schwedischen Politiker einen mir politisch besonders interessant erscheinenden Bericht übergeben zu lassen, damit er ihn durch eine Mittelsperson an BBC geben lassen sollte, weil mir schien, es wäre wichtig, daraus für die Sendungen nach Deutschland etwas zu machen. Diesen Politiker kann ich noch heute nennen; es war dieselbe Person, die als Rechtsanwalt in meinem Gerichtsverfahren vorgab, sich an mich nicht zu erinnern und statt dessen die Frage aufwarf, ob ich eigentlich als antinazistisch einwandfrei betrachtet werden könne. Ich führe dies an, um an diesem Beispiel zu zeigen, wie ausschließlich ich in meiner Stockholmer Zeit politisch orientiert und auf meine Widerstandsarbeit in Deutschland konzentriert war. Selbst für eine heute so einfach erscheinende Transaktion, wie es die Weitergabe eines politischen Situationsberichts an eine ausländische Radiostation war, die nach Deutschland hinein Sendungen ausstrahlte, mußte ich mich der Vermittlung anderer bedienen.

Während der letzten Monate vor meiner polizeilichen Festnahme hatte ich es mit ernsthaften Meinungsverschiedenheiten mit »Karl« und »Richard« zu tun, von denen ich schon geschrieben habe, sie sollten mit mir zusammen die illegale Leitung in Deutschland aufbauen und aufrechterhalten. »Karl« wandte sich offen gegen eine Übersiedlung nach Deutschland. In einem besonders kritischen Augenblick, in dem es sich darum handelte, einem nach Hamburg durchgekommenen und dort einige Zeit verborgen gehaltenen politischen Freund unmittelbar zu Hilfe zu eilen, weigerte sich auch »Richard«, das zu tun. So stand ich plötzlich ganz allein, obwohl ich darauf angewiesen war, mit den beiden weiter zusammenzuarbeiten.

Aus diesen Hinweisen auf meine tatsächliche Tätigkeit während meines Stockholm-Aufenthalts ergibt sich – und es kann deutlich belegt werden –, daß ich ausschließlich politisch tätig war. Es ist eine grobe und böswillige Verleumdung, mich als »Sowjetspion« zu diffamieren.

6. Meine Verurteilung in Stockholm erfolgte nach einer langwierigen polizeilichen Untersuchung, die dadurch kompliziert war, daß ich mich verpflichtet fühlte, zur eigenen Person und über meine Tätigkeit nur solche Angaben zu machen, die weder anderen mit mir in Zusammenarbeit stehenden deutschen

Kommunisten in Stockholm, noch und vor allem Deutschen in der Illegalität in Deutschland oder in besetzten Ländern schadeten. Ein großer Teil der Untersuchungszeit wurde damit verbracht, Spuren, die im Blickfeld der Polizei waren, wieder zu verwischen, weil ich nicht wollte, daß die Gestapo Anhaltspunkte erhalten sollte. Aus diesem Grunde habe ich auch während des Prozesses vor Stockholms Radhusrätt eine Aussage gemacht, durch die eine mitangeklagte schwedische Frau belastet wurde, weil ich damit erreichen wollte, daß die Aufmerksamkeit der Polizei von anderen Personen abgelenkt und die Frau nur für eine Tätigkeit verurteilt würde, die nicht als ehrenrührig bezeichnet werden konnte. Sie hatte mir tatsächlich nur Zeitungen besorgt und einen Kontakt zu einem Vertreter des Zentralkomitees der schwedischen Kommunistischen Partei gehalten.

Während der Untersuchung und vor Gericht habe ich einen geradezu verzweifelten Kampf gegen die Beschuldigung geführt, als deutscher Kommunist sei ich für den sowjetrussischen Staat tätig gewesen. Als Unterlage für diese Behauptung diente ein amerikanisches Gutachten, dessen Text und Charakter mir damals noch recht gegenwärtig war. Ich wehrte mich gegen die Verallgemeinerung, daß ein Mitglied einer kommunistischen Partei, dazu noch in einem Kampf auf Leben und Tod mit dem Hitlerregime stehend, als im Dienste des sowjetrussischen Staates oder seiner Einrichtungen stehend bezeichnet und verurteilt werden sollte.

An anderer Stelle dieser Erklärung habe ich bemerkt, daß ich weder eine schriftliche Ausfertigung des gegen mich verhängten Urteils, noch eine Begründung für das Urteil in schriftlicher Form erhalten habe. Meiner Erinnerung nach wurde ich entsprechend einem Paragraphen des schwedischen Strafgesetzbuches verurteilt, der »hemlig underrättelseverksamhet« betrifft. Dieser Begriff ist verbunden mit der Erklärung »för främmende makts räkning«, was ich stets als besonders ehrenrührig von mir gewiesen habe. Es handelt sich bei meinem Urteil aber um eine im entsprechenden Paragraphen besonders bezeichnete Art von »hemlig underrättelseverksamhet« mit »icke militärt syfte«, also mit nichtmilitärischem Zweck.

Während mir selbst alle schriftlichen Unterlagen vorenthalten worden sind – was allerdings, wie mir erklärt wurde, durchaus im Einklang mit dem schwedischen Recht stehen soll –, ist nach dem Kriege eine Offenlegung von Gerichtsmaterial erfolgt, deren Umfang ich nicht kenne und nicht beurteilen kann. Andere Personen als ich hatten also Gelegenheit, gewisse mir nicht bekannte Schriftstücke aus dem Verfahren einzusehen. Ich weiß nicht, ob mir das schwedische Recht die Möglichkeit gibt, mich gegen eine Verletzung meiner persönlichen Ehre schützen zu lassen.

Als ich im vorigen Jahr Kenntnis davon erhielt, daß in schwedischen Militärkreisen ein Schriftstück verbreitet worden sein soll, in dem mein »Fall« als ein »Spionagefall« beschrieben worden sein soll, und als ich erfuhr, daß ein gewisser Per Meurling, der früher ein kommunistischer Schriftsteller gewesen ist, dieses Machwerk angefertigt haben soll, habe ich schwedische Freunde darum gebeten, mir doch zu helfen, Einblick und damit Gelegenheit zur Richtigstellung zu erhalten. Diese Bitte ist leider ohne Erfolg geblieben; die Betreffenden kannten das Machwerk nicht.

Bundeskanzler Adenauer, der einigen sozialdemokratischen Politikern gegenüber von der Existenz eines »Dossiers« aus Schweden gesprochen hatte, hat mir keine Gelegenheit gegeben, mich dazu zu äußern, obwohl mir Erich Ollenhauer nach einem solchen Gespräch gesagt hatte, er habe Herrn Adenauer nahegelegt, das zu tun.

Schon im Februar dieses Jahres hat der Sekretär des Herrn Dr. Otto Lenz in einer Versammlung in Speyer behauptet, ich hätte zu einem Stockholmer Spionagekreis gehört.

Es handelt sich also ganz offensichtlich um den Versuch, einen zur Sozialdemokratischen Partei gehörenden Abgeordneten menschlich und moralisch zu vernichten, weil er früher Kommunist gewesen ist und weil man damit hofft, die Sozialdemokratische Partei zu treffen.

Ich habe nie geleugnet, Mitglied der Kommunistischen Partei gewesen zu sein. Ich habe stets und mit Recht bestritten, für die Sowjetregierung oder eine ihrer Einrichtungen oder für eine von der früheren Komintern betriebene Spezialorganisation tätig gewesen zu sein. Ich habe stets abgelehnt, in die Dienste irgendeiner russischen oder anderen Geheimorganisation einzutreten oder ihnen Unterstützung zu leisten. Jetzt wird an meinem »Fall« versucht, antinazistische Tätigkeit, in den Reihen der Kommunistischen Partei Deutschlands geleistet, zur »Spionagetätigkeit« zu stempeln.

7. Seit meiner polizeilichen Festnahme in Stockholm bin ich aus jeder Tätigkeit im Rahmen oder in Verbindung mit der Kommunistischen Partei Deutschlands oder einer anderen Kommunistischen Partei ausgeschieden. Nach meiner Entlassung aus dem schwedischen Internierungslager habe ich es abgelehnt, vor einer Institution der Kommunistischen Partei zu erscheinen

oder mit ihr in Unterhandlungen zu treten. Schon vor meiner Übersiedlung nach Deutschland im September 1946 habe ich in einem Schriftstück im Umfang von etwa 200 Seiten meine Erfahrungen in der Kommunistischen Partei und in den fürchterlichen Jahren in der Sowjetunion niedergeschrieben, weil ich wollte, dies Schriftstück sollte an irgendeiner Stelle hinterlegt sein, wenn mir etwas Menschliches zustieße. Diese unveränderte Niederschrift steht zur Einsichtnahme zur Verfügung.

Ebenso eine im Gefängnis handschriftlich niedergeschriebene Durchleuchtung von Erfahrungen aus der Zeit der nazistischen Diktatur und ihrer Vorbereitung. Als ich nach meiner Entlassung aus dem schwedischen Internierungslager gefragt wurde, ob ich bereit sei, für Wilhelm Pieck einen Bericht zu schreiben, habe ich geantwortet – es war noch im letzten Kriegsjahr –, ich sei lediglich bereit, meine Erfahrungen bezüglich der Verseuchung kommunistischer Organisationen und Leitungen durch Gestapo oder Gestapoeinflüsse zur Kenntnis zu geben, da ich auch zu jener Zeit noch daran interessiert gewesen bin, die Kommunistische Partei Deutschlands möge sich, wenn sie wolle, von diesen Einflüssen befreien. Darauf ist niemand zurückgekommen. In der schwedischen Stadt Boras, in der ich nach meiner Haftentlassung in einem Betrieb arbeitete, habe ich kurz nach meiner Haftentlassung einmal einigen Personen, die eine Zeit mit mir im selben Lager gewesen waren und von denen einige in dem Betrieb arbeiteten, einige meiner Erfahrungen bezüglich der Verseuchung der illegalen politischen Arbeit der Kommunistischen Partei vorgetragen.

Personen, die bezeugen können, unter welchen Verhältnissen ich in den Jahren seit meiner Entlassung aus dem schwedischen Lager bis zu meiner Rückkehr nach Deutschland im September 1946 gelebt habe und wie ich mich politisch verhalten habe, leben noch und können befragt werden. Ich habe damals jede Teilnahme an einer Organisation oder an Veranstaltungen, die in irgendeiner Weise mit der kommunistischen Partei oder ihren Organisationen in Beziehung zu bringen waren, abgelehnt. Vom ersten Tage an habe ich mich entschieden gegen die Zwangsvereinigung in der SED gewandt.

In Deutschland habe ich nach Kräften versucht, das Entstehen einer unabhängigen sozialistischen Arbeiterbewegung und ihre Entwicklung zu verteidigen und zu fördern. Das schien mir nach meinen Erfahrungen lebensnotwendig. Ich bin 1948 und 1949 Gegenstand von Mord- und Entführungsversuchen durch Angehörige kommunistischer Organisationen gewesen. Gegen mich ist eine Mordhetze im buchstäblichen Sinne des Wortes betrieben worden. Die Zusammenstöße zwischen mir und der Kommunistischen Fraktion im Ersten Deutschen Bundestag sind aktenkundig.

Aber ich habe nie geleugnet, daß ich mich für eine sozialistische Arbeiterbewegung einsetze, ebenso wie für eine internationale Verständigungs- und Entspannungspolitik. Wenn es sich nicht offenbar darum handeln würde, mich politisch zu Fall zu bringen, indem man mich moralisch verleumdet und tötet, könnte es keinen Grund geben, meine frühere politische Tätigkeit zu einer »Spionagetätigkeit« umzufälschen.

Aus den Parteitagsprotokollen der Sozialdemokratischen Partei Deutschlands, angefangen vom Düsseldorfer Parteitag 1948 bis zum Münchener Parteitag 1956, ist zu ersehen, in welcher Weise ich mich stets gegen jede Unterordnung der Sozialdemokratischen Partei oder von Teilen oder Einzelmitgliedern dieser Partei unter die Kommunistische Partei oder von ihr dirigierte Organisationen gewendet habe. Daß es sich bei den sogenannten Aktionseinheitsangeboten aber um Unterordnung handelt, habe ich auf Grund meiner Erfahrungen stets nachzuweisen versucht.

Nachdem jahrelang die Nachkriegs-KPD und die Organe der sowjetzonalen SED durch Verleumdung und physische Bedrohung versucht haben, mich zur politischen Kapitulation zu bringen, wird nun offenbar mit dem Mittel der Verleumdung und des Rufmordes von anderer Seite dasselbe versucht.

(Herbert Wehner)

Zur Person: Herbert Wehner*

Gaus: Herr Wehner, vielen Leuten in Deutschland erscheinen Sie geradezu als der Prototyp des Politikers. Und richtig ist wohl, daß Ihr Lebensablauf, den wir hier im Gespräch auszubreiten versuchen wollen, fast exemplarisch widerspiegelt, was einem politisch engagierten Deutschen in den letzten 50 Jahren zustoßen konnte, bevor er seinen politischen Standort endgültig gefunden hatte. Heute sind Sie stellvertretender Bundesvorsitzender der SPD und gelten als entscheidende Antriebskraft der deutschen Sozialdemokraten. Darf ich unser Gespräch mit einer allgemeinen Frage beginnen? Herr Wehner, wenn Sie rückblickend Ihr Leben anschauen, können Sie es sich ohne Politik vorstellen? Hätten Sie von der Politik lassen können, irgendwann einmal?

Wehner: In den 40 Jahren, in denen ich von der Politik gepackt war und hin und her geschüttelt worden bin, habe ich mir das zwar manchmal erträumt. Und zwar in besonders schwierigen Situationen – ich gebe das offen zu – in Situationen, in denen die Politik so schrecklich war, daß ich gedacht habe, man sollte außerhalb von ihr leben können. Ich habe mir allerdings nie dabei gedacht, daß ich – auch wenn ich außerhalb stünde – an ihr uninteressiert sein könnte.

Gaus: Diese Ausschließlichkeit, mit der Sie sich der Politik hingegeben haben, scheint mir in Ihrem Leben sehr früh begonnen zu haben. Führen Sie das auf Einflüsse und Eindrücke aus Ihrem Elternhaus zurück? Sie sind 1906 in Dresden geboren. Ihr Vater war ein Schuhmacher. War er z. B. eingeschriebenes Parteimitglied der Sozialdemokratischen Partei und ein eingeschriebener Gewerkschaftler?

---

* Interview im Zweiten Deutschen Fernsehen am 8. 1. 1964

Wehner: Er war beides, aber ich würde mich heute noch an meinen Jungenstolz erinnern, daß ich nicht etwa deswegen selbst Mitglied der Sozialistischen Arbeiterjugend geworden bin. Soviel weiß ich noch aus meiner eigenen Jugend: man wollte aus eigenem Entschluß geworden sein, was man glaubte zu sein.

Gaus: Sie meinen, es war also kein Einfluß, der – vielleicht sogar nur unbewußt – in Ihrem Elternhaus auf Sie ausgeübt wurde?

Wehner: O ja, natürlich, war es das: aber ich wollte gleichzeitig sagen, daß es da auch diese natürliche Spannung gibt zwischen dem, was man mitkriegt und dem, was man selbst gern will.

Gaus: Könnten Sie versuchen, zu erzählen, wie vielleicht das politische Weltbild Ihres Vaters ausgesehen hat?

Wehner: Das wäre sehr vermessen, obwohl ich meinem Vater gerne ein Denkmal setzen möchte. Er ist gestorben, als ich nicht dort sein konnte, wo er starb, und unter Bedingungen, die ich erst acht Jahre später erfahren habe. Mein Vater war ein Arbeitsmann, der stolz war auf sein Können, und ich kenne ihn als einen Künstler in seinem Beruf. Und mein Vater war ein lustiger Mann und hat uns Kinder auch dazu gebracht, daß wir Lust am Leben hatten, mit ihm zusammen und mit der Mutter zusammen. Meine Mutter hat mich zum erstenmal zu einer Demonstration am 1. Mai mitgenommen, zu einer Zeit, als es noch keine regulierten Demonstrationen waren.

Gaus: Also vor 1918?

Wehner: O ja, und meine Mutter hat mir im Kriege, im ersten Kriege – ich kann das Bild noch vor meinen Augen sehen –, gesagt: jetzt ist der Krieg bald aus. Das war, als im Februar/März 1917 in Rußland das dortige Regime zusammenbrach. Ja, es gibt da Einflüsse, Sie haben recht. Aber ich habe auch recht; ich wollte damit sagen, meine Eltern haben mich zu einem Jungen erzogen, der selbst im Leben stehen sollte.

Gaus: Herr Wehner, Sie haben nach der Volksschule die Realschule besucht und dann ein Stipendium für eine dreijährige Ausbildung zum öffentlichen Verwaltungsdienst erhalten und bevor Sie sich ganz der Politik verschrieben, einige Jahre als kaufmännischer Angestellter in Dresden, Ihrer Geburtsstadt, gearbeitet. Haben Sie damals manchmal das Gefühl gehabt, daß Ihre Startchance für das Leben zu klein war, daß Sie zu kurz gekommen waren, Sie und Ihresgleichen?

Wehner: Ja, sicher hatte ich das Gefühl. Aber ich hatte es nicht in dem Sinne, daß ich etwas dazu haben wollte, daß ich auf eine andere Stufe gehoben werden wollte, sondern ich zog daraus die Konsequenz, daß man sich kümmern müsse, damit jedem seine Chance gegeben werden würde. Damit fing ich eben an, politisch zu denken und politisch zu handeln, auch während meiner beruflichen Tätigkeit, schon während meiner Schulzeit. Ich bin in die Schule, von der Sie eben gesprochen haben, als Betroffener eines Experiments gekommen. In meinem Heimatland wurde damals der Versuch gemacht, Kinder, die die Volksschule mit guten Ergebnissen absolviert hatten, auf sogenannte Höhere Schulen zu bringen.

Gaus: Das war 1921?

Wehner: Es waren sechs, und ich war einer von diesen. Dazu kamen dann weitere sechs aus der Realschule, in der diese Experimentier- und Musterklasse – nicht Musterknabenklasse! – eingerichtet wurde. Das war mein Glück, denn das war natürlich eine intensive Lernmöglichkeit, weil wir eine kleine Zahl waren und die qualifiziertesten Lehrkräfte hatten.

Gaus: Sie haben sich Ihr Leben lang nebenher mit betriebs- und volkswirtschaftlichen und soziologischen Studien beschäftigt. Wollen wir uns mal vorstellen: Wenn alles ganz anders gelaufen wäre, als es schließlich gelaufen ist, welchen Berufswunsch hätten Sie?

Wehner: Sie werden lachen, denn das ist die platte Antwort, die Sie von manchen Leuten meinesgleichen bekommen würden: Ich wollte liebendgern Lehrer werden, und zwar Lehrer in dem großen Sinne. Das war's. Das ging nicht. Ich habe auch angefangen. Meine erste Schule war eine tolle Schule im Erzgebirge. Ich konnte sie leider nur ein knappes Jahr besuchen, denn dann mußten wir wegen der Kriegsereignisse in eine andere Stadt ziehen. Es war eine Seminarvorschule.

Gaus: Warum haben Sie das nicht zu Ende gemacht?

Wehner: Mein Vater war im Krieg. Ich mußte mitverdienen und mein Bruder auch. Das fing sehr früh an.

Gaus: Sie hatten einen Bruder?

Wehner: Ja, den ich leider nun nicht mehr habe.

Gaus: Sie haben als Kind Geld für den Unterhalt der Familie mitverdienen müssen?

Wehner: Ja, meine Mutter bekam eine ganz geringe Unterstützung. Das lag daran, daß die Ortsklasse des Ortes, in dem wir wohnten, als mein Vater ins Feld kam, eine von denen war, in denen man wenig bekam. Wir mußten dann in eine größere Stadt, weil meine Mutter schwer krank wurde und dann mußten wir – und das war damals eine Ehrensache für uns beide Jungs – arbeiten. Wir fingen damit an, die Kartoffeln für den Winter beim Bauern zu verdienen, beim Tischler zu arbeiten usw. Ich habe viele solche Sachen gemacht. Heute wäre es verboten, Kinderarbeit zu machen. Ich war damals froh, daß man das durfte. Wir haben es nie bedauert.

Gaus: Herr Wehner, als 17jähriger, 1923, sind Sie aus der Sozialistischen Arbeiterjugend, die der SPD nahestand, ausgeschieden und einer radikaleren Gruppe beigetreten. Warum?

Wehner: Warum? Ich möchte sagen: wodurch? In meinem Heimatland geschah damals etwas, das uns sehr erschüttert hat in der politischen Auffassung, der idealen Vorstellung, die man als ein so junger Mann haben kann. Die Reichswehr marschierte ein.

Gaus: In Sachsen?

Wehner: Ja. Ich kann ja nicht leugnen, daß ich von da bin. Ich tue es auch gar nicht. In einer unserer Nachbarstädte gab es dabei eine ganze Anzahl Todesopfer. Damals spalteten wir uns. Die Organisation der Jungen hat sich dort gespalten. Ich gehörte zu der Minderheit, die dann vier Jahre lang als eine selbständige, eine freie sozialistische Jugendgruppe existiert hat mit zeitweiliger starker Anlehnung an syndikalistische Jugendgruppen, die aus alter Tradition herkamen, die es damals noch gab oder wieder gab.

Gaus: Im Jahre 1927 sind Sie dann Mitglied der Kommunistischen Partei geworden. Ich würde gern wissen, ob dieser Schritt das Ergebnis von theoretischem Schriftstudium war, ob Sie sozusagen ein belesener Marxist waren, als Sie in die KPD eintraten, oder ob es andere Gründe gegeben hat?

Wehner: Ein Marxist – das ist eine ganz schwierige Gewissensfrage. Sie wissen ja, wie Marx diese Frage selber beantwortet haben soll: er sei keiner. Aber ich will mich damit nicht um die Frage herumdrücken. Meine sozialistischen Impulse waren ganz andere. Ich habe zunächst einmal die Gemeinschaft der Jugendgruppe erlebt. Ich habe die Gemeinschaft vieler Jugendgruppen zueinander erlebt. So fing es an, das gestehe ich ehrlich. Und Schriften? Die Schriften, die meine Freunde und ich wirklich verschlungen, studiert, diskutiert und beraten haben, das waren Schriften von Gustav Landauer, dem in der Münchener Räte-Zeit Erschossenen, der uns wiederum Martin Buber erschloß. Das waren Schriften von Proudhon, dem Franzosen. Das waren Schriften von Krapotkin, »Die Ethik« zum Beispiel. Ich könnte sie heute noch alle aufzählen. Ich habe leider nichts mehr; denn in der Zeit der 12 Jahre ist das alles vernichtet worden. Wir sind dann erst allmählich durch einen sehr belesenen Facharbeiter in unserem Kreis, der einige Jahre älter war als wir, der aber auch nicht orthodox war und uns helfen wollte, auf Marx gekommen. Unser Streben war, eine Ordnung zustandebringen zu helfen, in der die Freiheit der Person, des Menschen, der Persönlichkeit das Entscheidende war. Damit fingen wir an. Und das Zweite war das Recht frei miteinander lebender Persönlichkeiten. Das Dritte war dann: Man muß gewisse ökonomische Schritte möglich machen. Da greife ich weit vor auf ein Wort, das ich viel später entdeckt habe, auf die Definition, die Kurt Schumacher dem Begriff Sozialismus gegeben hat, und die ich für mich selbst so akzeptiere, daß der Sozialismus die ökonomische Befreiung der moralischen und politischen Persönlichkeit ist.

Gaus: Das bedeutet, daß für Sie die soziale Komponente nur die dritte war, nicht die wichtigste.

Wehner: Nein, nein: aber zu den beiden anderen gehörte, doch das fing mit den beiden anderen an.

Gaus: Sie haben in der Kommunistischen Partei einen schnellen Aufstieg genommen. Sie sind schon 1930 sächsischer Landtagsabgeordneter gewesen und Anfang der dreißiger Jahre kamen Sie nach Berlin, wo Sie in der Nähe Ernst Thälmanns gearbeitet haben. Was ist die Begründung für diese schnelle Karriere gewesen? Galten Sie als eine Art Wunderknabe, als das Nachwuchstalent der KPD in Deutschland in dieser Zeit?

Wehner: O, sicher nicht. Das ist ein Irrtum. Ich bin ja in die Kommunistische Partei nach diesen vier Jahren selbständigen Denkens gekommen. Jener Partei schloß ich mich damals 1927 an aus der Überzeugung heraus, daß man dort etwas in der Richtung tun könnte, in die wir wollten, wenn auch mit gewissen kritischen Vorbehalten, die aber – das habe ich dann gelernt – sehr bald überspielt wurden durch den Mechanismus, in den man sich selbst begeben hatte. Ich war aber doch eine ganze Zeit tätig für eine Organisation, die damals eine gewisse Bedeutung hatte. Sie nannte sich »Rote Hilfe« und befaßte sich mit der Hilfe für politische Gefangene, für Amnestierte, die wieder ins Leben kommen mußten, für politische Flüchtlinge aus faschistischen Ländern, die es damals schon gab. Da habe ich sehr aktiv gewirkt. Nachdem ich in meinem Beruf als kaufmännischer Angestellter 1927 zum wiederholten Male gemaßregelt war – ich war damals bei einer großen Firma in der Fotooptik beschäftigt –, habe ich in dieser Organisation eine Zeitlang hauptamtlich gearbeitet. Betreuung von Gefangenen: Ich bin in die Gefängnisse gegangen, habe die Gefangenen besucht, habe ihre Frauen, ihre Familien unterstützt. Ich war natürlich für alles das ein viel zu junger Mensch.

Gaus: Sie waren noch keine dreißig.

Wehner: Lange nicht, entschuldigen Sie, natürlich nicht.

Gaus: Ich würde gerne das Urteil hören, das Sie seinerzeit über die Sozialdemokraten gehabt haben, als Sie Kommunist waren. Haben Sie damals das Gefühl gehabt, die Sozialdemokraten sind eine Gruppe, die sich aus kleinbürgerlichen Vorurteilen abhalten läßt von dem einen entscheidenden Schritt weiter in Richtung auf eine revolutionäre Arbeiterpartei? War das Ihr Urteil?

Wehner: Ich würde mich selbst irren, wenn ich heute versuchte, für diese ganze Zeit eine Antwort auf diese Frage in einem Urteil zu finden. Das hat es nicht gegeben, das hat sich immer wieder geändert. Ich bin dabei in die größten Konflikte gekommen.

Sie haben ja gesagt, ich sei 1930/31 dann schon in Berlin gewesen. Als ich 1931 nach Berlin kam, kam ich als ein gemaßregelter kommunistischer Funktionär nach Berlin; denn ich mußte mein Landtagsmandat schon nach weniger als einem Jahr auf Beschluß der Partei niederlegen. Ich paßte da nicht ganz hinein.

Gaus: Aus welchen Gründen?

Wehner: Ich paßte nicht ganz hinein, weil ich auch damals schon sicher zu selbständig war. Ich hätte nicht nach Berlin gehen sollen. Ich habe mich lange gewehrt dagegen. Als ich nach Berlin kam, war ich nicht mehr ein gewählter Mann. In meinem Heimatland wurde ich immer gewählt, auch in den Parteifunktionen. Die Leute haben mir ihre Stimme gegeben oder eben nicht gegeben. Ich war das, wozu ich gewählt wurde. Aber dort war ich dann ein Angestellter und habe den Weg gehen müssen bis zum bitteren Ende, den man nur verstehen kann, wenn man daran denkt, daß schon im Jahre 1932 jene grausige neue Wirklichkeit über uns hing, die 1933 Gestalt annahm. Es mag seltsam klingen in einer Erklärung: Ich wollte doch nicht feige sein! Wieso konnte ich bei allen meinen Skrupeln, was die Lehre der Partei betraf, weggehen, wenn es um Tod und Leben ging?

Gaus: Aus der Partei heraus?

Wehner: Ja, oder weniger aktiv werden, oder nicht ihre Beschlüsse durchführen. Da hast Du zu stehen, so sagte ich mir, und zwar nicht wegen eines Beschlusses, sondern weil ich nicht feige sein wollte, und weil ich nicht braun sein wollte. Ich habe mich später auch davon frei gemacht, rot zu sein, aber nicht, um braun zu werden. Das hat mich auch lange im Kriege daran gehindert, den Schritt zu tun. Ich wollte nie etwas tun, das von denen nicht verstanden wurde, die meine Freunde waren – und ich habe da ja Hunderte gehabt. Als ich zum erstenmal aus einem Gefängnis heraus durch verschiedene Länder transportiert worden bin über verschiedene Grenzen und kurze Zeit in Moskau war – 1935 – da habe ich als erstes, weil ich nicht wußte, wie lange ich da sein würde und könnte, aus dem Gedächtnis, denn ich hatte ja kein Blatt Papier mitnehmen können, die Namen von 500 Menschen aufgeschrieben, die in ganz Deutschland in den verschiedenen Städten – Hauptstädten, Regionalhauptstädten – tätig gewesen waren und deren Schicksale – Tod oder lebenslängliche Gefangenschaft – ich einfach aktenkundig machen wollte. Ich war mit diesen Menschen durch das Leben in der Verfolgung verbunden.

Gaus: Sie hätten es für einen Verrat angesehen, in diesem Augenblick die Front zu wechseln?

Wehner: Ja, das war für mich unmöglich. Die Front wechseln schon gar nicht! Ich hätte nur aus einer herausgehen können, aber in die andere konnte ich nicht hineingehen. Ich hätte also tot sein müssen, politisch und menschlich, sittlich! Das war es. Das erschwerte im Handeln das, was im Denken vor sich ging.

Gaus: Sie hatten in den ersten Jahren, nachdem Hitler die Macht in Deutschland an sich gerissen hatte, zeitweilig im Untergrund gearbeitet und sind dann in den europäischen Nachbarländern Deutschlands umhergereist und, wie Sie schon erwähnt haben, 1935 von Prag nach Moskau abgeschoben worden. In Moskau sind

Sie zur Zeit der großen Säuberung auch einer Untersuchung unterworfen worden, die freilich ohne Verurteilung endete. Wenn Sie diese persönliche Erfahrung mit dem Stalinismus nicht gehabt hätten, wäre es dann auch zu Ihrer Abkehr vom Kommunismus gekommen?

Wehner: Ja! Ich betrachte den Stalinismus nicht als etwas Besonderes. Ich weiß, daß ich damit im Vergleich mit allen heutigen Kreml-Astrologen und sehr erfahrenen Leuten völlig unmodern bin. Aber für mich geht es um Kommunismus schlechthin. Den habe ich erlebt und durchdacht und damit mußte ich Schluß machen und nicht etwa nur mit einer Spielart.

Gaus: Ich verstehe. Wie haben Sie sich seinerzeit die Machtübernahme Hitlers erklärt?

Wehner: Ich darf Ihnen da eine kleine Geschichte erzählen, falls uns die Zeit dazu bleibt. Ich saß zusammen mit einem polnischen Kommunisten im Grunewald. Er war uns geschickt worden, weil er Erfahrung in unterirdischer Arbeit hatte und sollte uns helfen.

Gaus: Das war nach 1933?

Wehner: Ja sicher. Ich habe doch einige Jahre die gesamte illegale Arbeit in ganz Deutschland als der Techniker in meinen Händen gehabt. Der Mann war zehn oder fünfzehn Jahre älter als ich. Da haben wir uns auf den Waldboden gesetzt und uns zunächst einmal gegenseitig angeguckt und gefragt, ob wir offen miteinander reden können. Offen heißt: auch anders als man redet, wenn man als kommunistischer Funktionär redet. Die Frage, die der Probefall sein sollte, stellte er. Sie lautete: Wie lange ich glaubte, daß das dauern würde. Darauf habe ich ihm gesagt, mindestens zehn Jahre. Da sagte er: Wir können wirklich offen miteinander reden. Da haben wir begonnen, über das ganze Schauderhafte, das über unser Volk gekommen war und über andere Völker kommen würde und wie es enden könnte, offen zu reden. Ich habe in dieser deutschen Wirklichkeit etwa 49 Prozent des Totalitarismus kennengelernt, und die 51 Prozent habe ich in der kommunistischen Wirklichkeit kennengelernt, in der sowjetischen einschließlich der kommunistischen Wirklichkeit im Untergrund.

Gaus: Ich würde Sie noch einmal bitten wollen, mir Ihre Erklärung für die großen Wahlerfolge der NSDAP und für Hitlers Erfolg auf die deutsche Bevölkerung zu geben. Woran lag es?

Wehner: Ich wäre der Meinung, daß es daran lag: Die Republik konnte sich nicht verteidigen, weil die Arbeiterschaft dem demokratischen Staat gegenüber eine gespaltene Haltung einnahm. Sie werden sich jetzt wundern, daß ich das an den Anfang stelle. Dadurch aber jedenfalls wurde das, was die restaurativen Kräfte taten, die von ganz rechts kamen und immer schlimmer wurden, sozusagen auch noch bei einem Teil der Bevölkerung gerechtfertigt. Das war das Furchtbare. Das habe ich früh so gesehen. An dieser inneren Gespaltenheit der Arbeiterschaft, die 1918 unvorbereitet einer militärischen Niederlage und dem Zusammenbruch eines feudalen Regimes, eines sehr herrschaftlich aufgetretenen Regimes gegenüberstand und die doch selbst gespalten war in ihrer Stellung zum Staat, weil die deutschen Führer der Kommunisten leider daran festgehalten haben, daß der Staat auch als demokratischer Staat für die Arbeiter nicht akzeptabel sei, sondern erst dann, wenn er unter der Führung der kommunistisch geführten Arbeiterklasse umgestürzt sei, daran lag es. Diese Theorie war das Unglück.

Gaus: Diese Meinung hatten natürlich auch einige sozialdemokratische Führer aus der damaligen Zeit.

Wehner: Sicher, das hing ja nicht an Parteien. Das war etwas, was in dieser deutschen Arbeiterbewegung noch drin war und das sie überwunden hat. Ich habe es doch bei mir selber auch erlebt, ich will das ganz offen sagen. Dazu gehörten diese schrecklichen Erfahrungen mit der totalitären braunen Diktatur und mit der totalitären roten Diktatur. Dazu gehörte, sich wieder freizumachen und hinzukommen zu dem Ausgangspunkt, von dem aus einmal Lassalle versucht hat, die Arbeiter im Staat zu versöhnen und nicht außerhalb und nicht gegen den Staat.

Gaus: Sie haben diese bitteren Erfahrungen bis zu einem sehr brutalen Ende machen müssen. Sie sind 1941 von Moskau nach Schweden geschickt worden, um kommunistische Untergrundarbeit zu organisieren, sind dann jedoch verhaftet und zu einem Jahr Zuchthaus verurteilt worden. Das hat nach dem Kriege 1957 in der Bundesrepublik zu heftigen Auseinandersetzungen über Ihre Person mit der CDU geführt. Berichten Sie mir bitte von dieser schwedischen Zeit.

Wehner: Ich bin doch nicht zu kommunistischer Untergrundarbeit nach Schweden geschickt worden, sondern mir wurde endlich erlaubt, aus Rußland wegzugehen, nachdem ich viereinhalb Jahre nicht weg konnte und weg durfte. Aber es wurde mir erlaubt, wie man es eben einem Mitglied dieser kommunistischen Partei, das illegal ist und keinen Paß hat, erlaubte: mit einem Auftrag. Der Auftrag war – und ich hatte ihn so auch selbst übernommen und akzeptiert –, nach Deutschland zur Widerstandsarbeit gegen Hitler zu gehen, neu anzufangen, neu aufzubauen. Und ich bin bei der Vorbereitung dieser Schritte, die sehr schwierig waren, wo ich vieles einzuleiten hatte, in Schweden selbst verhaftet und wegen Verstoßes gegen die dortigen Gesetze verurteilt worden, nach Paragraphen, wie sie dort im Kriege Geltung hatten, wie sie dann nach dem Kriege geändert worden sind. Ich war ja dort ohne Anmeldung, ich war dort mit einem anderen Paß als es ein echter Paß wäre, und ich habe nie geleugnet, daß ich da wäre, um illegal nach Deutschland zu kommen und um da wieder gegen die Diktatur zu kämpfen, wobei ich wußte, wie das gehen würde. Aber das wollte ich.

Gaus: Sie haben sich nicht nach dem Krieg um eine Revision dieses Urteils bemüht?

Wehner: Ich bin wie jeder, der in dieser Art bestraft wurde, aus Schweden für Lebenszeit ausgewiesen worden. Im Jahre 1953 hat mir der schwedische Gesandte in Bonn zu meiner Überraschung – und ich muß sagen, zu meiner freudigen Überraschung – gesagt, dieser Beschluß sei aufgehoben worden und er beglückwünschte mich dazu. Ich liebe dieses Land Schweden wie meine Heimat.

Gaus: Sie haben jetzt ein Ferienhaus dort.

Wehner: Ja, das betrachte ich als geistige Heimat. Dort habe ich gelernt, was Demokratie sein kann, auch wenn ich die Hälfte der Zeit im Gefängnis gesessen habe. – Sie fragten, ob ich mich bemüht hätte. Ich habe mich bemüht. Es gab eine königliche Kommission, an die man sich wenden konnte. Ich habe mich an sie gewendet. Sie war in meinem Fall nicht imstande, etwas zu tun, wie sie auch für andere gerichtliche Fälle nicht imstande war, etwas zu tun. Aber ich habe dann diese andere, wenn ich so sagen darf, Genugtuung bekommen, und ich bin seither sehr oft dort.

Gaus: Sie haben in Schweden auch geheiratet, eine deutsche Emigrantin?

Wehner: Ja, und ich habe auch gute Freunde dort, den Chef der Regierung und die Minister. Wir sind gute Freunde.

Gaus: Herr Wehner, Sie haben gelegentlich sehr bitter gesagt, Sie hätten zwei Kardinalfehler gemacht: Erstens, daß Sie als junger Mensch Kommunist geworden seien und zweitens, daß Sie dann später glaubten, dieser Irrtum würde in einer Demokratie nachgesehen, wenn man ihm wirklich abgeschworen habe. Das sei eben ihr zweiter Kardinalfehler gewesen, dies zu hoffen. Ich habe dazu zwei Fragen: Erstens, glauben Sie immer noch, daß Sie nach wie vor, wie 1957, als heftig um Ihre Person gestritten wurde, von den wichtigen bürgerlichen Politikern in der Bundesrepublik nicht voll als ein wahrhaft geläuterter Mann akzeptiert werden?

Wehner: Das ist eine ganz schwer zu beantwortende Frage für mich. Ich glaube, daß das Schlimmste auf diesem Wege vorbei ist. Das ist auch eine Zeitfrage, denn das Leben läuft so langsam und allmählich ab. Das ist also wohl vorbei. Es wird allerdings wohl nie ganz aufhören, weil es ja Leute jucken muß, einen Mann wie mich der Partei anzuhängen, für die ich arbeite und der ich helfen will, damit sie eine große, eine wirklich vom Volk akzeptierte Partei wird, und als eine der großen, tragenden, gestaltenden, reformierenden Kräfte anerkannt werden kann.

Gaus: Ich habe eine zweite Frage dazu, wie angekündigt: Glauben Sie, daß Sie manchmal aus verständlichen Gründen in diesem Zusammenhang zu einer Empfindlichkeit neigen, die Sie dann zu bitterem Kurzschlußdenken und Kurzschlußhandeln verleiten?

Wehner: Zu einer Empfindlichkeit neige ich von Haus aus. Das ist natürlich ganz schlecht für das, was man einen Politiker nennt, werden Sie sagen. Ich selbst nenne mich keinen Politiker, ich nenne mich einen politischen Praktiker und parlamentarischen Praktiker. Ich bin übrigens mit Leib und Seele Parlamentarier und möchte es gerne viel mehr sein als ich es heute bei meiner Stellung sein darf. Aber Empfindlichkeit und Kurzschlußhandlungen? Ich gestehe Ihnen offen, ich wollte nicht in den Bundestag ...

Gaus: Kurt Schumacher hat sie geholt?

Wehner: »Geholt« ist gut! Er hat mich sozusagen mit der Faust dazu genötigt, daß ich kandidierte. Ich wollte arbeiten und ich arbeitete ja für die Sozialdemokratische Partei. In den Bundestag wollte ich nicht. Ich dachte, das braucht Zeit – und warum soll ich? Ich habe Kurt Schumacher gesagt: Sie werden mir doch dort von allen Seiten manchmal täglich bei lebendigem Leibe die Haut vom

Leibe reißen. Ja, sagte er, das werden sie, aber das wirst du auch aushalten. So ging das. Und das habe ich manchmal so gefühlt, als wenn mir die Haut vom Leibe gezogen würde.

Gaus: Ich habe ein Zitat von Ihnen gefunden, Herr Wehner. Danach haben Sie im Jahre 1941 in Schweden Ernst Wiecherts Buch vom »einfachen Leben« gelesen und sind von dieser Lektüre sehr tief berührt worden. Sagen Sie mir, was bedeutete dieses Buch eines Mannes aus einem ganz anderen Lager für Sie?

Wehner: Erstens, weil es ein Buch war, geschrieben in diesem Deutschland, mit dem ich so verbunden war und aus dem ich ausgebürgert war, von dem ich steckbrieflich verfolgt war und, wenn sie mich gehabt hätten, nicht mehr leben würde. Deutschland ist mein Vaterland gewesen in jeder Phase. Und da konnte in dieser Zeit ein solches Buch geschrieben werden! Es war für mich ein Glücksfall, in Stockholm dieses Buch zu finden. Ich ging immer wieder in die Buchhandlung, obwohl es für mich unklug war, mich dort als ein nicht legaler Mann sehr viel zu bewegen, und habe nach Ähnlichem gesucht und das eine oder andere Ähnliche gefunden. Und dann: Der Begriff »Einfaches Leben«. Ich habe ihn so für mich gedeutet: So leben, wie du es wirklich, ohne Umschweife, mit Deinem Gewissen vereinbaren kannst. Und nicht so viele Dinge machen müssen, die immer erst besonders erklärt werden müssen. Etwas versimpelt, werden Sie mir vorwerfen, aber so habe ich es gedacht.

Das war übrigens auch einer der Gründe, warum ich nicht wieder in eine solche hauptamtliche Parteiarbeit, welche es auch immer sei, gehen wollte.

Gaus: Sie hatten Angst, es würde Sie vom »einfachen Leben«, wie Sie es ...

Wehner: Ja, ja, von dieser Theorie. Ich habe ja jetzt eine Bauerntheorie daraus gemacht.

Gaus: Was war denn nun der letzte, entscheidende Anstoß zu Ihrer Trennung vom Kommunismus? Was war der letzte Punkt? Kann man das fixieren?

Wehner: Da muß ich den vorletzten nennen. Der vorletzte war, daß ich mich befassen sollte mit einer Interpretation der kommunistischen Auffassung von der Lehre vom Staat. Als ich versucht habe, das zu Papier zu bringen, da habe ich bei der Hälfte Schluß gemacht und gewußt: Das kannst Du nicht mehr begründen und verantworten. Das war im Jahre 1939, mitten in den schrecklichen Jahren des deutsch-sowjetischen Paktes, und in Moskau ohne Freunde. Der eine, den ich hatte, war gerade gestorben. Er war 15 Jahre älter als ich. Er war ein persönlicher Freund von Rosa Luxemburg gewesen. Das war der vorletzte Punkt. Der letzte Punkt war meine Erinnerung an das, was ich an Leiden miterlebt und mitgesehen und mitzutragen gehabt habe in den Jahren des Terrors in der Sowjetunion. Ich habe darüber kein Buch geschrieben; ich kann es nicht. Ich habe es einfach mitgelitten und selbst erlebt. So gab es also dann die Frage für mich: Du bist jetzt endlich raus, du kannst jetzt, wenn es dir gelingt, wieder nach Deutschland zu kommen, dich dort auf eine ehrliche Weise ganz ehrlich machen und kannst – und das war natürlich eine halsbrecherische Idee –, wenn du nicht sehr schnell gefaßt wirst, etwas tun, damit, wenn der Krieg sich dem Ende nähern wird, nicht nur Leute da sind, die sagen können, sie hätten für Moskau oder sie hätten für andere dort gearbeitet. Ich war damals noch in der Vorstellung, man könnte das als ein mit dem offiziellen Kommunismus innerlich fertig gewordener, aber doch noch daran hängender Partisan sozusagen – nicht Partisan im Sinne von Heckenkrieger – machen. Darüber bin ich gestolpert. Ich kam nicht mehr ganz dazu.

Gaus: Sie haben Ihre Trennung vom Kommunismus oft genug sehr deutlich gemacht, haben aber gelegentlich gleichzeitig gesagt, daß Sie an den Werten, an den Grundsätzen einer sozialistischen Arbeiterbewegung festhalten wollten. Was sind für Sie die Grundsätze einer sozialistischen Arbeiterbewegung heute und welchen Wert machen sie für Sie aus?

Wehner: Ich möchte erstens sagen, daß ich das nie gemeint habe als etwas anderes, als etwas abseitig von der Sozialdemokratie. Die Sozialdemokratie selber betrachte ich nicht als den Ausdruck der sozialen Arbeiterbewegung, von der Sie eben sprachen.

Ich will, daß die Sozialdemokratie das sein kann, was wir versucht haben, ihr mit dem Grundsatzprogramm von Bad Godesberg als Selbstverständnis und Darstellung zu geben: Eine Partei des Volkes, mit einer Staatsauffassung der sozialen Demokratie. Und Arbeiterbewegung? Ich habe mich bekannt und bekenne mich heute noch dazu und bin stolz darauf, daß das einmal so war und daß es so angefangen hat. In der Inauguraladresse der Internationalen Arbeiter-Assoziation steht am Schluß als Forderung und als etwas, das die Arbeiter lernen sollen durchzusetzen: Daß die gleichen einfachen Gesetze der Moral und des Rechts, die für den Verkehr zwischen Privatpersonen gelten sollten, auch für den Verkehr zwischen den Nationen zur Geltung gebracht werden müssen. Ich habe das immer für eine tolle Sache gehalten, daß eine solche Bewegung, die doch aus Protest gegen Klassenunterschiede, gegen Ungerechtigkeiten, gegen Nichtgleichberechtigung entstanden war, mit so klaren Worten sogar so heikle Dinge, wie es die außenpolitischen Beziehungen sind, ethisch begründet hat. Das hat mich immer innerlich wieder aufgerichtet. Und das ist etwas, von dem ich nicht möchte, daß man es lassen sollte.

Gaus: Glauben Sie, daß die Zeit des Klassenkampfes in der Bundesrepublik vorüber ist?

Wehner: Die Zeit des Klassenkampfes – eine Doktorfrage war es, ist es auch heute und es ist heute eine neue Frage für solche, die nach neuen Doktordissertationsthemen suchen. Es ist eine Definitionsfrage, was vom politischen Kampf, wenn man eine Arbeitshypothese haben will, als Klassenauswirkung bezeichnet werden kann. Ich halte das ganze Schema vom Klassenkampf für ein Prokrustesbett, bei dem man dann das, was nicht hineinpaßt, weil es zu lang ist, dadurch passend macht, daß man es abhackt oder, wenn es zu kurz ist, länger zieht. Diese ganze Theorie ist Vergangenheit. Es geht um die Menschen, wie sie wirklich sind; es geht um das Volk, wie es wirklich ist; es geht um die Nation, als die es sich verstehen soll und es geht um die Werte, die verschieden begründet und auch verschieden schwergewichtig vertreten, aber doch in vielen Punkten gemeinsame sind.

Gaus: Sie haben von den Werten gesprochen. Sie sind verschiedentlich in den Verdacht geraten, in der Bundesrepublik, eine Art Titoist oder nach wie vor dogmatischer Marxist zu sein, obwohl Sie vorhin ja gesagt haben, daß Sie dieses ganz und gar nicht waren. Und zwar sind Sie in diesen Verdacht geraten, weil Sie von den sozialen Errungenschaften gesprochen haben, die im Falle einer Wiedervereinigung Deutschlands bewahrt werden müßten. Was verstehen Sie unter sozialen Errungenschaften, die Sie nicht aufgeben möchten?

Wehner: Lassen Sie mich erst noch mal auf diesen »Marxist« zurückkommen. Das blöde Gerde in Deutschland über Marxismus, das einem, der ein paar Jahrzehnte miterlebt hat, zum Hals heraushängt, hat doch sogar einen Mann wie Schumacher, der einen ganz anders denkfähigen Kopf als ich hatte, dazu gebracht, in dem letzten Stück Papier, das er geschrieben hat, bevor er die Augen schloß, mit Bitterkeit zu sagen, das Schlimmste, was diesem deutschen Volk in der Spaltung geschehen sei, hätten ihm nicht die Alliierten angetan, sondern hätte es sich selbst angetan, indem es unterscheidet zwischen Marxisten und Christen und was Marxismus sei usw. Das hat diesen Mann fürchterlich innerlich gepeinigt und hat ihn dazu gebracht, daß er sagte: »Ich bin ein Marxist.« Er wollte damit sagen, das ist doch in Wirklichkeit in dem deutschen Bereich nichts anderes gewesen und kann nichts anderes sein als Methode der soziologischen, der sozialen Untersuchung und Prüfung. Als solche hat sie ihre Bedeutung, auch wenn das »ismus« wegfällt.

Und von den Errungenschaften? Sehen Sie, ich bin kürzlich wieder dafür angepufft worden. Was ich denn damit meinte, was ich aus dem, was man auf der anderen Seite im sowjetisch-kontrollierten Teil als soziale Errungenschaften oder sozialistische Errungenschaften bezeichnet, in die Bundesrepublik übernehmen wolle. Gar nichts will ich übernehmen in die Bundesrepublik. Aber ich habe mich gefreut, daß es Leute gibt von ganz anderer Herkunft und ganz anderer Denkweise, die in dieser Beziehung ganz ähnlich denken und vorschlagen. Ich denke an Nell-Breuning. Ich denke an Arnold Brecht, den früheren preußischen Staatssekretär, der mir jetzt wieder einen rührenden Brief geschrieben hat. Heute ist er Universitätslehrer in Amerika. Ich kenne ihn persönlich sonst gar nicht, ich habe einfach nur seine Bücher gern gehabt. Beide sind wieder ganz anders, jeder für sich und voneinander und mir gegenüber. Die sagen doch alle: Wenn es zur Wiedervereinigung kommt, das heißt, wenn die politischen Voraussetzungen, wie internationaler Ausgleich usw., dafür geschaffen sein werden, an denen man arbeiten muß, dann muß es möglich sein, daß man nicht einfach sagt, von diesem Tage an wird es dort so und da so. Da hat Nell-Breuning zum Beispiel in bezug auf sozialpolitische Dinge gesagt: Alles das, was die Menschen in der Zone selbst nicht ablehnen, daß muß man ihnen lassen. Ich finde, das ist ein guter Standpunkt, auch ein guter Standpunkt gegenüber denen, die die Mauer gebaut haben. Ein guter Standpunkt gegenüber denen, die behaupten, die Wiedervereinigung sei für uns im freien Teil Deutschlands nichts anderes als der Versuch, wie es Herr Ulbricht gesagt hat, die »Gewalt der imperialistischen Monopole« auch auf seine »DDR« zu erstrecken. Das zieht dem doch den Boden weg! Lassen Sie doch das Volk selber entscheiden! Wir brauchen doch da gar keine Angst zu haben. Über alles kann man reden, wenn die Freiheit der Person und die Gleichheit in der Freiheit der Person und das Recht, diese Freiheit zu gewährleisten und zu bewahren, wenn dies in beiden Teilen Deutschlands erst einmal durchgesetzt wird. Dann kann alles andere sukzessive und wie es sich ergeben wird, weitergehen. Da gibt es ja auch gewisse natürliche Entwicklungsgesetze.

Gaus: Herr Wehner, noch einmal zurück auf Ihre SPD-Karriere. Sie sind 1946 in die Sozialdemokratische Partei eingetreten, und Kurt Schumacher ist es gewesen, der Sie in den engeren Führungskreis geholt hat. Woher kannten Sie Schumacher?

Wehner: Schumacher hat mich geholt, als er gehört hat, daß ich mich in Hamburg geregt habe.

Gaus: Hatten Sie ihn vorher jemals getroffen?

Wehner: Nein. Ich hatte ihn nie getroffen. Ich durfte ja aus Schweden nicht sofort hier einreisen. Ich konnte nicht nach der sowjetisch besetzten Zone, und in den anderen Zonen wollten sie mich nicht. Das war mein Dilemma. Dadurch, daß meine Frau ein gewisses Anrecht geltend machen konnte, in Hamburg zu sein, wo sie früher gelebt hatte, konnten wir sagen, wir möchten dort hin. Und da sind wir auch hingekommen. Dort habe ich zunächst mal in kleinen Kreisen, in Kursen, Wochenendkursen, wie es damals in diesen Hungerjahren, Kältejahren, Ohne-Licht-Jahren war – ich selber hatte viele Monate hindurch keine Wohnung und mußte mit meiner Frau bald da und bald dort wohnen –, da habe ich aus meinen Erfahrungen erzählt und habe Kurse gemacht, wie man Diskussionsreden vorbereitet und wie man aus einem großen Vortrag, den man sich angehört hat, die Punkte herausfindet, auf die es nützlich und gut ist, einzugehen, wenn man diskutieren darf. So fing es an. Dann habe ich auch an einer Zeitung in Hamburg gearbeitet, die von der Sozialdemokratischen Partei unterstützt wurde, – mit einer gewissen Beklemmung, aber ich habe gedacht, man müsse helfen. Ich wollte nicht, daß diese Wahnidee, man könnte und sollte eigentlich auch im Westen Deutschlands eine sogenannte Einheitspartei, wenn auch auf freiwilliger Basis aufziehen, um sich griff. Ich hielt es für meine Aufgabe, zu zeigen, daß es darauf ankommt, eine Sozialdemokratische Partei zu haben. So kam ich in die absurde Situation, anderen beibringen zu müssen, daß man keine Einheitspartei haben sollte, weil das so enden würde, wie ich es ihnen sagen konnte. Im Jahr nach dem Krieg, als ich noch in Schweden sein mußte, habe ich auch mit alten Kommunisten briefliche Diskussionen gehabt und ihnen geschrieben, daß das SED-Experiment viel schrecklicher enden würde als ein früheres Experiment der deutschen Kommunisten mit der sogenannten revolutionären Gewerkschaftsopposition. Es wird fürchterlich enden, das sage ich heute noch. Es wird fürchterlich enden, mit einem moralischen Katzenjammer und einer sittlichen Vernichtung derer, die einmal aus ehrlichen Absichten kommunistische oder sozialistische Vorstellungen solcher Art zu realisieren versucht haben.

Gaus: Sie sind 1958 auf dem Parteitag in Stuttgart zum stellvertretenden Parteivorsitzenden gewählt worden und haben jahrelang nach dem Tode Schumachers als der entscheidende Kopf einer ganz bestimmten Opposition in der Bundesrepublik gegolten. Diesen Ruf haben Sie vor allem unter den Intellektuellen in Deutschland gehabt. Inzwischen gelten Sie gerade bei diesen Leuten als der Sozialdemokrat, der sich am meisten angepaßt hat und eigentlich gar keine Opposition mehr betreibt. Was halten Sie von dieser Meinung?

Wehner: Ich würde, wenn ich da nicht Gefahr liefe, sämtliche Fenster einzuwerfen ...

Gaus: Schlagen Sie mal.

Wehner: ... sagen, das ist ein Urteil, das mich an »Weltbühne« und ähnliches erinnert. Selbstüberschätzung.

Gaus: Das Urteil dieser Intellektuellen?

Wehner: Ich spreche nicht generalisierend über Intellektuelle. Das möchte ich nicht. Ich halte das für schrecklich. Intellektuelle für sich selber mögen von sich reden, wie sie wollen, das ist ihr gutes Recht. Aber ich halte es nicht für gut, über Intellektuelle als ein Kollektiv etwas zu sagen und Werturteile abzugeben. Aber ich rede jetzt von denen, die Sie meinen können, und die mich so sehen, wie ich ja auch lesen kann, wie sie mich sehen. Ich kann ja einigermaßen lesen. Worauf es ankam ist: Das Ringen im demokratischen Staat, in dem Teil Deutschlands, in dem man überhaupt noch ringen kann und in dem das Ringen eine Voraussetzung dafür ist, daß auch der andere Teil Deutschlands wieder demokratisch werden wird – und er wird es! –, dieses Ringen muß ein Ringen unter gleichberechtigten innenpolitischen Gegnern sein, die in einer Beziehung aber Partner sind, nämlich in ihrem Verhältnis zum demokratischen Staat. Entsprechend müssen sie sich auch zueinander verhalten. Das war mein Versuch, und ich muß sagen, wenn nicht unvorhergesehen völlige Veränderungen der Großwetterlage kommen, habe ich, bei allem, was ich sonst nicht kann, daran wohl einen guten Teil Verdienst, daß wir in diese Sphäre als Sozialdemokratische Partei gekommen sind. Nicht ich war es allein. Ich habe 1958 diese Wahl angenommen und damals gesagt, was ich kann, das werde ich tun, und dieses Tun wird sich immer darauf konzentrieren, dieser Partei – ich bin deren illegitimes Kind – eine führungsfähige, zusammenarbeitsfähige Mannschaft zu geben und zu erhalten. Das ist mein Job, wenn Sie es so wollen. Darum kümmere ich mich, das ist eine schöne Arbeit, aber auch – um Himmels willen – eine nicht ganz einfache Arbeit.

Gaus: Als Stichtag für diese Schwenkung – wenn man sie eine Schwenkung nennen will – der im Godesberger Programm neu ausgerichteten Sozialdemokratischen Partei erscheint vielen Leuten Ihre Bundestagsrede, Herr Wehner, vom 30. Juni 1960, in der Sie ein Bekenntnis zur NATO abgelegt haben und eine gemeinsame Außenpolitik der großen deutschen Parteien gefordert haben. Nicht viel mehr als ein Jahr vorher haben Sie noch einen »Deutschlandplan der SPD« vorgelegt, dessen Wiedervereinigungsvorschläge diametral den Vorstellungen der CDU entgegengesetzt waren. Können Sie mir erklären, warum es so bald, nach nicht mehr als einem Jahr, zu dieser Schwenkung, zu diesem Stichtag vom 30. Juni 1960 gekommen ist?

Wehner: Dieser Plan mußte zu den Akten gelegt werden mit gutem Recht und so undramatisch wie möglich. Der Plan war ein beinahe verzweifelter Versuch – das gestehe ich offen – angesichts einer bevorstehenden Viermächtekonferenz, von der wir, meine Freunde und ich, befürchteten, sie würden sich festfahren auf dem Punkt: Verhandlungen nur über West-Berlin. Das wollten wir versuchen zu verhindern. Deswegen das, was man etwas ambitiös – hier habe ich auch einen Fehler mit zugelassen – »Deutschlandplan« genannt hat. Es war noch viel mehr, was wir da in der Schublade hatten. Vorschläge über die deutsche Frage, über die Wiedervereinigung, über die Herstellung von Rechten für die Menschen auf der anderen Seite. Dazwischen lag die nicht zustandegekommene Gipfelkonferenz, die Chruschtschow, ehe sie zusammentrat, am Tage des Zusammentritts einfach platzen ließ. Das haben Sie nicht gesagt in Ihrer Frage, aber ich darf daran erinnern. Zu dieser Konferenz, die einen Abschnitt markiert hat, gerade weil sie nicht zustandegebracht werden konnte, mußte man reden. Über die Einschätzung, über das, was nun vor uns steht. Und wenn ich jetzt meine Rede, was ich nicht kann, in kürzesten Zügen wiedergeben könnte: es ging eben darum, sich und anderen klarzumachen, daß wir es nicht einfach mit einer automatisch sich fortsetzenden Serie von Vierer-Konferenzen und von Verpflichtungen, die die vier Mächte Deutschland gegenüber einhalten werden, zu tun haben. Wir werden eine ganze Zeitlang kämpfen müssen, damit wir den Kopf über Wasser behalten und damit die vier Mächte sich überhaupt mit der deutschen Frage befassen, so daß sie allmählich wieder in ein Verhandlungsfahrwasser kommt. Ich habe da recht konkrete Vorschläge gemacht. Sie haben das jetzt so feierlich in Ihre Frage nach dem NATO-Bekenntnis gekleidet. Wissen Sie, ich bekenne mich zu manchem. Aber hier habe ich ganz nüchtern gesagt, erstens haben wir nie gesagt, wir seien gegen die NATO, ich persönlich auch nie, noch bevor ich im Bundestag war, denn die NATO wurde ja gegründet, ehe es eine Bundesrepublik formell gab. Wir haben auch nie gesagt, die Deutschen müßten raus. Nicht das war es. Wir haben gesagt: Wenn eine Situation gekommen und herbeigeführt sein würde, die die Wiedervereinigung Deutschlands ermöglicht, dann muß auch eine Sicherheitsabrede zwischen den großen Kontrahenten getroffen werden. Darum ging es. Das ist inzwischen Gemeingut auch anderer geworden.

Gaus: Herr Wehner, war es schwerer, diese neue Linie der SPD gegenüber den anderen Parteien sichtbar zu machen, oder war es schwerer, sie in der eigenen Partei durchzusetzen?

Wehner: Es war beides nicht einfach, um es kurz zu sagen.

Gaus: Woran lag es denn, daß es in Ihrer eigenen Partei so schwer war? Versuchen Sie mir doch einmal den Unterschied zwischen der SPD und anderen Parteien, sofern es da noch einen grundsätzlichen Unterschied einfach in der Struktur und in der Mentalität der Parteimitglieder gibt, zu erklären.

Wehner: Sie sagen »noch«. Das Wort noch kann ich in diesem Zusammenhang gar nicht leiden. Wir sind eine große Mitgliederpartei, eine demokratisch gewachsene Partei mit allen Vorteilen und Nachteilen einer solchen großen politischen Gemeinschaft. Dort wird eben diskutiert, dort wird beraten, dort wird beschlossen. Dort wird delegiert. Und dort muß man sich zur Rechenschaft stellen und auch über sich abstimmen lassen. Dort wird nicht kooptiert.

Gaus: Das sagen natürlich die anderen Parteien von sich auch.

Wehner: Aber ich bitte Sie um Entschuldigung, da brauchen Sie nur einmal miteinander zu vergleichen, wie dort Körperschaften zustande kommen und wie sie bei uns zustande kommen. Das ist völlig anders, aber ich weiß, daß es nutzlos ist, hier zu versuchen, an die Tatsachen zu appellieren. Das können Sie sich aus dem Nebeneinanderlegen der Statuten und dem Zustandekommen von Parteitagen und Parteivorständen und Parteiausschüssen sehr einfach erklären. Ich will da den anderen gar nicht zu nahe treten. Bei uns ist es eben so, in 100 Jahren so geworden.

Gaus: Ist das nicht manchmal für jemanden, der so unbeirrt offensichtlich das eine große Ziel verfolgt, an den Staat und in den Staat hinein zu führen und das auch durch eine Regierungsverantwortung der Sozialdemokratischen Partei sichtbar zu machen, ist es nicht für einen Mann wie Sie, der dieses Ziel so unbeirrbar verfolgt, sehr lästig, mit dieser in hundert Jahren gewachsenen Mentalität der SPD leben zu müssen?

Wehner: Da muß ich ein Wort anwenden, das ich einmal von einem anderen in einer anderen Sprache gehört habe, und das mir seither nicht mehr aus dem Kopf gegangen ist. Mit Bescheidenheit und einer gewissen Demut hat derjenige, der an eine solche Stelle gewählt worden ist, sich den Aufgaben zu unterziehen, die zum Teil physisch, seelisch und auch geistig allerlei Qualen mit sich bringen.

Gaus: Auch einmal eine Vergewaltigung sein können?

Wehner: Hier geht es nur darum, daß er ehrlich ist und ehrlich bleibt. Und da haben Sie wieder etwas von dieser meiner These mit dem einfachen Leben, die Sie selber entdeckt haben, auch wenn sie jetzt hier übertragen klingen mag.

Gaus: Sie haben in der Bonner Regierungskrise im Herbst 1962 mit den Abgeordneten Guttenberg und Lücke und schließlich auch mit Adenauer über eine Regierungsbeteiligung der SPD verhandelt. Es hat seinerzeit Stimmen in Ihrer Partei gegeben, die gemeint haben, die Regierung solle die Suppe, die sie sich eingebrockt hat, ruhig allein auslöffeln, während Sie doch das schon erwähnte Ziel, die SPD mit an die Regierung heranzubringen, offensichtlich auch ungeachtet aller sachlichen und ideologischen Anpassungsopfer auf jeden Fall durchhalten wollten.

Wehner: Wenn ich Ihnen da schon bei der Frage eine Korrektur anbringen darf, dann die: Die Gespräche, die damals durch den Minister Lücke eingeleitet wurden, begannen mit Feststellungen über das Verhältnis Lückes zu dem damaligen Ministerkollegen Lückes, nämlich zu Herrn Strauß, mit Feststellungen darüber, daß er sich entschlossen habe, keiner Regierung mehr anzugehören, gleichgültig unter welchen Umständen sie sonst zustande kommen würde, der auch Strauß angehören könnte. Es seien weitere vier Mitglieder seiner eigenen Partei, der CDU, die dem Kabinett angehören, die derselben Auffassung seien wie er. Das war für mich damals das politisch Entscheidende, diese Gespräche über den Versuch eines zeitweiligen Miteinanderregierens von CDU und SPD auch unter der vorübergehenden Kanzlerschaft Adenauers, die ich nicht zeitlich begrenzt hätte, sondern es wäre ein Abwicklungskabinett gewesen, aufzunehmen. Ich habe damals in der gemeinsamen Sitzung der Vorstände der Partei und der Bundestagsfraktion für diesen Vorschlag nach langer und ganztägiger, harter und schonungsloser Diskussion, wie sie bei uns üblich ist, mit 23:13 obsiegt. Nicht ich persönlich, andere haben diesen Vorschlag ja auch unterstützt. Das war die Situation. Ich habe die Frage etwas korrigieren wollen, weil ich nicht möchte, daß das Ganze bloß ein Ausfluß von ganz subtilen taktischen Überlegungen war. Hier ging es darum, daß sich mir eine bis zu dem Tage nicht gesehene Möglichkeit zu bieten schien, dem damaligen Verteidigungsminister, dem Landesgruppenleiter der CSU in Bayern, der die Okkupation der Staatsmacht auf Dauer mit Mitteln »etwas außerhalb der Legalität« zu betreiben versuchte, wie einer seiner Ministerkollegen gesagt hatte, eine parlamentarische Bedenk- und Bewährungsfrist zu schaffen, in der er nicht exekutieren konnte. Das hielt ich für »eine Messe wert«, um es einmal so zu sagen.

Gaus: Sie sprachen von einer Bewährungsprobe.

Wehner: Zeit! Nicht Probe.

Gaus: Von einer Bewährungszeit. Jemandem eine Bewährungszeit einzuräumen heißt doch, daß man auch den Glauben an eine Bewährung hat, die Sie für nötig halten.

Wehner: Der Meinung bin ich, auch wenn ich wirklich ein scharfer Gegner des Herrn Strauß bin. Das mögen Sie deuten wie Sie wollen: Ich halte es für ein Lebensgesetz in der Demokratie, den Gegner nicht vernichten, nicht eliminieren, nicht – wie dieses schreckliche Wort, das ich nicht in den Mund nehme, lautet – ausmerzen zu wollen. Ich halte dafür, ihn zu überwinden, ich halte dafür, ihn politisch zu schlagen, ihn geistig zu widerlegen, und ich halte dafür, ihm die Chance zu geben, sich zu ändern.

Im Falle Strauß könnte ein Wiederkommen nach meiner Meinung und der Meinung meiner Partei nur nach einer Änderung in seinem Verhältnis zu den demokratischen Grundregeln möglich sein. So wollte ich Ihnen erklärt haben, weshalb ich damals in diese, von manchen als halsbrecherisch angesehenen Verhandlungen hineingegangen bin.

Gaus: Herr Wehner, Willy Brandt hätte schwerlich gegen Ihren Widerstand der Kanzlerkandidat der SPD werden können. Ich würde gerne von Ihnen wissen, seit wann Sie Brandt als Kanzlerkandidaten im Auge gehabt haben.

Wehner: Nachdem die Bundestagswahl von 1957 zu einer tiefgehenden Selbstprüfung in der sozialdemokratischen Parteimitgliedschaft geführt hatte, habe ich versucht, mit Freunden wie Ollenhauer und Mellies diese Diskussion nicht zu einer uferlosen, sondern zu einer die Partei läuternden, ihr helfenden und sie effektiver machenden Diskussion werden zu lassen. Damals habe ich mit solchen Vorschlägen angefangen wie denen, daß wir personalisieren sollen, auch bei Wahlen.

Gaus: Dies war eine Anpassung an die Wünsche der westdeutschen Bevölkerung, die eine personalisierte Wahl bevorzugten?

Wehner: Was heißt Anpassung? Das war so, das hat sich so entwickelt. Warum sollen wir anonym sein, wenn andere Namen nen-

nen? Wir haben doch viele gute Namen und einige, die gut zu Nr. 1
passen. Brandt war und ist für mich der Mann, der an der schwierigsten Stelle, an der in Deutschland Politik gemacht werden muß und
kann, nämlich im geteilten Berlin, Politik macht. Das ist eine große
Sache. Ohne jeden anderen Oberbürgermeister oder Landesregie-
rungschef abwerten zu wollen. Das ist ja nicht einfach eine Routine-
arbeit, das ist doch eine Arbeit, die dem Menschen täglich ans Herz
greift mit allem, was er dort vor Augen hat, womit er sich zu befassen und worüber er zu entscheiden hat. Wenn er gut genug ist, an
dieser Stelle deutsche Politik zu machen, wie früher Reuter und
Luise Schröder und andere gut genug dafür waren, dann muß ich
sagen: Das ist eine interessante Entwicklung in der Sozialdemokratischen Partei, daß der Mann zum politisch führenden Mann, dem
Vorsitzenden, gemacht wird. Das Wort ist ja bei uns so schrecklich,
das skandinavische gefällt mir viel besser. Dort nennen sie ihn den
»Wortführer«. Aber so ist die deutsche Sprache. Darüber will ich
nicht meckern. So gesehen habe ich nie gemeint, gegen Brandt, weil
Sie gesagt haben, ohne oder gegen mich hätte er es nicht werden
können. Ich war immer einer von denen, die den Mann mit Interesse in seinem politischen Werdegang begleitet haben, solange ich ihn
kenne.

Gaus: Erlauben Sie mir eine letzte Frage, Herr Wehner. Worin
sehen Sie Ihre besondere Bedeutung in der Sozialdemokratischen
Partei, was ist Ihr stärkstes Talent, das Sie in den Dienst dieser Partei stellen können?

Wehner: Helfen. Und arbeiten und nicht verzweifeln. Und auch
die skeptischen Leute die Erfahrung erleben lassen, daß es mit Ehrlichkeit geht. Mit Ehrlichkeit: Ich meine das Wort jetzt im ganz
großen Sinne. Ich habe vorhin in Erinnerung gebracht: Als ich 1958
zum stellvertretenden Vorsitzenden gewählt wurde, habe ich gesagt: Ich kann Euch nur eins wirklich versprechen, und das werde
ich machen, solange ich arbeiten kann und solange Ihr mich dahin
wählt: Ich werde eine solche Mannschaft, eine arbeitsfähige, zusammenarbeitsfähige Mannschaft bilden und erhalten helfen. Das
ist mein Wert, wenn das ein Wert ist.

REINHARD APPEL

gefragt: Herbert Wehner

(AUSZUG)*

Der folgende Dialog mit dem Vorsitzenden der Bundestagsfraktion der SPD und stellvertretenden Parteivorsitzenden, Herbert Wehner, stellt den Versuch dar, das Bild des Mannes zu vervollständigen oder zu korrigieren, der auf die Entwicklung seiner Partei und darüber hinaus der deutschen Politik einen maßgeblichen Einfluß ausgeübt hat und noch weiter ausübt. Mit den über 80 Fragen, die sich sowohl auf seinen bewegten Lebensweg als auch auf seine politischen Orientierungspunkte beziehen, war das Bemühen verbunden, nicht nur aus der Sicht des professionellen Bonner Journalisten, sondern auch aus dem Blickwinkel eines skeptischen oder eines politisch indifferenten Bürgers, nähere Aufschlüsse vom Privatmann und Politiker Wehner zu erhalten, der einmal überzeugter Kommunist war, der einige Jahre in Moskau verbrachte, der in Schweden im Gefängnis saß, der nach dem Kriegsende im Bundestag mit Adenauer, Schröder, Strauß und Barzel hart die Klingen kreuzte, der entscheidend zur Erneuerung der Sozialdemokratie beitrug, die SPD zunächst in die gemeinsame Regierungsverantwortung mit den Unionsparteien führte und jetzt als Fraktionsvorsitzender der SPD der sozialliberalen Koalitionsregierung dient.

Herbert Wehner wich weder bei meinem mehrstündigen Besuch im Sommer 1969 – nachdem die erste Auflage entstand – noch drei Jahre später – bei der Ergänzung für die 2. Auflage – einer Frage aus, ob sie nun seine kommunistische Vergangenheit, sein Verhältnis zu Ulbricht oder Adenauer oder die Wandlungen von der Deutschlandpolitik der fünfziger und sechziger Jahre zur Ostvertragspolitik oder die Entwicklung von der »großen Koalition« zur sozial-liberalen Koalition betraf. Obwohl ich den Weg Wehners seit über 20

* aus: Reinhard Appel, *gefragt: Herbert Wehner*, Bonn 1972, S. 5–54.

Jahren verfolge – und längst nicht mehr das weitverbreitete Bild vom angeblich kaltschnäuzigen und sturen Apparatschik teile, sondern seine Differenzierungsfähigkeit und Empfindsamkeit, die freilich mit Empfindlichkeit gepaart ist, entdeckt habe –, ist mein Urteil nach diesen Gesprächen und vielen Begegnungen noch differenzierter geworden. Vorurteile abzubauen und zu einer differenzierteren Beurteilung eines Mannes beizutragen, den ich für eine der stärksten politischen Begabungen im Nachkriegsdeutschland halte – und den ein Schweizer Journalist als »Politisches Urgestein« qualifizierte –, darin sehe ich den Sinn und Nutzen der Veröffentlichung.

In der hier vorliegenden zweiten Auflage sind die bisherigen Kapitel: »Deutschlandpolitik«, »Große Koalition« und »Fragen zur Außen- und Militärpolitik« zugunsten einer Aktualisierung und Ergänzung dieser Themen von mir ersetzt worden. Herr Wehner legte in einem Gespräch über die teilweise Neufassung dieses Bändchens großen Wert auf die Feststellung, daß er zu den von mir gestrichenen Dialogteilen inhaltlich nach wie vor stehe.

Wer Herbert Wehner näher kennt, wird die Unzulänglichkeit dieses geschriebenen Interviews bedauern. Zur Beschreibung und Kennzeichnung dieses außergewöhnlichen Politikers bedarf es einer großen Biographie. Sie steht noch aus.

Bonn, im Oktober 1972   *Reinhard Appel*

Appel: Herr Wehner, Sie haben einmal zwei Fehler oder Grundirrtümer Ihres Lebens öffentlich eingestanden, nämlich erstens, daß Sie Kommunist waren und zweitens, daß Sie geglaubt hätten, dieser Irrtum werde in der Demokratie vergeben. Zunächst: warum war es ein Irrtum, Kommunist gewesen zu sein?

Wehner: Nicht gewesen, sondern geworden zu sein. Was mich antrieb, war Protest gegen die Lauheit oder, wie es mir damals schien, auch sogar Heuchelei, gegenüber jenen, die zwar bei entsprechenden Gegebenheiten die Bergpredigt feierten, sich aber nicht entsprechend verhielten. Kommunist zu werden, um im Sinne der Bergpredigt die gesellschaftlichen Verhältnisse des menschlichen Zusammenlebens ändern zu helfen, war deshalb ein Irrtum, weil man bei genauem Nachdenken hätte begreifen müssen, daß die menschlichen und politischen Mittel, die der Kommunismus vorsieht und deren er sich bedient, die erstrebten Ziele unerreichbar macht. Das ist, simpel gesagt, die Begründung, weshalb ich es als Irrtum bezeichne, man könne als Kommunist das menschliche Zusammenleben grundlegend bessern helfen.

Appel: Sie sind heute Fraktionsvorsitzender und waren einige Jahre Bundesminister und damit Mitglied des höchsten Exekutivorgans der demokratischen Bundesrepublik. Sind Sie heute immer noch der unversöhnlichen Meinung, daß Demokraten nicht vergeben können?

Wehner: Es wäre pharisäisch, wenn ich mich über das Urteil anderer erheben wollte. Ich habe kein Recht und keine Möglichkeit, ein Gesamturteil über Demokraten zu fällen, aber ich bin nach wie vor der Meinung, daß es auch unter demokratischen Verhältnissen kaum möglich ist, ungestraft Kommunist gewesen zu sein, gleichgültig was man in einem Vierteljahrhundert getan hat, um aufzuarbeiten und um Menschen zu helfen. Bei vielen Gelegenheiten bricht es wieder heraus und wenn es nur bei Gelegenheit des Wahlkampfturnus für den neuen Bundestag spürbar wird.

Appel: Herr Wehner, einmal haben Sie gesagt, mitunter denke ich an Feierabend. War das eine vorübergehende Resignationserscheinung?

Wehner: Das ist keine Resignationserscheinung, das ist einmal – um es in zwei Schichten zu beantworten – die mich ein Leben lang begleitende Sehnsucht danach, meine Pflichten mit einer Arbeit erfüllen zu können, die es auch erlaubt, bestimmte Stunden des Tages als Feierabend zu bezeichnen. Das ist vielleicht für jemanden, der kein so anstrengendes und durch die Umstände überlastetes Leben zu führen hatte, wie ich, schwer zu verstehen. Aber mich hat der Wunsch, einmal für mich selbst Zeit zu haben, immer begleitet. Das andere ist, daß ich es leid bin, fortgesetzt zur Rede gestellt zu werden, ob ich noch aggressiv oder nicht mehr aggressiv bin, ob ich noch Kraft zum Leben hätte oder nicht mehr.

Ich bin auf Grund meines ersten Fehlers dazu verurteilt, ein Mensch zu sein, der zwar für seine Ansichten eintreten darf, aber sich bei jeder anderen passenden Gelegenheit vorhalten lassen muß, daß er ja auch einmal anders gedacht hat. Da ergibt sich mit der Zeit eine distanzierte Betrachtung zu all denen, die einen bequemeren Weg gehabt haben und daraus auch ableiten zu können meinen, über andere urteilen zu dürfen. Feierabend ist für mich etwas, was durchaus zum Arbeitstag gehört, womit die Arbeitsfähigkeit nicht beendet ist. Das ist für mich kein Abschluß, sondern der Wunsch nach dem Aufsammeln neuer Gedanken und die Möglichkeit zu Inspirationen.

Appel: Was tun Sie denn gern, wenn Sie die Politik für einige Stunden entläßt?

Wehner: Frei meditieren und soweit es mir meine Möglichkeiten noch erlauben, musizieren und ... (*ist es richtig, daß Sie gerne Klavier spielen?*)

Wehner: Ja, ich habe viele Instrumente zu spielen gelernt und auch gespielt. Am liebsten Klavier, auch Streich- und Blasinstrumente. Ich hätte mich gerne weiter fortgebildet, aber die Politik, oder, um es etwas drastischer zu sagen, die Ausschaltung aus der normal-menschlichen Gemeinschaft durch die braune Diktatur, hat das alles auf ein dürftiges Minimum reduziert.

Appel: Diese Antwort führt zurück in Ihre Jugendzeit und gibt mir eine Brücke, um zum Verhältnis der heutigen Jugend zu ihren Eltern zu kommen. Manche Eltern, Herr Wehner, können heute für ihre revolutionären Söhne kein Verständnis aufbringen. Wie war das bei Ihnen. Wie war Ihr Verhältnis zu Ihren Eltern?

Wehner: Im Jahre 1923 gab es bei mir einen Bruch. Das war das Jahr, in dem in meiner Heimat einige Erschütterungen vor sich gingen. Im Herbst des Jahres 1923 marschierte damals die Reichswehr in Sachsen ein. In einer unserer Nachbarstädte, in Freiberg, sind damals 42 oder 43 Arbeiter auf dem Pflaster geblieben. Das hat für die Gruppe der sozialistischen Arbeiterjugend, der ich seit dem Januar des Jahres 1923 angehörte, bedeutet, daß wir nicht mehr verstehen konnten, wie wir die Dinge zueinander zu ordnen hatten, und damals spaltete sich unsere sozialistische Arbeiterjugend. Es war im selben Jahr, in dem ich zum erstenmal in Nürnberg, wohin ich im Frühling von Dresden zu Fuß gewandert war, an dem Arbeiterjugendtag hatte teilnehmen können. Im Herbst spaltete sich unsere Gruppe. Wir waren damals nicht haßerfüllt. Aber wir waren aus dem Gleis geworfen.

Mein Vater war ein Sozialdemokrat. Ein qualifizierter Arbeiter, der 1923 in Dresden zu den proletarischen Hundertschaften gehörte; das waren Arbeiter und Angestellte, die sich nach Feierabend zum Schutz der Republik und zur Abwehr der Reaktion sammelten. Es waren in der Regel ehemalige Frontsoldaten des ersten Weltkrieges, die ihre Übungen machten. Durch den Einmarsch der Reichswehr wurde damals alles ge- und zerstört. Im Frühjahr 1924 lernten wir dann zum ersten Mal Faschismus kennen. Aus Anlaß des Geburtstags von Bismarck marschierten die »vaterländischen Verbände« auf, die alles andere als vaterländisch waren, zum Beispiel die Brigade Ehrhardt, die SA, NSDAP, der Stahlhelm und viele andere. Damals haben wir als Jugendgruppe gegen die Kolonnen demonstriert und protestiert. Wir wurden zusammengeschlagen, haben uns wieder aufgerafft und wurden wieder zusammengeschlagen und haben uns wieder aufgerafft.

Ich kenne also Jugendprotest und Jugendopposition aus eigener Erfahrung. Nur, damals gab es weder Fernsehen noch Rundfunkreportagen, und in den Zeitungen standen am nächsten Tag vielleicht drei bis fünf Zeilen davon, daß sich Gruppen der Jugend gegen die bewaffneten Verbände – sie waren ja bewaffnet – gestellt haben und von ihnen geschlagen wurden. Wir haben unaufhörlich Widerstand zu leisten versucht. Das war unsere Art, engagiert zu sein. Insofern verstehe ich auch manches von dem, was die heutige Jugend an Aktivitäten entfaltet, wenn ich auch nicht mit den ideologisierenden Theorien einig gehe.

Später habe ich begriffen, daß in jenen frühen zwanziger Jahren die menschlichen und politischen Grundlagen der demokratischen Arbeiterbewegung so angeknackt wurden, daß zehn Jahre später – nur durch ein Wunder hätte es noch geändert werden können –, zu Beginn der dreißiger Jahre, die schreckliche Entwicklung zum braunen Faschismus eintreten konnte. Dabei empfinde ich keine persönlichen Haßgefühle gegen Leute, die damals in dem, was sie Nationalsozialismus nannten oder was als solcher bezeichnet wurde, etwas Neues, Richtiges aufdämmern sahen. Immerhin war zu Beginn der dreißiger Jahre die Massenarbeitslosigkeit tatsächlich eine schreckliche Erscheinung.

In meiner eigenen Familie waren der Vater, der ein großer Künstler seines Berufs war, und auch der Bruder, der ebenso begabt war wie er, zur Arbeitslosigkeit verurteilt. Mein Vater hat in seinem Beruf niemals wieder Arbeit bekommen und mein Bruder auch nicht. Das war damals so. Ich kann mich also in die Empfindungen und Reaktionen anderer hineinversetzen. Freilich war das damals alles sehr viel erdnäher und unmittelbarer.

Appel: Einen Bruch, zwischen Ihren damaligen jugendlichen Vorstellungen und denen Ihrer Eltern, gab es nicht?

Wehner: 1923 ist der erwachsene Betreuer unserer Arbeiterjugendgruppe zu meiner Mutter gekommen und hat ihr gesagt, ihr Sohn wird »am Galgen« enden, denn er wird, wenn es so weitergeht, ein Anarchist. Er ist ein Idealist, aber dies ist gefährlich. Meine Mutter, eine Frau, die ich immer sehr, sehr geschätzt habe, weil ich mit ihr offen sprechen konnte, hat mich damals gefragt, was denn eigentlich die Ursache dieser dringenden Warnung gewesen sei, und sie hat mich gewarnt und gebeten, nicht auf politische Abwege zu geraten. Zu einem Bruch kam es nicht, ich habe meine Eltern immer verehrt, und sie wußten es bis, ja, bis uns die Verhältnisse, nämlich die Hitlerdiktatur, der Zwang und der Tod geschieden haben.

Appel: Sie sprachen von Ihrer Heimat. Hängen Sie noch sehr stark an Ihrer sächsischen Heimat?

Wehner: Noch, ist gut. Für mich ist Dresden *die* Stadt und meine sächsische Heimat das Erlebnis und der Quell nicht nur vieler Erinnerungen, sondern auch vieler, das ganze Leben hindurch bewahrter Bindungen.

Appel: Erinnern Sie sich an Freunde von früher oder auch an achtbare Gegner, bei denen es Ihnen aus menschlichen Gründen leid tut, daß Sie sie verlassen mußten?

Wehner: Wollen wir nichts dramatisieren. Ich kriege noch, nicht oft, aber ab und zu, Briefe von dem einen und von dem anderen und habe nichts anderes zu tun, als unter den Verhältnissen, unter denen sie und ich leben, darüber zu schweigen. Bis in die letzten Tage hinein.

Appel: Herr Wehner, empfinden Sie gegenüber der SPD, die Sie 1946 in Hamburg aufgenommen hat und der Sie jetzt 26 Jahre mit wachsender Verantwortung dienen, ein Stück Dankbarkeit?

Wehner: Ja, das empfinde ich, weil mir diese Partei bei aller menschlichen Unzulänglichkeit, die jeder Partei anhaftet, eine Chance dafür eingeräumt hat und immer wieder gibt, für das zu kämpfen, was im Zusammenleben der Menschen wertvoll ist.

Appel: Sie sind in Ihrem Leben viel im Ausland gewesen. Können Sie mir sagen, wieviel Sprachen Sie sprechen?

Wehner: Ich habe in der Schule Französisch gelernt und es gut gesprochen, ich habe im Gefängnis Englisch gelernt und es behalten. In der Praxis habe ich Russisch lernen können und noch nicht alles verdrängt. Holländisch habe ich sprechen und lesen gelernt und kann es heute noch einigermaßen. Behelfsweise habe ich mich durch einige der romanischen Sprachen gelotst, weil ich einmal, als ich noch die Chance zu haben glaubte, ein Lehrerseminar besuchen zu können, einige Jahre privat Latein lernte. Schließlich habe ich, und das hat inzwischen die meisten der anderen Sprachen verdrängt und die Grenzen meiner sprachlichen Fähigkeiten gezeigt, das Schwedische und die dem Schwedischen verwandten skandinavischen Sprachen versucht.

In den skandinavischen Sprachen, das passiert mir tatsächlich, denke ich zeitweilig. Ich beneide Leute, die rasch von der einen Sprache auf die andere umschalten können. Ich kann das leider nur ganz beschränkt. Meine Liebe gilt der deutschen Sprache. Ihr bin ich in der Schule und auch später, ohne engstirnig erscheinen zu wollen, ergeben geblieben.

Appel: In Schweden, Herr Wehner, dessen Gerichte Sie einst verurteilten, deren führende Staatsmänner Sie aber heute zu Ihren Freunden zählen, verbringen Sie oft Ihre freie Zeit. Verbirgt sich dahinter auch ein Stück Flucht aus dem Land, das so lange ein Kesseltreiben gegen Sie zuließ?

Wehner: Nein, nein, das nicht. Es ist Dank für ein Land, in dem ich, obwohl ich dort einige Jahre im Gefängnis habe zubringen müssen, gelernt habe, was demokratische Lebensweise wirklich bedeuten kann. Das ist das Wichtigste. Auch sonst liebe ich das Land wegen der Eigenart der Menschen und der Landschaft. Flucht von Deutschland ist es nicht, gar nicht.

Appel: Vorhin erwähnten Sie, daß Sie in Ihrer Jugend einmal den Wunsch hatten, Lehrer zu werden.

Wehner: Ja, das haben ja viele andere auch gehabt. Das war eine Vorstellung, die sich eben jemand ausdenkt, der gerne anderen etwas davon beibringen will, was es alles Lebenswertes, Lesenswertes und Lernenswertes gibt. Aber die wirtschaftlichen Verhältnisse unmittelbar nach dem ersten Weltkrieg haben es nicht erlaubt. Und vielleicht war das auch gar nicht so schlecht.

Appel: Herr Wehner, Sie nennen sich selbst einen politischen und parlamentarischen Praktiker. Mißtrauen Sie jeglicher Ideologie?

Wehner: Ich wehre mich gegen Ideologien, ohne daß ich den Menschen, die ihnen anheimfallen, unterstellen will, daß sie damit Böses wollen. Aber ich habe aus eigenen Erfahrungen gelernt, wie hemmend Ideologien für das menschliche Zusammenleben sein können. Das heißt aber nicht, und dagegen muß ich mich immer wieder wehren, daß ich für Programmlosigkeit eintrete. Das wäre nämlich das, was eine etwas über die Dinge hinwegwischende Sprache bloßen Pragmatismus nennt. Ich bin im Zusammenleben der Menschen für präzise, nachrechenbare und auch diskutable und damit also bestreitbare Programme, politische, praktische Programme.

Ideologien sind entsetzlich perfekt. Aus diesem Grunde habe ich auch aus voller Überzeugung, zusammen mit einigen anderen, unter denen ich besonders Adolf Arndt nicht vergessen möchte, an der schwierigen Ausarbeitung des Godesberger Programms der SPD mitgewirkt. Es ist das erste Programm der Sozialdemokraten in ihrer langen Geschichte, das die Sozialdemokratie nicht als einen Vollstrecker geschichtlicher und ökonomischer Zwangsläufigkeiten und Gesetzmäßigkeiten sieht, sondern als eine politische Willensgemeinschaft, die auf Werten aufbaut und sich zu bestimmten politischen Zielen zusammengeschlossen hat. Diese Ziele, bei Anerkennung der unterschiedlichen Motive derer, die sich zur Sozialdemokratie bekennen, zu verfolgen, sind der Auftrag der SPD.

Appel: In welcher Rolle haben Sie von Ihren politischen Vorstellungen mehr durchsetzen können, in der Funktion als Parteipolitiker, als Parlamentarier der Opposition, als Minister oder als Vorsitzender einer die Regierung mittragenden Fraktion?

Wehner: Wohl in der Paarung von Vertrauensmann der Partei und Parlamentarier. Ohne diese Verbindung wäre ja auch die Rolle, die ich als Mitglied der Regierung habe übernehmen können und müssen, nicht denkbar geworden.

Appel: Herr Wehner, Menschen, die Sie nicht näher kennen, Ihnen mißtrauen, oder Sie nicht mögen, nennen Sie mimosenhaft, grimmig, gelegentlich unbeherrscht, halten Sie für einen stalinistisch geschulten Apparatschick, für einen Taktiker und für humorlos. Empfinden Sie Haß bei derartigen Vorwürfen?

Wehner: Nein. Sehen Sie, zu dem, was ich in meiner Begriffswelt und auch in meiner Gefühlswelt energisch auszuräumen versuche, gehört der Begriff »Haß«. Haß ist für mich das Schrecklichste. Ich versuche, das Wort überhaupt zu vermeiden. Ich habe keinen Haß, und wenn ich mich dabei ertappen würde, auch nur Anflüge davon zu spüren, so würde ich in mich gehen. Aber was Sie da aufzählen, gehört zu den Etikettierungen, denen jemand ausgesetzt ist, der einen nicht ganz gewöhnlichen Lebensweg und der auch nicht genügend Zeit gehabt hat, um alles in aller Breite jedem zu erklären. Ich habe gesagt »Zeit«. Manches von dem, was ich erlebt habe, verträgt auch nicht – lange Zeit war es wenigstens so –, eingehender darüber zu reden. »Stalinist«, sehen Sie, ich bin ein Mensch gewesen, der in der »Hochzeit« der stalinistischen Herrschaft in der Sowjetunion gelebt und alle ihre Seiten kennengelernt hat, worüber sicher noch manches zu sagen und zu schreiben wäre.

Die Frage, ob ich humorlos bin, muß ich denjenigen überlassen, die es für die Mühe wert halten, sich eingehender mit mir zu befassen. Ich habe von meinem Vater und von meiner Mutter Lust und Spaß am Leben mitbekommen und die Lebensfreude auch in den scheußlichsten Zeiten nicht verloren oder vergraben. So wird es wohl auch bleiben. »Grimmig«, nun, ob es ein Vorwurf ist, das ist eine andere Frage. Grimmigkeit ist sicherlich eine Ausdrucksform, die dem einen gefällt, während sie den anderen stört.

Meine Grundauffassung ist die, andere Menschen, so wie sie sind, nicht nur zu nehmen, denn das wäre wenig, sondern zu respektieren und zu versuchen, mir klar zu werden, warum ist der eine so, und warum ist der andere anders und warum ich bin, wie ich bin. Ich frage nach den Motiven. Da bin ich vielleicht empfindsamer, als es in das alltägliche Leben paßt. »Mißtrauen«, da ist es jedem überlassen, Urteile zu fällen.

Appel: Herr Wehner, werden bei Ihnen nur düstere, beschwerende Erinnerungen wach, wenn Sie an Ihre Zeit in Moskau denken?

Wehner: Oh, nein, ich bitte Sie. Da habe ich erstens manchen auf den Arm genommen und ich bin manchmal selbst auf den Arm genommen worden in dieser Zeit und zweitens, selbst von den Jahren, in denen ich einem besonderen Verfahren unterworfen wurde, über zweieinhalb Jahre lang, die mich auch in die Lubjanka geführt haben – »geführt« ist ein seltsames Wort – habe ich interessante Erinnerungen, die heute vielleicht verklärt dadurch sind, daß ich sie überstanden habe. Aber von diesen Erlebnissen, die diesen Erinnerungen zugrunde liegen, ist keine Bitterkeit zurückgeblieben.

Appel: Können Sie mir Freunde oder Gegner nennen, deren Persönlichkeit Ihnen als besonders beispielhaft in Erinnerung ist?

Wehner: Es gibt viele, manche von denen kann ich gar nicht mehr nennen, weil sie sonst in ein falsches Licht kämen. Aber sehen Sie, um die Sprünge zu zeigen, in denen sich so ein Leben vollzieht: Im Jahr 1967 schrieb mir ein Mann einen Brief, in dem er mir mitteilte, er wünschte ein Gespräch mit mir und zwar in Erinnerung an Unterhaltungen, die ich mit ihm zu Beginn der dreißiger Jahre gehabt hätte. Er wollte von mir Rat haben für seine literarische Arbeit, weil ich ihm damals auch schon einmal Rat gegeben hätte für seine literarische Arbeit. Ich habe den Mann gebeten, zu kommen, er solle mein Gast sein, und dann ist er gekommen und ist auch wiedergekommen, zusammen mit seiner Frau. Er war ein Dramatiker von hohen Graden, den ich zu Beginn der dreißiger Jahre als damals Staatenlosen, wie der technische Ausdruck heißt, also als politischen Flüchtling, in Berlin kennengelernt hatte. Er war damals ein junger Ungar, der nach dem Zusammenbruch der Räterepublik und während des Horthy-Terrors aus Ungarn nach Deutschland geflohen war und den ich dann in Berlin, als er schon als ein vielversprechender Dramatiker galt, kennenlernen durfte, zusammen mit jungen Deutschen, denen er vieles gab.

Ich habe ihn später in Moskau wiedergetroffen. Er war oft mein Gast in dem winzigen Zimmer, das ich hatte, häufig zusammen mit Georg Lukács, dem inzwischen berühmt gewordenen ungarischen Literatur-Kritiker und Historiker, mit dem ich viele Gespräche geführt habe. Als ich meinen eigenen Bruch vollzogen hatte, habe ich selbstverständlich ihn, wie auch andere Menschen, nur aus der Entfernung soweit man hören und lesen konnte, betrachtet, aber auch zur Kenntnis genommen, daß er 1956 bei dem ungarischen Erdbeben unter die geraten war, die verurteilt wurden. 1967 schrieb er mir, und dann haben wir wieder den Ring geschlossen, Gedanken ausgetauscht und geprüft, was der eine auf seinem Weg, der andere auf seinem Weg erfahren, gelernt und erlebt hat. Das waren immerhin 35 Jahre, seitdem wir uns zum ersten Mal gesehen und mit Unterbrechungen voneinander Notiz genommen haben. Es gibt heute noch manche solcher Personen, die meine Erinnerung wecken.

Appel: Welche Bewertung fällt Ihnen ein, wenn Sie mit dem Namen Ulbricht und Adenauer, denen Sie ja lange Zeit persönlich begegnet sind, konfrontiert werden?

Wehner: Bewertung ist ein forderndes Wort. Mit Ulbricht war ich in derselben Partei, allerdings in einer Zeit, in der die KPD noch keine Macht ausübte, sondern in Opposition stand und schließlich sogar unterdrückt war. Ich habe auch zeitweilig, stellenweise mit ihm übereinstimmende Meinungen gehabt, habe aber dennoch gleichzeitig gespürt und begriffen, was an diesem Mann erschreckend oder auch abstoßend ist.

Ich verstehe ihn als einen besonders ernst zu nehmenden politischen Gegner, der von vielen unterschätzt wird. Zu seiner Charakterisierung gehört, daß er ein menschenverachtender und auf eine erschreckende Weise arbeitsbesoffener Mensch ist.

Adenauer habe ich persönlich erst nach dem Krieg kennengelernt. Ich habe ihn als einen besonders potenten politischen Gegner von Format verstanden, und ich habe mich gewundert, daß mein verehrter Lehrer und Freund Kurt Schumacher Wert darauf legte, die intellektuellen Kapazitäten seines Kontrahenten gering zu schätzen oder jedenfalls so zu sprechen, als schätze er sie gering ein. Für mich war klar, das ist ein Mann, der eine bedeutende Leistung vollbracht hat und für eine geraume Zeit die politischen Kräfte, die nicht von der Sozialdemokratie erreichbar und organisierbar waren, zusammenbrachte und unter den für ihn günstigen Vorzeichen der Okkupationszeit nutzbar gemacht hat. Jene Kräfte, die mehr Restauration als neu beginnen wollten oder konnten. Ich habe mit Adenauer unmittelbare Konflikte gehabt. Er war der Mann, der über die Dienste verfügte, die man in einem Staat haben kann, um einem innenpolitischen Gegner das Leben schwer zu machen. Er war auch der Mann, der den Eindruck erwecken konnte, und es auch getan hat, daß man nur zu wollen brauche und dann werde man es leichter haben. Ich habe ihn ernst genommen.

Das sind zwei ganz unterschiedliche Kategorien, sofern man von Kategorien sprechen kann, wenn es sich um Individualitäten handelt, nach denen Sie mich fragen; aber das ist jedenfalls das, was ich bei erster Überlegung dazu zu sagen habe.

Appel: Es fiel das Stichwort »Intellektuelle«. Viele Politiker haben ein gespanntes Verhältnis zu den Intellektuellen. Wie ist das bei Ihnen?

Wehner: Ich habe kein gespanntes Verhältnis zu ihnen. Als junger Mann habe ich viel gelesen und viel gelernt und bin auch in sehr jungen Jahren mit Personen, auf die der Begriff Intellektuelle zutrifft, in sehr nahe Berührung gekommen, obwohl ich selber ein Angestellter und ein Arbeiter war. Für mich sind Personen wie Piscator oder Heinrich George oder Alexander Granach in beglückender Weise persönliche Gesprächs- und Erlebnispartner gewesen.

Als junger Dachs kannte ich schon berühmte, gefeierte Künstler, Maler wie Dix, Griebel und andere aus der Dresdner Schule, die ich nicht nur persönlich kennengelernt habe, als einer, der ihnen nachlief, sondern wir diskutierten miteinander, wir erlebten verschiedenes miteinander, tranken auch ab und zu miteinander, obwohl der Altersunterschied groß war. Auch John Hartfield und andere fallen mir ein. Zu Bertolt Brecht fand ich kein Verhältnis. Mir hat seine doktrinäre Art nie behagt, aber das ist ein laienhafter Ausdruck für die Beurteilung seiner Kunst. Das Wort »behagt« verurteilt mich und nicht Brecht.

Aber wenn Sie weitergehen, in jungen Jahren war ich einige Zeit zu Hause bei Erich Mühsam, den ich verehrt habe. Für mich waren Menschen, die damals allerdings schon tot waren, wie Gustav Landauer, Vorbilder und ich habe in meinen späteren Jahren mit Persönlichkeiten wie, nun nenne ich wieder ganz andere, Egon Erwin Kisch, herzliche Freundschaften gehabt und manches Abenteuer erlebt. Ich habe also mein Verhältnis zu Intellektuellen, wie ich es aus Ihrer Frage heraus höre, nicht als sozusagen bevormundendes oder belehrendes oder eine Art höheres empfunden, sondern ich habe sie immer gemocht; nur ich selber war keiner, das kann ich nicht leugnen, aber sie waren zu mir freundlich.

Wenn ich Ihnen vorher von einem Ungarn erzählt habe, wenn ich von Lukács erzählt habe, könnte ich viele weitere, ich könnte Johannes R. Becher nennen, mit dem ich manche Jahre schwere und auch heitere Stunden verlebt habe, auch mit Theodor Plievier. Ich könnte Ihnen manche nette oder auch noch nicht gedruckte Geschichte erzählen.

Theodor Plievier, der mich als junger Mensch beeindruckte, gab 1923/24, als er ein Einzelgänger war, sporadisch ein Blatt heraus, das ich nicht nur las, sondern auch mit vertreiben half. Später haben wir uns wieder getroffen, da war er ein gefeierter Schriftsteller und war zugleich ein Mensch, der von mir Rat haben wollte. 1939 hatte er ein Buch fertiggeschrieben unter dem Titel »Hitlers Soldat«, zu dem er sich von Ulbricht hatte überreden lassen und das dann nicht erscheinen durfte, weil inzwischen der deutsch-sowjetische Pakt abgeschlossen war. Plievier hat mir und einigen Freunden, darunter war einer der engsten persönlichen Mitarbeiter von Rosa Luxemburg, der einer meiner besten Freunde war, die entscheidenden Kapitel seines Romans, der nie gedruckt werden würde, vorgelesen. Von Leuten wie er und wie ich und noch zwei anderen, die alle inzwischen verschollen sind und die nicht zu den Intellektuellen gehörten, wollte er hören, wie sie über seine Arbeit dachten.

Das ist mein Verhältnis zu den Intellektuellen. Es ist ein interessiertes und ein lernendes aber auch ein wenig bedrückendes Verhältnis. Ich respektiere den Unterschied. Aber da ich ein Mensch der Bücher bin und wann ich kann und wo ich kann, meistens nachts, lese, können Sie sich vorstellen, daß ich weder ein negatives noch ein kaltes Verhältnis zu den Menschen habe, die sich Intellektuelle nennen.

Appel: Ein Name reizt mich, nachzustoßen: Rosa Luxemburg!

Wehner: Was wollen Sie da stoßen? Ich bin Jahrgang 1906 und wenn ich zynisch sein wollte, könnte ich sagen, wir kamen immer einige Jahre zu spät. Wir gehörten zu den Nachvollziehenden. Ich bin im Januar des Jahres 1923 der Arbeiterjugend beigetreten. Da war Rosa Luxemburg gerade vier Jahre tot. Im Laufe der zwanziger Jahre und dann intensiver im Laufe der dreißiger Jahre, habe ich einen Mann kennengelernt, der Rosa Luxemburg nahegestanden hat. Er war damals, Ende des Krieges, ein junger Soldat und selber so etwas wie ein Aristokrat der alten Arbeiterbewegung. Sein Großvater war ein Mann, bei dem Karl Marx wenn er in die Gegend kam, zu Gast war.

Mit meinem Freund, dem engen Mitarbeiter von Rosa Luxemburg, habe ich die schwere Zeit der Illegalität durchgemacht und ihn auch später wieder in Moskau getroffen. Er starb, als die Russen und die Deutschen in Polen einmarschiert waren. Von ihm weiß ich viel über Rosa Luxemburg. Zu meiner Jugendgruppe, einer unabhängigen, freien Jugendgruppe in Dresden, gehörte ein Mann, der viel Luxemburg las und sie auch schon gekannt hatte und sie uns zu erklären versuchte. Dieser Mann hatte übrigens auch, um eine heute wieder aktuell gewordene Figur in Erinnerung zu bringen, die Hefte des »Ziegelbrenner« bei sich, des Ziegelbrenner von Fred Maruth, der kürzlich unter neuer Aufplusterung des Geheimnisses seines Namens, als B. Traven, gestorben ist. Ich habe also einige der Leute aus der Zeit von 1918/19 mittelbar durch manche ihrer unmittelbaren Gefährten oder Zeitgenossen kennengelernt, als ein etwas später in die politische Landstraße einbiegender Mitwanderer.

Appel: Sind Sie in Ihrer Berliner Zeit auch einmal Tucholsky begegnet?

Wehner: Bei Erich Mühsam in Berlin habe ich Tucholsky und andere wie Ossietzky, Silvio Gesell und eine ganz andere Person, nämlich den legitimen Ehemann von Rosa Luxemburg kennengelernt, der sie geheiratet hatte, damit sie deutsche Staatsangehörige wurde.

Appel: Welche Bedeutung hat Thälmann in Ihren Augen?

Wehner: Thälmann war ein Mann, der aus den Gruppen- und Fraktionskämpfen der kommunistischen Partei schließlich als die Persönlichkeit hervorging, die als Arbeiterführer gekennzeichnet wurde. Er war ein Mann, mit dem ich während einer relativ kurzen, aber sehr eindrucksvollen Zeit, mehrere Arbeitsbegegnungen hatte, die ich nicht vergesse. Er war ein aus den Streitigkeiten der kommunistischen Internationale sowie der Entwicklung in der kommunistischen Partei hervorgehobener Mann, der in der nationalsozialistischen Haft sehr schwere Erlebnisse gehabt hat. Das betrifft auch seine eigene Partei und die Zuverlässigkeit nicht weniger Personen aus seiner nächsten Umgebung. Da wird wohl nie erschöpfend Auskunft gegeben werden können oder zu erhalten sein. Ich habe seine Kassiber aus der Haft gelesen. Sie sind eine Zeitlang durch meine Hände gegangen. Ich habe Anlaß gehabt, mich auf ihn zu berufen, als ich selbst in Moskau Gegenstand einer Untersuchungskommission war. Ich habe gesehen, was er an Enttäuschungen erlebt und wie er sich auf seine Art widersetzt hat.

Thälmann ist ein überzeugter Parteikommunist gewesen, nicht ohne einige menschliche, bemerkenswerte Charaktereigenschaften. Er hat es zum Beispiel ohne Konzessionen abgelehnt, seine Unterschrift unter ein Papier zu setzen, die für ihn die Entlassung aus der

Haft hätte bewirken können. Aber er wollte nicht denen, die er haßte, den braunen Diktatoren, eine Unterschrift und ein Versprechen geben. Das war immerhin, bei allem Abstand zu seiner Denkweise, eine Haltung, die Achtung verdient. Aber er war ein politisch kurzsichtiger Mann. Deshalb ist er auch ein Opfer der Treibereien geworden, welche die damaligen Moskauer Politiker zu jenen unseligen Verirrungen befähigt haben, Hitler als ein Durchgangsstadium zur kommunistischen Machtergreifung anzusehen und zu behandeln.

Appel: Beim Stichwort kommunistische Internationale fällt mir der Name Dimitrow ein, mit dem Sie ja eine Zeitlang zusammengearbeitet haben. Was war das für ein Mann?

Wehner: »Zusammengearbeitet«, wäre zu anmaßend gesagt. Dimitrow kannte ich flüchtig aus der Zeit, in der er in Berlin war, also 1932/33. Ich habe als ein Mann der damaligen Widerstandsarbeit die Verbindungen bis in den Prozeßsaal hinein vor dem Reichsgericht organisiert. Ich kannte auch seine beiden Mitangeklagten, die bulgarischen Freunde oder Mitarbeiter Popoff und Tanew. Ich habe ihn dann erlebt, als er auf dem siebenten Weltkongreß der kommunistischen Internationale die Mittelpunktsfigur war und seine Politik darlegte, nämlich wie man zu einer möglichst einheitlichen Front kommen konnte, die das weitere Überwuchern des Nazismus, Faschismus und ihre Folgen, wie die Kriegsgefahr, bannen sollte.

Ich gehe sicher nicht zu weit, wenn ich mit Bescheidenheit anmerke, daß ich ihm, ohne zu wissen warum, wohl auch mein Leben verdanke, ihm und einem damals sehr bedeutenden deutschen Kommunisten, nämlich Wilhelm Pieck. Als ich nämlich Gegenstand einer Untersuchungskommission in Moskau wurde, hatten beide darauf bestanden, Mitglieder dieser Kommission zu sein, um bei dem Endurteil mitzusprechen. Nach Abschluß der Untersuchung habe ich auch von ihm eine persönliche Meinung gesagt bekommen.

Dimitrow war sicher ein besonders lebensstrotzender und auch nicht in die allgemeine kommunistische Schablone passender Mann, der übrigens einige Vorstellungen hatte, die zeitweilig sogar Ansätze für eine sozusagen humanere Politik der Kommunisten enthielten. Aber wenn ich mich nicht sehr täusche, ist er nach dem

Krieg auch daran gescheitert, daß er eine auf den ursprünglichen Marx zurückgreifende Konzeption einer Balkanföderation zu verwirklichen versucht hat, die aber höheren Orts in Moskau scharf mißbilligt und abgelehnt wurde. Er ist nicht den Weg gegangen, den Tito gegangen ist. Es wird für einen Außenstehenden nie auszumachen sein, wie weit seine Visionen und die Titos doch zueinander gepaßt hätten.

Ich kenne auch Tito aus den Jahren der direkten Auseinandersetzungen mit dem Nazismus und Faschismus, als er, wie man sagte, illegaler Parteiarbeiter war. Man macht sich so seine eigenen Gedanken über die möglich gewesenen und die eingetretenen Entwicklungen. Aber vielleicht ist es abwegig, da allzuviel hineinzulegen.

Appel: Ich überlege, Herr Wehner, ob man in der Reihe der Personen, denen Sie begegnet sind, auch noch Stalin aufrufen sollte.

Wehner: Wohl nicht, weil ich Stalin nur gesehen habe, aber nie zu denen gehört habe, die von ihm gesehen worden sind.

*

Appel: Herr Wehner, Sie haben den Weg der SPD zum Godesberger Programm und damit zur Volkspartei wesentlich mit beeinflußt. Haben Sie dieses Ziel angestrebt, weil die SPD zur Durchsetzung ihrer Politik der gegebenen Struktur der Bevölkerung der Bundesrepublik – im Unterschied etwa zur gesamtdeutschen Bevölkerungsstruktur – Rechnung tragen mußte, oder war für die SPD der Weg zu Godesberg und weiter unabhängig davon notwendig, um sich den gesellschaftspolitischen und industriellen Verhältnissen der heutigen Zeit anzupassen?

Wehner: Ich suche meine Antwort eher in der Nähe Ihrer zweiten Annahme. Ich sehe den Weg zum Godesberger Programm, so wie ich es erlebt habe, in der Notwendigkeit, aus den Erfahrungen zweier Weltkriege und mit zwei Diktaturen für die sozialdemokratische Politik Konsequenzen zu ziehen. Also nicht in irgendeiner Anpassung, sondern wenn Sie so wollen, im Nachvollzug von Notwendigkeiten, damit diese Partei Volkspartei und für ihr Wirken auch unbefangen sein konnte. Volkspartei verstehe ich als einen Unterschied zur Ideologiepartei, also nicht eifernd für eine Ideologie, sondern im Volk wurzelnd und sich ganz darauf konzentrierend, um den politischen Wettbewerb in der Arena der demokratischen Möglichkeiten für politische Vorstellungen und Programme führen zu können, durch die man das Gemeinwesen, das Ganze also, in das richtige Verhältnis zwischen politisch-demokratischer Ordnung und einer zu demokratisierenden Gesellschaftsordnung bringt. Das war es, worauf es für mich und für eine ganze Anzahl der mir Nahestehenden beim Godesberger Programm der SPD ankam.

Appel: Ist das Konzept der Einheit der Arbeiterklasse überholt oder nur diskreditiert?

Wehner: Das Konzept der Einheit der Arbeiterklasse ist eine Arbeitshypothese gewesen und wird auch ab und zu wieder als solche einzuführen versucht. Für die soziale Selbstbehauptung mit dem Mittel des gewerkschaftlichen Kampfes ist die größtmögliche Einheit der Arbeiter und der Angestellten, oder wie man heute sagt, der Arbeitnehmer, in den jeweiligen Bereichen zweifellos das nach wie vor gegebene Konzept. Für den politischen Kampf handelt es sich darum, die Gleichberechtigung der im Arbeiter- oder Angestelltenverhältnis stehenden Mitbürger als Staatsbürger nicht nur in der Wahrnehmung des Wahlrechts, sondern auch dadurch zu erzielen, daß man sie instand setzt, befähigt und ermuntert, das Gewicht ihrer Zahl in die Waagschale zu werfen, um über das, was mit den gewerkschaftlichen Mitteln sie über die soziale Selbstbehauptung hinaus zu tun imstande sind, wenn sie wollen, die staatliche Ordnung politisch durchzureformieren und auszufüllen, so daß die gesellschaftliche Wirklichkeit demokratisiert wird. Das ist es. Die Parole der Einheit der Arbeiter ist dabei, wie gesagt, eine Hypothese, mit der man nichts in Bewegung bringen oder halten kann.

Appel: Hat der Kommunismus oder Sozialismus als gesellschaftliches System, unabhängig von seinen gegenwärtigen machtpolitischen Gruppierungen, in der vor uns liegenden mutmaßlichen weltpolitischen Entwicklung bei uns oder anderswo eine weitere Durchsetzungschance, oder wird sich Ihrer Ansicht nach der Kapitalismus in seinen verschiedensten Variationen, Abwandlungen und sozialen Anpassungen als stärker erweisen?

Wehner: Beide werden, um Ihren Begriff anzuwenden, sich durch Abwandlungen sozusagen aufeinander zu bewegen, und zwar im Guten wie im Bösen. Im Guten meine ich, indem im kommunistischen oder sozialistischen Bereich der Pluralismus, wie es ein heutiges Wort ausdrücken soll, Gestalt und auch Form gewinnt, und im nichtkommunistischen, nichtsozialistischen, oder wie Sie sagen, kapitalistischen Bereich, indem die soziale Komponente bis hinein in den Wirtschaftsprozeß und seine Auswirkungen eine zunehmende Rolle spielt. Es wird auf die politischen Gewichte ankommen, welche die an dieser sozialen Komponente Interessierten durchzusetzen imstande sind, etwa in Ländern von der Art Schwedens, um nur eines zu nennen. In Deutschland haben wir auch manche solcher Ansätze. Ich denke also an ein Aufeinanderzubewegen und an ein Abgehen von ideologischen oder dogmatisch absoluten Begriffen der einen wie der anderen Seite.

Appel: Glauben Sie also an den »dritten Weg« oder, wie man heute sagt, an die Konvergenztheorie?

Wehner: Der Begriff »dritter Weg« ist durch die Polemik nicht zuletzt Ulbrichts und seiner besonders doktrinären kommunistischen Parteiführung, der SED, ziemlich abgegriffen. Ich möchte auch nicht selber, wenn ich einmal davon absehe, dem Eindruck Raum geben, als ob man etwas völlig Neues entwickeln könnte. Dort, wo man, um in Ihren Begriffen zu bleiben, aus der sich entwickelnden und ursprünglich ganz kapitalistischen wirtschaftlichen Ordnung durch zunehmende demokratische Möglichkeiten zu einer immer stärker werdenden sozialen Demokratie, einer sozial fundierten Demokratie kommt, und dort, wo man andererseits von einem doktrinären Kommunismus oder Sozialismus zu mehr und mehr pluralistischen, wenn auch wahrscheinlich sehr qualvoll zu verwirklichenden Formen kommt, wird man sich allmählich aufeinander zu bewegen. Wir werden es nicht mehr erleben, daß das Freude machen wird, das wird vermutlich durch schreckliche Konvulsionen erschwert werden.

Appel: Herr Wehner, was fehlt der SPD, um in der Bundesrepublik die Mehrheit zu erringen?

Wehner: Die Sozialdemokraten haben in Deutschland zwischen 1930 und 1966 weder einer Reichs- noch Bundesregierung angehören können. In zwölf von diesen 36 Jahren, ich will sagen, den blutigen Jahren zwischen 1933 und 1945, waren sie mit Gewalt von jeder Mitwirkung am öffentlichen Leben ausgesperrt.

Die Sozialdemokraten waren – wie es einer ihrer klügsten Analytiker und Mitgestalter, nämlich Stampfer, 1936 in seinem damals in der Tschechoslowakei, in Karlsbad, erschienenen Buch »Die vierzehn Jahre« beschrieben hat – vor dem ersten Weltkrieg die Partei, die Stimmen sammelte und Stimmen bekam durch jene Kräfte und Gruppen, die mit dem unzufrieden waren, was bestand. Hierin steckte also Negation. Die Sozialdemokraten sind in der Zeit nach dem zweiten Krieg zu der Partei geworden, die um sich zu sammeln versucht, was konstruktiv die demokratische Ordnung aus einer bloßen Staatsordnung zu einer Staats- und Lebensordnung gestalten will. Das ist eine andere Grundeinstellung, denn es macht einen Unterschied, ob man gegen oder für etwas eintritt. Es ist eine große Entwicklung in diesen Jahren notwendig gewesen und, wenn auch bisher nur unvollkommen, vollzogen worden.

Die Sozialdemokraten in Deutschland leiden aber auch darunter – das sage ich nicht, um es milder beurteilen zu lassen –, daß unter Mißbrauch der Begriffe Sozialismus und Demokratie in dem nach dem Krieg unter sowjetische Besetzung geratenen Teil Deutschlands Dinge gemacht worden sind und gemacht werden, die viele Leute schrecken, beziehungsweise abstoßen. Das führt dann verschiedentlich noch zu dem Urteil, na ja, die Sozialdemokraten sind zwar wahrscheinlich nicht so gewalttätig wie jene, die im anderen Teil Deutschlands praktizieren, was man als sozialistisch bezeichnet, aber sie sind eine vielleicht nur etwas mildere oder weniger schneidige Form. Das, ich bitte es nicht zu unterschätzen, belastet die Sozialdemokratie. Das ist eine ungerechtfertigte Belastung, aber eine durchaus wirksame Belastung.

Die Abwehr gegen die kommunistische Praxis im anderen Teil Deutschlands, die Abneigung, ja, bei vielen auch Abscheu und bei manchen eine bis ins Furchterregende entwickelte Verzerrung und Verallgemeinerung jener Ereignisse dort, belastet in den Augen vieler und im Denken nicht weniger die Sozialdemokratie, wenn auch ganz zu Unrecht. Die Sozialdemokratie ist selbst ein Opfer jener Entwicklung im anderen Teil Deutschlands.

Appel: In der Bundesrepublik, so haben Sie es einmal formuliert, würde jede Partei links von der SPD die Rolle eines freiwilligen oder unfreiwilligen Moskauer Werkzeugs gegen die SPD spielen. Gilt das auch heute noch angesichts mannigfacher, divergierender Entwicklungen in den kommunistischen Parteien?

Wehner: Ja, das gilt deshalb, weil eine Partei, die ihren Standort links von der SPD zu bestimmen versucht, um links zu sein, in vielen und darunter wesentlichen Fragen mit der SED in Berührung oder gar in Beziehung kommt oder von ihr mißbraucht wird. Außerdem ist jede Partei links von der SPD eine auf die SPD sich konzentrierende Partei, die, um zu gewinnen, die SPD schwächen muß. Damit ist sie, wenn sie auch noch so unterschiedliche Prinzipien zu halten und zu verkünden versucht, gegenüber der SED im anderen Teil Deutschlands unvermeidlicherweise ein Wurm im Gebälk der SPD und damit der Demokratie, denn die SPD allein ist zwar nicht die Demokratie und ihre Entwicklung in Deutschland steht und fällt mit der Lebensfähigkeit und Handlungsfähigkeit der SPD, wenn auch nicht nur ihr allein. Das ist gar keine Unterstellung subjektiver Ansichten und Absichten, sondern das ergibt sich aus der objektiven Lage.

Appel: Herr Wehner, halten Sie die parlamentarische Demokratie in der heute praktizierten Form für bestandsfähig, wenn man an die rasante technische Entwicklung mit ihren Manipulationszwängen denkt, und halten Sie unser System auch für wetterfest, wenn man an langanhaltende wirtschaftliche Krisen denkt?

Wehner: Sicherlich ist unsere parlamentarische Demokratie technisch unvollkommen und unbeholfen und mitunter sogar völlig unzureichend, aber sie ist nicht durch etwas Besseres ersetzbar. Sie ist, meine ich allerdings, zu vervollkommnen. Alle anderen Versuche, die ja immer mit dem Anspruch gemacht worden sind und wieder gemacht und in die Welt gesetzt werden, die Demokratie direkter, also unmittelbarer wirksam zu machen, führten dazu, wieder einen Kulminationspunkt zum wirklich vom ganzen Volk gewählten und ihm gegenüber verantwortlichen Parlament zu finden. Das sehen Sie auch in ausgesprochen kommunistischen Diktaturen, die allmählich nach neueren Formen suchen als der Rätedemokratie, nämlich einer breiten Streuung von Verantwortungs- und Mitwirkungsmöglichkeiten. Im Grunde suchen sie nach Surrogaten für das Parlament. Wir müssen uns nur davor hüten, daß dieses Parlament aus Selbstgefälligkeit seine eigentliche Aufgabe verpaßt.

Die Ansätze, die jetzt zur Parlamentsreform gemacht werden, dürfen nicht nur technisch gesehen werden. Sie müssen geprüft, entwickelt und durch Erfahrungen bereichert werden, damit das

Parlament wirklich wieder zum Austragungsplatz der Meinungen über das Wesentliche wird, über das, was alle angeht. Das ist es. Daß man jetzt nach Parlamentsreformen zu rufen begonnen hat, daß man sie versucht ins Werk zu setzen, finde ich hoch an der Zeit, wenn ich auch meine Skepsis dagegen nicht verhehle, daß man einige, die besonders intensive parlamentarische Erfahrungen und, so möchte ich betonen, in den zwanzig Jahren des deutschen Bundestages auch Eignungen an den Tag gelegt haben, dabei kaum achtet. Es glauben nun wieder einige Parlamentstechniker alles ganz perfekt für sich wie im Laboratorium machen zu können. Das ist dann das Gegenteil eines Parlaments, wie vieles von dem, was wir heute als Parlament bezeichnen, im Grunde genommen das Gegenteil des Parlaments ist. Es ist eine Art Ausschußwettbewerb mit der Beamtenhierarchie und ihrem Aufgabengebiet. Aber die parlamentarische Demokratie hat den großen Vorzug vor allen anderen Systemen, daß man über das, was man meint, denkt, will, fordert und vorschlägt, offen reden kann. Ich nehme an, daß man in den nächsten Jahren die Reformen mit Nachdruck wird vorantreiben müssen.

Appel: Inwieweit haben Sie Verständnis für das Verlangen radikaler Studenten nach einer direkten Demokratie, also etwa durch ein System von Räten?

Wehner: Ich habe viel Verständnis für junge Leute, die es drängt, unmittelbar einzugreifen und mitzureden. Aber ich habe auch genügend eigene Erfahrungen, wenn auch nicht immer mit nachrechenbaren Ergebnissen, die ich ihnen entgegenhalten kann. Man darf nicht die Grundlagen zertreten oder zertreten lassen, die man braucht, um besser bauen zu können. Räte sind heutzutage eine Verlegenheitslösung. Wir haben ja eine ganze Menge Beiräte, so daß man fast von einer Beiräterepublik sprechen kann. Dennoch lohnt es nicht, sich nur darüber den Kopf zu zerbrechen. Hier bin ich fürs Experimentieren. Es muß ja nicht immer gleich für alles und total gelten.

Ich würde es für einen großen Fortschritt halten, auch für unsere geistige Reife, wenn wir – das wäre ein Vorzug, den wir in der föderalen Ordnung anderen gegenüber nutzbar machen könnten – hier und da und vielleicht für eine bestimmte Zeit kontinuierlich versuchten, ob es so oder anders besser geht. Man könnte gewissermaßen die verschiedenen Möglichkeiten konkurrieren lassen, um dann Lehren und Schlußfolgerungen daraus zu ziehen.

Was ich für schrecklich halte und was zu Unzulänglichkeiten führt, das sind die Absolutheitsansprüche: es gehe nur so oder nur so. Da ist ein wunder Punkt. Dazu neigen wir doch wohl als Deutsche ziemlich stark, wenn ich auch nicht in den Chor derer einstimmen möchte, welche die Neigung zum Extremen als eine ausschließlich deutsche Angelegenheit ansehen. Aber hier wäre eine Möglichkeit des Experimentierens im guten Sinne, um einmal herauszufinden, vielleicht über einige Jahre hinweg, wie es am besten geht. Das wäre von Nutzen. Darin würde ich die Kunst einer überlegenen Staatsführung mit all den Rücksichten auf gesellschaftliche Entwicklung sehen, auf die man in der Demokratie nicht verzichten kann.

Appel: Herr Wehner, sind nach Ihrer Auffassung Liberale und Konservative in ihren parteipolitischen Gruppierungen für den Bestand des parlamentarisch-demokratischen Staats unerläßlich?

Wehner: Ja. Sie sind ja sowieso unvermeidlich, und sie sind auch unerläßlich. Ich werde auch nicht vergessen, daß ein Mann wie Kurt Schumacher, der für mich unmittelbar nach dem Krieg – noch ehe ich ihn selbst gesehen habe, als ich nur aus dem Rundfunk von ihm habe hören können – viel bedeutet hat, immer, auch bei all seinen Neigungen recht zu haben, und sogar allein recht zu haben, in seinen Vorstellungen von der parlamentarischen Demokratie und von der Gesellschaft die Konservativen ganz bewußt mit eingeordnet hat. Das gilt auch für die Liberalen. Aber die Begriffe selbst drücken ja nicht mehr genügend aus, was für Parteigruppierungen und programmatische Richtungen ausreicht. Es gibt mehr oder weniger Konservative und mehr oder weniger Liberale in den verschiedenen Parteigrundrichtungen.

Appel: Herr Wehner, mit dem Begriff »Mitbestimmung« verbinden Sie nicht nur die Forderung nach mehr Rechten für den Arbeiter im Betrieb, sondern Sie sehen darin auch ein Mittel, um dem Ziel eines sozialen Rechtsstaates näherzukommen, und Sie fordern abseits von jedem Schematismus, wie Sie es einmal formuliert haben, eine in die Tiefe gehende soziale Reform, ohne den Bürgerkrieg zu provozieren.

Wehner: Ja, um ihn zu vermeiden!

Appel: In diesen Gedanken haben Sie – ich nehme Bezug auf die Godesberger Konferenz der SPD im September 1967 – auch Überlegungen einbezogen, wie ein Weltbürgerkrieg zwischen Nord und Süd vermieden werden kann. Wo liegt der Ansatzpunkt – ich möchte noch einmal den Begriff »Mitbestimmung« hier einfügen –, um das Notwendige einzuleiten?

Wehner: Ich habe es für eine große Stunde gehalten, als Hans Böckler nach dem Wiedererstehen und der Konstituierung der Gewerkschaften nach dem Zweiten Weltkrieg gesagt hat, die Gewerkschaften wollten und sollten nicht wieder nur bloße Lohn- und Tarifmaschinen werden, sondern wollten dabei sein, überall dort, wo gewirtschaftet wird. Ich hielt das für ein Angebot an jene Kräfte, die sich häufig – zu anmaßend – als die Wirtschaft bezeichnen. Sie spielen in der Wirtschaft natürlich eine ganz entscheidende Rolle, die Industriellen, die Kapitaleigner. Ich halte das Konzept Böcklers nach wie vor auch als ein Aufgebot aller, die zur Interessenvertretung der Arbeitnehmer gehören: die Gewerkschaften. Manches davon, aber eben nur manches, hat seinen Niederschlag gefunden in der Mitbestimmungsgesetzgebung für die Eisen und Stahl erzeugende Industrie und für die Kohle. Anderes hat einen zu schwachen und sehr verbesserungsbedürftigen Niederschlag gefunden im Betriebsverfassungsgesetz und seinen Entwicklungen.

Die Formel von der Notwendigkeit, aus dem Wirtschaftsuntertan den Wirtschaftsbürger werden zu lassen, halte ich für mehr als nur eine Redensart. Das ist sogar ein Anreger für die weitere Entwicklungsfähigkeit unserer wirtschaftlichen Ordnung und ihres gesellschaftlichen, sozialen Bereiches. Es wäre gut, wenn einer Aufforderung des Wirtschaftsministers Schiller gefolgt würde, durch die Seite der Unternehmensleiter selbst endlich eigene Vorstellungen über mögliche Formen der Mitbestimmung zur Diskussion zu stellen und sich nicht darauf zu beschränken, »nein« zu sagen. Diese Zeit wird sowieso kommen. Es gibt Länder, in denen man bisher ohne diese, wie manche meinen, spezifisch deutsche Form ausgekommen ist. Dennoch halte ich es für angebracht, darüber nachzudenken, ob nicht selbst in den bisher so ungenügend empfundenen Ansätzen der Mitbestimmung, wie etwa der Betriebsverfassung, ein wichtiger Teil der Erklärung dafür zu suchen ist, daß wir es bisher bei uns mit einem relativen sozialen Frieden zu tun gehabt haben, in dieser langen Zeit, seit dem wir aus Trümmern und Schutt wieder eine leistungsfähige Wirtschaft und eine entwicklungsfähige Sozialordnung aufbauen konnten. Das allein lohnt wohl schon, über neue Formen nicht nur nachzudenken, sondern sie auch zu praktizieren.

Appel: Herr Wehner, wie ordnen Sie den Bauern in Ihr politisches Gesamtbild ein?

Wehner: Ich habe als sehr junger Mensch bei Bauern gearbeitet. Damals, um die Winterkartoffeln für die Familie mitzuverdienen. Es war in den Jahren des ersten Krieges, und wir haben dafür hart und gern gearbeitet. Später, in den zwanziger Jahren, habe ich zusammen mit Schulkameraden auf großen Gütern bei der Ernte mitgearbeitet, nicht nur als Amateure, sondern wir haben während einer gewissen Zeit unseren Lebensunterhalt damit verdient. Ich habe also eine gewisse praktische Erfahrung, wenn auch eine sehr begrenzte, aus der Lebenssphäre der Landwirtschaft; abgesehen von dem, was im Laufe eines immerhin nun schon längeren Lebens aus Nachbarschaft an Kenntnissen und sonstiger Einsicht gekommen ist. Ich ordne die Bauern als einen Stand ein, der durch Technik und Konsumveränderungen erheblichen, strukturellen Veränderungen ausgesetzt ist, denen er sich nicht entziehen kann. Ich hielte es für schlimm, wenn man Landwirtschaftspolitik, Agrarpolitik lediglich unter dem Gesichtspunkt betreibt, daß man nur den Teil, den man nicht durch Einfuhren billiger erhält, selbst herstellen soll.

Ich halte die Bauern auch für eine unser Volk entscheidend mitbestimmende Gruppe und würde es recht bedauernswert finden, wenn sie sozusagen, so wie ihre Pferde, völlig der Technisierung zum Opfer fielen, was sich wohl sowieso rächen wird. Aber ich bin weder ein Fachmann noch ein Romantiker, sondern jemand, der mit Anteilnahme, auch wegen mancher persönlicher Berührung, bis in diese Zeit hinein die Eigenarten und Schwierigkeiten des bäuerlichen Lebensweges versucht im Auge zu behalten, mitzuerleben und mitzugestalten, soweit man kann. Im Rahmen dessen, was die Politik bewirken kann.

Auch in meinem eigenen Wahlkreis gibt es Bauern. Das sind zu einem beträchtlichen Teil Bauern von einer Größenordnung, die nicht sozialdemokratisch zu wählen gesonnen oder gewöhnt sind, aber Bauern, die mich sehr interessieren. Ich denke zum Beispiel an

Erlebnisse während der Flutkatastrophe 1962. In meinem eigenen Wahlkreis sind von den etwa 315 Todesopfern, welche die Katastrophe damals in Norddeutschland gefordert hat, 300 Opfer gwesen, und ich habe damals in den vielen Wochen des Umherstapfens und Umherkriechens im Schlamm hinter dem gebrochenen Deich auch manche lange nachwirkende Begegnung mit Bauern gehabt. Mich interessiert der Bauer im allgemeinen und als einzelner Mensch. Wenn ich auch weiß, daß er sich mir nur sehr schwer öffnen wird.

Appel: Herr Wehner, Sie waren der Begründer des Sportbeirates der SPD. Ist Ihr Interesse für den Sport rein persönlich oder darüber hinaus politisch zu erklären?

Wehner: Wie so oft bei mir, treffen sich hier Interessen, Neigungen und Vorliebe mit der Einsicht, Notwendigkeiten gerecht zu werden.

Ich habe mancherlei Sport sehr aktiv betrieben und was ich noch kann, das tue ich jetzt noch, wenn auch nicht mehr im Wettbewerb.

Mit dem Gedanken, einen Sportbeirat ins Leben zu rufen, wollte ich anknüpfen an die Arbeit, die Heinrich Sorg nach dem Krieg für ein Sportverständnis bei der SPD geleistet hat. Mit Heinrich Sorg habe ich viele Jahre eng und freundschaftlich gearbeitet.

Ich wollte zugleich den jüngeren, begabten und tüchtigen Sportarbeitern eine Stütze und eine Entwicklungsmöglichkeit zur Verwirklichung des Zusammenwirkens mit den Bereichen der Politik zu treffen helfen.

Wie es sich gefügt hat, bin ich weder ein »Radi« noch ein Uwe, sondern eine Art Sepp Herberger im übertragenen Sinne geworden.

Appel: Herr Wehner, sind Sie ein Anhänger des Berufsbeamtentums?

Wehner: Das ist für mich eine sehr schwierige Frage. Nicht nur, weil ich das, was mit dem Begriff gemeint ist, verstehe, sondern auch respektiere. Wenn ich auch andererseits nicht verhehlen will, daß ich vieles für sehr reformierbar halte. Abgesehen davon gehört zu meinen persönlichen Marotten, daß ich in verschiedenen Stationen meines Lebens mit durchaus achtenswerten Vertretern dieser Kategorie manchmal ziemlich unsanft aneinandergeraten bin.

Das habe ich in schweren Zeiten sogar schriftlich bekommen. Es steht einem Mann, der selbst als Bundesminister Vorgesetzter von Berufsbeamten ist, freilich schlecht an, seine persönlichen, vielleicht sehr eigenständigen Erlebnisse Gewalt über seine Pflichten gewinnen zu lassen. Aber ich bin nicht Schablonenmensch genug, um völlig glatt über eine solche Frage hinwegzugehen. Der richtige Politiker wird natürlich sagen, selbstverständlich bin ich ein Anhänger des Berufsbeamtentums und wird dann sagen, was er ihnen alles für die weitere Verbesserung ihrer ständigen Versorgung zu bieten hat. In dieser Beziehung ist sachlich viel zu tun möglich.

Appel: Seit langer Zeit bemühen Sie sich, Herr Wehner, der Sie einst, nach eigener Bekundung, aus Trotz und Enttäuschung Atheist waren, um eine Entkrampfung des Verhältnisses zu den Kirchen. Halten Sie eine Normalisierung schon für erreicht?

Wehner: Nein, das wäre zu vorschnell gewertet, aber ich halte das Bemühen, einander näher zu kommen, für unübersehbar, unüberhörbar und für sehr beachtlich, wenn auch die Motive keineswegs völlig einheitlich sind. Aber das spielt keine Rolle.

Appel: Sie haben sich schon frühzeitig als linker Politiker für die Aufgabenstellung und die Situation der Kirchen um Verständnis bemüht?

Wehner: Mich hat das Verhältnis zu den Kirchen immer fasziniert. Vorhin haben Sie ein Wort aufgegriffen, das ich selber einmal als Antwort auf eine sehr naheliegende Frage gegeben habe, ob ich nämlich ein Atheist gewesen sei. Ich habe darauf geantwortet, was Sie in Erinnerung gebracht haben. Mich hat es immer fasziniert, wenn Menschen und daß Menschen im Sinne des Evangeliums und insbesondere im Sinne der Bergpredigt versucht haben, ihr Leben, und das, was sie mit ihrem Leben in bezug auf das, was alle angeht, bewirken können, in Einklang zu bringen bemüht gewesen sind. Aus den schweren Jahren der unmittelbaren Konfrontation mit einer Diktatur, die viel Blut gekostet hat, ist meine Hochachtung vor Menschen geblieben, die aus ihrem Bemühen, ihr Leben und ihr Tun unter Gottes Wort zu stellen, vor allem auch unter den unsagbaren und unwidergebbaren Schwierigkeiten der Diktatur, ihre Menschenpflicht getan haben. Das ist wohl die Grundlage für meine Berührung und Begegnung auch mit Männern der Kirche, während einer Zeit, in der ich selbst Kommunist war.

Appel: Es gibt von Ihnen den Satz »Deutschland ist mein Vaterland in jeder Phase«. Empfinden Sie dabei eher Nationalgefühl oder Bürgersinn oder einfach die Notwendigkeit, mitzuhelfen, zu verhindern, daß, wie Sie auch einmal gesagt haben, Demokratie und nationale Interessen nicht mehr voneinander getrennt werden?

Wehner: Das, was Sie zuletzt gesagt haben, ist für mich ein Aufruf oder Anruf an alle, die Demokraten sein wollen und die Verhältnisse unseres Volkes und unseres Gemeinwesens demokratisiert wissen wollen, die Demokratie nicht in einen Gegensatz zu nationalen Empfindungen geraten zu lassen. Ich habe es für eine tiefe Erkenntnis Schumachers gehalten, daß uns bei allem, was uns mit der Spaltung und Teilung unseres Landes und Volkes betroffen hat, auch die große Chance gegeben ist – was ja gar nicht alltäglich in der deutschen Geschichte ist –, Demokratie und nationale Interessen zusammentreffen zu lassen.

Der Kampf um die Demokratie ist zugleich ein Kampf um das Selbstbestimmungsrecht der Deutschen als Nation. Das hat Schumacher richtig gesehen, darauf darf man aber nicht ausruhen. Durch den Generationswechsel ist der Begriff »Vaterland« abgenutzt oder bei manchen in Vergessenheit geraten, beziehungsweise gar nicht erst begriffen worden. Bürgersinn? Ich halte die Bewährung eines Volkes als Nation nur dadurch für denkbar, daß es ein hohes Maß an Bürgersinn aufbringt, pflegt und praktisch zur Wirkung kommen läßt. Das hat mich in meinen skandinavischen Lehrjahren so besonders fasziniert. Ich war immer traurig darüber, daß bei uns nationale Hochzeiten nie zugleich Hochzeiten des mitbürgerlichen Verantwortungsbewußtseins und der mitbürgerlichen Mitgestaltungsfreudigkeit und -fähigkeit gewesen sind. Sie sind fehlgeleitet und mißbraucht worden. Für mich ist die Nation das ständige Bemühen eines Volkes, in Partnerschaft zu anderen gleichberechtigt zu bestehen. Vorwiegend eine Willensgemeinschaft und nicht eine aus Blut und Boden abgeleitete.

Appel: Was schwingt bei Ihnen mit, wenn Sie »Vaterland« sagen oder diesen Begriff hören?

Wehner: Ich liebe manche Landschaften und ihre Bewohner, aber ich habe nie, auch in den schrecklichen Zeiten, in denen ich ein Ausgestoßener war, vergessen können, daß ich ein zur deutschen Landschaft, zur deutschen Sprache und zur deutschen Geschichte gehörender Mensch bin. Ich kann mir die Zukunft unseres Erdteils nur als eine Völkergemeinschaft vorstellen, von deren allmählichem Zustandekommen viel abhängt.

Appel: Manche Menschen haben durch ihre Vorstellung vom Vaterlandsbegriff zur NSDAP gefunden, ohne die Endentwicklung vielleicht vorauszusehen. Muß man nicht auch solchen Menschen Respekt entgegenbringen?

Wehner: Ich weiß nicht, warum Sie sagen, ob man nicht auch solchen Menschen Respekt entgegenbringen soll. Ich respektiere jeden Menschen, der sich aufrichtig und redlich bemüht, sein Leben mit den Erfordernissen in Einklang zu bringen, die sich daraus ergeben, daß die Menschen miteinander auskommen müssen und nicht übereinander herfallen oder herrschen dürfen, wenn es gut gehen soll. Ich habe bei einer anderen Stelle unseres Gesprächs versucht, zu sagen, daß bei uns Deutschland, das, was man »das Nationale« nennt, häufig nur dann zur Geltung gekommen ist, wenn wir sozusagen »oben« waren, über anderen waren. Das hat bezahlt werden müssen. Dafür den einzelnen zu schmähen, hat man dann kein Recht, wenn der einzelne sich bemüht, das gut zu machen, was er, so weit er es erkennen kann, in solchen Zeiten gefehlt hat.

Es gibt außerdem viele andere Gesichtspunkte, die zu beachten sind. Einmal, daß Menschen hineingeboren werden in solche Zeiten, in denen nationalistische Euphorie herrscht, zum anderen, daß Menschen im Nationalismus oder Nationalsozialismus eine Lösung oder gar Erlösung aus vorher empfundener Not oder sogar Schmach gesehen haben, wobei sie objektiv meist nicht recht hatten; aber wer will sich zum Richter über die Menschen aufwerfen? Mir ist klar geworden, daß es für unser Volk darauf ankommt, daß diejenigen, die früh gewußt haben, was der Nationalsozialismus schließlich bedeuten muß, wozu er führen wird, und diejenigen, die es erst später gelernt oder zu spät begriffen, aber dann doch erkannt haben, was der Nationalsozialismus für unser Volk und für andere bedeutet hat, die daraus zu ziehenden Lehren nicht in den Wind schlagen.

Gleichgültig wann jemandem die richtige Erkenntnis kam, gilt es daran festzuhalten, daß diese oder eine ähnliche Epoche nicht wieder Gewalt über uns gewinnen darf. Das ist alles, was man mit Recht verlangen und mit Recht zu erreichen versuchen kann. Irgendwelche Bescheinigungen oder Urkunden darüber auszustellen, zu welcher Stunde es der eine begriffen und der andere erkannt haben mag, wäre dem nicht dienlich, worauf ich hinaus will.

Appel: »Ein Volk wird erst dann zur Nation, wenn es etwas will«, haben Sie einmal gesagt. Erkennen Sie in unserem Volk einen gemeinsamen Willen?

Wehner: Ja, trotz allem, was an Oberflächlichkeiten vordergründig ins Auge fällt, gibt es den gemeinsamen Willen, anständig, gleichberechtigt und gemeinsam mit anderen, die Ordnung unseres Kontinents oder jedenfalls des Teiles, der dafür bereit ist, mit gestalten zu können. Das ist es sicher – abgesehen von Eigenschaften, die bei uns nicht völlig verschüttet worden sind, sondern immer wieder und gerade in schweren Zeiten zum Vorschein kommen und unser Volk kennzeichnen, nämlich Fleiß, Pflichttreue und Sinn für das Rechte –, was man als einen gemeinsamen Willen ansehen kann.

Bernhard Wördehoff und Karl Donat

Herbert Wehner – 70 Jahre alt*

Nicht wenige der zahlreichen Würdigungen für Herbert Wehner aus Anlaß seines 70. Geburtstages haben den sozialdemokratischen Politiker in seiner Bedeutung für die Entwicklung der Bundesrepublik Deutschland neben Konrad Adenauer gestellt. Herbert Wehners Anteil am Zustandekommen des Godesberger Grundsatzprogramms der SPD im Jahre 1959, seine große, langfristig wirksame außenpolitische Rede im Deutschen Bundestag am 30. Juni 1960, seine Rolle bei der Bildung der Großen Koalition 1966 (vielleicht sogar sein Wirken als Minister für Gesamtdeutsche Fragen im Kabinett Kiesinger/Brandt) und schließlich seine unermüdliche Arbeit für den Bestand der sozialliberalen Koalition: Alles das hat nicht nur für die SPD, sondern für die Bundesrepublik Deutschland prägenden, ja historischen Einfluß gehabt.

Der Deutschlandfunk wollte Herbert Wehner selber zu Worte kommen lassen (der notabene unter den Politikern in Bonn wohl einer der intensivsten Rundfunkhörer ist). Als Karl Donat, DLF-Studioleiter in Bonn, mir Herbert Wehners Einverständis zu einem Gespräch mitteilte, schrieb ich ihm: »Was mich auf den Gedanken eines Gesprächs mit Herbert Wehner gebracht hat, ist dieses: Siebzig Lebensjahre eines deutschen Politikers in diesem Jahrhundert sind an sich schon ein aufregender Stoff – wieviel mehr bei Wehner, einem der nicht nur bekanntesten, sondern – wie ich meine – auch verkanntesten Politiker. Ich wünschte, unsere Hörer würden im Gespräch mehr von ihm und über ihn erfahren als das bei solchen Gelegenheiten übliche Gemisch von Klischee, Legende, Wahrheit, Vorurteil und Archivmaterial. Er sollte vor allem aus seinem Leben erzählen ... «   Bernhard Wördehoff

---

* Gesendet im Deutschlandfunk am 9. 7. 1976

Wördehoff: »Ich bin Jahrgang 1906, und wenn ich zynisch sein wollte, könnte ich sagen, wir kamen immer einige Jahre zu spät. Wir gehören zu den Nachvollziehenden.«

Herr Wehner, diese beiden Sätze haben Sie 1969 vor der Bundestagswahl gesagt. Sehen Sie sich heute, nach sieben Jahren sozialdemokratischer Kanzlerschaft, noch so als Nachvollziehender mit diesem – wie mir scheint – doch leichten Schatten von Resignation?

Wehner: Das ist nicht Resignation. Und mit der Kanzlerschaft der Sozialdemokraten hat das auch nichts zu tun. Wenn ich das so gesagt habe, wie Sie es richtig zitieren, so war das im Zusammenhang mit dem, was die Jahre meiner revolutionären Auffassungen und Aktivitäten angeht. In diesem Zusammenhang nenne ich einen Namen zum Beispiel: Rosa Luxemburg.

Rosa Luxemburg war schon vier Jahre tot, als ich als junger Mensch entdeckte, was sie geschrieben hat. Und so wurde man – jedenfalls ich – aufgrund von Dingen, die in meiner Heimat damals geschahen, fasziniert, obwohl daran nichts mehr war. Nicht weil sie tot war, sondern weil diese Dinge, soweit sie von konkreter Politik handelten, schon überlebt oder widerlegt waren. So war das gemeint, im Zusammenhang mit meiner revolutionären Vergangenheit, um dieses schöne Wort einmal zu gebrauchen.

Donat: Herr Wehner, um es einmal anders auszudrücken: Ist ein Herbert Wehner als Pensionär überhaupt vorstellbar?

Wehner: Das kann sein. Ich bin ein Mensch wie andere Leute auch, und ich würde auch jetzt nicht darauf drängen, noch einmal in meinem Bundestagswahlkreis zu kandidieren, in dem ich seit 1949, seit der Bundestag überhaupt existiert, kandidiert habe und direkt gewählt worden bin, wenn nicht die dortigen Vertrauensleute und Delegierten, die nach dem Gesetz die Wahl des Kandidaten zu vollziehen haben, sehr schwerwiegende Gründe dafür angeführt hätten, daß ich ihnen zur Verfügung stehen müsse.

Wördehoff: Die Wege in die Politik sind ja sehr vielfältig. Herr Wehner, wenn ich richtig informiert bin, kamen Sie schon aus einem politischen Elternhaus. Ihr Vater war Sozialdemokrat, er war Schuhmacher; hat er sich selber als Proletarier, als Klassenkämpfer verstanden?

Wehner: Das würde sehr tiefsinnige Überlegungen erfordern, wollte ich darauf gründlich antworten. Die Familie, zu der ich gehöre, war eine richtige Arbeiterfamilie, und zwar eines fachlich hochfähigen Arbeiters und einer in einer ganzen Reihe von Bereichen sehr tüchtigen Mutter auch als Arbeiterin. Und so waren es die Großeltern auch, wenn auch handwerklich tätig.

Mein Vater war kein Muster-Sozialdemokrat. Der war in der Zeit, in der es in meiner Heimat schwierig war, und als in Deutschland die faschistischen Formationen aufkamen – in meiner Heimat aber noch nicht –, einer, der zu den sogenannten proletarischen Hundertschaften gehörte. Das waren Sozialdemokraten, unabhängige Sozialdemokraten, und auch ein paar Kommunisten, die damals dort noch nicht stark waren.

Wördehoff: War Ihre Mutter auch politisch aktiv oder politisch interessiert?

Wehner: Das war typisch. Ich bitte Sie um Entschuldigung. Meine Heimat ist Sachsen, das es heute so nicht mehr gibt, und dies war die Wiege der deutschen Arbeiterbewegung. Das waren gar keine Supermenschen oder Theoretiker. So waren auch alle meine Verwandten. Sie gehörten dazu, ohne für sich etwas besonderes zu beanspruchen. Meine Mutter hat mir während des Krieges erzählt – wobei ich schon als Kind zusammen mit meinem Bruder arbeiten mußte, damit wir etwas dazu verdienten zum damals niedrigen Geld, das meine Mutter als Frau eine Soldaten bekam, um leben zu können – was da so vorgeht in der Welt, wie das mit dem Krieg ist, sehr schlicht, aber sehr überzeugend. Nun, mein Vorurteil, ich habe meine Mutter sehr geliebt.

Donat: Herr Wehner, ich habe gelesen, Sie hätten als Chorknabe in der Erlöser-Kirche Ihrer Heimatstadt Dresden den Gottesdienst begleitet. Paßt das zu diesem Elternhaus, waren die Eltern damit einverstanden? Und wie kommt dieser Chorknabe dann zur sozialistischen Bewegung?

Wehner: Ich will mir eine Bosheit versagen. Bei uns war das möglich. Da gab es nämlich diesen Unterschied nicht, den nach dem Kriege Schumacher als die schlimmste Versündigung, die dem deutschen Volke zugefügt worden ist, bezeichnet hat, und zwar nicht von den Siegermächten, sondern von jenen Deutschen, die bestimmen wollten, wer Christ genannt werden darf und wer Marxist. Natürlich war ich in der Erlöser-Kirche im Chor und habe dort gesungen. Das hat mir sogar Freude gemacht und meinen Eltern auch.

Donat: Und wie sind Sie dann zur Sozialistischen Bewegung gekommen?

Wehner: Ich bin in die Arbeiterjugend eingetreten. Im übrigen weiß ich noch, wie das war, als die sogenannte November-Revolution vor sich ging: An einem Samstag hatten wir im Gemeindehaus das übliche Probesingen, und am Samstag hatte einer das dort hängende Kaiser-Wilhelm-Bild von der Wand genommen und umgedreht; das war ich. Und am nächsten Tag sprach der Pastor, das war ein besonders – wie man so sagte – nationaler Mann – zum Unterschied zu den beiden anderen Pastoren – nun davon, was das für eine schlimme Sache sei. Das gab's.

Wördehoff: Herr Wehner, Sie sind wohl Ihr ganzes Leben lang Christ gewesen. Vor manchen Jahren haben Sie in der Hamburger Michaeliskirche eine Rede gehalten, keine Predigt, eine Rede. War das für Sie der Ort – oder eine Möglichkeit –, Politik zu machen, oder war das auch ein vielleicht kleiner Triumph, daß ein Sozialdemokrat nach diesen Jahren, nach diesem Einschnitt, den Sie eben geschildert haben, in einer Kirche als Christ politisch sprechen konnte?

Wehner: Entschuldigen Sie, Herr Wördehoff, ich habe an Ihren Fragen nicht herumzukritisieren, aber weder war das für mich eine Genugtuung in dem Sinne noch wollte ich damit Politik machen. Es ist auch nicht richtig, daß ich mein ganzes bewußtes Leben lang – wie Sie sagten – Christ war, ich bin Kommunist gewesen. Ich habe mein Verhältnis zu meiner Kirche wieder in Ordnung zu bringen gehabt, als ich nicht mehr Kommunist sein konnte und wollte, und ich habe es in Ordnung gebracht. Ich habe das nie verleugnet, und das ergibt sich auch aus dem Text dessen, was ich damals in dieser kurzen Anprache, die ich auf Aufforderung gehalten habe an einem sogenannten Männertag der Evangelischen Kirche zu dem Thema »Mit der Kirche leben«, gesagt habe. Nämlich auch zu denen, die sich am Strohhalm, habe ich damals gesagt – es war kein Bild, das anderen sehr imponiert hat, es war auch nicht deswegen genommen –, des Atheismus festhalten, weil ich das kennengelernt habe. Ich habe aber auch in der ganzen Zeit, als ich Kommunist war, die Bedeutung, wenn ich das so sagen darf, ohne mich selbst bedeutend zu machen, der Bergpredigt für das Leben eines Menschen nie – auch nicht in den schwersten Zeiten – vergessen oder geleugnet. Nur: Ich war zeitweilig nicht Kirchenmitglied.

Donat: Herr Wehner, Sie sind 1927 Mitglied der KPD geworden. Wie kommt es, daß Sie in einem Jahr, das sich im Rückblick als relativ ruhiges Jahr in diesen bewegten Jahren der Weimarer Republik ausweist, in einem Jahr, da die Wirtschaft relativ florierte, im Reichstag damals ein sehr vernünftiges Arbeitslosengesetzt verabschiedet wurde, einen solchen Entschluß faßten?

Wehner: Da muß man die Geduld haben, die ich weder von Ihnen erwarte noch verlange, sich damit vertraut zu machen, warum ich im Jahre 1923 zusammen mit anderen aus der Sozialistischen Arbeiterjugend – der ich angehört hatte in meiner Heimatstadt Dresden – herausgegangen bin; das heißt: Unsere Gruppe spaltete sich. Die Ursache, mit der wir nicht fertig werden konnten, war der Einmarsch der Reichswehr in mein Heimatland und waren in einer Nachbarstadt 42 Tote. Damit sind wir nicht fertig geworden. Ich bin damals nicht in die Kommunistische Partei gegangen, unsere ganze Gruppe ist nicht in die Kommunistische Partei gegangen. Wir waren eine sogenannte freie sozialistische Gruppe mit Verbindungen zu und auch Bindungen an syndikalistische oder – wie man damals sagte – anarchistische, das heißt antiautoritäre und gewaltlos-sein-wollende-Jugendgruppen. Die Arbeiterbewegung hat damals in dieser meiner Heimat seltsame Schicksale erlitten. Daß ich dann 1927 Mitglied der Kommunistischen Partei geworden bin, ergab sich weder aus solchen Vorgängen, nach denen Sie fragen, sondern ergab sich daraus, daß ich, der ich eine ganze Reihe von Jahren politischen Gefangenen, die das 1921 geworden waren, durch bestimmte Ereignisse in Mitteldeutschland, 1923 durch Ereignisse, auch solche, wie ich sie genannt habe, geholfen habe. Ich gehörte der damaligen Organisation der »Roten Hilfe« an, die überhaupt nichts zu tun hat mit der heute ihren Namen tragenden seltsamen Organisation. Wir waren eine Organisation, die politischen, wirklichen politischen Gefangenen und ihren Angehörigen half. Und schließlich entschloß ich mich, und einige andere aus der Gruppe damals, Mitglied der Kommunistischen Partei zu werden.

Wördehoff: Gab es für Sie in der Überlegung von 1927 überhaupt die Wahl, zur anderen Partei der Arbeiterbewegung, nämlich zur SPD, zu stoßen? War das für Sie ein intellektuell vollzogener Entschluß oder ergab sich das im Verlauf dieser vier Jahre von 1923 bis 1927 sozusagen ganz von selbst, daß Sie Mitglied der KPD geworden sind?

Wehner: Das ergab sich nicht von selbst, sondern es war ja auch so, daß manche aus unserer freien Gruppe diesen Schritt nicht vollzogen, wir dennoch Freunde geblieben sind, und auch heute manche noch wissen, daß wir Freunde waren, soweit sie überlebt haben und nicht in der Hitlerzeit totgeschlagen worden sind, und uns noch Lebenszeichen geben; das gibt es noch. Nur, mich hat es damals gedrängt, etwas zu tun und nicht nur zu reden und nicht nur zu deklarieren. Und ich fand, das war die Möglichkeit, organisiert etwas zu tun. Daß das politisch eine andere Entwicklung zur Folge hatte, das habe ich eben dann durch Erfahrungen gelernt und daraus meine Konsequenzen gezogen.

Donat: Herr Wehner, das Stichwort: Etwas zu tun. Sie waren schon mit 24 Jahren Landtagsabgeordneter und stellvertretender Vorsitzender Ihrer Fraktion. Was war der Grund dafür? War es Ihr sprichwörtlicher Fleiß oder war die Kommunistische Partei damals eine junge Partei, jung, was Mitglieder und Führung angeht?

Wehner: Ich bin damals, wenn ich das so sagen darf, jemand gewesen, den vor allen Dingen die Arbeiter sehr gern hörten, der mit ihnen arbeitete. Meine besten Freunde waren Betriebsräte, und ich habe mit denen zusammen, obwohl ich selber damals noch gar nicht nach dem damaligen Betriebsräte-Gesetz Betriebsrat sein konnte, mit dem Betriebsräte-Gesetz von damals Arbeiterberatung, Angestelltenberatung usw. gemacht, und daraus hat sich das entwickelt. Sie haben recht: Ich war ein junger Landtagsabgeordneter, ich mußte auch schon sehr bald das Mandat wieder niederlegen, weil die damalige Leitung der Kommunistischen Partei das nicht wollte. Ich gefiel ihnen nicht.

Wördehoff: Herr Wehner, 15 Jahre lang sind Sie Mitglied der KPD gewesen und sind in der Zeit einer Fülle von Persönlichkeiten begegnet, die in der Geschichts-Betrachtung faszinierend, hochinteressant sind. Ich hoffe ja, daß Sie irgendwann Zeit haben, Ihre Memoiren zu schreiben.

Wehner: Nein, das werde ich nicht tun.

Wördehoff: Das ist ein Jammer. Ich möchte nur fragen, welchen Eindruck hat Walter Ulbricht, der ja auf die deutsche Geschichte einen bedeutenden Einfluß genommen hat, welchen Eindruck hat Walter Ulbricht bei den verschiedenen Gelegenheiten in Berlin, im Berlin der Weimarer Republik, in Moskau auf Sie hinterlassen? Ich weiß, daß es eine umfassende Frage ist.

Wehner: Sehr schwer; ich habe ihn in verschiedenen Stadien seiner Entwicklung kennenlernen können und auch mit ihm zu tun bekommen, als er zum ersten Male zum Beispiel in den sächsischen Landtag einzog, weil er mit Hilfe eines Mandats von bestimmten politischen Anklagen verschont blieb. Das waren Ereignisse, die sich aus 1923 ergaben, die auf diese Weise begradigt wurden, wenn man das so sagen darf, ohne zynisch sein zu wollen. Ich kenne ihn aus der Zeit, in der er herumreiste, um Betriebszellen aufzubauen, um dafür politische Begründungen zu liefern; ich kenne ihn aus der Zeit in Berlin. Was an ihm immer für mich bemerkenswert war: Er war ein – nehmen Sie das Wort so, wie ich es sage – unheimlicher Arbeitstyp, der selbst nichts anderes zu kennen schien, als andere dafür zu engagieren und auch, wo es seiner Meinung nach richtig war, anzutreiben, die Arbeiten, über die er disponierte und die er verlangte, auch möglichst auszuführen. Er war andererseits außerdem ein Mann – ich habe das in der ersten Zeit der unmittelbaren illegalen Tätigkeit, als es um die Köpfe ging, 1933 und danach, erlebt –, der keine Angst hatte – auch persönlich –, der nicht nur andere in gefährliche Situationen schickte, sondern selbst auch gefährliche übernahm. Er war also ein schwierig zu nehmender Mensch, der in dem Sinne Pflichtmensch war, in dem das etwas kritisch gemeint ist, wenn man das so sagt.

Donat: Herr Wehner, um noch einen Namen von damals zu erwähnen: Ernst Thälmann, welche Position nimmt er nach Ihrer Auffassung in der deutschen Zeitgeschichte ein?

Wehner: Ich bin nicht der Mann, der da also sagen kann: Dies war Thälmann. Ich habe ihn kennengelernt. Entgegen der Legende, die um mich verbreitet wird, war ich keineswegs sein ständiger Begleiter. Das war ein ausgesprochener Arbeiter, Funktionär der Kommunistischen Partei, der zeitweilig auch von den intellektuellen Gruppierungen, die mit anderen in der Kommunistischen Partei im Streit lagen, benutzt wurde. Mit benutzt meine ich nicht nur, daß sie ihn vor sich herschoben, sondern daß sie seine ausgesprochene Arbeiter-Affinität sich nutzbar machten für ihre Richtung. Das alles ist mir aus Erfahrung bekannt. Und als ich zum Beispiel einmal den Beschluß bekam – ich war ja sozusagen strafversetzt von Dresden nach Berlin – ich solle der Technische Sekretär des Polit-Büros werden, und ich das ablehnte und das auch begründete, da ließ er mich also zu sich laden und hat mir erklärt, ich müßte das machen. Ich habe gesagt, das kann ich nicht machen, ich gehöre keiner Gruppe und keinem Freundeskreis usw. an. Und gerade deswegen mußt Du das machen, so einen Mann will ich an dieser Stelle haben, niemanden anderen, sondern einen, der dafür sorgt, daß das, was gemacht wird, gemacht werden muß usw. So war der, der Mann! Ich kenne ihn auch durch seine Kassiber aus der Haft, die sind während einer gewissen Zeit durch meine Hand gegangen. Und es waren lange und zum Teil erschütternde Briefe in seiner großen Schrift. Ich habe sie damals weiter befördert an Wilhelm Pieck, den Leiter der Auslandsorganisation der illegalen Kommunistischen Partei Deutschlands. Ich habe mich darauf zu berufen gehabt, als ich selber unter Anklage stand in Moskau, und da war dann einer dieser wichtigsten Kassiber angeblich nicht da, ich müsse mich irren; später wurde festgestellt, daß er zu den Anklageakten-Dossiers eines russischen kommunistischen Internationale-Funktionärs geraten war, weil da einiges stand, was den auch anging. Ich hatte mich nicht geirrt, es gab den. Das sind jetzt nur Stichworte aus einer schweren Zeit. Thälmann ist ein Mann, der so war, daß er, als dieser Pakt war, der Ribbentrop-Molowtow-Pakt, es ablehnte, eine Erklärung abzugeben und zu unterschreiben, von der gesagt worden war, unterschriebe er die, dann könne er rausgelassen werden. Das habe ich erlebt, und das weiß ich aus Entscheidungsgremien.

Wördehoff: Herr Wehner, ich springe einmal in die jüngste Vergangenheit. Honecker war 1933 noch ein sehr junger Mann. Sie haben ihn sicherlich in der Zeit nicht gesehen ...

Wehner: Doch – ich war selber auch nicht alt.

Wördehoff: Es sind knapp zehn Jahre Unterschied, Lebensaltersunterschied zwischen Honecker und Ihnen.

Wehner: Ja, aber ziemlich knapp.

Wördehoff: Gut, ziemlich knapp. Dann umsomehr die Frage, welche Gefühle haben Sie beim Wiedersehen 1973 mit Honecker gegabt, der nun in einer sehr herausragenden anderen deutschen Position Ihnen begegnete?

Wehner: Ich kannte ihn als einen aktiven Funktionär, wie man sagt, aus der Kommunistischen Jugend, der ich selber nie angehört habe, aber aus der Zeit, in der er im Saargebiet tätig war und auch seine Familie. Und ich kannte ihn aus der schweren Zeit der – wie man sagt – unterirdischen Arbeit, die ich organisiert habe, und an der ich hinterher mitgewirkt habe. Und ich wußte, was an ihm zu schätzen war. Er war weder ein Prahlhans noch ein Wichtigtuer, und er ging ja auch nach einiger Zeit durch die Gefängnisse. Als ich ihn wiedergesehen habe, das war 1973, war er in den Grundzügen nicht verändert. Und ich hatte den Eindruck, daß er sich politisch vorgenommen hatte – ohne daß er es mir gesagt hatte, aber das konnte man merken –, nicht um besser bewertet zu werden als Ulbricht, der Vorgänger, Dinge, die er gesehen hatte, besser werden zu lassen: Das, was man bei uns Lebensstandard nennt. Das betraf vor allen Dingen Wohnen, Wohnungsfragen. Das hat mich interessiert, daß er auf diesen Gebieten seine Aktivitäten des inneren Ausbaus entwickelte. Ansonsten ist er ein Mann, der Kommunist ist wie Kommunisten zu sein haben. In einem Punkte hat er mir etwas gesagt, was ich, wie ich ihm gesagt habe, nicht verwirklicht sehen werde: Er sagte nämlich, die Geschichte des antifaschistischen Kampfes in Deutschland sei noch nicht geschrieben, und er teile die Meinung derer nicht, die gewisse Leute totschwiegen, oder um das häßliche deutsche Wort zu verwenden, ausmerzten – ich gebrauche das Wort sonst nie –, weil sie gerade in Widerspruch zu der Partei, der Kommunistischen Partei, gekommen waren. Da ging es um ein paar Leute, die ich gekannt habe, die auch hingerichtet worden waren, die aber nicht erwähnt worden waren in deren dortiger Darstellung, die ich an sich überhaupt für sehr einseitig halte, wie häufig solche gekünstelte Geschichtsschreibungen. Und er sagte, die Leute waren – auch wenn der eine dann ausgesagt hat und der andere, daß er das und das gemacht hat, die haben ihr Leben gegeben – waren also in der Zeit, in der sie tätig gewesen waren, wirkliche antihitlerische Kämpfer. Das ist ein Unterschied zu gewissen anderen Auffassungen, die ich jedenfalls glaube, festgestellt zu haben: Ein gewisser Respekt vor anderen.

Donat: Herr Wehner, Sie sprachen von der Anklage, unter der

Sie damals in Moskau standen. War damals Ihr Entschluß, den Kommunisten den Rücken zu kehren, schon gefallen, oder was war der entscheidende Grund, das auslösende Moment?

Wehner: Ich bin zweieinhalb Jahre durch Untersuchungen gegangen, die mich auch die in Lubjanka geführt haben. Und als die Untersuchungen abgeschlossen waren, hat mir der damalige Generalsekretär der Kommunistischen Internationale, Georgi Dimitroff, den ich ja aus Berlin schon kannte aus der Zeit vor dem Reichstagsbrand, und zu dem und zu dessen Mitangeklagten ich und einige wenige andere die Verbindung auch während der Haft aufrecht erhalten und organisiert hatten – wir waren ja keine Dummen –, der hat mir dann gesagt: Alle Anklagen gegen mich, es waren 42, sind geprüft, sind widerlegt, es ist davon nichts nachgeblieben. Er hoffe, daß bei mir auch nichts nachbleibe. Er hat wohl gewußt, daß da etwas nachbleiben muß. Ich habe später von einem seiner engsten Freunde gehört, das war dann im Ausland, daß er dem einmal gesagt hat, der Funk, so hieß ich dort – das war der Name eines von den Nazis Ermordeten; wir hatten zeitweilig die Namen solcher, wenn wir etwas publizierten, übernommen; es war ein Bergwerk-Funktionär, den ich kannte aus dem Ruhrgebiet – der Funk ist einer unserer besten Leute, aber der bleibt nicht bei uns, der denkt zuviel – so Dimitroff –; nun gut, das habe ich also durch den anderen gehört. So ist das Leben! Nein, ich habe damals gewußt, es gibt Dinge, die können weder so bleiben, noch kann ich so bleiben.

Wördehoff: Ich schließe meine Frage jetzt nicht an die Moskauer Prozesse an, sondern schiebe eine aktuelle Frage, die aber seit Jahrzehnten aktuell ist, dazwischen – nach dem Ostberliner Gipfel der europäischen Kommunistischen Parteien besonders: Halten Sie es für denkbar, daß es so etwas wie einen Kommunismus mit menschlichem Antlitz einmal geben wird?

Wehner: Heute sind das ja Glaubensfragen, wissen Sie. Ich habe einmal mit einem der berühmtesten Kreml-Astrologen und Kommunismus-Forscher, Brzezinski – er hat einen polnischen Namen, ist aber Amerikaner, es heißt, er komme jetzt wieder en vogue, wenn Carter Präsident wird; mag es sein, wie es will – mit dem habe ich einmal auf Einladung eines CDU-Abgeordneten und eines Journalisten, der sich mit diesen Sphären besonders beschäftigt, die sich einen Spaß machen wollten, vielleicht auch gewisse Dinge geklärt sehen wollten, eine Diskussion in der Wohnung des Journalisten gehabt. Wir waren also zu viert. Und wir sind uns heftig in die Wolle geraten.

Der andere konnte nicht zugeben, daß vieles von den Dingen, die er als Neuentdeckungen mit seinem eigenen Prägestempel unter die Leute brachte, in Wirklichkeit seit langem innerhalb der kommunistischen Parteien im Gange war – es ging dabei um Togliatti, den ich seit Jahren kannte, unter dem ich habe arbeiten müssen, zeitweilig, als ich in Moskau war, und manchen anderen – daß dies da schon erkennbar war, dieser lange Prozeß. Und ich wage weder Voraussagen noch wage ich, also dieses Wort von Kommunismus oder Sozialismus mit dem menschlichen Antlitz zu übernehmen oder zu deuten. Denn wenn ich an 1968 denke, so war mir 1968 – das heißt, die Zeit unmittelbar vor dem Einrücken der Interventions-Truppen des Warschauer Paktes in der Tschechoslowakei – eines klar: Ich frage mich nur, wann werden sie den Fall für gegeben halten, in dem sie die Sache selber in die Hand nehmen, weil bestimmte Dinge – wenn dort, ganz übertrieben, bestimmte Voraussetzungen es notwendig erscheinen lassen nach deren Meinung – dann nicht mehr strittig sind, so sehr die Meinungsverschiedenheiten sonst in aktuellen politischen Fragen die Rolle spielen. Aber ich kann mir vorstellen, daß in zwanzig Jahren soviel Pluralismus auch dort sein wird, in dem Bereich, daß man mit Verwunderung auf das zurückblicken wird – falls man zurückblicken wird – worüber man vor nunmehr zwanzig Jahren zurück – jetzt von uns aus gesehen – gestritten hat.

Wördehoff: Sie teilen nicht im Augenblick die Ansicht von Robert Havemann, daß nach diesem Gipfel in Ostberlin die Anwendung der Breschnew-Doktrin, also der beschränkten Souveränität, die eine Intervention erlaubt, unmöglich geworden sei?

Wehner: Ich äußere mich nicht über Havemann. Der Mann lebt unter besonderen Verhältnissen; daß er das so sieht, habe ich gehört in einem Deutschlandfunk-Interview. Aber dies ist nicht meine Sache, solche Deutungen zu geben. Es gibt Situationen, es gab sie, es wird sie wohl auch noch geben, in denen unter bestimmten Voraussetzungen, wenn die gegeben sein sollten, jene, die sich als das höchste Organ betrachten, besondere Maßnahmen ergreifen. Das ist bis heute umgekehrt nicht zu sehen. Andererseits, muß ich sagen, hat man erlebt – in der CSSR ist das passiert, was 1968 passiert ist – als in Polen 1970 schwierige Umstände waren, hat die sowjetische Seite sich ganz anders verhalten, nicht aus Angst, sondern weil sie den Versuch unterstützen wollte, das, was Ordnung unter solchen Verhältnissen genannt werden kann, auf andere Weise wieder eintreten zu lassen, indem sie beitrugen zur Erleichterung der Versorgung usw. Aber, wie gesagt, das sind jetzt beinahe aphoristische Bemerkungen zu Vorgängen, die sich über Jahre hinaus noch spannend entwickeln werden.

Donat: Haben Sie eigentlich nach der Trennung vom Kommunismus auch daran gedacht, Politik überhaupt an den Nagel zu hängen, oder hat Sie dieser Gedanke überhaupt nicht berührt?

Wehner: An den Nagel zu hängen nicht. Aber ich war jedenfalls entschlossen, nicht parteipolitisch tätig sein zu wollen, weder mich anderen aufzudrängen noch als ein Spezialist in der Kennerschaft des Kommunismus – wie das dann so heißt – mich andienen zu lassen. Was ich damals gewollt habe, war zum Beispiel die Tätigkeit in einem Verlag als Lektor. Eine ganz bescheidene Art, aber eine Arbeit, die einem Mann Raum und Möglichkeiten ließ, zu denken. Ich bin in die politischen Notwendigkeiten hineingekommen nicht, um etwas zu werden, sondern um Leuten zu helfen, dort mit bestimmten Erscheinungen fertig zu werden, von denen sie sich sonst hätten irreführen lassen. Das heute im einzelnen zu schildern, würde den Rahmen sprengen. Deswegen bin ich dann auch Redakteur der in Hamburg erscheinenden Zeitung »Hamburger Echo« geworden und habe dort meine Arbeit getan.

Wördehoff: In einem Gespräch mit Reinhard Appel vor manchen Jahren haben Sie einmal gesagt, daß es für Sie kein Irrtum war, Kommunist gewesen zu sein, sondern es geworden zu sein. Sie seien, so haben Sie damals gesagt, verurteilt, ein Mensch zu sein, der zwar für seine Ansichten eintreten dürfe, sich aber bei jeder Gelegenheit vorhalten lassen müsse, daß er einmal anders gedacht hätte. Ziehen Sie daraus auch Schlüsse für den Zustand unseres Landes, daß es offenbar von manchen unserer Zeitgenossen als unverzeihlich angesehen wird, Kommunist gewesen zu sein, daß aber von denselben Leuten Faschist gewesen zu sein, als eine Art von Kavaliersdelikt gewertet wird?

Wehner: Für mich gibt es diese Gleichsetzung nicht, ich bitte Sie um Entschuldigung.

Wördehoff: Für mich auch nicht.

Wehner: Gut, aber Sie übernehmen sie. Ich argumentiere so nicht. Ich habe gesagt, ich habe in meinem Leben zwei Fehler gemacht – von den vielen anderen abgesehen – zwei politische Fehler gemacht. Der erste, Kommunist geworden zu sein, und der zweite, als ich es nicht mehr sein konnte und wollte, anzunehmen, daß man dennoch politisch im Gemeinwesen werden kann, mitwirken kann. Dies geht nicht, das hat man also – wie ich gesagt habe – zu büßen Zeit seines Lebens, wenn es gerade anderen gefällt. Ich habe kürzlich einen Brief bekommen von einem geistlichen Ausdeuter der Worte, der mir vorwarf, daß ich einmal hier im Bundestag bei einer Gelegenheit gesagt habe, ich müsse das nun und solle das nun büßen mein ganzes Leben lang. Wie ich so überhaupt den Ausdruck Buße in den Mund nehmen könne! Das sei ein ganz anderer Begriff als der, den ich in den Mund nehmen dürfe. Ich streite darüber nicht, ich streite da überhaupt nicht. Meine Erfahrung ist: Es war ein Fehler, Kommunist geworden zu sein; das habe ich auch begründet, wieso es ein Fehler war, weil mit den Mitteln, die Kommunistische Parteien anwenden und von ihren Mitgliedern erwarten, daß sie die mitbetreiben und unterstützen, das Ziel, das eigentlich doch im Grunde genommen in den wesentlichen Postulaten der Bergpredigt steckt, nicht erreichbar ist. Und es war ein nicht weniger schwerer Fehler, als ich es nicht mehr sein konnte und wollte, doch wieder politisch tätig zu sein mit den Folgen, von denen ich eben gesprochen habe. Im übrigen war ich im Kriege ein Mensch, der die Kommunistische Partei nach allem, was diese mir zugefügt hatte, nicht auf eine Weise verlassen wollte, die ausgelegt und mißdeutet werden konnte, als liefe ich zum Gegner über. Und das waren damals die, die sich Nationalsozialisten nannten.

Donat: Herr Wehner, Sie sind dann über Kurt Schumacher in die SPD aufgenommen worden. Haben Sie dabei anfängliche Vorbehalte gespürt. So etwas wie eine Bewährungsfrist?

Wehner: Schumacher war ein strenger Mann. Er hat gelesen, was er von mir hat bekommen können durch Dritte. Und er hat mich ins Auge gefaßt, und er hat, das weiß ich und damit habe ich mich damals auch abgefunden, mich – wie man heute sagen würde – überprüfen lassen.

Wördehoff: War Ihr Eintritt in die SPD so etwas – ich benutze jetzt einmal dieses Wort, das Bild – wie die Heimkehr des verlorenen Sohnes? Das heißt, die Heimkehr zurück in die Arbeiterbewegung nach den für Sie ja sicherlich sehr großen Enttäuschungen Ihrer 15jährigen Mitgliedschaft in der KPD?

Wehner: Das waren nicht nur Enttäuschungen. Ich habe da auch manches getan und vieles gelernt. Nicht, um dabeibleiben zu können, sondern warum man es so nicht machen kann. Und außerdem den Menschen, der ich bin, hat das nicht in seinem Inneren verfälscht. Heimkehr des verlorenen Sohnes, das war das nicht. Es war für mich – wenn schon – dann aber die einzige Möglichkeit, in dem Teil Deutschlands, in dem es denkbar war, eine Ordnung mit zustandebringen zu helfen, die freiheitlich und, soweit das menschenmöglich ist, sozial gerecht entwickelt werden kann. Daran mitzuwirken, das war's. Ich habe ja gelegentlich gesagt, im Grunde genommen sage ich es auch jetzt gegen manche, die sich da so gegenseitig wild zu schlagen scheinen, als ob das hier, diese Bundesrepublik Deutschland, eine Position sei, auf Ewigkeit: Daß wir dies hier können, ist eine Gnade nach dem Zweiten Weltkrieg.

Wördehoff: Herr Wehner, ich habe bei wenigen Politikern wie bei Ihnen den Eindruck – das mag falsch sein –, daß Sie so vollständig mit Haut und Haar in und mit Ihrer Partei leben. Was bedeutet für Sie – eine sehr große und umfassende Frage – die SPD?

Wehner: Die SPD ist für mich das, was aus den Entwicklungen der alten Arbeiterbewegung nach den Erfahrungen mit zwei Weltkriegen und mit ihnen einhergehenden Diktaturen die Essenz dessen, was der alten Arbeiterbewegung vorgeschwebt hatte, in die menschenmögliche Realität umsetzt. Das bedeutet für mich die SPD.

Donat: Herr Wehner, Ihre Solidarität ist fast sprichwörtlich. Gibt es neben dieser Solidarität des Genossen für Sie auch echte persönliche Freundschaften über die Parteigrenzen hinweg?

Wehner: Ja!

Wördehoff: Sie haben sehr bündig gesagt, was Ihnen die SPD bedeutet. Herr Wehner, was bedeuten Sie der SPD, worin sehen Sie Ihre besondere Aufgabe?

Wehner: Das sind ja schon zwei verschiedene Fragerichtungen. Ich bitte Sie um Entschuldigung, ich bin hier kein Korrektor. Was ich für die SPD oder der SPD bedeute, das wird man einmal sehen, falls man es sieht. Und das ist dann schon meine eigene Einschätzung. Daß ich für diese SPD, und nicht zuletzt auch in der Zeit, in der ich 15 Jahre lang stellvertretender Vorsitzender war, manches zu Wege gebracht und ihr geholfen habe, sich selbst zu erneuern und zu entwickeln, das also darf ich wohl ohne Überheblichkeit sagen. Das sagen und schreiben ja auch manche an mich.

Donat: Darauf Bezug genommen: Es gibt in dieser veröffentlichten oder öffentlichen Meinung eine Reihe von Bezeichnungen für Sie: Stratege, Meister, Taktiker, Zuchtmeister der Fraktion oder auch Kärrner. Wie sehen Sie sich selbst?

Wehner: Ich sage ja manchmal, daß das, was ich tue, Kärrner-Arbeit ist. Zuchtmeister sei dahingestellt. Ich habe der SPD in den Jahren, seitdem ich ihr angehöre, 1946, zu helfen versucht, sich auf das Wesentliche und auf das Notwendige sowie Mögliche zu konzentrieren. So war ich einer von denen, die immer abgewehrt haben, jenes von Parteitag zu Parteitag immer wieder erhobenen Rufes: Endlich ein Grundsatz-Programm und eine Programm-Kommission. Die wurde immer größer. Und Professoren und anderen, die heute noch – soweit sie noch leben – ihren Anteil an dieser Programm-Entwicklung beanspruchen, sei das auch allen gegönnt. Es gab dann eine Zeit, da habe ich zusammen mit Ollenhauer gesagt, jetzt sollen sie ein Programm bekommen. Da wollen wir sehen, daß es eins wird, das in die Zeit paßt. Und das ist dann das geworden, das man das Grundsatz-Programm, beschlossen in Bad Godesberg 1959, nennt. Dazu bedurfte es in der SPD erst gewisser Voraussetzungen sowohl organisatorisch-politischer als auch personeller, die wir zu einem nicht unerheblichen Teil 1958 auf dem Stuttgarter Parteitag zustandegebracht hatten. Immer nur habe ich das gemacht und den Schritt getan, von dem Ollenhauer sagte, er sei mit ihm auch einverstanden, nicht weil ich ein Sklave gewesen bin, sondern weil ich wollte, daß diese mir so bedeutend erscheinende menschliche, persönliche, politische Autorität dabei nicht mißachtet oder nicht beiseitegedrängt würde.

Wördehoff: Große Entscheidungen für die SPD, aber auch für unser Land. Meine Liste wäre das Godesberger Programm von 1959, Ihre bedeutsame außenpolitische Rede vom 30. Juni 1960, die Bildung der Großen Koalition 1966 und schließlich die sozial-liberale Koalition. Und den Erhalt der sozialdemokratischen Bündnisfähigkeit. Ich weiß nicht, ob Sie die Liste dieser großen Entscheidungen vollständig finden, aber welche Entscheidung sehen Sie unter diesen genannten als die Bedeutungsvollste an, bei welcher fühlen Sie sich selbst als der Mann, der den Ausschlag gegeben hat, oder der einen sehr wesentlichen Beitrag geleistet hat?

Wehner: Ich war nie der Mann, der den Ausschlag gegeben hat, und wenn ich ihm oder dem nahegekommen bin, so wäre ich schlecht, wenn ich mich als solcher darzustellen versuchte. Was Sie da genannt haben, das alles sind wesentliche Etappen, an denen ich wesentlich mitgewirkt habe. Ich mache es aber niemandem streitig, die Galionsfigur zu sein. Sie haben von der Rede vom 30. Juni 1960 gesprochen. Ohne diese Rede wäre das Godesberger Grundsatzprogramm – und so mißverstanden es manche – ein bloßes Plakat geblieben, das angepappt wurde, um zu sagen: Dies wollen wir. Nein, die Rede war das Fazit aus einer Reihe von Jahren deutscher Entwicklung im Zustand der Trennung des Volkes und der staatlichen Organe. Das hat viel Arbeit gekostet, dieses dann auch wirklich durch- und umzusetzen. Das war auch schon Kärrner-Arbeit in der Partei. Das konnte man damals nicht mit Semantik, wie sie heute Mode ist, das konnte man nicht mit Schlagworten oder Denkschriften, sondern, indem man mit den Mitgliedern sprach und rang und ihnen half, zum Verständnis zu kommen. Und das war ja mit den anderen Schritten, die Sie genannt haben, nicht weniger der Fall. Aber ein Schritt ohne den anderen wäre nicht denkbar gewesen in dieser Entwicklung.

Donat: Herr Wehner, eine Frage eigentlich nur am Rande, aber eine Frage, die – meine ich – viele Leute stellen, die gar nicht Ihre Gegner sind. Wie kommt es, daß ein solcher politischer Stratege und dazu noch meisterlicher Taktiker, manchmal im Bundestag Zwischenrufe und Bemerkungen macht, von denen er doch eigentlich wissen muß, daß sie ihm in der Öffentlichkeit übelgenommen werden.

Wehner: Ich mache zum Unterschied von der Beurteilung, die mir häufig zuteil wird und die inzwischen schon Schule macht, eben nicht alles, was ich tue oder was mir entfährt, aus Berechnung. Ich kann auch etwas bedauern, ich kann es zurücknehmen, ich kann um Entschuldigung bitten. Ich habe einmal gesagt: Bei dem ist alles Taktik, sagen die Leute oder schreiben die Leute – sie sagen es ja kaum; sie schreiben es, andere sagen es dann nach – das werden sie auch noch einmal tun, wenn ich auf der Bahre liege, dann sagen die: Das ist auch nur Taktik, der hat sich den richtigen Moment ausgesucht. Sarkastisch darf man ja wohl gelegentlich sein.

Wördehoff: Herr Wehner, ich bin Ihnen dankbar, daß Sie dieses Gespräch mit uns führen, kurz bevor Sie Ihre Ferien in Schweden beginnen. Was bedeutet Schweden für Sie, was bedeutet dieses Land für Sie?

Wehner: a) werden die Ferien Ferien auf Widerruf und auf Unterbrechung sein, b) was das Land bedeutet: Mich hat einer der früheren schwedischen Botschafter in Bonn einmal gefragt, ob ich denn Schweden nicht hasse, weil ich dort im Gefängnis gesessen habe. Von den fünf Jahren, in denen ich dort war, war ich zweieinhalb Jahre im Gefängnis. Ich sage: Im Gegenteil, ich liebe das Land und die Menschen. Aber hören Sie einmal, Sie sind doch ausgewiesen auf Lebenszeiten, das ist doch ungerecht. Ich sage: Daran kann ich nichts ändern; ich bin ausgewiesen, weil jemand, der nach dem dortigen Recht vorbestraft ist, eben ausgewiesen ist. Er sagt, er würde das in Ordnung bringen. Ich sage: Ich bitte Sie darum nicht, aber ich würde Ihnen dankbar sein, wenn Ihnen das gelingt.

Nein, ich habe in Schweden manches gelernt, wie man in einer komplizierten Welt und in einem eigentümlichen Land demokratisch miteinander leben und streiten kann. Davon imponiert mir vieles an den Schweden. Unabhängig davon, zu welcher Partei sich die Leute zählen. Ich habe von manchen, die ganz unterschiedlichen Parteien angehörten, manches erfahren, was ich ihnen zu danken habe.

Donat: Herr Wehner, eine letzte Frage: Sie sagten eben Ferien auf Widerruf. Ferien wahrscheinlich mit Unterbrechung. Gibt es für den Politiker Wehner überhaupt Ferien ganz ohne Politik, und was tut er dann?

Wehner: Im Garten arbeiten.

Dieter Thoma

Herbert Wehner
im »Kölner Treff«[*]

Thoma: Meine Damen und Herren, es gibt manchmal Wildwest-Filme, in denen wir immer wieder Wild-Pferde zu sehen kriegen, und dabei ist dann irgendein Einzelpferd, das sich nie fangen läßt und das auch nie zu kriegen ist, und schließlich sagt man, lassen wir es in Freiheit laufen. So ein Gefühl habe ich eigentlich heute, wenn ich Herbert Wehner auf dieser Couch begrüße. Herr Wehner, wie schwer ist es Ihnen gefallen, hierher zu kommen?

Wehner: Es hat mich einige Überlegungen gekostet, und dann habe ich daran gedacht, daß ich vor 45 Jahren einmal nach hier verladen worden bin. Ich, der ich ja ein Dresdner bin, der ich damals in Berlin zu leben und zu arbeiten hatte, wurde nach Köln verladen und ausgerechnet zu dem Rosenmontag, ohne daß ich wußte, daß es der war und was das bedeutet. Denn: Die Freunde – Sie können auch sagen, die Genossen meiner damaligen Partei, für die ich heute noch gescholten werde –, die hatten mich verladen und hatten denen hier gesagt, es muß an dem Abend eine Parteirätekonferenz sein mit diesem Wehner über Fragen, wie man Zeitungen vertreibt und solche Scherze mehr. Ich kam hierher und sah, was war. Die hier aber hatten entschieden: Es geht jeder soundsovielte zu dieser Konferenz, und ich wurde von ihnen dazu angehalten, daß die Sache nicht länger dauert als bis soundsoviel Uhr, damit wir noch was vom Rosenmontagabend haben. Das habe ich dann verstanden, denn ich hatte mir das angesehen und mich still hingesetzt und das ganze Leben betrachtet. Diese Erinnerung an vor 45 Jahren hat mir den letzten Stups gegeben, hierher zu gehen.

[*] Gesendet im Westdeutschen Fernsehen, III. Programm, am 20. 2. 1977.

Thoma: Da haben wir ja unbewußt sogar den richtigen Termin erwischt. Herr Wehner, wenn Sie sagen Dresden – die meisten, jedenfalls viele Berliner kommen aus Dresden –

Wehner: Oh, nein, von selbst gingen die Dresdner nicht nach Berlin. Aus Schlesien kamen die meisten Berliner. Und das war auch ganz in Ordnung.

Thoma: Ja, vor dem Kriege sicherlich die schönste, eine der schönsten Städte, die wir hatten. Wieviel Beziehungen haben Sie noch zu Ihrer Geburtsstadt?

Wehner: Wenn Sie mir das nicht übelnehmen: Nur noch mit dem Herzen. Denn: Ich bin das letzte Mal dort gewesen – steckbrieflich verfolgt und gesucht –, um meine Mutter und meinen Vater noch einmal zu sehen. Das war in der Mitte der dreißiger Jahre. Dann konnte ich nie mehr da hin und konnte sie auch nie mehr sehen.

Thoma: Sie sind seitdem auch nie mehr dagewesen?

Wehner: Nein, und ich werde wohl auch nie wieder dahin kommen.

Thoma: Sind Sie manchmal – ich meine das jetzt nicht abwertend –, sind Sie manchmal in solchen Dingen ein wenig sentimental?

Wehner: Oh ja, das leugne ich nicht, denn ich bin ja ein Dresdner.

Thoma: Das heißt, das ist eine sächsische Eigenart?

Wehner: Ich habe von Dresden gesprochen ... Sächsisch, das wird oft verwechselt mit Leipzigern und neuerdings hier in der Bundesregierung mit Hallensern und so weiter, das ist aber nicht ganz so.

Thoma: Aber dies kann man sagen: Aus Dresden, aus Sachsen, kommen viele hervorragende Deutsche.

Wehner: 1,82 bin ich.

Thoma: Ich habe nicht »groß« gesagt, ich habe hervorragend gesagt.

Wehner: Ja, er ragt hervor über die, die etwas kleiner sind.

Thoma: Aber kommen wir – doch nicht nur ein bißchen –, kommen wir auf Politik, Herr Wehner. Sie sind Politiker, und soweit ich es zu beurteilen versuche, sind Sie Politiker so mit dem Herzen, wie kaum jemand anders.

Wehner: Ja, das ist dabei.

Thoma: Es haben viele über Aussöhnungen geredet. In den vergangenen Zeiten ist gesagt worden, daß Adenauer die Aussöhnung mit dem Westen gemacht hat, daß die Regierung Brandt die Aussöhnung mit dem Osten erreicht hat. Bei Ihnen habe ich irgendwann gelesen, daß Sie gesagt haben, nach Weimar müsse man die Aussöhnung dieses Staates mit dem Arbeiter erreichen, dies sei so wichtig. Ist Ihnen das gelungen, und glauben Sie, daß dieses wirklich eine so wichtige Sache war für diese Gesellschaft, für diesen Staat?

Wehner: Was Sie mir da in Erinnerung bringen, ist aus den Erfahrungen der Zeit vor 1933 geschöpft. Und die Frage, ob mir das gelungen sei? Das kann kein Einzelner. Da kann man nur mitwirken, mithelfen. Und ich denke, wir sind ein ganz wesentliches Stück dahin gekommen. Das ist anders als in der Zeit der ersten Republik, der Weimarer Republik.

Denn immerhin: In dieser damaligen Republik – zum Beispiel in meiner Heimatstadt, meinem Heimatland Sachsen, Freistaat damals, heute nennt sich nur Bayern Freistaat, komischerweise, so verändern sich die Dinge – marschierte 1923 die Reichswehr ein auf Befehl und setzte unsere damalige Regierung ab, und in der Nachbarstadt gab es 42 Tote. Dies war für einen Menschen, der damals wie ich 17 Jahre werden sollte in der Mitte des Jahres, ein Erlebnis, mit dem er lange nicht fertig wurde. Das hat viele von uns, die wir aus der Arbeiterschaft kamen – in ihr wurzelten – politisch zunächst einmal gebrochen, und das dauerte, bis damit fertig zu werden war.

Wir sind jetzt in einer Republik, in der eigentlich mehr als nur diejenigen, die zu einer Partei gehören, wissen, wenn sie es auch nicht immer entsprechend tun, daß die Demokratie auf dem Prinzip der Gegenseitigkeit und der Ehrlichkeit beruht, und daß alle, bei allen Gegensätzen, auch Ehrlichkeit in der Auseinandersetzung der Gegensätze, sich entsprechend verhalten sollten. Nicht, um sich gegenseitig zu lobhudeln oder Puderzucker in bestimmte Körperteile zu blasen, sondern damit die Menschen sehen, worum gestritten wird. Sonst ginge das kaputt.

Wir haben seit dem Zweiten Weltkrieg in diesem Teil des geteilten Deutschland eine solche Chance. Die haben wir zwar nicht, weil wir soviel besser waren als die im anderen Teil oder dazwischen, aber wir haben sie und wir sollten sie nicht verspielen. Manchmal sieht es heute so aus, als würde sie verspielt.

Thoma: Wenn Sie von Chance sprechen, so heißt das doch, daß

Sie das nicht als so gesichert ansehen, als könnte es nicht noch verschludert, verpraßt, wieder aufgegeben werden?

Wehner: Vergeudet, ja, und leichtsinnigerweise, weil viele nicht wissen und auch nicht lernen, woran eigentlich so vieles bei uns gekrankt hat, kaputt gegangen ist, und wie dabei die Verantwortlichkeiten verteilt waren. Wir haben hier auf diesem selben Kanapee Lehrer gehört, und da ich selbst keine Chance mehr habe, Lehrer zu werden, noch von einem Lehrer unterrichtet zu werden, freue ich mich immer zu hören, worüber die nun denken und reden. Mit dem Geschichtlichen scheint es bei uns im Lande etwas zu hapern. Ich habe das in den letzten Monaten besonders zu spüren bekommen. Ich habe noch so eine Art Hexenschuß davon im Kreuz.

Thoma: Diese Sache, Herr Wehner, über die wir reden, diese Bundesrepublik Deutschland, die ja so demokratisch verfaßt ist im Vergleich zu dem, was Sie – mehr als andere noch – erlebt haben, was ich noch ein bißchen miterlebt habe, wie kann man denen, die den Unterschied nie erlebt haben, begreiflich machen, was dieses wert ist, was hier geschaffen worden ist?

Wehner: Man muß darüber sprechen. Es gibt in zunehmendem Maß Einladungen, Anforderungen, Aufforderungen, manchmal werde ich dabei ein bißchen rot, das ist jetzt nicht die politische Frage, sondern das ist, wie man ist, wenn man jung ist, noch jung wäre, weil die sagen, ich müsse ihnen erklären, erläutern, berichten, denn sie erführen sonst zu wenig. Und das scheint mir heute ein Manko zu sein. Heute ist Politik und das Auseinandersetzen über Politik leider vorwiegend beherrscht vom gegenseitigen Aufkleben von Schablonen und vom Reden nach Schablonen. Das tut mir leid, aber das ist so, und das ist tödlich für die Demokratie.

Thoma: Bei so vielen Vorwürfen, die man Ihnen immer gemacht hat und die Sie in manchen Fällen sicherlich auch mit Recht ein wenig bitter gemacht haben, einen hat man Ihnen nie machen können, daß Sie durch die Politik für sich etwas erreicht hätten zu Ihrem Nutzen, also sich bereichert hätten, daß Sie Staatsämter angestrebt hätten, hohe. Böll hat jetzt gerade im *Spiegel* geschrieben; er sagte, es sei so eine Art Achtung vor dem Parlament, wenn Herbert Wehner immer derjenige ist, der dort am längsten sitzt. Es kann alles leer sein, er ist der erste, und er ist der letzte. Ist das Achtung vor dem Parlament?

Wehner: Da gibt's zum Beispiel einen bösen Zwischenruf von zwei neueren CDU-Parlamentariern, die dies zurückführten auf Senilität. Da kann ich Ihnen nur sagen, das ist eine Lebensregel: »Wie es kommt, wird's genommen.« Ich gebe zu, daß ich eine nicht nur Vorstellung habe vom Parlament, sondern mich auch in einer Verpflichtung fühle. Und was mich wehmütig stimmt ist, daß ich damit sehr in der Minderheit bin, unabhängig von Parteizugehörigkeiten.

Thoma: Haben Sie Freunde, haben Sie eventuell sogar Freunde in anderen Parteien?

Wehner: Natürlich habe ich Freunde. Solche zu nennen und gar solche, die in anderen Parteien sind, ist, wenn ich es sage, für sie gefährlich. Aber lassen Sie mich, weil Sie mich nach Freunden gefragt haben – am 20. Februar begeht ein Freund seinen 70. Geburtstag, das ist Ernst Schellenberg, der Meister sozialpolitischer nicht nur Vorstellung, sondern auch Forschung und Bemühungen während einer ganzen Epoche, er ist jetzt nicht mehr im Bundestag, er hat sich nicht wieder wählen lassen in diesen 8. Deutschen Bundestag – aber weil Sie mich so fragen: Ich nehme mir die Freiheit: Am 20. Februar begeht mein Freund, mit dem ich vieles erlitten, mit dem ich vieles durchgemacht und dem ich in vielem habe helfen und auch trösten müssen, seinen 70. Was die in den anderen Parteien betrifft, da könnte ich Ihnen nur Tote nennen, aber das sieht dann komisch aus. Übrigens, einen Kölner muß ich Ihnen nennen: Das ist Mathias Niessen, Nippes. Und wenn man ihn fragt – ich könnte aus Salzgitter, aus Hamburg, aus Harburg Freunde nennen – das sind Freunde, wenn man die fragt, sagen die, jawohl, ich bin und umgekehrt, er ist ein Freund von mir, das heißt, wir reden nicht nur, wir geben nicht an, sondern, wenn notwendig – und nicht aufdringlich – hilft man einander, berät man einander. Das verstehe ich darunter.

Thoma: Wenn Sie an Ihre Arbeit in Bonn und vielleicht nicht nur daran denken, was sehen Sie selbst als Ihren, das kann auch in der Mehrzahl gesagt sein, größten Erfolg an? Kann man das mit einem Superlativ so nennen, oder ist das eine Frage, die sich so nicht beantworten läßt?

Wehner: Das ist eine schwierige Frage, weil sie auch in der Antwort von manchen dann verstanden würde, als wolle man mit ihr hier etwa prahlen. Aber, wenn Sie so fragen, sage ich Ihnen zweierlei, nebeneinandergestellt. Die Möglichkeit, als ein Abgeordneter dieses Parlaments vielen Menschen aus ganz schwierigen Lagen, aus denen auch keine Gesetze helfen können, weil, die Gesetze sind meist Ansammlungen vieler Buchstaben und Paragraphen, beistehen zu können, noch immer wieder, immer wieder, ohne daß das an die Glocke gehängt, ohne daß das gefeiert wird. Und das andere, daß doch im Parlament, bei allen gegenseitigen und derzeitigen Schärfen und Ungereimtheiten und auch Nichtigkeiten in den Auseinandersetzungen eine Partei wie die Sozialdemokratische Partei, der ich angehöre, bei der ich nach der Emigration wieder in Deutschland leben konnte und durfte, ich war auch ausgebürgert vom Dritten Reich, wie das damals hieß – daß sie bei allen Gegensätzen eine voll anerkannte demokratische Partei, ein Faktor in dieser Republik ist. Dies habe ich keineswegs allein – da gehörte viel dazu – aber mit anderen bewirkt.

Thoma: Sie haben die Emigration gerade angesprochen, Herr Wehner. Sie waren unter anderem in Prag, und Prag war zu der Zeit eine Stadt, an die wir heute mit nostalgischen Gefühlen zurückdenken, was dort alles lebte. Wen haben Sie dort kennengelernt? Sie waren – so habe ich mir sagen lassen – zum Beispiel mit Egon Erwin Kisch bekannt.

Wehner: Bekannt ist gut gesagt, wir waren Freunde. Es war der »rasende Reporter« mit eigentümlichen und eigenen politischen Auffassungen, die auch nicht immer mit denen der Partei, der er zugehörte, übereinstimmten. Das war ein Freund, und es gibt noch andere. In Prag mußte ich mich nach einigen Mißgeschicken immer so verhalten, daß die Polizei nicht auf mich aufmerksam wurde. – Sie hatten hier grad – aber das war ein Kölner Polizeipräsident, und das hat eine ganz andere Beziehung –. Und eines Tages sagt mir der »Egonek«, der Egon Erwin Kisch, er wolle mich um soundsoviel Uhr im Café soundso dem »Chef de Detective«, dem Chef der Kriminalpolizei vorstellen als seinen Freund, und dann würde ich jedenfalls sehen, die Polizei würde mich in Ruhe lassen. Ich sagte, laß das lieber sein, man weiß nicht, was er für Pflichten hat oder wer auch ihn beobachtet, und wie dann, wenn wir auseinandergegangen sein werden, ich doch sitze. Nein, ich kannte Egon Erwin Kisch nicht nur, sondern auch seine Mutter und sein Elternhaus, sein altes, das noch die Zeiten der Zerstörung früherer Kriege überstanden hatte.

Thoma: Wer gehörte noch zu diesem Kreis?

Wehner: Tja, da gehörte mancher dazu, auch jener, der die Photomontage faktisch erfunden hatte, und der sich sein Leben in Prag mit Fremdenführungen verdienen mußte, und den ich einmal auf der Karlsburg traf, als er Damen erläutern durfte, wer dort früher war, was das ist, wer dies und das gemacht hat, und der mich nicht kennen durfte angesichts dieser Gesellschaft und dann doch noch einmal zurückkam und mir sagte, das hätte ja nichts mit mir zu tun, sondern er dürfe nicht zeigen, daß er mit einem zu tun hatte, den er denen nicht vorstellen kann. Gut, also ich kannte eine ganze Reihe. Auch manche, die dort inzwischen gehängt, wie es dort nach dem Kriege Zeiten gegeben hat, oder sonstwie hingerichtet worden sind.

Thoma: Herr Wehner, wenn Sie ausspannen, fahren Sie dann, wenn es Zeit ist, immer nach Schweden? Sie haben ein Haus auf einer Insel, die heißt Ödland, ...

Wehner: »Öd« nicht, aber mit »Ö« ist die Insel. Ich lebe auf eine eigene Art. Ich habe schon einmal in einer bedeutenden Zeitung gelesen, daß seltsamerweise noch nie intim fotografiert worden ist das, was man dort meine Villa nennt. Das ist ein ganz normales Haus, das ich einmal von einem Bauern gekauft hatte, der es nicht mehr brauchen konnte, und das wir uns dann ausstaffiert haben. Wenn es geht, fahre ich dahin, schon allein deswegen, weil während einiger Monate des Jahres meine Frau dort leben muß, weil sie das Klima hier in Bonn nicht aushielte nach mehreren Herzinfarkten und so.

Thoma: Ich habe bei Günter Gaus etwas gelesen, was mich ungeheuer erstaunt hat, nicht, daß Sie Barockmusik lieben, dieses erstaunt mich gar nicht, sondern, daß, wenn Sie besondere Gäste haben dort oben, daß Sie sie dann mit einem Lied auf der Mundharmonika verabschieden. Also, so kann ich mir Sie gar nicht vorstellen?

Wehner: Ja, wissen Sie, ich bin ein Musiker, deswegen habe ich schon Sympathien verdient. Das hat verschiedene Gründe. Mein Großvater mütterlicherseits war – wie es damals war – sowohl ein Schneidermeister als auch ein Musiker. Er hatte so eine – heute sagt man wohl Band – damals sagte man Kapelle. Und an den, was man heute Wochenenden nennt, zogen sie dort durch die Dörfer in der Umgebung von Dresden. Und er vermachte seinen Enkeln die Instrumente. Er hatte sie alle. Das Klavier bekam ich – seine Frau, meine Großmutter, sagte, ich wäre sein Lieblingsenkel gewesen –, mein Bruder bekam die Geige. Da gab es noch eine Bratsche, da gab es noch – sogar eine Trompete war dabei – sechs Instrumente gab es, die gingen an die Enkel. Nein, ich bin ein Musiker. Viel davon ist mir nicht mehr geblieben, auch nicht mehr viel Zeit. Das kann ich mit der Mundharmonika, die kann man mit sich rumschleppen, im Wagen und auch sonstwo hat man eine. Es kommt auch vor: Da kommt zum Beispiel eines Tages ein Anruf, daß welche aus Bünde in Westfalen da seien, ob sie mich dort besuchen können – durch Vermitteln einer schwedischen Stelle. Gerne, hab ich gesagt. Frau und Tochter haben dann schnell noch ein paar Bissen gemacht, damit die nicht denken, wir sind Geizhälse – das kann man in Schweden, so kleine Happen. Und die waren auf Gesang eingestellt. Das waren über 40. Die sangen stilgerecht, und da habe ich sie gefragt, ob ich ihnen auch Musik bieten kann, »gengäld« wie die Schweden sagen, da habe ich ihnen was vorgespielt. Da ich nicht so gut bin, daß ich damit was hermachen kann, tue ich es nicht öffentlich.

Thoma: Normalerweise würde man jetzt fragen: »Wir haben gerade 'ne Mundharmonika da ...«

Wehner: Das möchte ich keinem hier zumuten. Wissen Sie, da die Geschmäcker verschieden sind; die einen mögen das Tirilieren oder Tremolieren, die anderen mögen es schlicht und so weiter. Und so viel könnte ich nicht versuchen, daß ich rauskriegte, wo der Durchschnitt ist.

Thoma: Dann aber eine andere, letzte Frage, Herr Wehner. Worüber können Sie lachen?

Wehner: Über mich.

Anhang

Abkürzungen

Agitprop	Agitation und Propaganda. Für Agitprop war eine der Abteilungen des ZK zuständig.
EKKI	Exekutivkomitee der Kommunistischen Internationale (Komintern)
Erl. Ber.:	Erlernter Beruf
KJVD	Kommunistischer Jugendverband Deutschlands
KPÖ	Kommunistische Partei Österreichs
M	Mitglied
MdR	Mitglied des Reichstages
MdB	Mitglied des Deutschen Bundestages
NSBO	Nationalsozialistische Betriebs-Organisation
Org-Leiter	Organisationsleiter eines Bezirks der KPD
OMS	Abteilung für internationale Verbindungen des EKKI
Polbüro bzw. Politbüro	Politisches Büro des ZK der KP
Pol-Leiter	Politischer Leiter eines Bezirks
RFB	Roter Frontkämpfer-Bund
RFMB	Roter Frauen- und Mädchen-Bund
RGI	Rote Gewerkschafts-Internationale
RGO	Revolutionäre Gewerkschaftsopposition
RHD	Rote Hilfe Deutschlands
SAP	Sozialistische Arbeiterpartei Deutschlands
SBZ	Sowjetisch besetzte Zone Deutschlands
SPÖ	Sozialdemokratische Partei Österreichs
USPD bzw. USP	Unabhängige Sozialdemokratische Partei (Deutschlands)
ZK	Zentralkomitee (Zentrale)

Hinweise

Die Hinweise beziehen sich auf Personen und Ereignisse, von denen in den »Notizen« berichtet wird. Sie sind alle in der Verantwortung des Herausgebers anhand der angegebenen Quellen erarbeitet worden.

Abusch, Alexander (pseud. Ernst Reinhard)
*14. 02. 1903 Krakau
Erl. Ber.: kaufmännischer Angestellter. 1918 M. d. Freien Sozialistischen Jugend, 1919 M. d. KPD. 1918–1923 Teilnahme an kommunistischen Umsturzversuchen in Bayern und Thüringen; zweimal wegen Hochverrats· angeklagt. Redakteur, später Chefredakteur verschiedener kommunistischer Zeitungen (»Neue Zeitung«, Thüringen, »Ruhr-Echo«, Essen, »Rote Fahne«, Berlin). M. d. Bezirksleitung Thüringen. 1933 Emigration ins Saarland (»Arbeiterzeitung«), danach nach Frankreich, wo er die Redaktion der illegalen »Roten Fahne« leitete. Nach Internierung in Frankreich Flucht nach Mexiko. Seit 1946 wieder in Deutschland (Sowjetische Besatzungszone), später wichtige Funktionen in der DDR: Seit 1957 im ZK der SED, 1954 Staatssekretär, 1958 Minister für Kultur, 1961–1971 stellvertretender Vorsitzender des Ministerrats der DDR. 1972 Vizepräsident, 1975 Ehrenpräsident des Kulturbundes der DDR. Veröffentlichte mehrere Bücher über Politik und Literaturgeschichte.

Ackermann, Anton (richtiger Name: Hanisch, Eugen)
*25. 12. 1905 Thalheim (Erzgebirge), † 04. 05. 1973 (DDR)
Erl. Ber.: Strumpfwirker. 1919 M. d. Sozialistischen Jugend, 1926 M. d. KPD, 1928 Absolvent der Leninschule, 1932 M. d. Deutschland-Abteilung der Komintern, 1933 Leiter der illegalen KPD in Berlin, 1935 M. d.

ZK und des Politbüros der KPD. Teilnahme am spanischen Bürgerkrieg, anschließend in der Sowjetunion, M. d. Nationalkomitees »Freies Deutschland« und Leiter des Moskauer Senders »Freies Deutschland«. Nach 1945 wichtige Funktionen in der SED; M. d. Zentralkomitees und Politbüros, 1949–1953 Staatssekretär im Ministerium für Auswärtige Angelegenheiten. Leiter der Abteilung Kultur, Volksbildung, Gesundheit in der staatlichen Plankommission der DDR.

Arendsee, Martha
*29. 03. 1885 Berlin, † 22. 05. 1953 Berlin
Zunächst SPD, dann über die USPD zur KPD. 1924–1930 MdR. Redakteurin. Verheiratet mit Paul Schwenk. 1934 emigriert in die UdSSR. Tätigkeit beim Moskauer Rundfunk. Nach dem Krieg Rückkehr nach Deutschland. Vorsitzende der Sozialversicherungsanstalt Berlin.

Aufhäuser, Siegfried
*01. 05. 1884 Augsburg, † 06. 12. 1969 Berlin
Gründete 1915 die »Arbeitsgemeinschaft Freier Angestelltenverbände« und war 1917–1933 Vorsitzender des Dachverbandes »Allgemeiner Freier Angestelltenbund«. 1921–1933 MdR (SPD). 1933 Emigration, 1951 Rückkehr nach Deutschland, bis 1958 Vorsitzender des Landesverbandes Berlin der DAG.

Barthel, Karl
*20. 03. 1907 Lohmen b. Pirna
1926 m. d. KPD. Hilfsarbeiter. 1929 M. d. Thüringischen Landtages, 1932 (jüngstes) MdR. Sekretär der Bezirksleitung Hessen–Kassel der KPD. 1933 nach dem Reichstagsbrand verhaftet. 12 Jahre KZ-Haft (Buchenwald). Veröffentlichung: »Die Welt ohne Erbarmen«, Rudolstadt 1946 (Über die Zeit im KZ). M. d. SED. Direktor der Stadtwerke Jena.

Beimler, Hans
*02. 07. 1895 München, † 01. 12. 1936 (in Spanien)
Erl. Ber.: Metallarbeiter. M. d. Spartakusbundes, später der KPD. 1932–1933 MdR u. M. d. Bayerischen Landtages. Leitende Funktionen im Bezirk Südbayern der KPD, 1932 politischer Sekretär. 1933 verhaftet und mißhandelt ins KZ Dachau verbracht (Erlebnisbericht »Im Mörderlager Dachau«). Flucht aus dem KZ. Im spanischen Bürgerkrieg politischer Kommissar und Divisionskommandeur. Bei Madrid gefallen.

Bertz, Paul (pseud. »Johann«)
*02. 08. 1886 Mühlhausen (Thüringen), † 19. 04. 1950 (DDR)
Erl. Ber.: Werkzeugschlosser. M. d. KPD seit Gründung. 1922 M. d. sächsischen Landtags, 1924–1930 MdR. Delegierter des EKKI Moskau, bis Ende 1933 Instrukteur, an-

schließend von Amsterdam aus in der Leitung der illegalen KPD. M. d. ZK der Emigrations-KPD, Paris, 1940 Schweiz. 1945 Rückkehr nach Berlin. Gestorben 19. 04. 1950 (Selbstmord). Von der SED als US-Agent beschuldigt.

Birkenhauer, Erich
*21. 01. 1903 Essen, † 1937 (?)
1919 M. d. Freien Sozialistischen Jugend und 1924 Eintritt in die KPD. 1929 Agitprop-Sekretär der Bezirksleitung Ruhr, 1 Jahr Festungshaft wegen Vorbereitung zum Hochverrat, 1930 Sekretär des Bezirks Ruhr. 1931 Chefredakteur des »Ruhr-Echo«. Enger Berater Thälmanns (»Sekretär«). März–Oktober 1933 in Haft, anschließend Arbeit für die KPD in Prag, Paris und Moskau. Dort 1937 verhaftet und wahrscheinlich im Zuge der Stalinschen Säuberungen erschossen.

Blau, Ewald (eigenl. Thoma, Karl)
*08. 06. 1899 Königsberg, † 29. 01. 1939 (in Spanien)
1923 M. im M-Apparat, der militärischen Organisation der KPD-Zentrale. 1926 Archivar im ZK der KPD. 1929–1934 wichtige Funktionen im Bezirk Sachsen. Gehörte zur Gruppe um H. Neumann. Nach der Emigration 1934 während des Bürgerkrieges in Spanien Kriegskommissar der XI. Internationalen Brigade. Dort 1939 gefallen. – Blau wurde verdächtigt, Vertrauensmann der

Polizei in der KPD-Zentrale gewesen zu sein.

Blenkle, Konrad
*28. 12. 1901 Berlin, † 20. 01. 1943 Berlin–Plötzensee
1919 M. d. Freien Sozialistischen Jugend. 1920 M. d. KPD. 1924 Vorsitzender der KJVD, Mitglied des ZK der KPD. 1928–1930 (jüngstes) MdR. M. des EKKI. 1932–1933 Parteiarbeit in Oberschlesien. 1933 illegale Arbeit, 1934 Emigration. War u. a. in der KPD-Abschnittsleitung Nord in Kopenhagen tätig. Dort 1941 festgenommen, von einem Volksgerichtshof wegen Vorbereitung zum Hochverrat zum Tode verurteilt und in Plötzensee hingerichtet.

Brandler, Heinrich
*03. 07. 1881 Warnsdorf (Nordböhmen), † 26. 09. 1967 Hamburg
Erl. Ber.: Maurer. 1901 M. d. SPD. Funktionen in der Gewerkschaft. 1918 Herausgeber des Organs des Spartakusbundes »Der Kämpfer«. 1919 M. d. KPD, 1920 Sekretär der Zentrale der KPD. 1921 mit W. Stoecker zum Vorsitzenden der KPD gewählt. 1921 verhaftet und zu 5 Jahren Festung verurteilt. Flucht nach Moskau, wo er die KPD beim EKKI vertrat. Rückkehr nach Deutschland, bis 1924 Vorsitzender des Politischen Büros der KPD. 1924–1926 als M. d. KPdSU Arbeit in der »Bauern-Internationale«. Gründete 1928

in Deutschland eine Oppositionelle KPD. Wurde 1929 aus der KPdSU ausgeschlossen. 1933 Emigration, zunächst nach Frankreich, dann nach Kuba. Hielt sich später in London auf und ging 1948 wieder nach Deutschland, wo er bis zu seinem Tode in der Bundesrepublik lebte.

Brass, Otto
*21. 12. 1875 Wermelskirchen, † 13. 11. 1955 Masserberg (Thüringen)
Erl. Ber.: Feilenhauer. 1905–1917 Geschäftsführer der sozialdemokratischen »Remscheider Arbeiterzeitung«. Kam über die USPD 1920 zur KPD. M. d. Weimarer Nationalversammlung (USPD), 1920–1924 MdR. 1920 M. d. Zentrale der KPD. 1922 wegen Rechtsabweichung aus der KPD ausgeschlossen. 1922 M. d. SPD. Nach 1933 im Widerstand. 1938 verhaftet, 1939 zu 12 Jahren Zuchthaus verurteilt. Nach dem Krieg M. d. SED. M. d. Bundesvorstandes des FDGB.

Bredel, Willi
*03. 05. 1901 Hamburg, † 27. 10. 1964 Berlin
Erl. Ber.: Dreher. Schriftsteller. 1917 M. d. Spartakusbundes. 1919 M. d. KPD. Ab 1925 Mitarbeiter an kommunistischen Zeitschriften. 1928 Redakteur an der »Hamburger Volkszeitung«. 1930–1932 Festungshaft. 1933–1934 im KZ Hamburg-Fuhlsbüt-

tel. 1934 Emigration in die CSR und von dort in die Sowjetunion. 1937–1939 Teilnahme am spanischen Bürgerkrieg. Während des Zweiten Weltkrieges literarische Arbeit in der Sowjetunion. Mitglied d. Nationalkomitees »Freies Deutschland«. Nach 1945 M. d. Mecklenburgischen Landtages. Kulturpolitische Tätigkeit. Seit 1954 M. d. ZK d. SED. 1959 zunächst Vizepräsident, dann Präsident der Akademie der Künste in Ost-Berlin.

Breitscheid, Rudolf
*02. 11. 1874 Köln, † 28. 04. 1944 KZ Buchenwald
Beruf: Redakteur. Zunächst M. d. Freisinnigen bzw. Demokratischen Vereinigung, trat 1909 zur SPD über. Im 1. Weltkrieg stand er auf Seiten der USPD und kam auf dem Vereinigungsparteitag 1922 wieder zur SPD. 1920–1933 MdR, zeitweilig Fraktionsvorsitzender der SPD. Er unterstützte die Locarno-Politik Stresemanns, der ihn 1926 in die deutsche Völkerbundsdelegation berief. Emigrierte 1933 zunächst in die Schweiz, dann nach Frankreich. 1933 bürgerte ihn das »Dritte Reich« aus. Die Vichy-Behörden lieferten ihn 1941 zusammen mit Hilferding an die Gestapo aus. Er wurde 1942 ins KZ Buchenwald eingeliefert, wo er 1944 bei einem Luftangriff ums Leben kam.

Brüsseler Konferenz 1935
Konferenz der führenden Vertre-

ter der Emigrations-KPD, die vom 3.–15. 10. 1935 in der Nähe Moskaus stattfand und der Aufgabe diente, die neuesten Beschlüsse des Weltkongresses der Komintern (Umstellung auf eine Einheits- und Volksfrontpolitik) auf die Bedingungen in Deutschland zu übertragen. Auf der Konferenz wurde auch das ZK und Politbüro der KPD neu gewählt. Die Bezeichnung »Brüsseler Kongreß« bzw. »Brüsseler Konferenz« diente lediglich zur Tarnung.

Chwalek, Roman
*24. 07. 1898 Woinowitz/Oberschlesien, † 27. 11. 1974 (DDR)
Erl. Ber.: Schlosser. 1919 M. d. USPD. 1920 M. d. KPD. In Gewerkschaften tätig, nach 1929 in der RGO. 1930–1933 MdR. 1933 verhaftet, 1934 zu 3 Jahren Zuchthaus verurteilt. Nach der Strafverbüßung bis 1939 KZ Sachsenhausen. Nach dem Krieg M. d. SED. In der Leitung des FDGB tätig. 1950–1953 Minister für Arbeit, 1953–1954 Minister für das Eisenbahnwesen in der DDR. Danach bis 1963 stellv. Vorsitzender des Verbandes der Deutschen Konsumgenossenschaften in der DDR.

Creutzburg, August
*06. 03. 1892 Fischbach (Thüringen), † 1937 (?)
Erl. Ber.: Maler und Lackierer. 1908 M. d. SPD, kam über die USPD 1920 zur KPD. 1920 KPD-Sekretär in Jena. 1924–

1928 und 1930–1933 MdR. Verschiedene Funktionen als Polleiter und Orgleiter im Ruhrgebiet, später Berlin. Nach 1933 Emigration, zunächst nach Amsterdam, dann nach Moskau. Dort im Zuge der Stalinschen Säuberungen 1937 verhaftet und umgekommen.

Crispien, Artur
*04. 11. 1875 Königsberg/Preußen, † 30. 11. 1946 Bern
Redakteur. Bereits mit 18 Jahren in der Arbeiterbewegung tätig. Kam 1902 in die Redaktion der Königsberger »Volkszeitung«. Im 1. Weltkrieg ging er als entschiedener Gegner der Kriegskredite zur USPD, die ihn neben Hugo Haase zum Parteivorsitzenden wählte. Nach der Wiedervereinigung mit den Mehrheitssozialisten 1922 wurde er einer der 3 Parteivorsitzenden der SPD und Vorstandsmitglied in der sozialdemokratischen Reichstagsfraktion. Er vertrat die SPD in der Exekutive der Sozialist. Internationale. 1933 emigrierte er in die Schweiz, wo er sich mit großer Tatkraft und Uneigennützigkeit der Betreuung politischer und jüdischer Flüchtlinge widmete.

Dahlem, Franz
*14. 01. 1892 Rohrbach (Lothringen), † 17. 12. 1981 (DDR)
1913 M. d. SPD, kam über die USPD 1920 zur KPD. 1921 M. d. preußischen Landtags, 1928–1933 MdR. 1927 ins ZK

der KPD gewählt, 1928 ins Polbüro berufen. 1931 Reichsleiter der RGO. Auch 1935 und 1939 ins ZK und ins Politbüro der KPD gewählt. Nach Teilnahme am spanischen Bürgerkrieg als politischer Leiter der Internationalen Brigade Aufenthalt in Frankreich. 1941 Auslieferung an Deutschland. Gestapo-Haft, KZ-Haft in Mauthausen bis zur Befreiung 1945. Danach erneut Aufstieg in die höchsten Parteigremien (Leiter der Westkommission der SED) bis 1952; ab 1957 wieder im ZK der SED, 1967 Stellv. Minister für Hochund Fachschulwesen; 1964–1977 Präsident der Deutsch-Französischen Gesellschaft in der DDR.

Daub, Philipp
*21. 01. 1896 Saarbrücken, † 14. 07. 76 (DDR)
Erl. Ber.: Metallarbeiter. 1921 M. d. KPD. Seit 1924 hauptamtlich in der Gewerkschaft, 1927 im Parteiapparat tätig. 1929 Kandidat des ZK. 1932 MdR. Polleiter Bezirk Saar, später Hessen. Nach 1933 Emigration nach Amsterdam, später Paris (Leitung der »Roten Hilfe«), 1940 Flucht nach Übersee. Nach 1945 Funktionen in der SED (Leiter der Kaderabteilung im ZK), 1955–1961 Oberbürgermeister von Magdeburg, 1961–1964 Präsident der Liga für Völkerfreundschaft.

David, Fritz (eigentlich Ilja-David Krugljanski)
*1897 (Wilna), † 1936 (in der UdSSR)

Zunächst Arbeit im Komintern-Apparat, Moskau. 1929 nach Deutschland geschickt, leitete er die Gewerkschaftsredaktion der »Roten Fahne« und war M. d. Zentrale der RGO. Ab 1933 Arbeit in der deutschen Sektion der Komintern in Moskau, enger Mitarbeiter Wilhelm Piecks. 1936 als angeblicher Trotzkist verhaftet und in einem Schauprozeß gemeinsam mit Sinowjew zum Tode verurteilt und hingerichtet.

Dengel, Philipp
*15. 12. 1888 Oberingelheim, † 28. 03. 1948 Berlin
Erl. Ber.: Lehrer. 1919 M. d. KPD. Redakteur (»Rote Fahne«, 1923 Chefredaktion der »Hamburger Volkszeitung«). 1924–1930 MdR. 1925 M-d-ZK der KPD, M. d. Polbüros. 1928 M. d. EKKI und seines Präsidiums. Seit 1929 im Apparat der Komintern in Moskau. 1939 erneut ins ZK der KPD gewählt. Seit 1941 krank, kehrte 1947 schwerkrank nach Berlin zurück, wo er 1948 gestorben ist.

Dietrich, Paul Reinhold
*06. 11. 1889 Groß-Warsula (Thüringen), † 1937
Erl. Ber.: Lehrer. 1909 M. d. SPD. Kam über die USP zur KPD. 1924 Chefredakteur der »Hamburger Volkszeitung«, 1928–1930 MdR. Arbeit bei der Komintern in Moskau, danach Redakteur an Zeitungen verschiedener KPD-Massenorgani-

sationen, 1934/35 im Saargebiet.
1936 in die UdSSR. 1937 verhaftet und im Zuge der Stalinschen Säuberungen umgekommen.

Dimitroff, Georgi Michailowitsch
*18. 06. 1882 Kowatschewiza bei Radomir (Bulgarien), † 02. 06. 1949 Moskau

1902 M. d. sozialdemokratischen Partei Bulgariens, 1909 M. d. ZK der sozialdemokratischen Partei. Nach dem Ersten Weltkrieg M. d. Kommunistischen Partei. Teilnahme an Aufständen in Bulgarien. 1923 Emigration nach Moskau, Wien, Berlin. 1933 im Reichstagsbrand-Prozeß angeklagt. Von der Anklage der Brandstiftung freigesprochen. 1935–1943 Generalsekretär der Komintern in Moskau. 1937–1945 M. d. Obersten Sowjets. 1944 Rückkehr nach Bulgarien, rief am 15. 09. 1946 die Volksrepublik Bulgarien aus und war bis 1949 deren Ministerpräsident. 1948 Generalsekretär der KP Bulgariens.

Dittbender, Walter
*29. 11. 1891 Stettin, † 1937 Moskau

Erl. Ber.: Schlosser. 1920 M. d. KPD, tätig in der kommunistischen Bauernbewegung, von 1926–1933 leitend in der »Roten Hilfe« tätig. Nach dem Reichstagsbrand verhaftet, bis 1934 im KZ, emigrierte er in die Sowjetunion und war dort Leiter der Emigranten-Hilfe. 1936 vom NKWD verhaftet, 1937 zum Tode verurteilt und erschossen.

Duddins, Walter
*20. 05. 1903 Königsberg, †1941 (?)

Erl. Ber.: Maschinenschlosser. 1921 M. d. KPD. Jugendsekretär. Parteisekretär (Duisburg, Bochum, Dortmund). 1928–1933 M. d. Preußischen Landtags. Ab 1930 Polleiter des KPD-Bezirks Thüringen. 1933 illegale Arbeit (Bezirk Wasserkante). 1933 verhaftet, 1934 zu 3 Jahren Zuchthaus verurteilt. Nach Strafverbüßung ins KZ Sachsenhausen verbracht, wo er umgekommen sein soll.

Duesterberg, Theodor
*19. 10. 1875 Darmstadt, † 04. 11. 1950 Hameln

Offizier. 1924–1933 zweiter Bundesführer des »Stahlhelm«, 1932 in aussichtsloser Position als Kandidat für die Wahl zum Reichspräsidenten aufgestellt. Nach 1933 zeitweise in Haft und 1943 dem – nach dem 20. Juli 1944 hingerichteten – Widerstandskämpfer und ehemaligen Oberbürgermeister von Leipzig Goerdeler nahestehend, ohne jedoch dem Widerstandskreis anzugehören.

Eberlein, Hugo
*04. 05. 1887 Saalfeld, † 12. 01. 1944

Erl. Ber.: Technischer Zeichner. 1906 M. d. SPD. Wichtige Rolle im Spartakusbund. 1919 einziger deutscher Vertreter beim Gründungskongreß der Komintern. Mitbegründer der KPD 1918. 1921–1933 M. d. Preußischen Landtags. 1927 M. d. ZK und des Polbüros der KPD, 1928 der Internationalen Kontrollkommission der Komintern. In Frankreich maßgeblich an der Organisierung der Volksfrontbewegung beteiligt. 1937 durch NKWD verhaftet. Sollte 1940 an die Gestapo ausgeliefert werden. Todesdatum in Publikationen der SED mit 12. 1. 1944 angegeben.

Eisler, Gerhard

*20. 2. 1897 Leipzig, † 31. 3. 1968 (während eines Aufenthaltes in der Sowjetunion)

Er war der Bruder von Ruth Fischer, die 1924 an der Spitze der KPD stand, bis sie 1925 nach Differenzen mit der Komintern durch Thälmann abgelöst und 1926 aus der KPD ausgeschlossen wurde. Zunächst war Eisler M. d. KPÖ. 1921 trat er der KPD bei, arbeitete u. a. als Sekretär in der Berliner Bezirksleitung und im ZK-Apparat. Nach 1928 Arbeit im Komintern-Apparat in China und in den USA. 1935 M. d. ZK und des Politbüros der KPD. Emigrierte über Prag, Paris in die USA. 1949 Rückkehr nach Deutschland. Zunächst Kommentator und Leiter des Amtes für Information, 1962 Vorsitzender des staatlichen Rundfunkkomitees der DDR, 1967 M. d. ZK der SED.

Ende, Adolf (auch: Lex Breuer bzw. Lex Ende)

*06. 04. 1899 Kissingen, † 15. 01. 1951 (in Sachsen)

1919 M. d. KPD. Redakteur und Chefredakteur verschiedener kommunist. Zeitungen. 1924 Chefredakteur des »Ruhr-Echo«, Essen. 1924–1928 M. d. Bezirksleitung Ruhrgebiet. 1928 Polleiter des Bezirks Niederrhein, Düsseldorf. 1928–1930 MdR. 1933–1934 illegale Arbeit, danach in Saarbrücken Mitherausgeber der kommunist. Wochenzeitung »Rote Post«. 1936 Emigration nach Prag, 1937 Paris. Lebte bis Kriegsende illegal in Marseille. 1945 Rückkehr nach Deutschland, 1946–1949 Chefredakteur des SED-Organs »Neues Deutschland«. Wegen seiner Kontakte während des Krieges zum amerikan. Agenten Noel H. Field mit anderen aus der SED ausgeschlossen. Arbeitete zuletzt als Buchhalter in Sachsen.

Ferlemann, Karl

*02. 08. 1901 Heiligenhaus Bz. Düsseldorf, † April 1945 KZ Sachsenhausen.

Erl. Ber.: Schlosser. 1919 Eintritt in die KPD (Spartakusbund). 1928–1933 M. d. preuß. Landtages. Nach dem Besuch der Lenin-Schule (Moskau) 1926–1928 in der Bezirksleitung Niederrhein tätig. Ende 1929 Orgleiter, 1931 M. d. Bezirksleitung Sachsen in Leipzig. 1933 Landesleiter in Sachsen, Ende 1933 verhaftet, 1935 zu 6 Jahren Zuchthaus verurteilt, 1939 ins KZ Sachsenhausen verbracht. Verstarb 1945 auf einem Marsch zur Verlagerung des KZ.

Firl, Herbert
Bruder von Wilhelm Firl, M. d. KPD. Unter dem NS-Regime verurteilt.

Firl, Wilhelm (Deckname: Waldau)
*26. 01. 1894 Dresden, † 17. 08. 1937 Berlin-Plötzensee
Beruf: Leiter eines Anwaltsbüros. 1917 schwerverwundet, kam er von der SPD über die USPD 1920 zur KPD. Redakteur (KPD-Pressedienst, »Rote Fahne«), 1930 zu einem Jahr drei Monate Festungshaft verurteilt. Gehörte nach 1933 zu den leitenden Funktionären der illegalen KPD, Leiter eines Oberbezirks. Emigration in die CSR. 1935 zurückgekehrt, übernahm er als »Landesleiter« die Führung der Inlandsarbeit der illegalen KPD in Zusammenarbeit mit Wilhelm Kose und Leo Flieg. Er wurde 1936 von der Gestapo verhaftet, zum Tode verurteilt und hingerichtet.

Fisch, Walter
*16. 02. 1910 Heidelberg, † 21. 12. 1966 Frankfurt/Main
Erl. Ber.: Bergmann. Mitglied und leitender Funktionär der KJVD. 1930 M. d. KPD. 1932 M. d. Bezirksleitung Hessen–Frankfurt. 1933 verhaftet und mißhandelt. Vor Gericht freigesprochen. Emigration nach Prag, später in die Schweiz, und Mitarbeit in der Emigrationsleitung der KPD. In der Schweiz während des Krieges verhaftet und interniert. Nach 1945 Rückkehr nach Frankfurt. Bis 1948 hessischer Landesvorsitzender der KPD. Als M. der hess. Landesversammlung an der Ausarbeitung der hess. Verfassung beteiligt. 1946–1949 M. d. hess. Landtags. 1948/49 M. d. Parlamentar. Rates. 1949–1953 MdB. M. im Parteivorstand der KPD. Bevollmächtigter der KPD im Prozeß vor dem Bundesverfassungsgericht. 1958 zu 3 Jahren Gefängnis verurteilt, 1959 aus dem Gefängnis entlassen.

Fischer, Ernst
*03. 07. 1899 Komotau (Nordböhmen), † 31. 07. 1972 Freiburg i. Br.
Schriftsteller. 1920 M. d. SPÖ, seit 1934 der KPÖ. Redakteur an Parteizeitungen. 1934–1945 Emigrant in der UdSSR und Mitarbeiter der Komintern. Nach seiner Rückkehr nach Österreich 1945–1959 M. d. österr. Parlaments. 1946–1969 M. d. ZK der KPÖ. 1969 wegen seiner Verurteilung der sowjet. Besetzung der Tschechoslowakei aus der KP ausgeschlossen.

Fischer, Karl Ferdinand
*19. 01. 1893 Reichenschwand (Bayern), † 25. 03. 1940 KZ Sachsenhausen

Erl. Ber.: Schlosser. 1921 Eintritt in die KPD. 1927 Orgleiter Bezirk Nordbayern. Kandidat des ZK. 1928 Orgleiter für die Pfalz in Ludwigshafen. 1929–1930 Lenin-Schule Moskau. Polleiter Bezirk Baden–Pfalz in Mannheim. 1932 M. d. preuß. Landtags. Als Anhänger Neumanns aus dem ZK entfernt und als Polleiter abgesetzt. November 1933 verhaftet, 1934 zu 3 Jahren Zuchthaus verurteilt. 1937 ins KZ Sachsenhausen eingeliefert. Dort 1940 gestorben.

Fladung, Johannes
*12. 02. 1898 Frankfurt/Main
Erl. Ber.: Kunstschmied. USPD, 1920 KPD. 1924, 1928 und 1932 in den preuß. Landtag gewählt. Agitprop-Sekretär Bezirk Niederrhein, 1931 Orgleiter. September 1933 verhaftet, mißhandelt, ins KZ Oranienburg verbracht und zu 2½ Jahren Zuchthaus verurteilt. Ging nach der Entlassung mit schweren Verletzungen 1938 in die Emigration. Kam über die Schweiz nach Großbritannien, wo er einen Kulturbund deutscher Emigranten gründete.
1946 Rückkehr nach Deutschland (West). Wieder M. d. KPD, 1951–1958 Bundessekretär des Kulturbundes in Düsseldorf. Gründer des »Progreß«-Verlags, Düsseldorf, Darmstadt.

Flieg, Leopold (Leo)
*08. 11. 1893 Berlin, † 1939
Gründungsmitglied der KPD.

Jugendsekretär und führendes Mitglied der internationalen Kommunistischen Jugendbewegung. 1922–1932 Sekretär des Polbüros (bzw. Politbüros). 1924–1933 M. d. preuß. Landtags, 1927 und 1929 ins ZK gewählt. Eng mit Münzenberg befreundet. 1928–1932 im Büro Thälmann. 1932 als Anhänger Neumanns entmachtet. Für Deutschland verantwortlicher Verbindungsmann der OMS. Nach 1933 von Paris aus Arbeit für die KPD. Erneut (technischer) Sekretär des Politbüros. 1935 auf der Brüsseler Konferenz wieder zum M. d. ZK gewählt. 1937 auf Befehl der Komintern nach Moskau beordert, wo er verhaftet und im Zuge der Stalinschen Säuberungen 1939 erschossen wurde.

Florin, Wilhelm
*16. 03. 1894 Köln-Poll, † 05. 07. 1944 Moskau
Erl. Ber.: Nieter. 1913 Gewerkschaftsmitglied und Mitglied einer sozialist. Jugendorganisation. 1917 USPD, 1920 KPD. 1923 Orgleiter im Bezirk Mittelrhein, 1924 Polleiter in Oberschlesien, später in Thüringen. 1927 und 1929 ins ZK gewählt. 1924–1933 MdR. 1925–1932 Polleiter im Bezirk Ruhr (»Führer des Ruhrproletariats«), 1932 Polleiter im Bezirk Berlin-Brandenburg (»Führer des Berlin-Brandenburger Proletariats«). 1933 nach kurzer illegaler Tätig-

keit Emigration. Auf der »Brüsseler« Konferenz 1935 wieder ins ZK gewählt. M. d. EKKI-Präsidiums. 1935–1943 Sekretär des EKKI. Vorsitzender der Internationalen Kontrollkommission. Mitwirkung im Nationalkomitee »Freies Deutschland«. Er starb 1944 in Moskau und wurde zunächst an der Kremlmauer beigesetzt. 1955 wurde seine Urne nach Berlin-Friedrichsfelde überführt. Sein Sohn Peter Florin (geb. 1921) ist der spätere Staatssekretär im Ministerium für Auswärtige Angelegenheiten der DDR und UNO-Botschafter.

Gentsch, Erich
*01. 08. 1893 Altenburg, † 24. 08. 1944 Stuttgart
Erl. Ber.: Bauschlosser. 1911 M. d. SPD. Als Spartakusmitglied Gründungsmitglied der KPD. Ab 1911 hauptamtlicher Parteifunktionär. Redakteur von Gewerkschaftszeitungen. 1925–1927 Redakteur an der »Roten Fahne«. 1928–1930 Chefredakteur der »Volkswacht« (Pommern), 1930 Leiter und 1. Sekretär der RGO. 1933 vorübergehend im KZ. Danach Grenzarbeit in Prag, Abschnittsleitung der KPD in Amsterdam. Illegale Arbeit, nach der deutschen Besetzung der Niederlande am 23. 04. 1940 mit seiner Frau Erna, geb. Kuhn, von der Gestapo verhaftet. Am 23. 06. 1944 zum Tode verurteilt und hingerichtet.

Goldhammer, Bruno
*10. 02. 1905 Dresden, † 07. 08. 1978 (DDR)
Erl. Ber.: Landarbeiter, Landwirt, politischer Redakteur. 1920 M. d. kommunistischen Jugend. 1923 M. d. KPD. Redakteur und Chefredakteur sächs. kommunist. Zeitungen. 1930 zu einem Jahr Festungshaft verurteilt. 1933 Emigration nach Prag, 1936 in die Schweiz, zeitweilig interniert. Nach 1945 KPD-Sekretär in München, ab 1947 SED-Mitglied, 1950 ausgeschlossen (wegen angeblicher Verbindungen zu Noel Field). Mehrere Jahre in sowjetischen Gefängnissen. 1956 rehabilitiert. Redakteur der Zeitschrift »Zeit im Bild«.

Gollmick, Walter
*04. 10. 1900 Berlin-Schöneberg, † 12. 02. 1945 Hamburg
Erl. Ber.: Kaufmännischer Angestellter. 1920 M. d. KPD. Hauptamtlicher Funktionär in der kommunistischen Jugend. Agitproparbeit. 1927 Delegierter des Essener Parteitages. Agitpropsekretär Bezirk Ruhr, seit 1929 in der Agitpropabteilung des ZK in Berlin. Nach 1933 enger Mitarbeiter von John Schehr. 1934 Emigration nach Dänemark. Verhaftet nach der deutschen Besetzung. »Schutzhaft« in Hamburg bis 1944.

Golke, Arthur
*14. 10. 1886 Danzig, † 1937
Erl. Ber.: Dreher. 1908 M. d. SPD, kam über Spartakus 1920

zur KPD. 1925, 1927 u. 1929 ins ZK gewählt. 1925 Hauptkassierer des ZK. Hatte bis 1933 die Kasse des ZK unter sich. 1933 Emigration nach Paris, später in die Sowjetunion. In den Stalinschen Säuberungen 1937 verhaftet und verschollen.

Gottwald, Klement
*23. 11. 1896 Dědice (Tschechoslowakei), † 14. 03. 1953 Prag
Erl. Ber.: Tischler. 1921–1925 Redakteur kommunist. Zeitungen. 1925 M. d. ZK, 1929 Abg. u. Generalsekretär der KPC. 1939 Emigration in die Sowjetunion. 1945 Vorsitzender der KP der Tschechoslowakei. 1946–1948 tschechoslowak. Ministerpräsident, nach dem Staatsstreich vom Februar 1948 Staatspräsident und maßgeblich für die Etablierung des kommunist. Systems in der CSSR verantwortlich.

Grade, Alfred
*25. 12. 1899 Halle
Erl. Ber.: Buchhändler. Als M. d. USPD 1920 zur KPD. Bis 1925 Leiter der Volksbuchhandlung Halle. 1925 zu 20 Monaten Festungshaft verurteilt. 1928 Chefredakteur des »Klassenkampf«, 1930 stellv. Redakteur der »Roten Fahne«, 1932 Chefredakteur der »Süddeutschen Arbeiterzeitung«. Im November 1933 verhaftet; KZ Buchenwald bis 1939, danach unter Gestapo-Überwachung. Im KZ Bruch mit der KPD. 1945 M. d. SPD in Frankfurt/M.

Gräf, Hugo
*10. 10. 1892 Rehestädt (Thüringen), † 23. 10. 1958 Gotha
Erl. Ber.: Schlosser. Kam über die USPD und den Spartakusbund 1919 zur KPD. Hauptamtlich im »Internationalen Bund der Opfer des Krieges und der Arbeit«, 1927–1933 Vorsitzender des Bundes. 1928–1933 MdR. 1933 verhaftet, 2½ Jahre KZ Sachsenhausen. Danach Emigration nach Prag, 1938 nach England, leitete die »Rote Hilfe«. 1945 Rückkehr, M. d. KPD, später SED. Im Gesundheitswesen der DDR tätig, M. d. SED-Kreisleitung in Gotha.

Grobis, Paul
*03. 06. 1894 Neudörfel (Böhmen), † 26. 11. 1943
Erl. Ber.: Schlosser. Kam über die USPD 1920 zur KPD, seit 1923 hauptamtlicher Funktionär. 1924–1926 Orgleiter Hannover, dann Berlin, Frankfurt/Oder. 1928–1932 M. d. preuß. Landtags. 1930 wahrscheinlich Besuch der Leninschule Moskau. 1931 Polleiter Bezirk Ostpreußen, 1932 zur Parteizentrale Berlin. Nach 1933 illegale Parteiarbeit. 1934 verhaftet. Soll in der Haft von Werner Kraus für die Gestapo gewonnen worden sein. Als Soldat an der Ostfront gefallen.

Grzezinsky, Albert
*28. 07. 1879 Treptow/Pommern, † 31. 12. 1947 New York
Erl. Ber.: Metalldrucker. 1906

Geschäftsführer des Deutschen Metallarbeiterverbandes und Ortsvorsitzender der SPD in Offenbach. Nach dem Ersten Weltkrieg M. d. Preußischen Verfassungsgebenden Landesversammlung. 1919 Unterstaatssekretär im preuß. Kriegsministerium. 1925 Polizeipräsident von Berlin, 1926 als Nachfolger Severings preuß. Innenminister bis 1930. Nach 1933 emigrierte er zunächst in die Schweiz, dann nach Frankreich und schließlich über Peru in die USA.

Hähnel, Walter
*12. 04. 1905 Chemnitz
Erl. Ber.: Kontorist. 1920 M. d. kommunistischen Jugend, 1923 M. d. KPD. Hauptamtlicher Jugendfunktionär. 1927 als Jugendvertreter M. d. ZK d. KPD. Verschiedene Funktionen im Parteiapparat, seit 1931/32 im »Kampfbund gegen den Faschismus«. 1933 nach illegaler Tätigkeit Emigration nach Frankreich. 1935 und 1939 erneut M. d. ZK. Gehörte in Frankreich zu den Organisatoren des Nationalkomitees »Freies Deutschland«. Nach 1945 Abteilungsleiter für Kaderfragen und hauptamtliches Mitglied des ZK der SED.

Hamburger Aufstand
Bewaffneter kommunist. Aufstand in Hamburg am 23. Oktober 1923 unter Führung von Kippenberg, Thälmann u. a. aufgrund des Beschlusses der Komintern und der KPD-Zentrale, in Deutschland mit militär. Aktionen die Revolution herbeizuführen. Der Aufstand scheiterte, da es nicht gelang, eine Unterstützung durch die streikenden Hamburger Dockarbeiter zu gewinnen und parallele Aktionen an anderen Orten des Reiches auszulösen. Die Aufständischen blieben isoliert. Einen Monat später wurde die KPD verboten. Damit endete die revolutionäre Phase der Nachkriegsjahre in Deutschland.

Heckert, Fritz
*28. 03. 1884 Chemnitz, †07. 04. 1936 Moskau
Erl. Ber.: Maurer. M. d. SPD. 1912 hauptamtlicher Gewerkschaftssekretär. 1916 Mitbegründer des Spartakus, führend in der USPD Chemnitz. 1918 Gründungsmitglied der KPD. Seit 1920 bis zu seinem Tode mit kurzer Unterbrechung M. d. Zentrale bzw. d. ZK der KPD. 1923 Sächs. Wirtschaftsminister. 1924–1933 MdR. 1927 M. d. Polbüros, 1928 M. d. Präsidiums der EKKI. 1931 in Gelsenkirchen auf einer Versammlung durch SA schwer verletzt. Ging 1932 als Vertreter der KPD ins EKKI nach Moskau. 1936 nach plötzlichem Tode an der Kremlmauer beigesetzt.

Heilmann, Fritz (Friedrich)
*01. 03. 1892 Berlin, † 30. 06. 1963 Berlin (Ost)
1910 M. d. SPD. War einer der

Organisatoren der Freien Sozialistischen Jugend, 1919/20 deren Generalsekretär. 1922 Sekretär in der KPD-Zentrale. Chefredakteur (1923 »Arbeiterzeitung« Mannheim, 1924–1929 »Rotes Echo« Gotha). M. d. Thüringer Bezirksleitung, zwischendurch Düsseldorf und Solingen, 1933 Nordbayern. 1929 und 1932 in den Thüringer Landtag gewählt. 1934 Emigration nach Moskau, Referent im EKKI, Redakteur am Sender »Freies Deutschland«. Nach 1945 Mitbegründer der KPD Thüringen. Redakteur, 1954–1957 Chefredakteur der »Freien Welt«, dem Organ der Gesellschaft für deutsch-sowjetische Freundschaft in Thüringen.

Hein, Wilhelm
*10. 01. 1889 Goldbeck (Pommern), † 17. 02. 1958 Berlin (West)
Erl. Ber.: Maschinenformer. 1918 M. d. USPD, 1920 KPD. 1925 Stadtverordneter in Berlin. 1927 M. d. ZK. 1928–1933 MdR. 1929 erneut ZK-Mitglied. Kandidat des Polbüros. Führend in der RGO. Nach kurzzeitiger Verhaftung 1933 in Berlin wieder freigelassen. Die KPD warnte vor ihm (angeblich Zusammenarbeit mit der Gestapo) und schloß ihn aus. Nach 1945 nicht wieder politisch tätig.

Hertz, Paul
*23. 06. 1888 Worms, † 23. 10. 1961 Berlin (West)
Erl. Ber.: Kaufmann. 1905 M. d.

SPD. 1918–1922 polit. Redakteur d. Zentralorgans der USPD »Die Freiheit«. 1920–1933 MdR (USPD, später SPD). 1922–1933 Sekretär der Reichstagsfraktion der SPD. Nach 1933 Emigration nach Prag, später Paris, 1939 USA. M. d. Auslandsleitung der SPD. Nach dem Krieg u. a. Senator für Wirtschaft und Kredit in Berlin.

Hirsch, Werner Daniel
*07. 12. 1899 Deutsch-Wilmersdorf, † 1937(?)
Erl. Ber.: Journalist. An der Revolution der Marine in Kiel beteiligt. Mitbegründer der KPD. Einer der Organisatoren der Volksmarine-Division. In Wien Korrespondent der »Vossischen Zeitung«, 1924–1925 Chefredakteur der Wiener »Roten Fahne«. Wieder in Deutschland 1930 Chefredakteur der »Roten Fahne« in Berlin. 1932 einflußreicher Sekretär Thälmanns. 1933 mit Thälmann verhaftet. 1934 aus dem KZ entlassen. 1937 nach Moskau berufen, der Zusammenarbeit mit der Gestapo verdächtigt, verhaftet und vermutlich erschossen.

Hoelz, Max
*14. 10. 1889 Moritz bei Riesa, † 15. 09. 1933 Gorki (Sowjetunion)
1918 M. d. USP. 1919 M. d. KPD. Gründete 1920 nach dem Kapp-Putsch im Vogtland eine »Rote Armee«. Zeitweise M. d. Kommunistischen Arbeiterpar-

tei Deutschlands (KAPD). Einer
der Führer des kommunist. Aufstands in Mitteldeutschland.
1921 zu lebenslänglicher Gefäng-
nisstrafe verurteilt. 1928 amnestiert. 1929 Übersiedlung nach
Moskau. Bei Gorki ertrunken.

Hoffmann, Martin
*18. 10. 1901 Hohensalza,
† 1945(?)
Erl. Ber.: Redakteur. 1919 M. d.
KPD. 1923 Chefredakteur
»Echo des Ostens«, Königsberg.
1927 Orgleiter Bezirk Ostpreußen. Als »Versöhnler« 1929 aus
der Partei ausgeschlossen, 1930
wieder aufgenommen. Bis 1933
Redakteur am »Ruhr-Echo«.
1933–1934 KZ-Haft. Flucht
nach Holland. Rückkehr nach
Deutschland. Leitete mit Firl die
illegale Reichsarbeit der KPD.
1936 mit Firl verhaftet. 1937 zu
lebenslänglichem Zuchthaus verurteilt, Zuchthaus Münster, später Kassel-Wehlheiden.

Horn, Ludwig Lambert
*27. 12. 1899 Düsseldorf, † 02.
06. 1939 KZ Sachsenhausen
Erl. Ber.: Eisenbahner. 1920
M. d. KPD. Seit 1925 Mitarbeit
an der kommunist. Bezirkszei-
tung »Freiheit« in Düsseldorf.
1931 Orgleiter, 1933 Polleiter
des Bezirks Niederrhein. 1932
M. d. preuß. Landtags. 1933 in
den Reichstag gewählt. Nach illegaler Tätigkeit 1933 verhaftet,
1934 zu drei Jahren Zuchthaus
verurteilt. 1937 ins KZ Sachsenhausen verbracht. Dort an der

Organisation des Widerstands
beteiligt. Im KZ an den Folgen
der Haft gestorben.

ISK = Internationaler Sozialistischer Kampfbund
Konstituierte sich 1925 aus dem
von dem Philosophen Leonard
Nelson vorwiegend aus Studenten gebildeten Internationalen
Jugendbund. Nelson vertrat einen auf Kant fußenden ethischen
Sozialismus im Gegensatz zum
historischen bzw. dialektischen
Materialismus der Anhänger von
Marx. Wirtschaftspolitisch waren die Ziele durch die Theorien
von Franz Oppenheimer beeinflußt (wichtigstes Ziel: Aufhebung des Großgrundbesitzes).
Der ISK gab eine Monatsschrift
(Redakteur Willi Eichler) und
später eine Tageszeitung heraus
(»Der Funke«) und setzte sich
für eine Einheitsfront zur Bekämpfung des Nationalsozialismus ein. Seine Mitglieder beteiligten sich aktiv am Widerstand.
Nach 1945 ging der ISK in der
SPD auf.

Jacobs, Hermann
*28. 03. 1901 Gotha
1921 M. d. KJV und der KPD,
1924 ins Exekutivkomitee der Jugendinternationale gewählt. Anhänger der ehemaligen Parteivorsitzenden Ruth Fischer, die 1926
aus der Partei ausgeschlossen
wurde. Redakteur, Chefredakteur (1923 »Junge Garde«, 1927
Münchner »Neue Zeitung«,
1929 Leipziger SAZ, »Kämp-

fer«, Chemnitz). 1933 enger Vertrauter Hermann Schuberts. Emigration nach Frankreich, später in die USA.

Jäkel, Paul
*07. 04. 1890 Kleinhelmsdorf (Riesengebirge), † 1944 oder 1945 (in der Sowjetunion)
Erl. Ber.: Maurer. 1908 M. d. SPD. 1919 M. d. KPD. Ab 1921 hauptamtlicher Funktionär in Sachsen und dem Erzgebirge. 1932 führend in der RGO. 1932 MdR. 1933 Emigration in die CSR, später nach Moskau. Führend im Nationalkomitee »Freies Deutschland«.

Jagoda, Genrich Georgijewitsch
*1891 Lodz, †15. 03. 1938 Moskau
Wurde als Mitarbeiter Stalins 1920 Präsidiumsmitglied der sowjet. Staatssicherheitsorganisation Tscheka. 1924–1934 stellv. Vorsitzender der 1922 nach Auflösung der Tscheka gegründeten Staatspolizei GPU und ab 1930 Chef der Zwangsarbeitslager in der Sowjetunion. 1934–1936 Leiter des Volkskommissariats für innere Angelegenheiten (NKWD), dem auch die GPU eingegliedert war. Nach seiner Absetzung 1936 wurde er in einem Schauprozeß zum Tode verurteilt und hingerichtet.

Jahnke, Karl Hans Heinrich
*03. 02. 1898 Hamburg, † 13. 08. 1961 Hamburg
Seit 1919 aktiv in der kommunistischen Jugend und der KPD,
der er 1929–1931 wegen Neigung zu den Trotzkisten nicht angehörte. Mehrjährige Haft wegen Teilnahme am Hamburger Aufstand 1923. 1932 Angestellter der RGO, Berlin. Nach 1933 mehrmals inhaftiert und schwer mißhandelt. Nach 1945 erneut M. d. KPD in Hamburg.

Jendretzky, Hans
*20. 07. 1897 Berlin
Erl. Ber.: Schlosser. 1919 M. d. USPD, 1920 M. d. KPD. 1926 hauptamtlicher Funktionär und Leiter des RFB Berlin-Brandenburg. 1928 Parteisekretär in Frankfurt/Oder. 1928–1932 M. d. preuß. Landtags. M. d. Berliner Bezirksleitung bis 1933. Illegale Arbeit, 1934 verhaftet. Bis 1937 Zuchthaus Luckau, anschließend 1 Jahr KZ. 1944 als Angehöriger der Widerstandsgruppe Gaefkow erneut verhaftet. Im April 1945 aus dem Nürnberger Gefängnis geflohen, wird wieder KPD-Mitglied in Berlin. 1946–1948 Vorsitzender des FDGB, M. d. Parteivorstands bzw. des ZK der SED. Wichtige Funktionen in der Berliner SED bis 1953, 1956 M. des ZK. 1957–1960 stellv. DDR-Innenminister, 1961–1963 Vorsitzender der staatl. Plankommission der DDR. Präsident des Bundesvorstands der FDGB. Vorsitzender der FDGB-Fraktion in der Volkskammer.

Kamenew, Leo Borissowitsch (urspr.: Rosenfeld)

*22. 07. 1883 Moskau, † 25. 08.
1936 Moskau
Einer der engsten Mitarbeiter Lenins. 1913 Hg. der »Prawda«.
Leitete 1917 zusammen mit Stalin den Petersburger Sowjet.
1919–1926 M. d. Zentralkomitees und Politbüros der KPdSU,
1919–1925 Leiter des Exekutivkomitees der Moskauer Sowjets,
stellv. Vorsitzender des Rats der Volkskommissare. Verlor im
Machtkampf mit Stalin 1925/26 seine Partei- und Staatsämter und
wurde wegen »linker Opposition« gemaßregelt. 1935 zu fünf
Jahren Gefängnis, 1936 zum Tode verurteilt und hingerichtet.

Kasper, Wilhelm
*08. 08. 1892 Neustadt/
Schwarzwald
Erl. Ber.: Kaufmann. 1916 M. d.
SPD, 1917 M. d. USPD, 1920
M. d. KPD. Seit 1919 in der Gewerkschaftsarbeit. 1924–1933
M. d. preuß. Landtags. In der Bezirksleitung der KPD Berlin-Brandenburg für Gewerkschaftsfragen verantwortlich. Ab
1924 in der Gewerkschaftsabteilung der Zentrale der KPD. 1929
M. d. ZK und Kandidat des Polbüros. Nach dem Reichstagsbrand verhaftet, zeitweilig im
KZ, 1935 zu 3 Jahren Zuchthaus verurteilt. Nach 1945 Angestellter in Hamburg, Mitglied der
»Weltfriedensbewegung«.

Kellermann, Hermann
*14. 08. 1887 Gehofen bei Sangershausen, † 1950 (DDR)
Erl. Ber.: Schlosser, Schmied.
Kam von der SPD über die
USPD 1920 zur KPD. 1924–1928 M. d. preuß. Landtags.
1924 Vorsitzender des KPD-Unterbezirks Erfurt. 1929 Orgleiter
in Sachsen. Bis 1933 verschiedene hauptamtl. Funktionen. Nach
1933 illegale Arbeit, 1935–1939 im KZ. Danach wieder als
Schlosser tätig. Nach 1945 M. d. KPD bzw. SED, Parteifunktionen in Thüringen.

Kerff, Willi
*01. 05. 1897 Aachen, † 19. 04.
1979 Berlin
Erl. Ber.: Lehrer. 1920 über die
USPD zur KPD. 1924–1933
M. d. preuß. Landtages. 1924
Polleiter Bezirk Mittelrhein.
1925 Orgleiter Bezirk Mittelrhein, Polleiter Thüringen, danach bis 1933 Mitarbeit im ZK
der KPD. Zeuge im Reichstagsbrandprozeß. 1933–1935 KZ.
Emigration nach Moskau. 1937
verhaftet. Nach 3 Jahren aus der
Haft entlassen. Nach dem Krieg
Rückkehr nach Deutschland.
Mitglied der SED. 1953–1957 erster stellv. Direktor des Instituts
für Zeitgeschichte, Berlin (Ost).

Kippenberger, Hans
*15. 01. 1898 Leipzig, † 03. 10.
1937 Moskau
Erl. Ber.: Bankangestellter; Offizier. Kam über die USPD 1920
zur KPD. 1923 führend im Hamburger Aufstand. Ging danach
nach Moskau, kehrte nach
Deutschland zurück, wo er bis

1928 illegal lebte. Konnte trotzdem 1924 M. d. Hamburger Bürgerschaft werden. 1928–1933 MdR. 1929 Kandidat des ZK der KPD. Aufbau und Leitung des Militärapparats in der Partei. Nach 1933 Mitwirkung am Aufbau der illegalen Partei. Emigration nach Paris; 1935 Moskau. 1936 verhaftet, 1937 nach einem Geheimprozeß in Moskau erschossen.

Kirow, Sergei Mironowitsch (eigentl. Kostrikow)
*27. 03. 1886 Urschum (Gebiet Kirow), † 01. 12. 1934
1922 M. d. ZK d. KPdSU, 1926 Parteisekretär von Leningrad, 1930 M. d. Politbüros der KPdSU, 1934 Sekretär des ZK. Enger Mitarbeiter Stalins. Seine Ermordung, die mit Wissen der NKWD und Stalins ausgeführt worden sein soll, löste die große, auf Befehl Stalins durchgeführte Säuberungsaktion der Partei (1935–1938) aus.

Kisch, Egon Erwin
*29. 04. 1885 Prag, † 31. 03. 1948 Prag
Tschechischer Journalist und Schriftsteller. Ab 1904 Reporter in Prag, Wien und Berlin. 1928 Mitbegründer des kommunistischen Bundes proletarisch-revolutionärer Schriftsteller Deutschlands. 1933 Emigration. 1937–1939 Teilnahme am spanischen Bürgerkrieg. Lebte 1940–1946 in Mexiko und kehrte dann nach Prag zurück.

Klausener, Erich
*25. 01. 1885 Düsseldorf, † 30. 06. 1934 Berlin
Verwaltungsbeamter. Katholischer Jugendführer. Vorsitzender der Katholischen Aktion des Bistums Berlin. Widersetzte sich der nationalsozialist. Kirchen- und Rassenpolitik. Wurde im Zusammenhang mit dem Röhm-Putsch von den Nazis ermordet.

Klepper, Julius
*12. 03. 1897 Köln, † 21. 07. 1960 Berlin (Ost)
Erl. Ber.: Volkswirt, Redakteur. 1920 M. d. USP, 1922 KPD. 1924 Redakteur, 1926–1927 Chefredakteur der »Sozialistischen Republik« Köln. 1929 1 Jahr Festungshaft. Danach Sekretär der kommunist. Reichstagsfraktion. 1933 Emigration, Moskau, 1937 im Zuge der Stalinschen Säuberungen zu 25 Jahren Zuchthaus verurteilt. 1955 Rückkehr aus sibirischen Straflagern. M. d. SED.

Knoth, Hans
*21. 03. 1900 Essen, †1937 (?)
Erl. Ber.: Redakteur. 1919 M. d. KPD. Seit 1924 Chefredakteur verschiedener Zeitungen (»Arbeiterzeitung«, Frankfurt, »Sächsische Arbeiterzeitung«, Leipzig, »Niederrheinische Arbeiterzeitung«, Duisburg). 1928 polit. Redakteur »Ruhr-Echo«, 1932 Chefredakteur der »Roten Fahne« Berlin. Emigration ins Saargebiet (Chefredakteur der illegalen »Roten Fahne«), danach

Paris, 1935 Sowjetunion. Mitarbeiter der Abteilung Massenorganisation der Komintern. Im Zuge der Stalinschen Säuberungen 1937 verhaftet und seitdem verschollen.

Koenen, Wilhelm
*07. 04. 1886 Hamburg, †19. 10. 1963 Berlin (Ost)
Erl. Ber.: Kaufmann; Redakteur. 1904 M. d. SPD, hauptamtlicher SPD-Funktionär. Zunächst Berichterstatter, 1911–1919 Redakteur am »Volksblatt« Halle. 1913 M. d. SPD-Bezirksleitung Halle. 1919 M. d. Nationalversammlung für die USP. Vorstandsmitglied der USP. 1920 MdR. Einer der Hauptorganisatoren des Zusammenschlusses von USP und KPD. 1921 Vorsitzender des III. Weltkongresses der Komintern. 1921, 1923–1924 M. d. Zentrale der KPD, 1929–1931 M. d. ZK der KPD. 1924–1932 MdR. 1932 M. d. preuß. Landtags. 1920–1932 M. d. preuß. Staatsrates. 1933 Emigration ins Saarland, Tschechoslowakei, Frankreich, Großbritannien. Mitarbeiter am engl. Soldatensender Calais. Nach dem Krieg 1946–1949 1. Landesvorsitzender der SED in Sachsen. Ab 1946 M. d. Parteivorstands bzw. des ZK der SED. Parlamentarische Tätigkeit.

Koestler, Arthur
*05. 09. 1905 Budapest
Schriftsteller. 1931 M. d. KPD. Ging 1932 in die Sowjetunion. 1936/37 Korrespondent im spa-

nischen Bürgerkrieg. 1938 aus der KP ausgetreten. Im Zweiten Weltkrieg u. a. M. d. Fremdenlegion und der brit. Armee. Schrieb u. a. Analysen der kommunistischen Menschenbehandlung und des stalinistischen Systems (»Sonnenfinsternis«).

Komintern
Kurzbezeichnung für die (Dritte) Kommunistische Internationale, 1919 auf Initiative Lenins als Zusammenschluß der Kommunistischen Parteien gegründet. Sie wurde im Gegensatz zur Zweiten Internationale als eine straff organisierte »Weltpartei« konzipiert und besaß entsprechend dem Leninschen Leitprinzip des »Demokratischen Zentralismus« eine Weisungsbefugnis an die Mitgliedsparteien. Die nationalen kommunistischen Parteien bildeten als Sektionen die territorialen Gliederungen dieser einen Weltpartei. Das Statut unterwarf die Kommunisten in aller Welt den Anordnungen des Exekutivkomitees (EKKI), das mit einem Präsidenten an der Spitze als leitendes Organ der Komintern zwischen den Weltkongressen fungierte. Unter Stalins Herrschaft wurde die Komintern weitgehend den Interessen der Sowjetunion und dem Führungsanspruch der KPdSU unterworfen. 1943 als Zugeständnis der Sowjetunion an die mit ihr verbündeten Westmächte aufgelöst.

Kraus, Werner
*14. 06. 1898 Lüdenscheid, †12.
11. 1964 Rhumspringe/Harz
Erl. Ber.: Bauarbeiter. 1923 M. d.
KPD. 1929 Orgleiter, 1931–1933
Polleiter in Pommern, später
Ostpreußen. 1932 M. d. preuß.
Landtags, 1933 MdR. Führender
Agent der Gestapo in der KPD.
M. d. NSDAP, 1933 SA-Sturm-
führer, war verantwortlich für die
Liquidierung der KPD in Ostpreußen. Bis Kriegsende hauptamtlich in der NSDAP. Nach
dem Krieg konnte er seine Vergangenheit verschleiern, arbeitete in Rhumspringe und war u. a.
Betriebsratsvorsitzender und in
der Gewerkschaft tätig.

Kühne, Otto
*12. 05. 1893 Berlin, † 08. 12.
1955 Brandenburg
Erl. Ber.: Maschinenarbeiter, Eisenbahner. 1919 M. d. USPD,
1920 KPD. 1922 hauptamtlicher
Sekretär in der Eisenbahnerge-
werkschaft. 1925–1927 zunächst
Kandidat, dann M. d. ZK der
KPD. 1925–1927 zusammen mit
Heinz Neumann Vertreter der
KPD bei der Komintern in Moskau. 1931–1933 Sekretär der
KPD-Reichstagsfraktion. 1933–
1945 in Frankreich. M. d. Wider-
standes. Nach 1945 M. d. SED.
Arbeitete in der Verkehrsverwal-
tung in Ost-Berlin.

Kun, Béla
*1885 (Siebenbürgen/Ungarn),
† 1937 (in der Sowjetunion)
Journalist. Nach Dienst in der
Roten Armee der Sowjetunion
organisierte er die KP Ungarns,
rief am 21. 03. 1919 in Budapest
die Diktatur des Proletariats aus.
Nach dem Zusammenbruch der
Räterepublik floh er nach Wien
und ging von dort in die Sowjetunion. Kam bei den Stalinschen
Säuberungen 1937 ums Leben.

Kuusinen, Otto Wilhelm
*04. 10. 1881 Laukaa (Finnland),
† 17. 05. 1964 Moskau
Einer der Gründer der finnischen
KP. Ging 1922 in die Sowjetunion, wo er 1940–1946 Vorsitzender des Präsidiums des Obersten
Sowjets der Karelo-finnischen
Sowjetrepublik war, bis 1958
stellv. Vorsitzender d. Präsidiums des Obersten Sowjets der
UdSSR. Ab 1957 Sekretär des
ZK und M. d. Präsidiums des ZK
der KPdSU.

Langner, Paul
*20. 02. 1896 Halberstadt/Mans-
feld, † Mai 1935 Moskau
Erl. Ber.: Landarbeiter; Bergmann. 1914 M. d. SPD, kam
über die USP zur KPD. Redakteur und Chefredakteur (»Sozialistische Republik«, Köln,
»Süddeutsche Arbeiterzeitung«,
Stuttgart, »Arbeiterzeitung«,
Mannheim, 1929 Leiter des Ge-
werkschaftsteils der »Roten Fahne«). 1924 Polleiter Bezirk Württemberg, 1928 Polleiter Bezirk
Oberschlesien, 1929 Orgleiter
Bezirk Berlin-Brandenburg,
1932 als Anhänger der Neumann-Gruppe aus der Bezirks-

leitung Berlin ausgeschlossen. 1933 verhaftet, Emigration nach Frankreich, dann Sowjetunion. 1935 in Moskau gestorben.

Leow, Willy

*25. 01. 1887 Brandenburg/Havel, † 1937 (?)

Erl. Ber.: Tischler. 1904 M. d. SPD. Mitbegründer des Spartakusbundes. Gründungsmitglied der KPD. 1925 unter Thälmann Leiter des RFB. 1927 Kandidat, 1928 M. d. ZK d. KPD. 1928–1933 MdR. 1933 Emigration. 1934 in die Sowjetunion. Wahrscheinlich 1937 Opfer der Stalinschen Säuberungen.

Levi, Paul

*11. 03. 1883 Hechingen, † 09. 02. 1930 Berlin

Erl. Ber.: Jurist (Rechtsanwalt). Noch als Student vor dem Ersten Weltkrieg der SPD beigetreten. Während des Krieges in der Schweiz Zusammentreffen mit Lenin. Verteidiger Rosa Luxemburgs in mehreren Prozessen und ihr enger Mitarbeiter. 1918 Führendes Mitglied des Spartakusbundes. Nach der Gründung der KPD bis 1921 ihr Vorsitzender. Wegen offener Kritik an der anarchistisch-terroristischen Strategie der Kommunisten in Mitteldeutschland am 15. 04. 1921 aus der KPD ausgeschlosen. Kam danach über die USPD zurück zur SPD. 1924 MdR. Herausgeber einer sozialistischen Korrespondenz. Levi starb durch Sturz aus dem Fenster, wobei die Frage, ob es ein Unfall oder Selbstmord war, nie geklärt wurde.

Liebknecht, Karl

*13. 08. 1871 Leipzig, † 15. 01. 1919 Berlin

Erl. Ber.: Rechtsanwalt. 1900 M. d. SPD. 1908 M. d. preußischen Landtages, 1912–1917 MdR. Mitbegründer der sozialistischen Jugendinternationale. Lehnte 1914 als einziger Abgeordneter die Kriegskredite ab. War einer der Gründer und Führer des Spartakusbundes, proklamierte am 9. November 1918 in Berlin die »Freie Sozialistische Republik« und wurde im Januar 1919 nach dem Januaraufstand in Berlin zusammen mit Rosa Luxemburg von Freikorpsangehörigen gefangengenommen und ermordet.

Lindau, Rudolf

*28. 03. 1888 Riddaghausen (Braunschweig), † 08. 10. 1977

Erl. Ber.: Transportarbeiter. 1907 M. d. SPD. 1918 M. d. KPD. Redakteur der Hamburger »Kommunistischen Arbeiterzeitung«. 1920 Sekretär der Bezirksleitung Wasserkante. 1921–1924 und 1927/28 Mitglied der Hamburger Bürgerschaft. 1923 M. d. Zentrale der KPD, dort Orgleiter und Herausgeber der »Kommunistischen Parteikorrespondenz«. 1924 MdR. Untersuchungshaft bis 1925. 1924 Polleiter des Bezirks Nord-West, 1926 d. Bezirks Wasserkante. Redakteur bzw. Chefredakteur verschiedener Zeitungen (»Bergische Arbeiterstimme«, Remscheid, »Kämpfer«, Chemnitz, »Sächsische Arbeiterzeitung«, Leipzig). 1933–1945 Moskau. M. d. Nationalkomitees »Freies Deutschland«. 1946–1950 Leiter der Parteihochschule »Karl Marx«, danach als Historiker M. d. Instituts für Marxismus-Leninismus. Veröffentlichungen zur Geschichte der Arbeiterbewegung.

Losowskij (eigentl.: Dridso), Solomon Abramowitsch
*16. 03. 1878 Daniliwa, † 12. 08. 1952
Dr. der historischen Wissenschaften. M. d. kommunistischen (bzw. sozialdemokratischen) Partei seit 1901. Teilnahme an der Revolution 1905–1907 in Kasan. Nach längerer Emigrationszeit 1917 nach Rußland zurückgekehrt war er u. a. von 1921–1937 Generalsekretär der Gewerkschaftsinternationale, Delegierter auf den 2.–7. Kongressen der Komintern (M. d. EKKI) und von 1939–1946 stellv. Volkskommissar, dann stellv. Minister für Auswärtiges und Chef des Sowinformbüros. 1940–1949 Lehrstuhlinhaber für internationale Beziehungen und Außenpolitik der UdSSR an der Parteihochschule.

Lukács, Georg
*13. 04. 1885 Budapest, † 04. 06. 1971 Budapest
Dr. phil., Schriftsteller. 1918 M. d. KP Ungarns. 1919 Volkskommissar in der ungarischen Räterepublik. Nach dem Ende der Räterepublik Aufenthalt in Wien und Moskau (Marx–Engels-Institut). 1931 ging er nach Berlin. 1933 Emigration in die Sowjetunion. Zahlreiche theoretische, philosophische, literatur- und kunstgeschichtliche Studien und Veröffentlichungen. Einer der intellektuellen Führer des ungarischen Aufstandes 1956. Kultusminister der Regierung Nagy. Seither war er verfemt und seiner Ämter enthoben.

Luxemburg, Rosa
*05. 03. 1871 Zamość (Lublin), † 15. 01. 1919 Berlin
Studium der Nationalökonomie. Schon als Schülerin M. d. sozialistischen Arbeiterbewegung. Emigrierte 1889 nach Zürich, wo sie studierte. Mitbegründerin der sozialdemokratischen Partei Polens und Litauens. Seit 1898 in Deutschland lebend beteiligte sie sich 1905/6 in Warschau an der Revolution. Als M. d. SPD lehrte sie an der Parteihochschule in Berlin. Sie gründete zusammen mit Karl Liebknecht den Spartakusbund, aus dem die KPD hervorging. 1918 gründete sie mit Liebknecht das kommunistische Parteiorgan »Rote Fahne« und entwarf das Programm der am 31. 12. 1918 gegründeten KPD. 1919 nach dem Januaraufstand zusammen mit Karl Liebknecht

von Freikorpsangehörigen gefangengenommen und ermordet.

Maddalena, Max
*17. 01. 1895 Riedheim/Konstanz, † 23. 10. 1943 Zuchthaus Brandenburg
Erl. Ber.: Schlosser. 1913 M. d. SPD, kam über die USPD 1920 zur KPD. Gewerkschaftssekretär, 1925 Sekretär für Gewerkschaftsfragen in der Bezirksleitung Baden. Polleiter des Bezirks Württemberg. 1928–1933 MdR. Polleiter, Gewerkschaftssekretär des Bezirks Wasserkante. 1931 Leiter der IG Metall in der RGO. 1932–1934 Mitarbeiter der RGI in Moskau. Danach führend in der illegalen KPD Berlin. 1935 verhaftet, zu lebenslänglichem Zuchthaus verurteilt und dort gestorben.

Matern, Hermann
*17. 06. 1893 Burg b. Magdeburg, † 24. 01. 1971 (DDR)
Erl. Ber.: Gerber. 1911–1914 M. d. SPD. 1918 M. d. USPD. 1919 M. d. KPD. 1928 Politischer Sekretär im Bezirk Magdeburg, 1932 Bezirkssekretär in Ostpreußen, 1933 in Pommern. Nach der Verhaftung 1934 Flucht aus dem Gefängnis, Emigration über die CSR, Schweiz, Österreich, Frankreich, Holland nach Skandinavien. Ab 1941 in Moskau, Mitarbeiter des Nationalkomitees »Freies Deutschland«, ab 1944 Leiter einer politischen Schule für kriegsgefangene Kommunisten, Sozialdemokraten u.

Gewerkschafter. Nach 1945 zunächst Landesvorsitzender der KPD in Sachsen, ab 1946 Vorsitzender der SED-Landesleitung Berlin. M. d. ZK und des Politbüros der SED, seit 1949 Vorsitzender der Zentralen Parteikontrollkommission, 1950 Vizepräsident, 1954 u. a. 1. Stellvertreter d. Präsidenten der Volkskammer.

Mehring, Franz
*27. 02. 1846 Pommern, † 28. 02. 1919
Studium der Philosophie und Geschichte. Mitarbeiter der »Frankfurter Zeitung«, 1885 Chefredakteur der »Berliner Volkszeitung«. Schrieb als Linksliberaler 1877 eine scharf antisozialistische Streitschrift, schloß sich aber 1891 der SPD an, wurde Hauptmitarbeiter der von Kautsky geleiteten Wochenschrift »Neue Zeit« und war von 1901–1908 Chefredakteur der »Leipziger Volkszeitung«. Besonders bekannt wurde er durch seine Werke zur Geschichte der Sozialdemokratie, die Herausgabe von Schriften aus dem literarischen Nachlaß von Marx, Engels und Lassalle sowie durch eine Marx-Biographie. Während des Krieges kehrte er sich von der SPD ab und arbeitete im Spartakusbund zusammen mit Rosa Luxemburg und Karl Liebknecht, mit denen er auch an der Gründung der KPD mitwirkte. Er starb kurz nach beider Ermordung.

Merker, Paul
*01. 02. 1894 Oberlössnitz/
Dresden, † 13. 05. 1969 Berlin
(Ost)
Erl. Ber.: Kellner. 1920 über die
USPD zur KPD. 1924–1932 M.
d. preuß. Landtags. Führende
Funktionen in der KPD. 1926,
1927, 1929–1930 M. d. ZK und
Polbüros. Leiter der RGO. 1929
Sekretär des ZK. 1930 wegen linker Abweichung aus dem ZK
und Polbüro abberufen. 1935 u.
1939 wieder ins ZK und Politbüro gewählt. Emigration nach
Frankreich, von wo er die Gewerkschaftsarbeit der KPD leitete. Flucht nach Mexiko. Nach
dem Krieg erneut M. d. ZK u.
des Politbüros der SED. 1949/50
Staatssekretär im Ministerium
für Land- u. Forstwirtschaft.
1950 wegen angeblicher Zusammenarbeit mit dem US-Agenten
Noel Field aus der Partei ausgeschlossen. 1952–1956 als »feindlicher Agent« und »Subjekt der
USA-Finanzoligarchie« in Haft.
Nach seiner Entlassung bleibt er
ohne wichtigere Funktionen.
Später wird er geehrt und ausgezeichnet.

Mewis, Karl
*22. 11. 1907 Hannoversch
Münden
Erl. Ber.: Schlosser. 1924 M. d.
KPD. Nach Festungshaft 1925
hauptamtlicher Funktionär in
Kassel, Magdeburg und Hessen-
Waldeck. Redakteur. Nach 1933
leitender Funktionär der illega-

len KPD im In- und Ausland.
1936–1939 im spanischen Bürgerkrieg, anschließend in Stockholm (Deckname Fritz Arndt).
In Schweden von 1942–1943 interniert. Nach 1945 führend in
der SED, Mitglied d. ZK bis 1981
und Kandidat des Politbüros.
1960–1963 M. d. Staatsrats der
DDR, 1961–1963 Minister u.
Vorsitzender d. staatlichen Plankommission. Danach Botschafter der DDR in Polen.

Meyer, Heinrich (»Heino«)
*22. 05. 1904 Hamburg, † 1937
Moskau
Erl. Ber.: Lehrer. 1923 M. d.
KPD., 1925 Redakteur, 1929
Chefredakteur der »Hamburger
Volkszeitung«. 1931–1932 M. d.
Hamburger Bürgerschaft. 1927–
1928 Festungshaft. Wird einer
der »Mitarbeiter« Thälmanns.
1932 verhaftet. 1933–1934 KZ.
Aus dem KZ entlassen. Emigration nach Moskau, wo er 1935
Sekretär des Politbüros der KPD
wird. 1937 verhaftet und im Zuge
der Stalinschen Säuberungen
umgekommen.

Miller, Sepp (Joseph)
*27. 08. 1883 Scheppach (Bay-
ern), † 23. 03. 1964 (DDR)
Erl. Ber.: Schlosser. 1907 M. d.
SPD. Gründungsmitglied der
KPD. Aktiv in der Bremer Räterepublik. Seit 1921 führend in
der KPD Hannover und Nieder-
sachsen, Leiter des KPD-Verlags
in Hannover. 1930 Org-Sekre-
tär, 1933 Generalsekretär der

»Roten Hilfe«. Emigration, zunächst Frankreich, dann Norwegen und Schweden. 1946 Rückkehr nach Deutschland, M. d. KPD, ZK-Mitarbeiter, 1946–1954 M. d. Zentralen Revisionskommission der SED, zuletzt Leiter der Abteilung Gedenkstätten des Museums für Deutsche Geschichte, Berlin (Ost).

Muckermann, Fritz
*17. 08. 1883 Bückeburg, † 02. 04. 1946 Montreux
Jesuit und Literaturkritiker. Herausgeber der katholischen literarischen Monatsschrift »Der Gral«. Bekämpfte den Kommunismus und war ein entschiedener Gegner des Nationalsozialismus. Er emigrierte 1934 in die Niederlande, wo er die Exilzeitschrift »Der Deutsche Weg« herausgab.

Mühsam, Erich
*06. 04. 1878 Berlin, † 10. 07. 1934 KZ Oranienburg
Ber.: Schriftsteller. 1911–1914, 1918/1919 Herausgeber der Monatsschrift »Kain. Zeitschrift für Menschlichkeit«. 1919 Beteiligung an der bayerischen Räterepublik. Verurteilt zu 15 Jahren Festung. 1924 amnestiert. 1926–1933 Herausgeber der Zeitschrift »Fanal«. Redaktion der politisch-satirischen Zeitschrift »Die Ente«. 1933 erneut verhaftet, mißhandelt und im KZ ermordet. Er bekannte sich zu einem (revolutionär-anarchistischen) Kommunismus, ist jedoch nie Mitglied der KPD geworden.

Müller, Oskar
*25. 07. 1896 Wohlau/Schlesien, † 14. 01. 1970 Langen/Krs. Offenbach
Erl. Ber.: Bankangestellter. 1922 M. d. KPD, 1924–1933 M. d. preuß. Landtags. 1924 hauptamtlich in der Bezirksleitung Hessen, 1928 Orgleiter. 1933 in der Berliner Bezirksleitung illegal tätig, verhaftet. 3 Jahre Zuchthaus. 1936–1939 KZ Sachsenhausen. 1944–1945 KZ Dachau (Lagerältester). 1945 M. d. KPD Hessen, M. d. hess. Landtags, bis 1947 in Hessen Minister für Arbeit und Wohlfahrt. 1949–1953 MdB. Soll 1951 Zeitungsmeldungen zufolge aus der KPD ausgeschlossen worden sein.

Münzenberg, Willy
*14. 08. 1889 Erfurt, † 1940 (Frankreich)
Vor dem Ersten Weltkrieg hauptamtlich in der Sozialistischen Jugend der Schweiz. Bis 1921 Sekretär der Sozialistischen bzw. Kommunistischen Jugendinternationale. Teilnahme am II. u. III. Weltkongreß der Komintern. Organisator der Internationalen Arbeiterhilfe (IAH) gegen Hungersnot in Rußland. Aufbau des sog. »Münzenberg-Konzerns« (Zeitschriften und Illustrierten-Verlage, Filmunternehmen, Buch-Verlage). 1933 Emigration nach Paris. Einer der Initiatoren der Volksfront. 1937 Ausschluß aus der KPD. 1940

Flucht aus dem französischen Internierungslager Chambarran bei Lyon. Sein Tod ist ungeklärt. Er wurde Monate später bei Grenoble ermordet aufgefunden.

Nationalkomitee »Freies Deutschland«

Von Überlebenden des militärischen Zusammenbruchs der deutschen 6. Armee bei Stalingrad und führenden Mitgliedern der Emigrations-KPD (Pieck, Ulbricht, Matern, Ackermann u. a.) 1943 in der Sowjetunion gegründete Organisation mit dem Ziel einer Beseitigung des NS-Regimes und der Herbeiführung eines raschen Friedens. Der parallel dazu von kriegsgefangenen Offizieren gegründete Bund Deutscher Offiziere arbeitete mit dem Nationalkomitee eng zusammen. Beide Organisationen suchten durch Schriften und Rundfunksendungen (Sender Freies Deutschland) Volk und Wehrmacht zu gewinnen. Zahlreiche Mitglieder erhielten nach dem Krieg Schlüsselstellungen in der sowjetischen Besatzungszone bzw. DDR. Beide Organisationen lösten sich im November 1945 auf.

Neher, Carola

*02. 11. 1905 München, † 28. 06. 1942

Schauspielerin. Kam 1926 nach Berlin, wo sie Hauptrollen in zeitkritischen Stücken spielte, u. a. von Klabund (den sie heiratete), Wedekind, Shaw und Brecht. 1933 Emigration in die Sowjetunion. Wurde 1939 verhaftet und starb in einem sowjetischen Internierungslager.

Neubauer, Theodor

*12. 12. 1890 Ernschwert a. d. Werra, † 05. 02.1945 Zuchthaus Brandenburg

Erl. Ber.: Philologe. 1918 zunächst M. d. Deutschen Demokratischen Partei, 1919 USPD, 1920 M. d. KPD. 1921–1924 M. d. Thüringischen Landtags. 1924–1933 MdR. 1923 thüringischer Staatsrat. Chefredakteur der »Freiheit«, Düsseldorf. Polleiter des Bezirks Niederrhein. 1930 Mitarbeiter d. ZK der KPD verantwortlich für außenpolitische Fragen, vorübergehend auch für sozialpolitische. 1933 Zeuge im Reichstagsbrandprozeß. 1933–1939 im KZ (u. a. Buchenwald), danach illegale Arbeit, Aufbau einer kommunist. Widerstandsgruppe. 1944 verhaftet, am 8. Januar 1945 zum Tode verurteilt und hingerichtet.

»Neubeginnen«, Gruppe.

1933 von Walter Löwenheim (alias Miles, 1898–1977) in Prag gegründete sozialist. Organisation, die sich mit Erfolg dem aktiven Widerstand gegen das NS-Regime widmete. Sie suchte zugleich nach neuen Wegen zu einer sozialist. Einheitsbewegung auf der Grundlage einer authentischen Interpretation des Marxismus. Dieser Gruppe haben eine Reihe später maßgeblicher So-

zialdemokraten angehört wie
Fritz Erler, Waldemar v. Knoe-
ringen, Richard Löwenthal (alias
Paul Sering), Paul Hertz.

Neumann, Heinz
*06. 07. 1902 Berlin, † 1937 (?)
Studierte Philologie. 1920 M. d.
KPD. Galt als führender Theoretiker der Partei und war 1928–
1932 neben Thälmann und Remmele entscheidender Führer der
KPD. Anhänger und Vertrauter
Stalins, für dessen Politik er sich
in Deutschland einsetzte. Mitor-
ganisator des kommunist. Aufstands in Kanton, China (1927),
der zur Vernichtung der dortigen
Kommunisten führte. 1930–1932
MdR. 1932 wegen Fraktionsbildung seiner Funktionen enthoben, nach Moskau versetzt. 1934
in der Schweiz verhaftet, vor der
drohenden Auslieferung an
Deutschland nach Moskau gebracht. 1937 vom NKWD verhaftet, seitdem verschollen. Seine Frau Margarete Buber-Neu-
mann hat sein Leben beschrieben
(»Von Potsdam nach Moskau«,
1957).

Nischwitz, Margarete
*17. 10. 1891 (Sachsen)
1919 M. d. USPD, 1920 KPD.
1925 Vorsitzende des »Roten
Frauen- und Mädchenbundes«.
Delegierte des VI. Weltkongresses der Komintern 1928. 1929 u.
1930 M. d. sächsischen Landtags. Nach 1933 mehrmals inhaftiert. Nach 1945 M. d. SED. Verheiratet mit Paul Nischwitz, der

1930 von der KPD zur SPD
übertrat.

Noske, Gustav
*09. 07. 1868 Brandenburg, † 30.
11. 1946 Hannover
Redakteur. Kam in jungen Jahren
zur sozialist. Bewegung und
wurde mit 24 Jahren sozialdemokrat. Kreisvorsitzender. 1897
Redakteur an der »Tribüne« in
Königsberg, 1902 leitender Redakteur der »Volksstimme« in
Chemnitz. Ab 1906 MdR, wo er
Spezialist der SPD-Fraktion für
Militär-, Marine- und Kolonial-
fragen war. Beim Matrosenaufstand in Kiel im November 1918
erwarb er sich das Vertrauen von
Matrosen u. Arbeitern. Er wurde
Militärgouverneur von Kiel und
1919 M. d. Reichsregierung als
Reichswehrminister. In Berlin
schlug er 1919 mit der Reichswehr und Freikorpsverbänden
den Spartakusaufstand nieder.
Nach dem Kapp-Putsch im März
1920 schied er aus der Regierung
aus. 1920–1933 Oberpräsident
der Provinz Hannover. Nach
1933 M. d. Widerstandsbewegung, mehrmals verhaftet, in Gefängnissen und KZs. 1944 wegen
Vorbereitung zum Hochverrat
angeklagt, konnte jedoch 1945
befreit werden.

Nuding, Hermann
*03. 07. 1902 Ober-Urbach
(Württemberg), † 31. 12. 1966
Stuttgart
Erl. Ber.: Weißgerber. 1919 M. d.
Sozialistischen Jugend. Grün-

dungsmitglied d. KPD. 1923–1925 im Auftrag der Internationalen Arbeiterhilfe in den USA. Danach in der Zentrale der KJVD. 1927/28 Besuch der Lenin-Schule/Moskau. Danach Polleiter Unterbezirke Hagen und Chemnitz. 1932 Orgleiter Bezirk Berlin-Brandenburg und Mitarbeiter in der Organisationsabteilung des ZK der KPD. 1933–1934 in Haft, danach Emigration. Mitarbeiter im EKKI in Moskau, danach Zürich. 1939–1945 in Frankreich Mitarbeit in der Widerstandsbewegung. Nach 1945 u. a. im Parteivorstand des Landesverbandes Baden-Württemberg der KPD und im Sekretariat des Parteivorstands der KPD. 1949–1953 MdB.

Oelsner, Fred
*27. 02. 1903 Leipzig, † 07. 11. 1977 (DDR)
1920 M. d. KPD. Redakteur kommunist. Zeitungen in Breslau, Chemnitz, Stuttgart, Remscheid u. Aachen. 1923 1 Jahr Gefängnis wegen Hochverrats. 1926–1932 Studium der Gesellschaftswissenschaften in Moskau. 1932–1933 Mitarbeiter des ZK der KPD. 1933 Emigration nach Prag und Paris. 1935 Übersiedlung nach Moskau. Lehrtätigkeit an der Lenin-Schule, während des Krieges am Moskauer Rundfunk. Nach dem Krieg Spitzenfunktionär in der SED, M. d. Politbüros, Sekretär

für Propaganda des ZK der SED, Chefredakteur der theoretischen Zeitung »Einheit«. Stellv. Vorsitzender des Ministerrats. Direktor des Instituts für Wirtschaftswissenschaften.

Oelssner, Alfred
*30. 08. 1879 Greiz, † 13. 06. 1962 (DDR)
Erl. Ber.: Buchbinder. 1902 M. d. SPD, 1917 USPD. 1920 mit der USP zur KPD. KPD-Sekretär Bezirk Halle-Merseburg, später Schlesien. 1923–1927 im Zuchthaus. Nach der Entlassung in der Org-Abteilung des ZK tätig. 1928 Bundeskassierer des RFB, später des Antifaschistischen Kampfbundes. 1932 u. a. Leiter des Versandhauses »Arbeiterkult«. Nach 1933 illegale Arbeit. Vorübergehend inhaftiert. Nach 1945 M. d. SED, M. d. Zentralen Revisionskommission.

Olbrich, Karl
*24. 11. 1902 Essen-Katernberg, † 30. 07. 1940 (auf See)
Erl. Ber.: Bergmann. 1921 M. d. KPD. 1926 u. erneut 1929 Vorsitzender der »Roten Jungfront«. Sekretär des RFB, Berlin, später Hamburg. 1932–1933 MdR. 1933 verhaftet, 1934 zu 3 Jahren Zuchthaus verurteilt. Wurde nach seiner Entlassung für die Gestapo verpflichtet, ging nach Prag und meldete alles sofort der KPD. Wurde jedoch 1938 aus der KPD ausgeschlossen. Fand 1940 auf dem Weg von England nach Kanada den Tod.

OMS

Mehr im Hintergrund wirkende Abteilung für internationale Verbindungen des Exekutivkomitees der Komintern (EKKI). Die OMS hatte durch einen geheimen Apparat die Verbindungen des EKKI zu ihren Beauftragten in den verschiedenen Ländern zu sichern, Anweisungen oder auch Geldbeträge den Sektionen zu übermitteln, illegal lebende Funktionäre zu betreuen, falsche Pässe herzustellen usw. In allen Hauptstädten gab es OMS-Stellen.

Papen-Staatsstreich

Am 20. Juli 1932 setzte Papen als Reichskanzler die preuß. Regierung unter Ministerpräsident Braun ab und übernahm als Reichskommissar die Macht in Preußen. Das Reichsgericht hat später festgestellt, daß diese Handlung verfassungswidrig war.

Peuke, Werner

*30. 11. 1905 Berlin, † 08. 10. 1949 Berlin (West)

1921 als Schüler M. d. KPD. 1929 Agitpropleiter, anschließend Polleiter in Berlin. Nach 1933 leitete er eine illegale Widerstandsgruppe. Verbindung zur Gruppe »Neubeginnen« in Prag. 1936 von der Gestapo inhaftiert und mehrere Jahre im Zuchthaus. Nach 1945 keine politische Tätigkeit.

Pieck, Wilhelm

*03. 01. 1876 Guben, † 07. 09. 1960 Berlin

Erl. Ber.: Tischler. 1895 M. d. SPD, Bürgerschaftsabgeordneter in Bremen. Bis 1914 hauptamtliche Arbeit in der SPD. M. d. Spartakusbundes. Mitbegründer der KPD, M. d. Zentrale. 1921–1928 und 1932/33 M. d. preuß. Landtags. 1924 Leitung der »Roten Hilfe«. 1926 Polleiter Berlin. 1928 M. d. EKKI, 1931 M. d. Sekretariats u. Präsidiums des EKKI. 1928–1933 MdR. 1930–1933 M. d. Preuß. Staatsrates. 1932 Sekretär des Politbüros. 1933 emigriert nach Paris. 1935 zum Parteivorsitzenden gewählt. 1938 Übersiedlung nach Moskau, Arbeit in der Komintern und beim Nationalkomitee »Freies Deutschland«. Nach 1945 Vorsitzender der KPD, später SED, von 1949–1960 Staatspräsident der DDR.

Piłsudski, Józef

*05. 12. 1867 Zulowo (Wilna), † 12. 05. 1935 Warschau

Polnischer Staatsmann, Marschall von Polen. 1893 Mitbegründer der Polnischen Sozialistischen Partei, beteiligte sich an der Vorbereitung von Aufständen gegen die russische Herrschaft zur Errringung der polnischen Unabhängigkeit. Im 1. Weltkrieg Aufbau einer polnischen Militärorganisation. 1918 Oberbefehlshaber, 1919–1923 Staatschef. 1926–1928 und 1930 Ministerpräsident; bis zu seinem Tode der eigentliche Machthaber Polens, der den Aufbau Polens zur Führungsmacht in Ostmitteleuropa anstrebte.

Piscator, Erwin
*17. 12. 1893 Ulm, † 30. 03. 1966 Starnberg

Erl. Ber.: Schauspieler und Regisseur. Gründete 1920 das proletarische Theater in Berlin. Oberregisseur an der Berliner Volksbühne. Gründung der Piscator-Bühne. Lebte 1931–1936 in der Sowjetunion, anschließend in Paris und in den USA. Nach dem Krieg Rückkehr nach Deutschland, wo er u. a. von 1962–1966 die Freie Volksbühne Berlin leitete.

Pjatnitzkij (eigentl.: Tarschis), Josif Aronowitsch
*17. 01. 1882 Wikomir (Litauen), † 29. 07. 1938

M. d. kommunistischen (bzw. sozialdemokratischen) Partei seit 1898. Aktive Parteiarbeit und Teilnahme an der Revolution 1917. Maßgeblich in der Herausgabe und Verbreitung von Parteiliteratur. Ab 1921 Mitarbeit im EKKI, ab 1923 Sekretär, 1928 M. d. EKKI. M. d. ZK d. KPdSU. Veröffentlichte Arbeiten zu Fragen der internationalen revolutionären Bewegung. Er wurde 1938 im Zuge der Stalinschen Säuberungen erschossen. Seine Erinnerungen, »Notizen eines Bolschewiken«, erschienen 1925 in 1., 1956 in 5. Auflage. 1971 erschien über ihn in Moskau eine Biographie.

Potempa
Am ·10. August 1932 – in der Nacht zuvor war eine Notverordnung zur Bekämpfung des Terrorismus in Kraft getreten – überfielen fünf bewaffnete Nationalsozialisten in dem oberschlesischen Ort Potempa einen Bergarbeiter, der Mitglied der KPD war. Sie mißhandelten ihn zu Tode. Ein Sondergericht in Beuthen verhängte die Todesstrafe. Hitler sandte an die Verurteilten ein Telegramm, in dem er sich ihnen »in unbegrenzter Treue verbunden« erklärte. Im März 1933 wurden die Mörder freigelassen.

Rädel, Siegfried
*07. 03. 1893 in Copitz/Pirna, † 10. 05. 1943 Zuchthaus Brandenburg

Erl. Ber.: Zimmermann. 1912 M. d. SPD. Kam über die USPD zur KPD. 1924–1933 MdR. 1924 Orgleiter, 1925 Polleiter des Bezirks Ostsachsen. 1926 im Sekretariat des ZK der KPD für Sozialpolitik zuständig, 1931 Leiter der Abteilung für Sozialpolitik beim ZK der KPD. 1930 Vorsitzender der kommunistischen Arbeitsgemeinschaft sozialpolitischer Organisationen. 1933 nach Leitung der illegalen KPD in Sachsen Emigration, zunächst nach Prag, dann in die Schweiz, anschließend nach Frankreich. Betreuung der kommunist. Emigranten und des illegalen Grenzverkehrs nach Deutschland. 1939 auf der

»Berner« Konferenz ins ZK gewählt. 1942 von Frankreich an die Gestapo ausgeliefert. Am 25. 02. 1943 vom Volksgericht zum Tode verurteilt und hingerichtet.

Reimann, Max
*31. 10. 1898 Elbing, †18. 01. 1977 Düsseldorf
Erl. Ber.: Werft- und Bergarbeiter. 1919 M. d. KPD; Teilnahme an Aufständen im Ruhrgebiet. Festungshaft. Verschiedene Funktionen in der Gewerkschaft. Nach 1933 illegal tätig. 1939–1945 KZ Sachsenhausen. 1946 Vorsitzender der KPD im Ruhrgebiet, 1948 Vorsitzender der KPD. M. d. Parlamentarischen Rates. 1949–1953 MdB. Ging 1954 in die DDR. 1968 Rückkehr in die Bundesrepublik Deutschland. M. u. Ehrenpräsident, später M. d. Präsidiums der DKP.

Remmele, Hermann
*05. 11. 1880 Ziegelhausen b. Heidelberg, †1937(?) in der Sowjetunion
Erl. Ber.: Eisendreher. 1897 M. d. SPD. Funktionen in der sozialistischen Jugend, Redakteur von SPD-Zeitungen. Mitbegründer der USPD. 1920 MdR für die USPD. Kam über die USP zur KPD. Ununterbrochen M. d. Zentrale bzw. des ZK der KPD. 1924–1932 M. d. Polbüros bzw. Politbüros. 1924–1933 MdR. Seit 1925 M. d. Präsidiums des EKKI. Neben Thälmann und Neumann führender Funktionär

der KPD, der jedoch 1932 wegen Fraktionsbildung verwarnt wurde und nach seiner Emigration nach Moskau verfemt war. Er mußte Selbstkritik üben. 1937 verhaftet, ist er im Zuge der Stalinschen Säuberungen umgekommen.

Renner, Rudolf
*27. 03. 1894 Beule (Krs. Schwelm), † 30. 07. 1940 KZ Buchenwald
1910 M. d. Gewerkschaft u. d. Sozialistischen Jugend. 1919 M. d. KPD. 1921–1933 M. d. sächs. Landtags. Redakteur (»Kämpfer«, Chemnitz, »Volksblatt«, Dresden), Chefredakteur (»Arbeiterstimme«, Dresden). 1929 M. d. ZK der KPD. Chefredakteur der »Sächsischen Arbeiterzeitung«, Leipzig, 1932 in die Redaktion der »Roten Fahne« eingetreten. 1933 verhaftet, 1934 zu 3 Jahren Zuchthaus verurteilt, anschließend ins KZ verbracht (Sachsenhausen, Oranienburg, Buchenwald).

RHD – Rote Hilfe Deutschlands
Massenorganisation der KPD zur Unterstützung polit. Gefangener. Vorsitzende war ab 1925 Clara Zetkin. Die RHD war unmittelbar nach der nationalsozialist. Machtergreifung 1933 in der Hilfe für Opfer des Nationalsozialismus besonders aktiv.

SAP – Sozialistische Arbeiterpartei Deutschlands
Ursprünglich der Name der aus der Vereinigung der Sozialdemo-

kratischen Arbeiterpartei und des Allgemeinen deutschen Arbeitervereins 1875 hervorgegangenen Partei der deutschen Sozialdemokratie.
SAP nannte sich eine im Oktober 1931 durch Abspaltung von der SPD entstandene linkssozialist. Partei, der sich 1932 eine Gruppe rechter Kommunisten anschloß. Blieb bei Wahlen eine Splittergruppe, arbeitete jedoch nach 1933 in Deutschland und in der Emigration aktiv gegen das NS-Regime. U. a. gehörte ihr Willy Brandt an. Nach 1945 schlossen sich viele ihrer Mitglieder der SPD an.

Schdanow, Andrey Aleksandrowitsch
*26. 02. 1892 Mariupol, † 30. 08. 1948
Teilnahme an der Oktoberrevolution und am Bürgerkrieg; ergebener Anhänger Stalins. 1932 M. d. ZK d. KPdSU, 1934 als Nachfolger Kirows Parteisekretär von Leningrad. 1939 ins Politbüro gewählt. Maßgebliche Teilnahme an der Stalinschen Säuberungsaktion (1935–1938). Leitete 1941–42 erfolgreich die Verteidigung Leningrads. Nach dem Krieg maßgeblich an der Ausrichtung der kommunist. geführten Staaten Ost- und Ostmitteleuropas beteiligt.

Schehr, John
*09. 02. 1896 Altona, †1934
Erl. Ber.: Schlosser. 1920 M. d. KPD. Anhänger, später Vertrau-

ter Thälmanns. Wichtige Funktionen im Bezirk Wasserkante. Orgleiter, 1929 Kandidat des ZK. 1932–1933 MdR u. M. d. preuß. Landtags. 1932 Stellvertreter Thälmanns, nach dessen Verhaftung im März 1933 die Komintern den Parteivorsitz an Schehr übertrug. Wurde im November 1933 von der Gestapo verhaftet, schwer gefoltert und mißhandelt. 1934 mit anderen Funktionären angeblich »auf der Flucht erschossen«.

Schleicher-Amnestie 1932
Ein auf der letzten Reichstagssitzung vor der Machtübernahme der Nationalsozialisten vom Reichstag am 9. Dezember 1932 mit 395 zu 143 Stimmen beschlossenes Amnestiegesetz. Es gewährte Straffreiheit für politische Straftaten und Straftaten aus wirtschaftl. Not. Für die Vorlage stimmten NSDAP, KPD und SPD. Die Vorlage stand im Zusammenhang mit Schleichers Bemühen, einen Teil der NSDAP unter Strasser für eine Unterstützung seiner Regierung zu gewinnen.

Schneller, Ernst
*08. 11. 1890 Leipzig, † 11. 10. 1944 KZ Sachsenhausen
Erl. Ber.: Lehrer. 1919–1920 M. d. SPD. 1920 M. d. KPD. 1921 M. d. sächs. Landtags. 1924–1933 MdR. In der KPD-Zentrale wichtige organisator. Aufgaben. 1925 M. d. ZK und des Polbüros. 1928 Kandidat des EKKI. In der

militärpolit. Arbeit der KPD und
des RFB tätig. 1933 verhaftet, zu
6 Jahren Zuchthaus (Waldheim)
verurteilt. 1939 KZ Sachsenhausen. Wurde mit 26 anderen Häftlingen von der SS erschossen.

Schoettle, Erwin
*18. 10. 1899 Leonberg, † 25. 01.
1976 Bühlerhöhe bei Baden-Ba-
den
Erl. Ber.: Schriftsetzer. 1919 M.
d. SPD. M. d. Landesvorstands
der SPD in Württemberg bis
1933. 1928–1931 Journalist in der
Sozialdemokratischen Parteipresse (»Schwäbische Tag-
wacht«). 1931–1933 Parteisekretär in Stuttgart. 1933 Emigration,
bis 1939 in der Schweiz, danach
in Großbritannien. M. d. Wider-
standsorganisation »Neubeginnen«, später in der »Union deutscher sozialistischer Organisationen in Großbritannien«.
Nach dem Krieg aktiv am polit.
Wiederaufbau beteiligt: 1947–
1949 M. d. Wirtschaftsrates,
Vorsitzender des Hauptaus-
schusses und der SPD-Fraktion.
1947–1962 Landesvorsitzender
der SPD Nordwürttemberg-Ba-
den bzw. Baden-Württemberg.
1949–1972 MdB, unter anderem
Stellv. Vorsitzender d. SPD-
Bundestagsfraktion. Vorsitzender d. Haushaltsausschusses des
Deutschen Bundestages. 1961–
1969 Vizepräsident des Deutschen Bundestages.

Schrecker, Hans
*11. 03. 1899

Bürobote. 1926 M. d. KPD.
1928 Redakteur der »Roten Fahne« u. bei der Presse kommunist.
Massenorganisationen beschäftigt. 1933 nach illegaler Arbeit
Emigration nach Frankreich.
1934 Sekretär des Dimitroff-Be-
freiungskomitees in Paris.

Schubert, Hermann
*26. 01. 1886 Lengefeld, †1938(?)
Bergmann. 1907 M. d. SPD.
Kam über die USPD 1920 zur
KPD. 1923 leitend bei den Vorbereitungen zum bewaffneten
Aufstand in Thüringen tätig.
1924–1933 M. d. preuß. Landtags. 1929 Polleiter in Ostpreußen, 1931 Polleiter des Bezirks
Wasserkante. 1932 M. d. Politbüros. Enger Freund Thäl-
manns. 1933–1935 wichtige Rolle in der Emigrations-KPD.
KPD-Vertreter beim EKKI.
1935 seiner Ämter verlustig,
1937 von der GPU verhaftet.
Spurlos verschwunden.

Schulte, Fritz
*28. 07. 1890 Hüsten/Westfalen,
†1937 (amtlich: 31. 12. 1938)
Erl. Ber.: Chemiearbeiter. Kam
über die USPD zur KPD. 1924
M. d. Bezirksleitung Niederrhein. 1927 Polleiter. 1929 M. d.
ZK und des Polbüros. 1928
M. d. preuß. Landtags. 1930–
1933 MdR. 1932 Reichsleiter der
RGO. 1933 illegale Arbeit. Emigration nach Moskau. Wurde
1937 verhaftet und verschwand
als Opfer der Stalinschen Säuberungen.

Schwab, Sepp
*16. 01. 1897 München, † 30. 07. 1977 (DDR)
Erl. Ber.: Kaufmann. 1919 Gründungsmitglied der KPD. M. d. Münchner Räteregierung. Mehrmals verhaftet, jahrelange Haft. 1927 beim Pressedienst des ZK der KPD in Berlin. Chefredakteur. 1930 Übersiedlung nach Moskau, Redakteur der RGI-Presse. Referent des EKKI. 1937 leitender Mitarbeiter der Abschnittsleitung Nord der KPD (Kopenhagen). Chefredakteur der deutschen Abteilung des Moskauer Rundfunks. Nach 1945 führend in der SED und DDR. 1956 stellv. Minister für auswärtige Angelegenheiten.

Schwenk, Paul
*08. 08. 1880 Meißen, † 22. 08. 1960 Berlin (Ost)
Erl. Ber.: Schlosser. 1905 M. d. SPD. Kam über die USP zur KPD. 1920 Sekretär der USP-Fraktion im preuß. Landtag, später der KPD-Fraktion. 1924–1933 M. d. preuß. Landtags, zeitweilig KPD-Fraktionsvorsitzender. 1933 emigrierte er nach Paris, später in die Sowjetunion. Dort während der Säuberungen drei Jahre in Haft. Nach 1945 Mitglied der SED, zeitweilig stellv. Oberbürgermeister von Berlin.

Schwernik, Nikolai Michailowitsch
*19. 05. 1888 Petersburg (heute Leningrad), † 24. 12. 1970 Moskau.

Seit 1905 Bolschewik. 1926/27 Sekretär des ZK d. KPdSU. 1930–1944 1. Sekretär des Allunionsrates der Gewerkschaften. 1946–1953 Vorsitzender des Präsidiums der Obersten Sowjets (= Staatspräsident). 1953–1956 Vorsitzender der Gewerkschaften. 1953–1957 Kandidat, 1957–1966 M. d. Politbüros der KPdSU.

Selbmann, Fritz
*29. 09. 1899 Lauterbach/Hessen, † 26. 01. 1975 Berlin
Bergarbeiter; Schriftsteller. 1920 M. d. USPD. 1922 M. d. KPD. 1925 Sekretär des RFB. M. d. Bezirksleitung der KPD im Ruhrgebiet. 1930 Bezirksleiter in Oberschlesien, 1931–1933 in Sachsen. M. d. preuß. Landtags, 1932 MdR. 1933–1945 in Haft im Zuchthaus und KZ Sachsenhausen und Flossenbürg. Nach 1945 M. d. SED, zeitweise M. d. ZK d. SED. 1949–1955 Minister für Industrie, Schwerindustrie, Berg- und Hüttenwesen der DDR. 1956–1958 stellv. Vorsitzender des Ministerrats der DDR, 1958–1961 stellv. Vorsitzender der staatl. Plankommission, 1961 des Volkswirtschaftsrates.

Severing, Carl
*01. 06. 1875 Herford, †23. 07. 1952 Bielefeld
Erl. Ber.: Werkzeugmacher. Seit 1893 M. d. SPD. 1907–1912 MdR (SPD). 1919 M. d. Nationalversammlung u. d. Preuß. Landesversammlung. 1919

Reichs- u. Staatskommisar für das rheinisch-westfäl. Industriegebiet. 1920–1926 preuß. Innenminister der Regierung Braun. 1928–1930 Reichsinnenminister. 1930–1932 erneut preuß. Innenminister. Nach 1933 vorübergehend verhaftet. Nach 1945 in der SPD Vorsitzender des Bezirks Ostwestfalen. Mitarbeit an der neuen Landesverfassung als Mitglied des nordrhein-westfälischen Landtages.

Seydewitz, Max
*19. 12. 1892 Dresden
Erl. Ber.: Buchdrucker. 1910–1931 M. d. SPD. U. a. Hrsg. und Chefredakteur der Zeitschrift »Der Klassenkampf« und »Marxistische Büchergemeinde«. 1931 Mitbegründer und Vorsitzender der SAP. 1933 Emigration, Prag, Norwegen, Schweden. Anhänger der Aktionseinheit von SPD und KPD. 1945 M. d. KPD. 1946 Chefredakteur der Zeitschrift »Einheit«. Führende Positionen in der SED u. DDR, u. a. 1947–1952 Ministerpräsident des Landes Sachsen. M. d. SED-Landesleitung Sachsen. 1955 Generaldirektor der Staatlichen Kunstsammlungen in Dresden.

Sindermann, Kurt Alfred
*13. 04. 1904 Dresden, †1945
Erl. Ber.: Eisenschiffbauer, Schlosser. 1923 M. d. KPD, 1927 Leiter d. RFB Ostsachsen. Besuch der Lenin-Schule. 1929 M. d. Sächs. Landtages. 1930–

1933 Unterbezirksleiter Chemnitz. Nach 1933 illegale Arbeit. Verhaftet. 1934 zu 3 Jahren Zuchthaus verurteilt. Nach Verbüßung ins KZ Dachau verbracht. Wird beschuldigt, nach der Entlassung aus dem KZ während des Krieges die Mitglieder der Widerstandsgruppe Georg Schumann, die in zahlreichen Industriebetrieben KPD-Parteizellen bildete, an die Gestapo verraten zu haben.
Sein Bruder Horst S. war führender Funktionär in der SED.

Sinowjew, Grigorij Jewsejewitsch
*11. 09. 1883 Jelissawetgrad, † 25. 08. 1936
Schon vor 1917 enger Mitarbeiter Lenins. 1919–1926 Sekretär der Leningrader Partei. Vorsitzender des EKKI, M. d. Politbüros der KPdSU. Unterstützte zusammen mit Kamenew Stalin im Kampf gegen Trotzki, geriet mit Stalin in Konflikt und verlor als Exponent der »Linken Opposition« seine Ämter. 1935 zu 10 Jahren Gefängnis, 1936 zum Tode verurteilt und hingerichtet.

Slansky, Rudolf
*31. 07. 1901 Nezvěstice b. Pilsen, † 03. 12. 1952 Prag
1921 M. d. KP der Tschechoslowakei, ab 1929 M. d. Präsidiums. Emigration nach Moskau. 1944 maßgeblich im slowak. Nationalaufstand. Generalsekretär der KPC. Wesentlich an der kommunist. Machtübernahme 1948 beteiligt. 1951 verhaftet, 1952 mit 10

Mitangeklagten wegen »titoistischer ... und zionistischer Umtriebe« zum Tode verurteilt und hingerichtet. 1963 wurde das Urteil vom Obersten Gerichtshof aufgehoben.

Sobottka, Gustav
*12. 07. 1886 Turowen (Ostpreußen), † 06. 03. 1953 (DDR)
Erl. Ber.: Bergmann. 1910 M. d. SPD. Kam über die USP 1920 zur KPD. 1921–1932 M. d. preuß. Landtages. In der kommunist. Gewerkschaftsbewegung führend tätig, einer der Mitbegründer der RGO. 1932 Arbeit in der »Roten Hilfe« Nach 1933 zunächst illegale Arbeit, dann in die Sowjetunion emigriert. Nach 1945 mit dem Aufbau der KPD in Mecklenburg betraut. Später in der Wirtschaftsverwaltung der DDR tätig.

Sollmann, Wilhelm
*01. 04. 1881 Oberlind (Sachsen), † 07. 01. 1951 (USA)
Erl. Ber.: Kaufmann. Er kam über die sozialist. Bildungs- und Gewerkschaftsarbeit zur SPD. Redakteur an verschiedenen Parteizeitungen (»Rheinische Zeitung«) und Aufbau des »Parlamentarischen Pressedienstes« der SPD. M. d. Weimarer Nationalversammlung. 1920–1933 MdR. u. M. d. Vorstands der SPD-Fraktion. 1923 M. d. Regierung Stresemann als Reichsinnenminister. 1933 von der SA schwer mißhandelt. Emigration

ins Saarland. Dort Mithrsg. der Tageszeitung »Deutsche Freiheit«. 1935 Emigration über Luxemburg in die USA. Zuletzt Professor an der Universität in Philadelphia.

Sperber, Manès
*12. 12. 1905 Zablotow (Polen)
Schriftsteller. Lebte in Wien und war Schüler des Psychologen Alfred Adler. 1933 Emigration über Jugoslawien nach Frankreich. Bis 1937 M. d. kommunistischen Partei. Lebt in Paris und schreibt teils in deutscher, teils in französischer Sprache.

Stahlhelm
1918 gegründeter Zusammenschluß von Soldaten des 1. Weltkrieges. Nominell überparteilich neigte er zunehmend den antidemokratischen Rechtsparteien zu und beteiligte sich 1929 am Bündnis der Deutschnationalen und Nationalsozialisten zur Bekämpfung der Republik (»Harzburger Front«). Nach 1933 wurden die jungen Mitglieder der SA eingegliedert. Der restliche, von den Nationalsozialisten gleichgeschaltete Verband wurde 1935 aufgelöst.

Stamm, Robert
*16. 07. 1900 Remscheid, † 04. 11. 1937 Berlin-Plötzensee
Erl. Ber.: Schlosser. 1919 M. d. KPD. 1924 hauptamtl. Funktionär, Redakteur in Barmen und Hagen. 1930 Polleiter Bezirk Nordwest in Bremen. 1932–1933 MdR. Illegale Tätigkeit im Zen-

tralen Apparat der KPD. 1935 von der Gestapo verhaftet, gefoltert, hingerichtet.

Stampfer, Friedrich

*08. 09. 1874 Brünn, † 01. 12. 1957 Kronberg (Taunus)

Redakteur an sozialdemokrat. Zeitungen. 1916–1933 mit kurzer Unterbrechung Chefredakteur des »Vorwärts«. 1920–1933 MdR. 1933 Emigration nach Prag, wo er bis 1938, dann in Paris bis 1940 den »Neuen Vorwärts« als Organ der SPD-Führung in der Emigration herausgab. Nach der französ. Kapitulation ging er über Spanien und Portugal in die USA. 1948 nach Deutschland zurückgekehrt, wurde er Dozent an der »Akademie der Arbeit« Frankfurt/M. und war publizistisch tätig.

Steffen, Erich

*11. 05. 1895 Berlin, †1936 (?)

Erl. Ber.: Schlosser. Kam über die USPD zur KPD. 1924 hauptamtlich tätig vor allem in der Gewerkschaftsbewegung. 1929 in der RGO Leitung des Fabrikarbeiterverbandes. Emigrierte nach Moskau, wo er nach 1933 den »Ernst-Thälmann-Club« leitete. 1936 in der Sowjetunion verhaftet und verschwunden.

Suhr, Paul

*06. 09. 1902 Königsberg. †1933 (?)

Erl. Ber.: Kaufmann. 1920 M. d. Kommunistischen Jugend. 1922 M. d. KPD. 1927 Leiter der KJVD Ostpreußen. Bis 1932 füh-

rende Funktionen in Ostpreußen. 1932 RGO-Leiter in Pommern. 1932 Mitglied d. preuß. Landtags. Polleiter Bezirk Halle-Merseburg. 1933 illegale Tätigkeit. Verhaftet. Vermutlich ermordet.

Thälmann, Ernst (gen. »Teddy«)

*16. 04. 1886 Hamburg, †18. 08. 1944 KZ Buchenwald

Arbeitete in verschiedensten Berufen. 1903 M. d. SPD. 1919–1933 M. d. Hamburger Bürgerschaft, zunächst für die USP, dann für die KPD. 1920 M. d. KPD. 1921 Vorsitzender der KPD Ortsgruppe Hamburg und Mitglied der Bezirksleitung Wasserkante. Kam 1923 in die Parteispitze der KPD. 1924 stellv. Parteivorsitzender. 1925 Kandidat der KPD für die Reichspräsidentenwahl. 1925–1933 Parteivorsitzender der KPD. Am 03. 03. 1933 verhaftet. Wurde nach 11 ½ Jahren Einzelhaft in Berlin-Moabit, Hannover und Bautzen im KZ Buchenwald erschossen.

Togliatti, Palmiro

*26. 03. 1893 Genua, † 21. 08. 1964 Jalta

Jurist. 1920 sozialist. Parteisekretär in Turin. 1921 Mitbegründer der KP Italiens, seit 1922 M. d. ZK der KPI. Enger Mitarbeiter Gramscis. 1935 Verfechter der Volksfrontpolitik auf dem VII. Kongreß der Komintern. 1937–1939 im span. Bürgerkrieg. 1944 Rückkehr nach Italien, M. d. Regierung Badoglio,

stellv. Ministerpräsident, Justiz-
minister. Ab 1947 Generalsekretär der KPI. Entwickelte später
die Theorie des »Polizentris-
mus«.

Torgler, Ernst
*25. 04. 1893 Berlin, † 19. 01.
1963 Hannover
Erl. Ber.: Kaufmann. 1910 M. d.
SPD, 1917 USPD, 1920 KPD.
1924–1933 MdR, ab 1929 Frak-
tionsführer der KPD. Wurde
1933 von den Nazis verdächtigt,
den Reichstag in Brand gesetzt
zu haben, stellte sich freiwillig
der Polizei und wurde freigesprochen. Bis 1936 im KZ. 1935
aus der KPD ausgeschlossen.
Trat 1949 der SPD bei und wurde
Angestellter der ÖTV Hannover.

Ulbricht, Walter
*30. 06. 1893 Leipzig, † 01. 08.
1973 Berlin
Erl. Ber.: Tischler. 1912 M. d.
SPD. 1918 M. d. KPD, 1920
hauptamtlicher Funktionär.
1923 in die Zentrale der KPD gewählt. Mit der Waffenbeschaffung beauftragt. 1927 ins ZK der
KPD gewählt. 1928 Kandidat des
EKKI-Präsidiums, Vertreter der
KPD beim EKKI. 1928–1933
MdR. 1929 M. d. Polbüros. War
1933 in Frankreich, 1937 in der
Sowjetunion neben Pieck der
mächtigste Mann der Emigrations-KPD. Übernahm den Aufbau des Nationalkomitees
»Freies Deutschland« und kehrte
am 1. Mai 1945 nach Deutschland zurück, wo er die KPD
bzw. SED aufbaute und seit 1950
leitete. Generalsekretär bzw. 1.
Sekretär der SED; Staatsratsvor-
sitzender der DDR.

Verner, Paul
*26. 04. 1911 Chemnitz
Erl. Ber.: Metallarbeiter. Nach
Funktionen im Kommunisti-
schen Jugendverband 1929 M. d.
KPD. Nach 1933 Chefredakteur
der illegalen »Jungen Garde«.
Emigration. Teilnahme am span.
Bürgerkrieg. 1939–1943 in
Schweden inhaftiert. Nach 1945
Mitbegründer der FDJ. 1950
M. d. ZK der SED, 1950–1953
M. d. Sekretariats d. ZK der
SED, danach im ZK Leiter der
Gesamtdeutschen Abteilung.
1963 M. d. Politbüros. Seit 1971
Sekretär für Sicherheit des ZK der
SED und Mitglied des Staatsrates.
1959–1971 1. Sekretär der SED-
Bezirksleitung Berlin. Seit Som-
mer 1981 Stellv. Vorsitzender des
Staatsrates der DDR.

»Versöhnler«
Eine Gruppe um den ehemaligen
KPD-Vorsitzenden (1921–1922)
Ernst Meyer, zu der der zeitweilig neben Thälmann wichtigste
Parteiführer Arthur Ewert, ferner Hugo Eberlein, Gerhart Eisler und der spätere Führer einer
großen Gruppe in der Widerstandsbewegung, Georg Schumann, gehörten. Die Gruppe der
»Versöhnler« trat gegen die Linken (Thälmann, Ruth Fischer
u. a.) für eine kommunist. Real-

politik ein (Einheitsfront mit der SPD, aktive Gewerkschafts- und Parlamentsarbeit), betonte aber – anders als die »Rechten« (Brandler, Thalheimer) in der KPD – die Führungsrolle der KPdSU. In der KPdSU hatten sie Rückhalt in Bucharin. Sie wurden »Versöhnler« genannt, weil sie angeblich die »Versöhnung« mit den zu Parteifeinden gestempelten Rechten anstrebten, und wurden ab 1928 von der Thälmann-Gruppe aus ihren Führungsfunktionen verdrängt.

Vogt, Arthur
*21. 08. 1894 Breslau, † 06. 07. 1964 Berlin (Ost)
Hilfsarbeiter in der Metallindustrie. 1908 Mitbegründer der Arbeiterjugendbewegung in Breslau. 1912 M. d. SPD. Kam über die USP zur KPD. 1924–1927 Orgleiter Bezirk Westsachsen in Leipzig. 1927 vorübergehend aus der Partei ausgeschlossen. 1928–1930, 1932–1933 MdR. 1929 Orgleiter Berlin–Brandenburg, anschließend Sekretär in Hamburg und Pommern, 1933 von der Gestapo verhaftet, schwer mißhandelt. Kurze Zeit im KZ. Nach 1945 M. d. KPD bzw. SED. U. a. Direktor der VEB Vieh- und Schlachthöfe Berlin.

Volksentscheid gegen die preußische Regierung
Ein auf Initiative der Rechtsparteien für den 9. August 1931 anberaumter Volksentscheid, der die Auflösung des preuß. Land-

tages und damit den Sturz der aus SPD, Zentrum und DDP bestehenden Koalitionsregierung herbeiführen sollte. Für die Annahme des Volksentscheids und damit für den Sturz der Koalitionsregierung warben mit der darin besonders aktiven NSDAP zugleich auch die KPD mit großem Einsatz. Sie erreichten zwar nicht die vorgeschriebene Stimmenzahl, erzielten jedoch mit einem Votum von beinahe 37 % der Wahlberechtigten einen beachtlichen psychologischen Erfolg.

Weber, Hans
*23. 01. 1895 Mühldorf/Inn
1913 M. d. Arbeiterjugendbewegung. Kam über die USP 1919 zur KPD. 1923 hauptamtlicher Sekretär Bezirk Pfalz. 1925 M. d. ZK der KPD. Arbeitete in der Gewerkschaftsabteilung des ZK. Führender Kopf der sog. »Weddinger Opposition«. 1928 aus der KPD ausgeschlossen. Zog sich später aus der Politik zurück. 1946 M. d. SPD, später wieder ausgetreten.

Wels, Otto
*15. 09. 1873 Berlin, † 18. 09. 1939 Paris
Erl. Ber.: Tapezierer. Als Facharbeiter in der Berliner Arbeiterbewegung tätig, wurde 1907 Sekretär der SPD und bald auch M. d. Parteivorstandes. 1912 MdR. November/Dezember 1918 Stadtkommandant von Berlin. M. d. Weimarer National-

versammlung, an deren Zustandekommen er wesentlich beteiligt war. Leitete den Generalstreik gegen den Kapp-Putsch 1920. 1920–1933 MdR. 1931–1933 Vorsitzender d. SPD. Am 23. 03. 1933 lehnte er mit einer berühmt gewordenen Erklärung vor dem Reichstag für seine Fraktion das Ermächtigungsgesetz ab. 1933 erneut zum SPD-Vorsitzenden gewählt, baute er zunächst in Prag, dann in Paris die Auslandsabteilung der SPD auf (»Sopade«).

Winzer, Otto
*03. 04. 1902 Berlin, † 03. 03. 1975
Erl. Ber.: Schriftsetzer. 1919 M. d. Freien Sozialistischen Jugend. 1925 M. d. KPD. Leiter des Verlages der Jugend-Internationale. 1933–1935 illegale Tätigkeit für die KPD. 1935–1945 Emigrant in Frankreich, den Niederlanden und der Sowjetunion. Während des Krieges Agitator unter den deutschen Kriegsgefangenen. Nach 1945 führend in der SED. M. d. ZK der SED. 1956 stellv. Minister, 1959 1. stellv. Minister, 1965–1975 Minister für Auswärtige Angelegenheiten der DDR.

Wollenberg, Erich
*15. 08. 1892 Königsberg/Preußen
1918 M. d. USPD. Beteiligung an der Münchner Räterepublik. Journalist. Tätigkeit. 1924 zur »Ersten deutschen Militärschule

beim Generalstab der Roten Armee« nach Moskau delegiert. 1924 Eintritt in die Rote Armee im Range eines Brigadegenerals. 1927 Chefredakteur der »Saarbrückener Arbeiterzeitung«. 1928 Professor an der »Internationalen Lenin-Schule«. Rückkehr nach Deutschland. Redakteur der »Roten Fahne«. 1933 wegen Kritik am ZK der KPD von der Internationalen Kontrollkommission der Komintern aus der Partei ausgeschlossen. 1934 Flucht nach Prag, 1938 nach Paris, 1940 nach Marokko. Nach dem Krieg vom USA-Presse-Offizier nach Bayern berufen. Tätigkeit als freier Journalist.

Wollweber, Ernst
*28. 10. 1898 Hannoversch Münden, † 03. 05. 1967 Berlin
Erl. Ber.: Matrose. 1918 maßgebliche Teilnahme am Kieler Matrosenaufstand. 1919 M. d. KPD. Verschiedene leitende Funktionen im kommunist. Parteiapparat. 1928–1932 M. d. Preuß. Landtags, 1932 MdR. Nach 1933 zunächst im illegalen Parteiapparat d. KPD tätig, dann Emigration nach Skandinavien. Dort leitender Komintern-Funktionär. 1940 in Schweden zu 3 Jahren Zuchthaus verurteilt, auf sowjet. Ersuchen der Sowjetunion übergeben. Nach dem Krieg führende Aufgaben in Staat und Partei, u. a. 1953–1955 Staatssekretär für Staatssicherheit, 1955–1957 Minister für

Staatssicherheit in der DDR.
1954–1958 M. d. ZK der SED.
1958 aus dem ZK wegen »Fraktionstätigkeit« u. Opposition gegen Ulbricht ausgeschlossen und mit einer strengen Rüge bestraft.

Woytkowski, Paul
*20. 12. 1822 Wollstein/Posen,
† 14. 04. 1960 (DDR)
1913 M. d. SPD, 1920 über die USP zur KPD. 1928 u. 1932 in den preuß. Landtag gewählt. 1930 Sekretär der Bezirksleitung Ruhr. 1931 Sekretär der Bezirksleitung Oberschlesien. 1933 in Berlin verhaftet. 1938–1945 KZ Buchenwald. Nach 1945 M. d. KPD, später SED. Vorsitzender des Landesvorstandes des FDGB Thüringen. M. d. Bezirksleitung Erfurt.

Wurm, Christoph
*08 08. 1891 Offenbach/M.
† 1939 (in der Sowjetunion)
Erl. Ber.: Drechsler. 1910 M. d. SPD. Gründungsmitglied der KPD. Hauptamtlicher Wanderredner der KPD. Redakteur an der Wiener »Roten Fahne«. Nach Tätigkeit im Kominternapparat Mitarbeiter des ZK der KPD (Informationsabteilung). 1933 nach Moskau als Sektorleiter im EKKI.

Zörgiebel, Karl Friedrich
*30. 09. 1878 Mainz, † 14. 03. 1961 Mainz
1901 M. d. SPD. 1910–1922 Parteisekretär des Bezirks Obere Rheinprovinz der SPD. 1919–1921 M. d. preuß. Landesversammlung. 1920–1924 MdR. 1922–1926 Polizeipräsident von Köln, 1926–1930 von Berlin, 1931–1933 von Dortmund. Nach 1933 zeitweilig inhaftiert. Nach dem Krieg u. a. 1947–1949 Polizeipräsident von Rheinland-Pfalz.

Zwicke, Albert
*17. 08. 1897 Stuttgart, † 1937
Erl. Ber.: Schlosser. 1919 M. d. KPD. 1922 hauptamtlicher Parteisekretär. 1927–1929 Agitprop-Sekretär der Bezirksleitung Württemberg. 1929–1933 verschiedene Parteifunktionen in Sachsen und Württemberg. 1933 illegale Arbeit. Emigration in die Sowjetunion. 1937 verhaftet und wahrscheinlich hingerichtet.

Quellen

Weber, Hermann: *Die Wandlung des deutschen Kommunismus*. Band 2. Frankfurt/Main 1969.

Geschichte der deutschen Arbeiterbewegung. Biographisches Lexikon. Hrsg. Institut für Marxismus-Leninismus beim ZK der SED. Berlin (Ost) 1970.

SBZ-Biographie. Ein biographisches Nachschlagebuch über die sowjetische Besatzungszone Deutschlands. Hrsg. BM für Gesamtdeutsche Fragen Bonn/Bern 1964.

Namen und Daten. Biographien wichtiger Personen der DDR bearbeitet von Günther Buch, Berlin. Bonn-Bad Godesberg 1973.

Buch, Günther: *Namen und Daten wichtiger Personen der DDR*, Bonn 1979.

Osterroth, Franz: *Biographisches Lexikon des Sozialismus*. Hannover 1960.

Binder, Gerhard: *Epoche der Entscheidungen*. Stuttgart 1972.

Auskünfte des Gesamtdeutschen Instituts Berlin
– Bundesanstalt für gesamtdeutsche Aufgaben –
Abt. IV/4, Leiter Günther Buch.
Fehrbelliner Platz 3
1000 Berlin 31
Verschiedene Enzyklopädien.

Personenregister

Biographische Notizen

Reinhard Appel, geb. 1927, ist seit 1976 Chefredakteur des ZDF.

Karl Donat, geb. 1921, ist seit 1966 Studioleiter der Bonner Studios des Deutschlandfunk.

Günter Gaus, geb. 1929, war bis Juni 1981 Senator für Wissenschaft und Forschung in Berlin.

Gerhard Jahn, geb. 1927, MdB, Bundesminister a. D., ist Parlamentarischer Geschäftsführer der Fraktion der SPD im Deutschen Bundestag.–

Ebenfalls von Gerhard Jahn herausgegeben: Herbert Wehner. Wandel und Bewährung (5. Aufl. 1981); Herbert Wehner. Beiträge zu einer Biographie (1976).

Joseph Adolphe Rovan, geb. 1918, ist Professor für deutsche Geschichte und Politik an der Universität Paris-Vincennes.

Dieter Thoma, geb. 1927, ist Chefredakteur des WDR-Hörfunk.

Bernhard Wördehoff, geb. 1929, ist Chefredakteur des Deutschlandfunks.